JEAN PARVULESCO

VLADÍMIR PUTIN
Y EURASIA

OMNIA VERITAS

JEAN PARVULESCO
(1929-2010)

VLADIMIR PUTIN & EURASIA

Vladimir Poutine & l'Eurasie - 2005

Traducido del francés por Omnia Veritas Limited

Publicado por
Omnia Veritas Ltd

www.omnia-veritas.com

© Omnia Veritas Limited - 2022

JEAN PARVULESCO

Jean Parvulesco (nacido en 1929 en Rumanía, † en París en 2010) es un escritor y periodista francés. Se considera católico y heredero del pensamiento de la Tradición en la línea de René Guénon y Julius Evola.

Nacido en Valaquia y habiendo asistido a la escuela de cadetes, Jean Parvulesco decidió huir del régimen comunista tras la Segunda Guerra Mundial y cruzó a nado el Danubio hasta Yugoslavia en julio de 1948. Fue detenido y enviado a un campo político de trabajos forzados cerca de Tuzla, pero escapó a Austria en agosto de 1949. El antiguo disidente rumano llegó a París en 1950 y siguió cursos de filosofía y literatura en la Sorbona, pero no se dedicó seriamente a ellos, sino que prefirió frecuentar los círculos literarios, artísticos y cinematográficos de vanguardia.

Frecuentador de los círculos nacionalistas-revolucionarios junto a Jean Dides (entre otros) desde finales de los años 50, este extraño activista estaba cerca de la OEA, lo que no le impedía teorizar una "geopolítica del gran gaullismo". Más tarde, escribió artículos geopolíticos en diversas publicaciones, entre ellas el diario Combat, en los que abogaba, siguiendo la obra publicada a principios de 2002 por Henri de Grossouvre, por la creación de un "eje París-Berlín-Moscú" para contrarrestar la hegemonía anglosajona, un concepto propuesto anteriormente por Gabriel Hanotaux y evocado por Raymond Abellio (al que Jean Parvulesco estaba unido) en su novela Les Militants.

Autor de una obra abundante y variada (novelas, ensayos y poesía), Jean Parvulesco comenzó a publicar en la década de 1980, reivindicando numerosas influencias literarias en sus novelas. (Fuente babelio.com)

Quien unifica políticamente a Eurasia impide la formación de un mundo unipolar, quien impide la formación de un mundo unipolar rompe las ambiciones de Estados Unidos, quien rompe las ambiciones de Estados Unidos salva al mundo".

Michel d'Urance

Guy Debord dijo una vez que lo que caracteriza a los tiempos actuales es el hecho de que los revolucionarios se han convertido en agentes secretos y los agentes secretos se han convertido en revolucionarios. Es esta doble inversión la que constituye la base de lo que está ocurriendo actualmente en las profundidades.

Para Udo Gaudenzi, este libro es una lucha revolucionaria al límite comprometida en la línea de paso hacia la "historia al fin".

PREFACIO

En estos tumultuosos comienzos del año 2005 se manifiestan, con fuerza, acontecimientos absolutamente decisivos, al abrigo de sus propias ocultaciones en el trabajo, que parecen encargarse de obturar, de atenuar su verdadera importancia, el carácter cierto de una convergencia trágica, comprometida en la dirección de una inversión final de los tiempos y del sentido actual de la historia del mundo en su final. Ya es un hecho que nos dirigimos ineludiblemente hacia "el fin de un mundo", expresión tomada de René Guénon.

Por supuesto, las actuales gesticulaciones paranoicas de lo que Bill Clinton llamó la "Superpotencia Planetaria de los Estados Unidos", empeñada como está en su increíble empresa de injerencia -en términos de un conflicto armado de dimensiones e implicaciones planetarias- en Oriente Medio, bajo el pretexto del control definitivo de Irak, y la liquidación del régimen nacional-revolucionario de Saddam Hussein, que ayer todavía estaba en el poder en Bagdad, cautivan por el momento todo el horizonte de la actualidad, movilizando exclusivamente nuestra atención (muy erróneamente, como veremos en el transcurso del presente breve texto, que es también algo más que un simple prefacio).

Este intento de injerencia de Estados Unidos en Oriente Medio no es, en todo caso, más que una repetición, a un nivel mucho más alto, de su anterior empresa de injerencia directa en la antigua Yugoslavia -en Bosnia, Kosovo, Macedonia y la propia Serbia-, que en última instancia condujo al control político y estratégico total de Estados Unidos sobre todo el sureste del continente europeo, con Albania como base de control y maniobra detrás.

Sin embargo, en contra de ciertas apariencias engañosas, el verdadero centro de gravedad de la actual situación política planetaria no está en Oriente Medio, y sólo se ocupa relativamente de las consecuencias de la ofensiva estadounidense contra Irak, incluso en lo que respecta a las razones ocultas y aún más que ocultas de este asalto con sus objetivos declarados de devastación total. El verdadero centro de gravedad de la actual política planetaria en su conjunto está, en realidad, en Europa, y concierne a los actuales esfuerzos de integración imperial europea en torno al polo carolingio franco-alemán y a las consiguientes relaciones que éste pretende iniciar urgentemente, y profundizar en términos de destino -en los propios términos del "destino mayor", tanto histórico como suprahistórico- con la "Nueva Rusia" de Vladimir Putin: En realidad, es el proyecto aún relativamente confidencial, actualmente en curso, del eje transcontinental París-Berlín-Moscú el que marca el avance verdaderamente decisivo de los actuales cambios revolucionarios en la escala europea gran-continental de la dimensión y predestinación imperial euroasiática.

Sin embargo, la actual gran política europea es -y no puede serlo en absoluto- una política fundamentalmente conspirativa. No debemos tener miedo a las palabras. Una política fundamentalmente conspirativa porque todas sus grandes opciones operativas se desarrollan en la sombra, esencialmente en la sombra, protegidas por especiales dispositivos estratégicos de distracción y desinformación bajo control, destinados no tanto a desviar la atención de Estados Unidos de lo que está ocurriendo en Europa -nada puede permanecer realmente oculto ante la permanente vigilancia de los servicios de inteligencia político-estratégica de Washington- sino para que, sino para que, en la medida de lo posible, las *apariencias inmediatas* del curso actual de los acontecimientos se mantengan al margen, desubicadas, deportadas de la verdadera realidad, del ámbito decisivo del proceso de integración imperial europea en curso. Una falsa realidad alternativa sustituye permanentemente a la verdadera realidad en acción, al futuro político en sus dimensiones inmediatamente revolucionarias, una falsa realidad que debemos saber que está emasculada a propósito, impulsada subversivamente para que distraiga, desdramatice, desarme las alertas demasiado cercanas a los bajos fondos. Para que la realidad revolucionaria imperial europea no corra el riesgo de ser vista como una brusca provocación a la *"línea general" de los* intereses vitales de los Estados Unidos; y también para que éstos no lleguen a captar todo el proceso de integración imperial europea grandcontinental que, subterráneamente, continúa de forma ineluctable. Sigue adelante, a pesar de los obstáculos de la estrategia negativa estadounidense empeñada en contrarrestar, en la sombra, la sucesión de grandes operaciones políticas planificadas conjuntamente por París, Berlín, Moscú y también por Nueva Delhi y Tokio, con vistas a un mismo objetivo político-estratégico final, que es el de la afirmación imperial de la mayor Europa continental de dimensiones "euroasiáticas", de la afirmación revolucionaria del gran "Imperio euroasiático del fin".

Aunque Jacques Chirac pensó que tenía que hablar de un "Pacte Refondateur" del tratado franco-alemán de Gaulle-Adenauer de 1963, las celebraciones oficiales de este tratado, que tuvieron lugar en Versalles a finales de enero de 2003, no delataron lo que había detrás: Las celebraciones oficiales de este acontecimiento, que tuvieron lugar en Versalles a finales de enero de 2003, no dieron, sin embargo, ninguna pista de lo que había detrás: la puesta en marcha del proceso subterráneo de integración política de Francia y Alemania, para llegar, a la larga, a lo que Aleksandr Dugin llamó, en un sonoro editorial de Moscú, el "Imperio franco-alemán". Viva el imperio franco-alemán", tituló su editorial verdaderamente revolucionario, tan decisivo como visionario, y que quedará como tal en la historia de la gran Europa venidera.

Pues se trata de un "Imperio franco-alemán" que debe constituir el polo históricamente fundacional del gran *Imperium Ultimum"* continental euroasiático, su "polo occidental", el otro polo, el "polo oriental", debe estar constituido por Rusia y, detrás de Rusia, por la India y Japón: Quince días después del reconocimiento formal, en Versalles, del "Pacto de Refundación" franco-alemán, el Presidente Vladimir Putin realizó una visita oficial de Estado a París, mientras que el Primer Ministro de Jacques Chirac, Jean Pierre Raffarin, se desplazó, al mismo tiempo, a Nueva Delhi, donde mantenía conversaciones político-estratégicas confidenciales con el Primer Ministro indio, Atal Bihari Vajpayee. Y quizás se podría considerar que las conversaciones de Jean-Pierre Raffarin en Nueva Delhi con Atal Bihari Vajpayee se habían preparado durante la reciente visita oficial de varios días a París del viceprimer ministro indio, L. K. Advani, representante, dentro del gobierno de la Unión India, del ala dura y revolucionaria del partido gobernante Bharatiya Janata Party (BJP). Para los entendidos, la historia, la "gran historia", aunque pretende suceder a la vista, sólo desarrolla la trágica espiral de su marcha entre bastidores, en las profundas sombras de lo que se deja ver por los que "no".

En cualquier caso, una cosa es absolutamente cierta: lo que ahora se ha puesto en marcha no se detendrá nunca. En secreto, o no.

Sin embargo, ha llegado el momento de no ocultar más la realidad, aún velada, de una situación de hecho sin más salida que la de una conflagración planetaria total: si se crea la mayor Europa continental, "euroasiática", que hoy, conspiratoriamente, está precisamente en proceso de creación, los Estados Unidos se verían relegados, por este mismo hecho, a la situación de potencia de segunda o incluso tercera categoría. Por lo tanto, es bastante obvio que el objetivo político y estratégico planetario supremo de los Estados Unidos no puede ser otro que oponerse por todos los medios al advenimiento del gran "Imperio Europeo" continental del fin. Y, de hecho, por todos los medios, incluido el de una guerra preventiva -una guerra nuclear- de Estados Unidos contra el Imperio europeo. Esto es lo que deben tener siempre presente los políticos europeos, aquellos que tienen en sus manos el destino futuro de la Gran Europa. Porque ésta es la última palabra, el escollo y la prueba definitiva. *La prueba del fuego.*

Se trata de una situación de ruptura permanente. Y esto es precisamente lo que, en el contexto de este inestable, esencialmente equívoco y trágico "límite último", explicará las condiciones conspirativas en las que se inicia y prosigue actualmente el proceso imperial europeo gran-continental tras la fachada de las apariencias desinformativas y comprometido en la dialéctica activa de una estrategia de distracción permanente, Se trata de la fachada de la *situación visible de* las cosas que se mantiene a propósito en una luz singularmente decepcionante, como si se pisoteara indefinidamente en el lugar, perdido en la indecisión y la debilidad, privado de toda posibilidad de "alcanzar su meta". Desinformación, por tanto.

Mientras que la *situación invisible es* exactamente lo contrario de lo que muestran sus apariencias estratégicamente maquilladas y encubridoras, el proyecto -por ejemplo- del eje París-Berlín-Moscú está, por el momento, prácticamente en estado de éxito. Pero el eje París-Berlín-Moscú es nuestra batalla decisiva.

Porque, durante algún tiempo, la gran política continental europea tendrá que llevarse a cabo como una política con dos identidades, con dos niveles antagónicos de visibilidad, una política esencialmente conspirativa, una política que es a la vez visible e invisible. Una falsa política visible, y una invisible realidad revolucionaria en acción.

Y aquí es donde va a sorprender -como vengo diciendo desde hace tiempo- la extraordinaria importancia revolucionaria directa de las activistas -y desde hace tiempo, sobreactivadas- cadenas europeas gran-continentales constituidas por los "grupos geopolíticos", cuya misión había sido -y sigue siendo- la de velar por el desarrollo ininterrumpido de una cierta conciencia geopolítica imperial nacional-revolucionaria en el seno de los países de la Gran Europa, un movimiento que actúa, ya, más allá de las divisiones nacionales, en una perspectiva cada vez más imperial, un movimiento decisivo, un movimiento que lleva la "gran historia" en su marcha subterránea.

Así, en la presente obra, que es un libro singularmente peligroso, que no debe ponerse en todas las manos, yo mismo no he hecho más que dar testimonio, en continuidad con la marcha hacia adelante, de los desarrollos consecuentes de una cierta conciencia imperial revolucionaria en Europa. Paso a paso. Acompañando así su propio curso, y la mayoría de las veces anticipándose a él, y por un largo camino: no era un trabajo analítico de seguimiento lo que emprendía allí, sino un trabajo fundamentalmente visionario, cuyo propio horizonte se situaba en la historia del más allá del fin de la historia.

El primer artículo de este libro, titulado *La Doctrina Geopolítica de la URSS y el "Proyecto Oceánico Fundamental"* del Almirante G.S. Gorshkov, se publicó en febrero de 1977, y el último, titulado *"La Asunción de Vladimir Putin"*, en diciembre de 2004. De uno a otro, se traza el proceso de nacimiento y desarrollo revolucionario de la actual conciencia política grancontinental europea a lo largo de un cuarto de siglo y más: cada capítulo de este libro marca una etapa ascendente de la nueva conciencia revolucionaria supranacional con objetivos imperiales, secretamente escatológicos, de la que este libro es la vanguardia.

Y esto es así precisamente porque la evolución de los acontecimientos visibles e invisibles de la historia mundial en curso estaba a su vez cada vez más comprometida en una dialéctica de convergencia imperial, tras la emergencia gradual del concepto de un nuevo "gran destino" revolucionario final para integrar el conjunto geopolítico de lo que llamamos el "Imperio Euroasiático del Fin".

De hecho, este concepto de un nuevo "gran destino" imperial europeo era en sí mismo una respuesta a la emergencia anticipada de la "Nueva Rusia" en el curso de la actual historia mundial europea: una *"Nueva Rusia"* vista, por tanto, como el agente revolucionario predestinado de los cambios abismales que finalmente iban a ocurrir. La llamada de la historia, resonando desde las profundidades, se impuso al sueño dogmático de la Rusia impedida. Y la propia "Nueva Rusia" apareció -o mejor dicho, no *reapareció en* el curso de la historia actual a través del advenimiento providencial del "hombre predestinado", el "concepto absoluto" Vladimir Putin, encarnando la "Nueva Rusia" y todo lo que significa en relación con los inmensos cambios ya en curso o por venir en la historia del mundo atrapado en el vértigo de su propio destino final.

Así, el conjunto de textos que constituyen el presente libro representa el recorrido interior de la espiral de una conciencia geopolítica imperial grandiosa que estaba destinada -de antemano, y muy necesariamente- a conducir a las conclusiones finales que ahora son, aquí, las suyas. Y, como tal, la presente obra debe ser reconocida como un libro de combate total, que muestra cuáles son los caminos actuales de cualquier conciencia geopolítica imperial gran-continental. Al mismo tiempo, más allá de los caminos de la evolución íntima de una determinada conciencia geopolítica final, se puede encontrar en ella el secreto actuante, el secreto vivo de la experiencia espiritual cumbre, que es el de la *iluminación dialéctica* adjunta a la aparición de esta misma conciencia, una experiencia espiritual cumbre que puede ser tenida como una liberación, una liberación, una toma de posesión secreta.

La gran geopolítica, la "geopolítica trascendental" es, de hecho, una mística revolucionaria en acción, que debe conducir al poder absoluto de la conciencia sobre la política y, más allá de la política, sobre la propia "gran historia", porque la conciencia geopolítica final se identifica ahora con la marcha de la "gran historia" hacia su conclusión última, escatológica, imperial, conclusión que se sitúa en la historia desde más allá del fin de la historia.

Ahora vienen otros tiempos". En la perspectiva ya abierta ante nosotros de esta historia más allá del fin de la historia, la escala de importancia de los problemas político-históricos cambia completamente. Allí, el doble objetivo límite de la "Nueva Rusia" parece ser el de la liberación de Constantinopla y la entrega de Santa Sofía, así como el del establecimiento de una nueva y al mismo tiempo extraordinariamente antigua relación fundacional con la India y, tras ella, con el Tíbet, Corea y Japón. Rusia", dice Alexander Dugin, "es el puente entre Europa y la India.

¿No escribió Guillermo II a su primo Nicolás II, al que llamaba "Emperador del Pacífico", que el hecho de que Corea perteneciera a la esfera de influencia directa de Rusia era un hecho evidente e indiscutible? ¿No estaba Nicolás II ardientemente obsesionado con la intervención en profundidad, con la presencia efectiva de Rusia en el Tíbet y la India? ¿No había emprendido, siguiendo los consejos de Badmaieff, importantes operaciones secretas en dirección al Tíbet y la India? Por su parte, Vladimir Putin, al abrazar místicamente la causa abismal de la Rusia total, al supervisar personalmente el régimen de canonización pravoslava de la Familia Imperial bestialmente masacrada por el comunismo soviético, ¿no hizo suyas todas las misiones escatológicas de la "Santa Rusia"? ¿No implicó a la Iglesia Ortodoxa directamente en la gestión de la gran política actual de Rusia, reintroduciendo así lo sagrado en la marcha de Rusia hacia su destino renovado, hacia sus grandes misiones suprahistóricas por venir? ¿No confiesa abiertamente su propia fe cristiana, el fuego de la fe que nunca ha dejado de habitarle desde su infancia, reavivado por su visita a Jerusalén? ¿No tiene vínculos ocultos, pero continuos, con Roma?

Así, la actual reunión nupcial de Rusia y Europa deberá imponer el retorno de lo sagrado viviente dentro de la comunidad imperial del Gran Continente. Esto, a su vez, desplazará de nuevo, y de forma definitiva, el centro de gravedad espiritual del "Gran Continente", desde las posiciones materialistas de la conspiración trotskista de apoyo a las socialdemocracias -finalmente expulsadas del poder, en toda Europa- hasta el horizonte de una historia de nuevo abierta a la intervención -a las intervenciones- de lo sobrenatural. Así se anuncian los tiempos soleados de un nuevo gran retorno revolucionario al ser y el abandono salvador de las dominaciones subversivas del no-ser. Vladimir Putin y el "Imperio Euroasiático" es el ser y el volver a ser. El sol más allá del final. Ese día llegará.

Pero quizás debamos reconsiderar cierto punto. En efecto, se me ha criticado fuertemente por haber producido, en este libro, una larga serie de artículos que se suceden en el tiempo, en lugar de presentar algo así como la síntesis final del material propuesto por todos ellos; su integración, por tanto, en un libro que hubiera dado una imagen unitaria, concentrada y global. Un libro de síntesis más que esta larga sucesión de artículos. Pero eso habría sido proceder de forma completamente opuesta a lo que realmente quería poner de manifiesto en mi enfoque del tema, a saber, la aparición en la agenda del concepto, tanto político-histórico como suprahistórico, del "Imperio euroasiático del fin" y sus relaciones predestinadas con el presidente Vladimir Putin. El surgimiento de un pensamiento geopolítico plasmado en su propio devenir.

Pues, si, en última instancia, la geopolítica es una gnosis, como algunos ya estamos profundamente convencidos, lo importante entonces sería poder revelar también el proceso mismo del nacimiento gnóstico, del advenimiento al día de la conciencia geopolítica final y consumada. Sorprender, por tanto, el proceso iniciático de la conciencia geopolítica en el proceso de elevación de sí misma al Occidente supremo de su propia identidad final, *definitiva*. En efecto, si el nacimiento a sí mismo de la conciencia geopolítica última reproduce el ascenso heroico de la espiral iniciática hacia lo que la atrae a las alturas, es cierto que este ascenso mismo debe mostrarse, aquí, al menos tanto como la conciencia última a la que finalmente pretende conducir. No sólo su resultado, sino también su trayectoria.

Ahora bien, sorprender el proceso de la ascensión iniciática en el camino de su realización última -el camino geopolítico último, en este caso, de éste hacia el concepto de "Imperio euroasiático del fin"- no es en realidad otra cosa que seguir su camino a través de la serie de artículos cuya sucesión habrá constituido, en el tiempo, esta misma ascensión: ahí está toda la explicación de la elección de la estructura de exposición que creí tener que imponer en la presente obra. ¿Una simple serie de artículos? Tal vez. Pero, más allá de eso, también hay *algo más*. Una serie de artículos que arden con el fuego de una "conciencia última".

¿Lo habremos entendido? Es el testimonio vivido sobre la experiencia en curso de una conciencia geopolítica en proceso de realización lo que constituye ella misma esta conciencia, cuya realización va sin embargo más allá de la experiencia que la habrá transmitido, porque es ella misma la asunción conceptual de la misma y, más allá de esto, lo que debe acabar llevándola a la acción revolucionaria inmediata, a la "acción directa".

Y la conclusión de todo esto aparecerá, creo, como por sí misma: tal como es, la presente obra no tiene otra ambición que la de convertirla en la herramienta contraestratégica decisiva de un combate total, del combate imperial final de los nuestros.

La experiencia revolucionaria secreta de la geopolítica funda anticipando el devenir de la mayor historia en curso, su ministerio oculto no es en absoluto, como podría pensarse, el de acompañar tratando de explicar la marcha hacia delante de la historia: al contrario, es la geopolítica como experiencia gnóstica abismal de la historia la que plantea sus objetivos últimos, y tiende a las últimas razones escatológicas en acción.

El entramado sucesivo de artículos de combate político-revolucionario de vanguardia, una rejilla movilizada que trabaja día a día, que constituye la sustancia misma de la presente obra, está ahí para testimoniar, a lo largo de un cuarto de siglo, que la conciencia geopolítica de vanguardia no ha terminado de preceder el devenir revolucionario de la historia en curso; que, de hecho, la historia en curso no deja de seguir la emergencia visionaria de una determinada conciencia geopolítica, cuyos fundamentos ocultos se revelan así como de naturaleza providencial. Esto es precisamente lo que, en la correspondencia interna altamente confidencial de la Compañía de Jesús, se llamó, en el siglo XVIII, el "designio secreto del Emperador". No el Emperador de Viena, sino el "Emperador del Cielo". Y allí se dice todo.

La acción geopolítica tiene así una doble naturaleza propia: transmite la inspiración providencial directa de la historia, de la historia mayor, y conduce así, al mismo tiempo, secretamente, los desarrollos político-históricos de la historia en su marcha inmediata hacia adelante.

Así que, en cierto sentido, es la suma en movimiento de los artículos circunstanciales reunidos en este libro lo que habrá hecho la historia del mundo actualmente en movimiento y ya tan cerca de su fin; y esto lo sepamos o no.

Tantos pasos adelante hacia la conciencia revolucionaria que debe llevar a la constitución de la "Fortaleza Gran Europa" llamada a enfrentar el cerco político-militar que está instalando Estados Unidos comprometido en su política de toma final del planeta, la proyectada "Fortaleza Gran Europa", también para desestabilizar, para neutralizar las nuevas orientaciones político-históricas de un mundo que se aproxima, subversivamente, y de forma cada vez más acelerada, a la "crisis final planetaria" prevista por los designios secretos del "Antiimperio" ya implantado en Washington. La "Gran Fortaleza Europea" cuyo centro de gravedad contraestratégico planetario es movilizado subterráneamente por la "Nueva Rusia" de Vladimir Putin, cuya predestinación imperial y escatológica final cambiará pronto la faz del mundo y de la historia. De hecho, se puede predecir que *todo va a cambiar*, y de forma definitiva.

Jean Parvulesco

LA DOCTRINA GEOPOLÍTICA DE LA URSS Y EL "PROYECTO OCEÁNICO FUNDAMENTAL" DEL ALMIRANTE G.S. GORSHIKOV

¿Cuál de los dos bandos se impondrá sobre el otro? El que será capaz de dejar aparecer en su interior la voluntad de destino del hombre providencial, que será también el hombre de la última batalla.
¿Cuándo llegará? Inevitablemente, a la hora señalada.'

Belgrado, Dalmatinska Uliça

L a estancia forzosa que tuve que hacer en Belgrado, en el verano de 1948, en la celda blindada número 15 de la prisión especial de la UDBA, en la Dalmatinska Uliça de lúgubre y sangriento recuerdo, me dio, entre otras cosas, la oportunidad de hablar durante días y noches con uno de los más importantes dirigentes del grupo político clandestino que, en los años 1946-1948, había intentado actuar, incluso dentro del poder titista vigente, siguiendo una línea doctrinaria, noches, con uno de los líderes más importantes del grupo político clandestino que, en los años 1946-1948, había intentado actuar, desde el poder titista vigente, en una línea doctrinal kominformista, es decir, estalinista y antitística, el Prof. MT. MT. Este último, asombrosamente inculto, o suicidamente imprudente, había sido escapado por los servicios políticos de Rankoviteh y puesto en total aislamiento en la Dalmatinska Uliça el mismo día que regresó de Moscú a Belgrado. Desde 1947, el profesor MT era el jefe de la Comisión Económica Permanente del Cominform en Moscú, detrás de la cual se escondía la Dirección de Europa Sudoriental de los servicios político-estratégicos operativos, que duplicaba el aparato político abierto mantenido por el Cominform en Rumania, Bulgaria, Yugoslavia y Albania, y, de manera más encubierta, en Grecia.

Pero la verdadera razón de la postura antikominformista del Gobierno Nacional Titista de Belgrado, que se vio obligado a responder tanto defensiva como preventivamente a los ataques -el cerco- al que acababa de someterse Yugoslavia por parte del frente estalinista-kominformista en Europa del Este, la verdadera razón, por tanto, de la gran e irreversible ruptura entre Yugoslavia y la Unión Soviética en julio de 1948, tenía que ver precisamente con los planes clandestinos del mariscal Tito y su testaferro, Vukmanovic, entre Yugoslavia y la Unión Soviética en julio de 1948 se refería, precisamente, a los proyectos clandestinos del mariscal Tito y de su testaferro, Vukmanovic-Tempo, que se preparaban para poner en marcha un vasto movimiento de *reagrupación* federal del sudeste de Europa, reagrupación predeterminada por Belgrado y que debía alinearse, a largo plazo, con las posiciones definidas por Belgrado.

Fue Vukmanovic-Tempo, compañero íntimo del mariscal Tito y durante mucho tiempo ministro federal de Trabajo -al menos lo fue durante mis prácticas forzadas en 1948-1949 en los campos de trabajo de la zona minera de Litva-Banovic, cerca de Sarajevo-, quien me parece estar en el origen de la línea antikominista en la que se embarcó Yugoslavia a partir de 1948. La vasta operación contraestratégica clandestina que Vukmanovic - Tempo en aquel momento, el maestro de obras del "gran diseño geopolítico del sudeste europeo" alimentado en secreto por el mariscal Tito y sus allegados - había puesto en marcha no era otra que la de la constitución acelerada de una Federación del Sudeste Europeo que comprendiera, bajo una dirección política implícitamente yugoslava, a Grecia, Albania, Yugoslavia, Bulgaria y Rumania.

A través del Cominforn, I.V. Stalin reaccionó con tanta dureza que la ruptura entre Belgrado y Moscú fue, por así decirlo, inmediata y definitiva. Tras movilizar Moscú a todo el bloque oriental prosoviético a su lado, Yugoslavia fue inmediatamente desterrada del "campo socialista", arrojada a las tinieblas exteriores, empujada a los campos políticos de la "tercera vía" (que más tarde desembocó en las estrategias titistas de "no alineación").

No se puede pensar en atacar las zonas, las esferas de influencia imperialista sin esperar lo peor. En efecto, el mariscal Tito sólo había podido evitar la "normalización" soviético-kominformista de Yugoslavia, y sólo por poco, suspendiendo bruscamente las operaciones clandestinas en curso en la línea federal de influencia yugoslava del sudeste de Europa, cuyo máximo dirigente, Vukmanovic-Tempo, se había puesto así a la altura de una especie de Che Guevara de Europa del Este. Un Che Guevara antes de tiempo, y que debía su saludo personal a la inteligencia dialéctica y a la audacia de maniobra con la que Belgrado había conseguido, por un lado, desvincularse del sureste de Europa y, por otro, negociar el contragiro de su repliegue nacional en la "fortaleza yugoslava". Y todo ello mientras conseguía mantener la distancia necesaria con el campo occidental a través de lo que se convertiría en el "no alineamiento", una doctrina yugoslava de sustitución, apoyo y bloqueo que debía ofrecer la carrera posterior que conocemos.

Pero volvamos, tras esta breve introducción al tema, a mis propias relaciones personales con el profesor MT. Cuando me reuní con él en la prisión de la UDBA en Dalmatinska Uliça, su estricto aislamiento ya se había levantado un mes antes. Relajado, tratando de recomponerse en mayo, pensó que su traslado a la celda común tenía un significado singularmente positivo. Pero él también se equivocó, como tantos otros. De hecho, el profesor MT desapareció definitivamente en el torbellino de la gran represión antikominformista de aquellos años, ejecutado, según me aseguraron, en el invierno de 1949, en un campo secreto antikominformista cerca de Mitroviça. Pero he conservado intacto el recuerdo de sus confidencias celulares, la parte principal de las cuales se refería a sus conversaciones en Moscú con I.V. Stalin y su secretario privado, el general Alexander Poskrebychev. El profesor MT era uno de los pocos que en ese momento, con puño de hierro, apretaba espasmódicamente su brazo derecho:

- Tú, camarada MT, estás hablando esta noche en mi casa como el trotskista Kardelij, tu querido camarada del Buró Político de Belgrado. Me parece muy lamentable. ¿De verdad crees que no sabemos cuáles son las actividades clandestinas de Kardelij, sus relaciones con el sionismo mundial y los afeminados trotskistas *del Servicio de Inteligencia* británico? Además, en Belgrado, Kardelij no es el único que tiene conexiones escabrosas, si puedes ver de quién hablo y al mismo tiempo no hablar, si puedes ver a quién me refiero. Todo esto lo sabemos muy bien, y mucho más. Pero a ti, camarada MT, a ti personalmente, quiero confiarte. Sé que estás con nosotros, que eres uno de los nuestros, y que eres el único yugoslavo inteligente, mucho más inteligente que ese faisán de Djilas. Además, eres serbio y hablas ruso como el resto de nosotros. Verás, esta misma mañana, cuando me he levantado, estaba pensando en ti. Porque sé que su tiempo llegará, y quizás antes de lo que piensa. Porque tenemos el ojo puesto en todo. Así que, como bien dice el general Poskrebyshev, tenga *cuidado*, camarada MT. Hemos derrotado a la Alemania de Hitler y eliminado el nazismo, pero todavía hay, en casa -incluso en casa, quiero decir-, cosas que están mal. Existe, como ves, una y otra vez, la conspiración trotskista desde dentro, que, enroscada bajo el suelo, en nuestra propia casa, y apoyada desde fuera por la línea antisoviética del trotskismo mundial, está astutamente esperando la oportunidad adecuada para levantar de nuevo la cabeza. Y sin embargo, pensamos que habíamos aplastado la cabeza de esa serpiente. Pero tenemos que empezar de nuevo cada día. Esta es nuestra secreta tarea revolucionaria, que cada día tomemos el mismo picahielo, que cada día nos impongamos a la muerte y a las fuerzas de la muerte apelando a la muerte, manipulando a la muerte misma. Mientras nos deje, lo digo en serio...

Así que el general Poskrebychev tiene razón al estar tan pendiente de las palabras de nuestra incesante lucha. Porque todo encaja. El único concepto que cubre completamente nuestra visión estratégica o, como diría aquí el general Chtemenko, nuestra visión geoestratégica del internacionalismo proletario, es el que se refiere a la "misión planetaria" de la Rusia soviética. Nosotros, los soviéticos, siempre hemos buscado apoyar, complementar y exaltar nuestra potencia continental -nuestra gran potencia continental- con una Flota diferente a las de las otras grandes potencias marítimas, una Flota que pueda valerse por sí misma, que no necesite bases externas: una Flota Oceánica, nuestra *Okeanska*. Siempre hemos buscado una salida al mar, una salida al Atlántico y al Pacífico. Pero para nosotros, el Pacífico siempre ha sido y sigue siendo lo más importante. Yo digo: el Pacífico por encima de todo. Por lo tanto, la misión planetaria de la Rusia soviética puede considerarse en vías de cumplirse el día en que nuestra Flota Oceánica navegue libremente, e incluso diría -soberanamente-, por el Pacífico, el día en que la Bandera Roja ondee al viento de las Islas del Sur. Camarada MT, ¿has oído hablar de la Isla de Pascua? No, ¿la Isla de Pascua no significa nada para ti? ¿Nada de nada? Y, sin embargo, recuerda, porque te estoy contando una gran cosa, *todo sucede en la Isla de Pascua.*

Pero no tenemos nada que temer, Estados Unidos no tiene destino propio, su imperialismo planetario es un imperialismo de mercaderes y zombis manipulados por otros, en la sombra. Un imperialismo sin destino. Porque esto es lo que me gustaría que recordaran de nuevo esta noche: los Estados Unidos no existen. Antes de que termine este milenio, Estados Unidos estará fuera de la historia del mundo. De hecho, la propia historia está muy cerca de su fin.

- Agradece al camarada Stalin que te haya confiado cosas muy grandes. Vamos, camarada MT, besa su mano -susurró el general Poskrebyshev, instándole a acercarse a I.V. Stalin, quien, sonriendo enigmática, distante y vagamente, permanecía inmóvil ante la mesa cubierta de rojo, "petrificado y como envuelto en la noche".

- Y le besé la mano como si se tratara de un metropolitano", tuvo que confesarme el profesor MT, atribulado, ya que fue a su vez víctima, como tantos otros, del hechizo secreto del antiguo seminarista de Tiflis, compañero de estudios de Gurdjieff e iniciado de la *Rasputy.*

El *"Proyecto Oceánico Fundamental"* del Almirante G.S. Gorchkov

Pero cómo no reconocer que, como decía I.V. Stalin, *todo encaja.* Pues, utilizando como relevo las estructuras de agitación-propaganda y de contrainformación de Taiwán, sólidamente implantadas, como sabemos, en Hong Kong, Singapur y en todo el sudeste asiático, el Then Wu maoísta -el vector de Taiwán es, sin duda, utilizado sin saberlo, o casi, muy a menudo por el Then Wu- se empeñó en difundir, en agosto de 1976, un documento de alta utilización antisoviética que, aunque probablemente sea una prefabricación, contiene sin embargo una parte indiscutible de verdad. Se trata de la traducción al inglés del llamado *"Proyecto Oceánico Fundamental"* del almirante G. S. *Gorshkov,* una especie de plan general para la expansión político-estratégica mundial de la URSS desde las posiciones geoestratégicas oceánicas y marítimas ya asumidas, o cada vez más asumidas, por la flota soviética.

Sin embargo, la mayor importancia de este documento radica en el hecho de que, evidentemente, sólo ha podido elaborarse (si es que realmente se trata de una elaboración) sobre la base de una serie de datos concretos, elementos probados que no pueden dejar de ser auténticos, incluyendo, en particular, y según el último estado de los análisis, la *incrustación* de un manual secreto de geoestrategia naval operativa actualmente en uso en la Academia Naval Superior de Leningrado.

Y *todo encaja* porque las conclusiones del "Proyecto Oceánico Fundamental" del almirante G.S. Gorshkov dan 1977 como fecha decisiva para la puesta en marcha de una gran geoestrategia naval soviética cuyo objetivo declarado sería el dominio total de los espacios planetarios interoceánicos, objetivo para el que se fija un fuerte plazo de desarrollo de siete años, 1982-

1989. Sin embargo, también es cierto que el objetivo límite del "Proyecto Oceánico Fundamental" en cuestión, que debe alcanzarse y estabilizarse en los años 1982-1989, y que consiste en polarizar todo el poder interoceánico de la Flota Soviética, concierne, como debería, a las extensiones del Pacífico Sur definidas por la zona neurálgica, por la "zona suprasensible" de la Polinesia y, paradójicamente, por el *Trefpunkt* metapolítico de la Isla de Pascua. Lo que, obviamente, nos remite a las palabras que I.V. Stalin se permitió decir, pero quizás a propósito, y quién sabe con qué lejano y esquivo propósito, una noche de 1948 en el Kremlin.

Por otra parte, no puede dejar de ser interesante observar que, desde el punto de vista de lo que ahora se llama "gran astrología", la Rusia soviética, con su signo esencialmente neptuniano, iba a alcanzar la cima de su propio destino neptuniano-oceánico en los años 1982-1989.

Asimismo, en su última novela metapolítica, *El pozo de Babel*, Raymond Abellio escribió: "... los tres planetas "ocultos", Urano, Neptuno y Plutón, que actualmente parecen estar relacionados con los destinos respectivos de Estados Unidos, Rusia y China, marcan así tres grandes crisis, en 1962-1968, 1982-1989 y 1999-2015" (Raymond Abellio, *El pozo de Babel*, París, 1962). 1982-1989, período al que se refiere, precisamente, el "Proyecto Oceánico Fundamental" del almirante O.S. Gorchkov.

Es la profunda inevitabilidad neptuniana de los tiempos actuales la que rige la obsesión oceánica de la Rusia soviética. Siguiendo el impulso geoestratégico del "Proyecto Oceánico Fundamental" del almirante O.S. Gorchkov, Rusia se ha colocado así en posición de asegurar el control total -en principio- de los espacios marítimos y oceánicos intercontinentales, un control que decidirá el rumbo mismo de la historia mundial en los años 1982-1989.

Que una superpotencia continental se convierta así, en el espacio de un cuarto de siglo, en una superpotencia oceánica, ¿qué signo más neptuniano de la inversión final de las polaridades geopolíticas planetarias, donde aparece también el signo claro de los grandes períodos imperiales por venir?

El sueño más secreto de Moscú sigue siendo el de lograr el control del Pacífico. El día en que la Unión Soviética se introduzca en la Polinesia, la faz del mundo cambiará durante mil años", dijo abiertamente en París Andréa de Winter, el personaje central de *Atlantis*, poco antes de conocer su dramático y oscuro final.

Por último, durante la visita a Pekín en septiembre de 1976 del Jefe de Estado de Samoa Occidental, Mailetoa Tanumafili, el Primer Ministro y jefe supremo de todos los servicios de inteligencia y seguridad de la R.P. de China, Hua Kuo-feng, cuyo nuevo cargo político-administrativo es bastante elevado, y que deberá ascender aún más, aprovechó la ocasión para denunciar el hecho de que había sido miembro de un grupo de personas que habían estado trabajando en Samoa Occidental durante muchos años. Hua Kuo-feng, cuyo nuevo y altísimo cargo político y administrativo es conocido y que deberá ascender aún más, aprovechó la ocasión para denunciar el "nuevo frente de infiltración estratégica" abierto "en el Pacífico" por una "superpotencia que pretende ser el aliado natural del Tercer Mundo y que, en realidad, constituye la zona de guerra más peligrosa para el futuro del Tercer Mundo", una superpotencia para la que "la inversión estratégica en el Pacífico, y más concretamente en el Pacífico Sur, es hoy un objetivo muy importante".

Nadie lo ignora hoy en el Pacífico: desde Pekín, es Hua Kuo-feng quien dirige personalmente la batalla política para frenar las inversiones soviéticas en el Pacífico y quien, firmemente decidido a ganar, está construyendo la barrera que impedirá a la Unión Soviética acceder a las vías oceánicas de sus proyectos planetarios ya en marcha. La acción a gran escala emprendida por Hua Kuo-feng, como sabemos, moviliza también, a su espalda, opciones antisoviéticas de primera importancia, y que saben darse un apoyo oculto incluso en el seno del poder político actualmente vigente en Moscú.

El giro fatal de un desarrollo histórico fatal

Se ha iniciado, pues, el proceso que debe decidir el futuro destino político-histórico de la URSS y hacer, por tanto, que se comprometa totalmente con los caminos que exige la concepción geoestratégica ofensiva de sus Fuerzas Armadas y de su Flota, o que sufra y asuma, plenamente, el deslizamiento que, de hecho, representaría un retorno subversivo a las posiciones antinacionales y anticontinentales de lo que I.V. Stalin llamó, en sus conversaciones con el profesor MT, a la "conspiración trotskista desde dentro".

Así, marcando el final inexorable de una crisis que podía convertirse en exponencial en cualquier momento, de una ruptura interna del propio régimen soviético, anunciando el punto de inflexión fatal de una evolución histórica fatal, la *línea de paso* del año 1977 aparece como absolutamente decisiva, porque, Si bien es una crisis tal vez aún invisible, o al menos no fácilmente perceptible en la superficie, ya está alcanzando un paroxismo en sus profundidades, cuyo único desenlace posible implica que el propio régimen, sin dilaciones e irremediablemente, debe comprometerse en una u otra dirección.

Por supuesto, los poderes esencialmente negativos que actúan actualmente en la Unión Soviética, de forma más o menos clandestina, en posiciones de autodesplazamiento, de sometimiento internacionalista y de resignación histórica preventiva, no representan, en realidad, más que los grupos de intelectuales cosmopolitas y degenerados que, agitando en torno a reuniones del tipo del Comité Soviético de Derechos Humanos creado por el equivocado Andrei Sajarov, Las reuniones que no son más que grapas, incluso aparatos de provocación manipulados por el KGB, más que organizaciones para la acción política, sólo implican a una minoría singularmente insignificante en relación con la realidad política y social profunda, en relación con la realidad social viva de la Unión Soviética actual.

El peligro de un resurgimiento de lo que I.V. Stalin llamó a la "conspiración trotskista desde dentro" sigue siendo, de hecho, muy diferente: A saber, el peligro de que éste consiga maniobrar a fondo, y más aún si la evolución político-social del momento se presta a ello, para movilizar sobre sí mismo, y desviar hacia fines esencialmente subversivos, antinacionales y antisoviéticos, el formidable capital revolucionario del descontento, de la desesperación social de las masas soviéticas, hacer de él el torbellino contrarrevolucionario en condiciones de impedir, y en su hora más crucial, la evolución interna del actual régimen soviético hacia posiciones nacional-comunistas continentales, hacia la puesta en marcha de un dispositivo geoestratégico global capaz de asegurar a la Rusia soviética el arma político-histórica de su "misión planetaria" final.

Sin embargo, ¿es concebible que el Ejército Rojo permita que las cosas sucedan así? Para romper la camisa de fuerza del Partido, de la administración marxista-leninista del Partido en el Estado, el propio Ejército Rojo puede encontrarse dialécticamente en la obligación imperativa de llamar a la emergencia, a la movilización de fuerzas sociales -o antisociales- de disolución caótica, cuyo manejo posterior no estará ciertamente exento de riesgos, y de riesgos que pueden convertirse repentinamente en lo que el general De Gaulle llamó, en mayo de 1968, *riesgos inmensos*. O son, hay que entenderlo claramente, las condiciones mismas, las condiciones activas, sobre el terreno, del enfrentamiento final de dos conspiraciones: antagónicas dentro del mismo poder del Estado. Hasta nuevo aviso.

Las Fuerzas Armadas soviéticas están en pie de guerra, dispuestas a cumplir su deber nacional e internacional junto a los combatientes de los países de la comunidad socialista", declaró el Ministro de Defensa soviético, mariscal Ustinov, el 7 de noviembre de 1976 en la Plaza Roja de Moscú.

Fieles a los sagrados principios del internacionalismo proletario y protegiendo los intereses del socialismo, la obra de la libertad y la independencia de los pueblos, las Fuerzas Armadas Soviéticas", añadió el mariscal Ustinov, "siguen con extrema vigilancia las actividades de los enemigos internos y externos de la Paz".

La confrontación final de dos conspiraciones antagónicas

En el interior del poder soviético, dos tendencias, o más bien dos conspiraciones, se enfrentan, en la actualidad, en profundidad, y es precisamente este enfrentamiento en acción el que define y arma la crisis política total a la que el año 1977 no puede dejar de aportar, de una u otra manera, el desenlace *decisivo:* por una parte, y todavía utilizando la expresión de I.V. Stalin, la "conspiración trotskista desde dentro", y, por otro lado, lo que debería llamarse, a partir de ahora, la conspiración real de los partidarios y grupos al servicio de la línea geopolítica del Ejército Rojo, los "grupos geopolíticos" en acción desde las posiciones de fuerza del Ejército Rojo dentro del Estado soviético.

Para los nacionalistas revolucionarios europeos, la tarea doctrinal más urgente y, en las circunstancias actuales, la única fundamental, parece ser la de un acercamiento inmediato y lo más completo posible a la nueva ideología revolucionaria que hoy en día pone en evidencia a los líderes aún ocultos de la nueva línea geopolítica continental soviética.

Si miramos las cosas de forma correcta, si tomamos sólo el punto esencial, fue I.V. El propio Stalin que, al ponerse a la cabeza de la lucha antitrotskista y liquidar, a partir de entonces, a los dirigentes y las fuentes de la infección antinacional dentro del régimen, iba a iniciar el giro nacional-revolucionario del socialismo soviético, del "nacional-comunismo" soviético, para sentar las bases del Pacto germano-soviético de agosto de 1939 que, se diga lo que se diga y ocurra lo que ocurra después, iba a constituir el primer acto político-histórico de la futura movilización geopolítica continental, cuyas líneas magnéticas de marcha y cuya petición de destino más profunda intentamos identificar hoy. Porque, centrada secretamente en el gran *corazón* euroasiático incluido en el triángulo formado por el desierto de Gobi, el Sin-Kiang y el Tíbet, es en efecto esta movilización geopolítica continental presagiada por el pacto germano-soviético de agosto de 1939 la que se dispone, hoy, a reunir y reactivar, una vez más, el Gran Continente, desde el Atlántico hasta el Pacífico. Y no olvidemos tampoco que es en el corazón del triángulo constituido por el desierto de Gobi, el Sin-Kiang y el Tíbet donde, según las primeras tradiciones, se encontraría el Dejung o Shamballa, "el centro oculto del mundo visible e invisible" y, según Alexandre Saint-Yves d'Alveydre y René Guénon, la morada del "Rey del Mundo".

También, al otro lado de la barricada y a un nivel completamente distinto, el episodio Slansky, o el de la liquidación de Laszlo Rajk, arreglos turbios si los hay, y con ellos, pero a una escala mucho mayor, la rectificación equívoca y prevaricada, La "normalización" soviética de la "Primavera de Praga" en 1968 representan, entre una serie de asuntos oscuros similares, capas más o menos visibles de un iceberg sumergido bajo las olas heladas de la guerra oculta por la dominación planetaria en curso, un iceberg denominado, en este caso, la lucha a muerte entre las dos tendencias antagónicas del poder soviético actualmente en vigor, a saber, la "conspiración trotskista desde dentro" y, en oposición a ella, los grupos de poder político-militares que, en la URSS, apoyaban y siguen apoyando una línea nacional-revolucionaria, lo que se llama, hoy, la "línea geopolítica".

Un iceberg sumergido cuyos próximos movimientos decidirán en secreto el rumbo final de la actual historia mundial.

Las tesis fundamentales de los "grupos geopolíticos" del Ejército Rojo

Como sabemos, varias agencias de inteligencia occidentales ya están siguiendo de cerca, con mayor o menor éxito, la evolución actual de las concepciones, compromisos, pruebas de fuerza ocultas y manifestaciones más o menos apagadas del frente interno nacional-revolucionario soviético, cuya convergencia se está afirmando e interviniendo tanto en las filas superiores del Ejército Rojo como en los grupos marginales sociales y políticos ofensivos, e incluso religiosos: La convergencia de los dos grupos se produce tanto en las filas superiores del Ejército Rojo como en los grupos marginales ofensivos, sociales y políticos, e incluso confesionales, que, sintiéndose apoyados, al menos implícitamente, por el Ejército Rojo y sus estructuras de influencia, intensifican progresivamente su presión y sus actividades, sin por ello intentar pasar a la fase de la acción concertada destinada a provocar un cambio significativo de la situación, y ciertamente del propio régimen, antes de que llegue realmente el momento.

Habiendo tenido recientemente acceso a los expedientes de integración activa que tratan de los problemas relativos, por una parte, a "la línea geopolítica gran-continental en el seno de las Fuerzas Armadas y de la Flota de la Unión Soviética" y, por otra parte, al "régimen actual de la nebulosa nacional-revolucionaria admitida a existir y a manifestarse en la URSS, y en particular en las organizaciones de la juventud soviética", por cuenta de una agencia de inteligencia para-gubernamental americana, tuvimos que ir inmediatamente a las pruebas de la realidad actual de la URSS, y más particularmente en las organizaciones de la juventud soviética", archivos de integración constantemente alimentados por fuentes en contacto directo con la realidad actual de la URSS, tuvimos que darnos cuenta inmediatamente del empuje nacional tan extremo que actúa, hoy en día, en el subsuelo de la historia soviética. Una historia que ya ha sido solicitada por el vasto punto de inflexión que marca el "umbral de decisión" de 1977 y, en consecuencia, el espacio de las repercusiones posteriores ordenadas por este umbral, el espacio de los "años neptunianos" de la URSS, los años 1982-1989, en los que todo tendrá que hacerse o deshacerse. Qué análisis más espectral de las profundidades de una gran historia en ciernes que la instrucción directa de estos expedientes y los documentos que contienen, documentos que van desde los informes especiales del interior o de los grupos de acción exterior de la emigración hasta los tratados, manifiestos, memorias, periódicos y otras publicaciones clandestinas de las organizaciones juveniles, universidades, academias militares y navales soviéticas, etc., y esta enumeración no pretende ser exhaustiva. Esta lista no es en absoluto exhaustiva.

Así, poniendo en práctica una treintena de documentos pertenecientes a estos archivos, de los que se me había permitido más o menos sacar copias, pude constituir el concepto del que surgieron las tesis fundamentales de la acción del frente nacional-revolucionario soviético y del "nuevo giro" que éste pretende ahora proponer, si no imponer todavía, al régimen actualmente vigente en la URSS.

Así, de acuerdo con el último estado del material informativo y documental en nuestro poder, y asumiendo la tarea de organizar, situar dialécticamente en relación con un concepto operativo global, simplificar y reducir, hasta compactar, las tesis fundamentales de los "grupos geopolíticos" que actúan desde el interior de las Fuerzas Anuales Soviéticas, así como dentro de las marginalidades político-sociales y culturales controladas por ellas o bajo su influencia directa, serían, en la actualidad, las siguientes

(1) El Gran Continente Euroasiático es "uno e indivisible", "desde el Atlántico hasta el Pacífico"; la India, China y el Sudeste Asiático representan implícitamente las "áreas de predestinación geopolítica y de expansión continental directa del poder central euroasiático". La tarea fundamental de nuestra generación", dice un documento de Moscú, "es poner en marcha el proceso de plena integración político-histórica de todo el Gran Continente Euroasiático". La guerra política, la "intervención político-estratégica directa" contra el régimen actualmente instaurado en Pekín aparece, por tanto, como una "tarea continental inmediata", a la que hay que someterse, o que debe comprometer "todas las disponibilidades nacionales revolucionarias del continente euroasiático".

(2) La política europea de la Rusia soviética sólo podía ser, pues, una política de unidad continental, centrada en las posiciones de fuerza de una Europa movilizada en torno a su propio *corazón* subcontinental, es decir, en torno a la "integración total", en la misma "comunidad de destino", de Francia y Alemania.

Sin embargo, hay que subrayar que en la visión continental de los "grupos geopolíticos" que actúan en el seno de la Rusia soviética, Europa ha sido concebida durante mucho tiempo en términos de Alemania, y sólo de Alemania.

A este respecto, es importante recordar aquí que en octubre de 1949, con motivo de la fundación de la República Democrática Alemana (RDA), I.V. Stalin envió el siguiente telegrama al presidente del nuevo Estado, Wilhelm Pieck:

La experiencia de la última guerra ha demostrado que los mayores sacrificios fueron hechos por los pueblos alemán y soviético, que estos dos pueblos tienen, de todos los pueblos de Europa, las mayores posibilidades de realizar actos de importancia mundial.

A través de la República Democrática Alemana (RDA), LV. Stalin, y es esencial que entendamos bien su significado, se dirigía, apenas cuatro años después de la última guerra, a toda Alemania, y en los términos de un proyecto planetario del que desterró a propósito cualquier propuesta ideológica relativa al comunismo, cualquier compromiso marxista-leninista, para expresarse exclusivamente en términos de geopolítica, en términos de destino.

Ahora bien, si en la actualidad, en la doctrina continental de los "grupos geopolíticos" que actúan más o menos clandestinamente en la URSS, Europa Occidental es concebida y definida por la nueva "comunidad de destino" franco-alemana con exclusión de cualquier otra concepción europea, Esto se debe a la brusca rectificación de la perspectiva introducida por el retorno del gaullismo al poder en 1958, y más particularmente por la acción personal del propio general de Gaulle, tanto en Europa (Alemania, Europa del Este, la Unión Soviética), como a nivel planetario (en las "zonas de tormenta" de África, Asia y América Latina y, con menos fortuna, en Canadá; Cuando un canalla nefasto como André François-Poncet pensó que podía permitirse criticar injustamente al general De Gaulle, y en las columnas de Le *Figaro*, por la acción francesa emprendida por éste en favor de Quebec y del Canadá francés, el *Krasnaya Zvezda* y el *Komsomolskaya Pravda* no dudaron en reconocer en ella un intento de "liberación nacional").

(3) Por otro lado, se suele insistir en que la unidad político-histórica del Gran Continente Euroasiático debe perseguirse, también, y completarse, apoyarse, mediante el establecimiento de una estructura común de relaciones económicas y políticas, pero especialmente económicas, y cada vez más activo, con sus "zonas de repercusión geopolítica transcontinental", que se definen, en un artículo de diciembre de 1975, como el "bloque de tres apoyos exteriores", "Japón, el mundo árabe, Indonesia". En cambio, otros documentos presentan a Japón, con bastante frecuencia, e incluso más, como "parte integrante" del Gran Continente Euroasiático.

(4) **Sin** embargo, el "enemigo fundamental" de la "unidad geopolítica euroasiática" sigue siendo, en cualquier caso, el "enemigo del otro lado del Atlántico", Estados Unidos.

Pero no como un pueblo que, contra todo pronóstico, aparece como un "pueblo blanco, por sangre, historia y destino", sino como un instrumento político-histórico de una conspiración mundial que, al abrigo de los estados actuales de la superpotencia americana, al abrigo, por tanto, de una supuesta "superpotencia democrática mundial", representa, a nivel planetario, la proyección externa de lo que I.V. Stalin llamó la "conspiración trotskista desde dentro"; de ahí, también, se argumenta, la "movilización antisoviética permanente" drenada, a nivel planetario, de lo que I.V. Stalin llamaba a la "conspiración trotskista desde dentro"; de ahí también, se argumenta, la "movilización antisoviética permanente" que se ha producido, a nivel planetario, por parte de los "partidarios ocultos" de los sucesivos gobiernos en funciones en Washington, movilización que ha despertado, mantenido y reforzado los actuales compromisos antisoviéticos de la R. P. de China y, sobre todo, de los Estados Unidos.Esta movilización ha despertado, alimentado y reforzado los actuales compromisos antisoviéticos de la RP de China y, sobre todo, ha puesto en marcha y dirigido, en la sombra o muy abiertamente, la "conjunción planetaria" del "imperialismo capitalista-plutocrático" y del "imperialismo mundial del sionismo".

Hoy", escriben los autores del "Llamamiento a la gran nación soviética", "nos enfrentamos a la amenaza de una degeneración biológica a corto plazo e inapelable, una amenaza que no sólo nos concierne a nosotros, sino ya a la raza blanca en su conjunto. Y la raíz profunda de esta amenaza se llama "democracia". Y en otro documento: "Ahora hemos reconocido y desenmascarado al enemigo de nuestra raza: es la democracia".

(5) Hasta ahora, es sobre todo en el plano de la propuesta doctrinal que algunos grupos subterráneos o semisubterráneos de acción geopolítica nacional y continental pretenden ser, en la Unión Soviética, grupos de acción nacional-revolucionaria de vanguardia, reforzando así, desde abajo, las posiciones de la infraestructura político-militar del gobierno y del régimen, que, si realmente hubiera que suscribir las recientes acusaciones de un Leonid Plyushch, serían, ya, ellos mismos, un "gobierno" y un "régimen" de orientación "abiertamente nacional-socialista", y el uso que Leonid Plyushch

hace del término "nacional-socialismo" debe entenderse, aquí, según su connotación "hitleriana" más directa. Un "gobierno" y un "régimen", dice Leonid Plyushch, que ya no sería un gobierno o un régimen en el sentido habitual de los términos, sino nuevas formas de una nueva "conspiración nacionalsocialista".

¿Cómo podemos dudar de ello? Académico de alto nivel, y reconocido como tal en Occidente, donde ha encontrado la acogida y el apoyo incondicional de los suyos, un disidente de la importancia de Leonid Pliouchtch debe, en efecto, saber muy bien de qué habla, lo que pretende denunciar y lo que nos dice que debemos temer: es la propia ambivalencia de sus alegaciones lo que, para nosotros, constituye el valor mismo de su testimonio.

Al "antagonismo de clases" del marxismo-leninismo, los "grupos geopolíticos" oponen el "antagonismo de razas" y las "grandes guerras raciales intercontinentales" por venir, afirmando al mismo tiempo la "responsabilidad histórica de la raza blanca aria en su totalidad" y la "misión histórica de vanguardia", o la "misión planetaria de vanguardia" de Rusia en este "final del ᵉsiglo XX", que será un "período de conflagración racial a escala planetaria".

La misión histórica de Rusia no ha terminado, sólo acaba de empezar", afirma el "Manifiesto Paneuropeo de la RSFSR". El Manifiesto concluye con una provocadora referencia al lema de Hitler "Un pueblo, un imperio, un líder" (*"Ein Volk, ein Reich, ein Führer"*), en un doble sentido, ya que se refiere tanto a la "Gran Rusia" como a todo el "Gran Continente" euroasiático. El infierno de un nuevo mesianismo arde bajo las cenizas cada vez más equívocas del interludio marxista-leninista y la inmensa catástrofe que habrá impuesto al pueblo ruso, a Europa y al mundo entero. Maü, "¿No debería la salvación hacer arder la Casa de las Tinieblas en primer lugar?", se pregunta un joven poeta del *samizdat de* Leningrado en el "número de Navidad de 1976" de *"Iconostasis rusa"*.

En la misma serie de documentos semiclandestinos, se insiste en que la "misión histórica de vanguardia" de Rusia, lejos de implicar una "voluntad de poder imperialista", anuncia, por el contrario, "una voluntad de sacrificio, una voluntad de destino y de reparto", que no puede realizarse más que por la "comunión profunda" de todas las naciones "indoeuropeas blancas" en una misma "dirección histórica del destino".

Nos encargaremos de que no se repita nunca más el error fatal de Hitler, quien, al poner el destino del pueblo alemán, el "destino de la nación alemana", por encima de los intereses de toda la raza blanca indoeuropea, nos ha llevado a todos al callejón sin salida histórico de nuestra actual decadencia, Un callejón sin salida en el que nuestra raza, nuestra civilización, que está en peligro de muerte, ya no puede salir del decreto de aniquilación que se ha dictado para ella, ni puede evitar la fatídica pendiente de una degeneración étnica, moral y biológica que ya puede no tener retorno. Así es como las civilizaciones socavadas desde dentro siempre perecen. De ahí el movimiento a contracorriente en el que nos jugamos nuestra última oportunidad de ser y sobrevivir".

Creo que es de sumo interés constatar que el documento del que acabo de citar este fragmento más que revelador fue también objeto de una difusión bastante amplia en traducción alemana -utilizando, para ello, los canales de una clandestinidad ya continental- en ciertos círculos políticos de la República Federal de Alemania, donde pretendía darse la categoría de "llamamiento de la juventud nacional revolucionaria soviética a la juventud alemana y europea de hoy".

Otro documento, este de mayo de 1976, "exige", textualmente, la "integración político-militar", "en Asia", de Estados Unidos, la Rusia soviética y la India, con el objetivo de "contener", y "reprimir, neutralizar de una vez por todas, la creciente marea del Peligro Amarillo del imperialismo de la República Popular China". Este último documento está firmado por "un grupo de cadetes astronautas" pertenecientes a una organización semiclandestina llamada *Vetche*.

(6) Al mismo tiempo, y de forma bastante paradójica, parece que los problemas de la nueva organización económica soviética y continental interesan muy poco -al menos por el momento- a los dirigentes de los "grupos de acción geopolítica".

Si sus proyectos de cambio prevén, sin embargo, y como simple cuestión de principio, la planificación continental de la gran industria y su mantenimiento en la propiedad y bajo el control del Estado, su atención es solicitada, por otra parte, e incluso con bastante intensidad, por el problema de la *Ruskoye Polie, de* la "Tierra Rusa", de la que el "campesino ruso" debe convertirse en el "único dueño". En este sentido, los trabajos de los economistas de la línea de V. Jouline, de I. Kopyssov, son seguidos con la más interesada atención, y constituyen, en las interpretaciones del *samizdat* nacional-revolucionario, el arma ideológica básica para la movilización sobre el terreno y la supervisión subterránea del campesinado ruso, tarea en la que intervienen, además, las instancias actuantes de las corrientes subterráneas neo-ortodoxas. Porque hay que reconocer que los ríos ardientes de la más antigua ortodoxia rusa siguen fluyendo bajo el *Ruskoye Polie.*

(7) Queda por abordar un último aspecto del problema, que ciertamente no es el menos difícil de definir. Este es el aspecto religioso, o más bien el ortodoxo, aunque la clandestinidad católica, que es aún más profunda y quizás más activa en las sombras que la actual clandestinidad ortodoxa, tendrá que hacer un día algo extraordinariamente nuevo y, sobre todo, imprevisto, extraordinariamente imprevisible, cuando aparezca.

¿Pero qué clase de ortodoxia es ésta? En efecto, detrás de las actividades supuestamente clandestinas del Seminario Constantino Leóntiev -un "seminario privado", se sobreentiende-, así como detrás de la agitación de un misticismo oscurantista cada vez más ofensivo en el campesinado y en las capas sociales más desfavorecidas de las grandes ciudades, las concentraciones mineras, etc., se abren ahora vías insospechadas, que conducen a la marea creciente de un renacimiento ortodoxo. En este contexto, se abren ahora caminos insospechados, todo lo cual conducirá finalmente a la marea ascendente de un renacimiento ortodoxo afín a lo que me gustaría llamar el "Gran Vehículo" ortodoxo, al igual que decimos el "Gran Vehículo" budista.

A este respecto, basta con tomar nota de la delgada "patente elemental" -impresa, y tal vez impresa en la propia URSS- que describe la carrera espiritual de los "tres santos starets" de Kiev, "Juan, Elías y Alejandro".

Partiendo a pie desde Kiev, "el día de la muerte de Stalin", los "tres santos starets", "Juan, Elías y Alejandro", se repartieron la tarea de la "gran renovación espiritual del Fin", asumiendo cada uno la responsabilidad apostólica de un área religiosa "a incendiar": Juan toma Europa, Elías Rusia y Alejandro la "Gran Siberia" (precisemos que la "Gran Siberia" abarca la Siberia soviética, el Sin-Kiang y el archipiélago religioso de la ortodoxia china, Mongolia, la India y el Tíbet, o el "Gran Tíbet").

La doctrina manifestada por los "tres santos starets" de Kiev anuncia la "renovación final" de la Ortodoxia y predice el inminente advenimiento del "Espíritu Santo Paráclito", que se presenta como si tuviera que "encarnarse" en la persona de la Santa Sabiduría, en la persona de "Santa Sofía la Grande", predica la salvación cósmica a través del "altísimo fuego de la santa liturgia cósmica" de las "iluminaciones". Las "iluminaciones", un concepto activista de lo más misterioso, prevén el encendido de miles y miles de pequeñas velas, noche y día, en la cima de las colinas, "de colina en colina", a lo largo de los caminos, o en las ventanas de granjas aisladas, casas, viviendas colectivas, barcos en los ríos del interior del país, "desde Siberia hasta Crimea". Esperando, también, el día en que miles y miles de otras pequeñas velas cubran las calles, las aceras, las grandes plazas repentinamente investidas y fervorosas en todas las capitales soviéticas, así sumergidas por el "Fuego Sagrado", cuando suene la hora, la hora de la "nueva santificación", que será también la hora de la "Transfiguración final" de la Unión Soviética y el advenimiento histórico de la "Nueva Santa Rusia".

Recordemos que, en su novela *Incógnito*, Petru Durnitriu, un inconsciente garantizado, relata, al margen de cualquier esquema conspiratorio, los pródromos del "cambio interno" del régimen comunista prosoviético en Rumanía, un "cambio interno" obtenido por la mera presencia, presencia en el lugar, una presencia a la vez profundamente clandestina y profundamente activa, de uno de los tres "santos starets de Kiev", el Hermano John, perseguido en vano durante años por la "seguridad política" de Bucarest.

"Tomar la iniciativa"

La presentación fragmentaria y circunspecta del material de inteligencia, de investigación y de documentación ideológico-política utilizado para identificar y definir las "tesis fundamentales" de la nueva "corriente geopolítica" en curso en la URSS, se deriva de la propia naturaleza de la investigación así realizada, nuestras obligaciones contractuales para garantizar que, por un lado, la presentación y los desarrollos que hemos realizado no puedan ser utilizados de ninguna manera para las maniobras de un posible enfoque represivo *en el campo* - Vladimir Ossipov, el jefe de los think tanks y de la editorial *Vetche, fue* finalmente detenido, y fue condenado a ocho años de prisión- ni, por otra parte, parece ser, en modo alguno, una *denuncia de* lo que se trata, cuando nuestras posiciones respecto a la renovación y el avance nacional-revolucionario de la conciencia geopolítica, de la nueva conciencia grancontinental y europea de ciertas agrupaciones ideológicas y de acción que actúan en la URSS pretenden ser y son sobre todo posiciones de apoyo, de participación exacerbada, de lucha común y de voluntad común para la reapropiación grancontinental de Europa y sus mayores destinos imperiales por venir.

Todas las tendencias fundidas en un solo haz de voluntades polarizadas por el "nuevo destino grancontinental" de la Unión Soviética, los nombres de V. Ossipov, G. Chimanov, V. Chalmaev, A. Sofronov, V. Vandakourov siguen siendo, para nosotros, otros tantos hitos heroicos, otros tantos hitos anunciadores y combativos, otros tantos hitos de vanguardia de lo terrible, de lo terrible, de lo terrible, de lo terrible. Sofronov, V. Vandakourov siguen siendo, para nosotros, otros tantos hitos heroicos, otros tantos hitos anunciadores y de lucha, otros tantos hitos de vanguardia de la terrible e inmensa corriente que se levanta actualmente en Oriente, la "tercera corriente" que Ungern von Sternberg, el visionario de "Asia Anterior", había vislumbrado en otro momento.

En cualquier caso, no ignoramos que la agencia de inteligencia para-gubernamental estadounidense, cuya documentación especial sobre la nueva conciencia geopolítica que actúa en la clandestinidad de la URSS he tenido que utilizar aquí, y que sólo puede hacer lo que se le ordena, pretende, por su parte, recurrir a corto plazo a las diligencias cómplices y estipendiarias de un disidente soviético -con el perfil de un joven académico, historiador o sociólogo, recientemente emigrado de la URSS- para la producción de un libro sobre todos los problemas relativos al renacimiento nacional-comunista en la URSS, un "renacimiento nacional-socialista", como ellos dicen, y que las prensas universitarias de Princeton o Berkeley se encargarán de publicar y *avalar según* un procedimiento bien afinado. Un libro, quiero decir, necesariamente concebido y escrito según una exigencia de denuncia violenta, de advertencia y de provocación destinada a intervenir directamente en el proceso de sobrevaloración geopolítica en curso tanto dentro como fuera de la Unión Soviética. Esta intervención fue planeada para actuar a nivel de agitación-propaganda antieuropea en ciertos círculos de Washington, y sin saberlo, dio un vistazo a lo que serán nuestras grandes batallas políticas del mañana si, a la ofensiva del irreductible enemigo antieuropeo que actúa desde el interior de las líneas europeas, tendremos que oponernos a la contraofensiva de la gran fortaleza continental cuyo mayor nombre por venir será el de Imperio Euroasiático del Fin, el *Regnum Ultimum* de los "Hermanos Iluminados de Asia".

Una gran ofensiva de denuncia ideológica antieuropea y anticontinental está, pues, en proceso de movilización de sus medios negacionistas, cuyo epicentro operativo y dirección de marcha hemos identificado, así como el enemigo invisible que comanda secretamente su subcontratación.

Por eso acabamos de *tomar la delantera*.

El vehículo esencial

Que un nuevo pensamiento nacional-revolucionario irrumpa abierta o clandestinamente en la Rusia soviética, y que el impacto de su frente de acción interno sea cada vez más fuerte, no es inconcebible, al contrario.

Pero lo que parece muy extraordinario en este caso, y de hecho lo es, es el apoyo, aunque sea de segundo o tercer grado, que prestan a esta corriente las agrupaciones, la facción nacional del gobierno y el régimen, así como -en primera línea- las Fuerzas Armadas soviéticas y la Flota, cuyas infraestructuras de supervisión, agitación y control político-militar se han convertido en su vehículo esencial. Pues son, entre otros, los servicios del general A.A. Epichev, jefe de la dirección política central de las Fuerzas Armadas soviéticas, así como los del almirante V. Grichanov, jefe de la dirección política central de la Flota, los que, en la actualidad, trabajan para activar, de forma apenas confidencial, las redes nacional-revolucionarias manipuladas por los "grupos geopolíticos". Estos últimos, implantados incluso en los círculos más íntimos de *la Stavka*, del Estado Mayor de Moscú, representan por tanto, en las circunstancias actuales, el detonante oculto de las grandes explosiones políticas cuyo momento se hace, creemos, cada vez más inminente, e incluyen en sus filas nombres tan prestigiosos como los de los mariscales Vassilievki y Koniev.

Ahora bien, esta hora, como empezamos a darnos cuenta cada vez más indiscutiblemente, la hora de los plazos deflagrantes que lo cambiarán todo, se anuncia, con total certeza, sin falta, para el año 1977, y su instancia más crítica, su línea íntima de ruptura se sitúa, según la marcha misma de las tensiones actualmente en juego, en la línea de paso del próximo verano, de junio a agosto de 1977. Pronto, muy pronto, veremos si sabemos o no sabemos cómo son las cosas.

Sabiendo de antemano, todo está ahí

La historia, la gran historia, nunca es lo que piensan los que están sometidos a ella, cegados a propósito como están por sus líderes ocultos. El secreto activo de la historia hay que buscarlo en las razones vivas de quienes la hacen y deshacen, en el silencio y la oscuridad de los *bajos fondos*, lejos de la mirada y la atención de las masas, y ellos saben que la historia avanza o retrocede, que se ilumina u oscurece, cada vez, según el funcionamiento interno de una voluntad que se mantiene más allá del curso de la historia, una voluntad transhistórica.

Es a la luz de esta concepción interiorizadora de la historia que será necesario saber -saber *de* antemano- quién, en la Unión Soviética, acabará imponiéndose, en el momento deseado, a la otra parte, implacable, para comprometerse inmediatamente a cambiar -en una u otra dirección- el rumbo e incluso la propia faz de la historia mundial. Hoy, como en el pasado, este es el *único objetivo:* cambiar la cara del mundo. Sin embargo, en la perspectiva del objetivo único, ¿cuál de los dos bandos ganará sobre el otro? El que será capaz de dejar aparecer en él la voluntad del destino del hombre providencial, que será también el hombre de la última batalla. ¿Cuándo vendrá? Inevitablemente, a la hora señalada.

Febrero de 1977, en *Correspondance Européenne*

LA LÍNEA ROJA SIN-KIANG

L a contraofensiva soviética a gran escala intenta actualmente neutralizar, o al menos socavar, la reciente ofensiva china en favor del fortalecimiento de la unidad político-estratégica de Europa.

Francia debe encontrar los medios para integrar cuanto antes la Organización del Tratado del Atlántico Norte, porque ningún país europeo es capaz ahora de ocuparse de su propia defensa ni de hacer frente por sí solo a las intenciones del socialimperialismo soviético en Europa", confió Chou En-lai a un político francés irremediablemente en decadencia, pero cuyos notorios intereses antisoviéticos bastaron para que Pekín pretendiera concederle una recepción fuera de clase.

Esto se debe a que, para Chou En-Lai y el mando estratégico de la "gran política" china, el problema fundamental de la seguridad exterior de China sigue siendo, en principio, la Unión Soviética y, en la práctica, lo que Pekín considera el actual intento soviético de cercar la "isla china" de Chungwa Kuo.

La respuesta global de China implica esencialmente el establecimiento de una postura de seguro nuclear estratégico a lo largo de la frontera norte y noroeste sino-soviética, la "línea roja Sin-Kiang", así como el contra-aseguramiento político de una barra ofensiva de ojivas multidireccionales, en particular con respecto a los siguientes haces de empuje

1) Sudeste Asiático, Indonesia, Pacífico Sur,

2) Ceilán, India y su "corona de levas",

3) la "zona operativa intercontinental" del Océano Índico,

4) Europa Occidental y el eje de fijación del Mediterráneo, que a través de la isla del Magreb (Argelia, Marruecos, Túnez, Libia) apunta directamente a Oriente Medio y a las "puertas negras" de la Unión Soviética (Bakú, Tiflis, zona de Maïkop).

Una zona operativa de estatus especial incluye a Albania, Yugoslavia y Rumanía, la Europa del Este pro-soviética (RDA, Checoslovaquia, Hungría y, sobre todo, Polonia), y el territorio de la propia Unión Soviética, incluida Siberia.

La estrategia del halcón

Por lo tanto, en sus dimensiones generales, el gran empuje defensivo chino va de norte a sur y luego de este a oeste, en la misma dirección que la rotación original de la esvástica mongola. Todos los empujes mongoles a lo largo de la historia anterior de la raza han ido en la misma dirección imperial, de Este a Oeste. A este respecto, y para un desciframiento más reciente de las ondas profundas de la historia, sólo hay que releer las memorias de Ferdinand

Ossendowski perseguidas por la sombra sangrienta del coronel barón Ungem von Sternberg.

En cualquier caso, podría decirse que la dirección Este-Oeste tomada por los intentos imperiales mongoles a lo largo de su sucesión guarda su secreto, su secreto a la vez inmanente y activo, en la doctrina conocida como las "tres cabalgatas": Para la estrategia sagrada de los mongoles, para la estrategia del halcón, el corazón del objetivo sólo se ataca después de haberlo rodeado tres veces.

Ahora, al igual que antes para los mongoles, el núcleo del objetivo parece ser el dominio político total, el "dominio imperial" en las "Tierras Medias" del continente euroasiático. La ubicación geopolítica de esta "Tierra Media" coincide con las grandes áreas continentales más allá de los Urales que hoy pertenecen a la Unión Soviética, desde el Mar Negro hasta el Mar de Okhotsk.

Sin embargo, la idea de situar las "Tierras Medias", una versión anterior del *corazón de* Sir Halford Mackinder, en el corazón mismo del continente euroasiático, es una idea obsesiva de los mongoles, que de hecho no tiene nada *que ver* con la concepción china del mundo y de la historia. Para la profunda cosmovisión china, las "Tierras Medias" están constituidas exclusivamente por las tierras del interior de China, que siempre se ha llamado a sí misma Chungwa Kuo, "Tierra Media". Para China, las "Tierras Medias" nunca deben ser conquistadas, sino que siempre deben ser defendidas. De ahí la Gran Muralla, y la legendaria visión china de Chungwa Kuo, rodeada por todos lados por los bárbaros. Cada vez que China se encontró en una situación en la que estaba comprometida en una empresa ofensiva hacia el *corazón de* Eurasia, fue porque fue obligada a hacerlo por una clase, por un grupo gobernante de origen mongol.

Esto no es ni mucho menos irrelevante hoy en día, dado el origen mongol de Chou En-lai y de la mayoría de los elementos de los que se rodeó en el mando estratégico de la gran política china.

Europa defiende a China

Pero aquí, lo que también parece muy obvio, es que el punto crucial, el *Trefpunkt* del sistema de contraseguro estratégico exterior puesto en marcha por China no está, como sin duda se estaría tentado a creer, en su ruta del sur de Asia, cuyo tren continúa, sin solución de continuidad, desde Hong Kong hasta Adén, sino en Europa Occidental, donde este sistema encuentra su actual culminación, y su punto de impacto más avanzado.

Es, pues, Europa Occidental la que constituye el epicentro ganglionar del actual mecanismo de contra-seguro político puesto en marcha por la República Popular China contra la Unión Soviética. Para el mando estratégico de la "gran política" china, definida por Chou En-lai y puesta en marcha desde Pekín por Teng Hsiao-Ping, Europa Occidental es actualmente parte integrante de la línea defensiva exterior de China.

Al mismo tiempo, el carácter no geopolítico de las relaciones sino-estadounidenses, ajeno a la realidad activa de la fuerza de las cosas, es también evidente, ya que las relaciones entre Pekín y Washington siempre han sido circunstanciales y de orden exclusivamente político.

Porque, para el imperialismo estadounidense, nunca ha habido una amenaza china decisiva en el Pacífico, donde el único peligro que Washington ha reconocido es el del *Dai Nippon,* el "Gran Japón". También aquí Haushofer tenía razón.

Las superpotencias cambian a China por Oriente Medio

Con el precedente de agosto de 1969 ayudando de forma un tanto dramática, las actuales alarmas de Pekín responden principalmente a las implicaciones dialécticas, a las razones ocultas pero ciertamente activas del cambio de actitud de la Unión Soviética y de Estados Unidos en Oriente Medio, un doble cambio que se produjo de forma demasiado perfecta y simultánea como para no resultar sospechoso.

Porque una cosa parece bastante segura a los ojos de los dirigentes políticos de Pekín: la Unión Soviética ha cedido ante Estados Unidos en Oriente Medio, y ha cedido de una manera que, dadas sus posiciones políticas y estratégicas aparentemente irreversibles en esta parte del mundo, constituye el equivalente a una rendición en campo abierto. En el estado actual de las cosas, el único contravalor que puede justificar, por parte de la Unión Soviética, la actual desvinculación de sus posiciones mejor establecidas en Oriente Medio, es el compromiso americano de no intervenir en caso de una expedición estratégica preventiva de la Unión Soviética en China, incluso y especialmente si se trata de una operación nuclear.

Una expedición preventiva que se quitó los guantes y pretendió ser, o al menos pretendió ser, no una agresión con objetivos bélicos claros y precisos, sino una operación similar a las *normalizaciones* ya realizadas por la Unión Soviética en Budapest en 1956 y en Praga en 1968.

Por lo tanto, sería a cambio del derecho más o menos implícito de proceder a la normalización nuclear de la República Popular China que Moscú habría accedido a estancarse en Oriente Medio, y se entenderían mucho menos las alarmas y urgencias que esta eventualidad no habría dejado de desencadenar en Pekín.

La prueba es la prisa, quizá un poco irreflexiva, con la que los dirigentes políticos chinos han llegado a incitar, desde Pekín, al refuerzo de la unidad económica y político-estratégica de Europa Occidental, e incluso a apoyar las posiciones de la Organización del Tratado del Atlántico Norte con respecto al bloque soviético. Y aún más, fomentar abiertamente la subversión antisoviética en los países de Europa del Este, como se ha visto recientemente en la denuncia de Pekín del control y la prohibición de la producción y la tecnología nuclear de la Unión Soviética en la RDA; Checoslovaquia y Hungría, etc. El trabajo de provocación en profundidad está realizado con maestría.

Un escenario bien desarrollado

En efecto, como se supo más tarde, los planes soviéticos de descentralización democrática de la República Popular China preconizaban entonces la incorporación de las regiones con nacionalidades turco-mongolas, como Sin-Kiang, Cinghai, Mongolia Interior y Manchuria, a la esfera de influencia directa soviética, mientras que el Tíbet habría recuperado su total independencia, bajo la doble garantía de la India y la Unión Soviética.

Siguiendo las etapas de un escenario perfectamente elaborado, el 13 de agosto de 1969 estalló el incidente fronterizo soviético-chino de Yumin, en la frontera noroeste del Sin-Kiang, sin duda el más importante de la serie que había comenzado el 2 de marzo con la provocación china en la isla de Damanski, en el Ussuri, ya que en Yumin ya participaba la parte soviética con unidades especializadas apoyadas por helicópteros de combate y tanques pesados: Yumin abrió la serie de incidentes que más tarde justificarían la intervención soviética en China y la puesta en marcha de los mecanismos ideológico-administrativos, militares y económicos de la normalización.

Pero también fue en este momento cuando Washington intervino para evitar la acción soviética contra la República Popular China.

En las elecciones presidenciales estadounidenses de noviembre de 1969, la candidatura de Richard Nixon ganó gracias al apoyo de las fuerzas internas que exigían precisamente el cambio de la política estadounidense hacia China, el apoyo incondicional al Estado de Israel y un visible y real endurecimiento antisoviético, pacto que el nuevo presidente mantuvo hasta finales de 1972.

También está claro que el acercamiento a China requería la liquidación del estado de guerra en la península de Indochina y la eventual retirada de las fuerzas estadounidenses del sudeste asiático.

Y es, en efecto, la ruptura de este pacto interno de la política norteamericana, ruptura de la que es el principal responsable el presidente Richard Nixon, la que hoy comanda todas las campañas antipresidenciales centradas en el llamado asunto Watergate.

La ruptura del pacto de la que surgió el nuevo acercamiento americano-soviético y sus principales consecuencias políticas y diplomáticas, a saber, el intercambio entre las dos superpotencias de las zonas polares de influencia geopolítica, China y Oriente Medio, lo que llevó a la reanudación de los planes soviéticos de normalización de China y al cambio brusco de la línea americana en Oriente Medio. Así, se han puesto en marcha fuerzas temibles que no se detendrán.

Escalada de contramedidas

Ya en marzo de 1969, una cierta "Conferencia para las Relaciones entre Occidente y China", o "Conferencia para las Relaciones con China", reunió en Nueva York a las dos eminencias grises de los partidos republicano y demócrata, Arthur Golberg y Jacob Javits, así como, entre otros, a Edwin

Reischauer, Henry Kissinger y Arthur Schlesinger, estos dos últimos habiendo asumido desde entonces, uno de ellos, el Departamento de Estado y el otro el Pentágono. En sus conclusiones, la Conferencia de Nueva York sobre las Relaciones con China instó a Washington a iniciar urgentemente un proceso de reconocimiento diplomático de China por parte de Estados Unidos, y a apoyar la solicitud de China ante la ONU, todo ello con vistas a definir una gran política de alianza conjunta sino-estadounidense y de acción global. Quizá sea importante señalar que entre las conclusiones de la conferencia de Nueva York sobre las relaciones con China figuraba la "devolución" a Pekín de las películas de investigación obtenidas por los satélites estadounidenses sobre el territorio de la República Popular.

Tras la conferencia de Nueva York sobre las relaciones con China, la escalada de contramedidas americanas a favor de Pekín no se hizo esperar, lo que llevó a la intervención directa, aunque subterránea, de Estados Unidos en los preliminares del ataque soviético a China.

En cualquier caso, hasta el 11 de agosto no se supo en Washington que Moscú estaba al tanto de la contramaniobra estadounidense, a través de un comentario sin firma de la agencia Novosti, que denunciaba de forma bastante lánguida la connivencia entre la República Popular China y el "imperialismo estadounidense".

Sin dudar en aprovechar su total control político sobre Europa del Este, escribe la Agencia de la Nueva China, "la Unión Soviética se apropia de más del 90% de la producción de mineral de uranio extraído en Checoslovaquia, que representa aproximadamente una quinta parte de los recursos de uranio soviéticos". Una situación similar, continúa la Agencia de la Nueva China, es la que hace Moscú a la RDA y a Hungría, cuya producción de uranio está totalmente a disposición de la Unión Soviética.

Y no sólo los revisionistas soviéticos controlan la exploración, la extracción y el transporte del mineral de uranio de Checoslovaquia, dice la Agencia de la Nueva China, sino que los especialistas soviéticos tienen prohibido transmitir cualquier información técnica a los camaradas checoslovacos que trabajan con ellos en este sector". La Unión Soviética prohibió terminantemente cualquier intento de utilizar la energía nuclear en Europa del Este, y esta prohibición se extendió también a cualquier debate sobre la tecnología nuclear dentro del Comecon.

Los servicios secretos soviéticos se aseguraron de que los técnicos especializados de los países productores de uranio de Europa del Este no pudieran en ningún caso entrar en contacto directo entre sí, y que cualquier intercambio de información técnica tuviera que realizarse exclusivamente a través de la Unión Soviética.

La explotación directa de esta doble operación de denuncia/provocación montada con especial cuidado por los servicios de agitación y propaganda chinos en Europa del Este está alcanzando su punto álgido. Al mismo tiempo, los servicios chinos han conseguido que se sepa que es gracias a Pekín, a través de Pekín, que Bucarest ha podido obtener contratos en Canadá para la instalación en Rumanía de varias centrales nucleares de uso civil, pero similares a las que acaban de permitir a India producir el plutonio necesario para fabricar su propia bomba atómica.

El precedente de agosto del 69

Pero lo que, en Pekín, habrá contribuido sobre todo a definir la nueva línea político-estratégica global de la República Popular China en función de la eventualidad de un ataque nuclear soviético en sus fronteras norte y noroeste, es, como ya hemos dicho, el "precedente de agosto de 1969".

Fue en la reunión plenaria del Comité Central del Partido Comunista de la Unión Soviética del 26 de junio de 1969 cuando se tomó la decisión de lanzar un ataque nuclear soviético contra la República Popular China. El grupo de la Secretaría General -encabezado por Leonid Brezhnev, y seguido, en ese momento, por Piotr Chelest, quien, gracias a los resultados bastante positivos de la intervención soviética en Checoslovaquia, cuya iniciativa le pertenecía en gran medida, representaba al Estado Mayor de las Fuerzas Armadas- no iba a encontrar ninguna dificultad seria para ganar, en esa reunión, la decisión relativa a la normalización nuclear de China. La fecha del enfrentamiento debía dejarse a la discreción del Estado Mayor Conjunto, pero en ningún caso debía ser posterior a finales de agosto.

Los planes de ataque, elegidos por el Stavka dentro del plazo de emergencia acordado el 26 de junio, preveían los siguientes desarrollos operativos:

- Operación combinada de puntos nucleares y comandos especializados sobre los centros neurálgicos de la infraestructura nuclear china, concentrados en Sin-Kiang;

- Lanzamiento sobre Pekín de un rápido grupo estratégico blindado, procedente de Mongolia Exterior y con el apoyo de algunas unidades de élite bajo el mando del general Batin Dozj: jefe de las Fuerzas Armadas de Ulán Bator; operación concebida con el objetivo político de neutralizar sobre el terreno el poder de unidad y de acción político-militar del Partido y del Gobierno, así como de liberar los elementos de un nuevo poder central, de orientación prosoviética, y apoyar su instalación;

- Operación rápida combinada acorazada/aérea sobre los nodos industriales y las líneas de comunicación internas de Manchuria, con el objetivo mínimo de neutralizar el esfuerzo logístico de la producción, y el objetivo principal de ocupar y asegurar el control de la zona decisiva donde se está forjando el nuevo poder industrial de China;

- Apoyo local incondicional e inmediato a todas las protestas nacionales contra el gobierno central de Pekín, creación de gobiernos nacionales prosoviéticos contra la presión cultural y política china.

Finalmente, hacia el 23 de agosto, una nota verbal del gobierno de Washington, que actuaba como mensaje confidencial del presidente de los Estados Unidos a Leonid Brezhnev, advertía a la Unión Soviética contra cualquier iniciativa de dimensiones decisivas que ésta pudiera emprender hacia la República Popular China.

Al mismo tiempo, la CIA enviaba suficiente documentación sobre los planes soviéticos de intervención en China a sectores más o menos seleccionados de la prensa norteamericana, con la tarea de utilizar este material en una vasta operación de movilización preventiva de la opinión pública norteamericana e internacional, "pero sin presionar demasiado tampoco".

Moscú tendrá que golpear

Ante esta ambigua situación, Moscú no pudo sino retroceder y suspender las operaciones ya iniciadas. Hoy, cinco años después, la situación vuelve a ser la misma, esta vez sin el bloqueo político-militar de Estados Unidos y con una resolución infinitamente más profunda por parte de la Unión Soviética.

Si los dirigentes políticos de Pekín no consiguen inventar, a su debido tiempo, una presa de sustitución que compense la retirada de Estados Unidos del juego y que cuente con la Unión Soviética en términos de disuasión decisiva, el destino del régimen actualmente en el poder en China está echado.

Tarde o temprano, Moscú tendrá que golpear, y esta vez no podrá contener su empuje. Algunos piensan incluso en el próximo agosto: agosto de 1969-agosto de 1974 es un buen momento. El tiempo que tardaron los ejércitos panmongoles de Hulgu en invadir y destruir Bagdad, cuando el "último califa" fue ejecutado en 1258.

Por ello, más que nunca, el personal mongol que Chou En-lai consiguió movilizar a su alrededor en el pequeño grupo que, bajo la dirección de Teng Hsiao-Peng, vela por el destino de la gran política china, debería meditar sobre las palabras de Temutchin, que se convirtió en Gengis-Khan por el poder, el Khan oceánico: "...en un día claro, sé vigilante como un lobo endurecido; en una noche oscura, sé cauto como un cuervo negro".

Pekín recurre a la OTAN

Lo que hay que tener en cuenta en estos análisis es que la posible inversión de China por parte de las fuerzas de intervención soviéticas no tiene como objetivo en absoluto lo que, en términos de estrategia convencional, se llamaría la "ocupación del territorio chino". El objetivo de cualquier operación soviética en China sería normalizar una situación política considerada anormal para los intereses de la propia República Popular, una situación anormal para los intereses del pueblo chino y del Partido Comunista Chino. La operación soviética sería el equivalente a una guerra política de liberación, la puesta en marcha de una empresa de desalienación a fondo del Partido Comunista Chino y del poder central, ambos "secuestrados" en sus objetivos y en sus estructuras político-administrativas, por "grupos desviados del poder actualmente en Pekín". No se trata de expropiar, prohibir o liquidar la línea político-estratégica de un comunismo chino, de una "vía china del comunismo", sino de rectificarla, de devolverla a su dirección "popular y socialista", a su "línea democrática más justa".

Pero China no es Checoslovaquia, y no cabe duda de que los elementos imprevisibles de la situación interna china a raíz de una posible acción soviética de rectificación político-estratégica corren el riesgo de comprometer en cualquier momento toda la operación de forma cuando menos equívoca, si no excesivamente peligrosa para la propia Unión Soviética.

Por otra parte, sigue siendo bastante obvio que las contragarantías políticas y de otro tipo que Pekín está tratando de proporcionarse a sí mismo a lo largo de las fronteras del sur del continente euroasiático siguen siendo bastante inciertas, al menos por el momento. En este sentido, la salida gradual de Pakistán de la órbita de China sigue estando cargada de lecciones e incertidumbres.

Por otro lado, la labor de reforzar y sobreactivar algunas de sus posiciones ya adquiridas parece ser más inmediatamente gratificante para Pekín en sus zonas de actuación en Europa Oriental, así como en el establecimiento de una serie de nuevas relaciones políticas y diplomáticas especiales con Europa Occidental.

De hecho, desde hace mucho tiempo, Chou En-lai y el grupo de mando estratégico de la "gran política" china adoptan posiciones a favor de la unidad económica y político-estratégica de Europa, y también a favor de la Organización del Tratado del Atlántico Norte. Lo cierto es que la OTAN parece ser la estructura occidental más adecuada para que Pekín establezca un mecanismo de seguridad común occidental y chino para hacer frente a la amenaza permanente que supone para ambos el peso de la presencia del Ejército Rojo a lo largo de la divisoria continental Lübeck-Trieste.

China se ha convertido en uno de los partidarios más acérrimos de la OTAN, su pasión por servir supera con creces los compromisos de algunos otros países miembros del bloque militar", escribe el *Krasnaya Zvezda, el* órgano oficial de las Fuerzas Armadas soviéticas, y el *New York Times* acaba de escribir que China se está convirtiendo en "un partidario mucho más sincero de la OTAN que algunos de los miembros de pleno derecho de la organización". Esta es también la firme creencia, expresada en repetidas ocasiones en los últimos tiempos, del Secretario General en funciones de la Organización del Tratado del Atlántico Norte, Robert Luns.

Por otra parte, en su más reciente ofensiva de propaganda exterior, la Agencia Tass ha atacado agresivamente las relaciones que Chou En-lai y su grupo han tratado de establecer con los círculos políticos, los grupos de presión y los líderes políticos que profesan abiertamente sus posiciones irreductiblemente antisoviéticas y antisocialistas, Citando, a este respecto, la forma en que Edward Heath, el líder de la Oposición Nacional Británica, y Franz-Joseph Strauss, el líder bávaro de la oposición antisocialista en Alemania Occidental, fueron recibidos en Pekín por Chou Enlai. Así es como Pekín desarrolla sus relaciones con todos aquellos que en los círculos reaccionarios están dispuestos a colaborar en la acción internacional de China en el campo del antisocialismo, y más concretamente contra la Unión Soviética", dijo la agencia Tass.

El senador Jackson y los halcones de la sombra

Pero la gran sacudida de la contrapropaganda soviética fue desencadenada, de hecho, por la visita a Pekín del senador demócrata por el estado de Washington, Henry "Scoop" Jackson.

Este último, líder en el Senado de la fracción demócrata más dura y cuya intransigencia antisoviética tiene fama de ser infalible, fue recibido en Pekín por Chou En-lai personalmente, y la prensa soviética subraya, para subrayar el carácter excepcional, e incluso, en cierto modo, las implicaciones subversivas, que este encuentro tuvo lugar en el hospital de Pekín, donde el primer ministro chino estaba "en tratamiento por una grave enfermedad". También se sabe que el halcón democrático Henry "Scoop" Jackson fue recibido, durante su visita a Pekín, por el adjunto de Chou En-lai para problemas estratégicos de la "gran política", Teng Hsiao-Peng, así como por el viceministro de Asuntos Exteriores, Houah-Houa.

Por último, las directrices de las que se hizo eco la prensa china pretendían poner de manifiesto el carácter global de las reuniones del senador Henry Jackson con los políticos de Pekín, tanto por los temas tratados como por las decisiones tomadas conjuntamente en esta ocasión, que deberían ponerse en práctica lo antes posible.

Por tanto, era de esperar que Moscú reaccionara, y no tardó en hacerlo. En la cena celebrada en el Kremlin en honor del Presidente Richard Nixon el 27 de junio, Leonid Brezhnev dijo: "La distensión en las relaciones soviético-estadounidenses, como en las relaciones internacionales en general, está encontrando una resistencia bastante fuerte. No necesito hablar en detalle sobre este tema porque nuestros visitantes estadounidenses conocen mejor que nosotros y con mayor profundidad a quienes se pronuncian en contra de la distensión internacional para reavivar la carrera armamentística y quieren volver a los métodos y costumbres de la Guerra Fría. Sólo quiero expresar mi firme convicción de que la política de estas personas, sean conscientes de ello o no, no tiene nada que ver con los intereses de nuestros pueblos". Se trata, sin duda, de un ataque directo al senador Henry Jackson y a los grupos de presión que le respaldan y que están haciendo todo lo posible para neutralizar la política de distensión entre Estados Unidos y la Unión Soviética, para sabotear el trabajo ya realizado entre Washington y Moscú. Trabajo que, según el presidente Richard Nixon, sólo fue posible, al final, "por las relaciones personales establecidas entre el Secretario General del Partido Comunista y el Presidente de los Estados Unidos".

Un intercambio de declaraciones que esconden, bajo su mentirosa transparencia, bajo su aparente sencillez, pero, en realidad, terriblemente atrapada, una vertiginosa importancia histórica, y que nadie entendió, o casi nadie, los que entendieron toda la importancia, más vale que pretendan haber entendido aún menos que los demás.

Por lo tanto, estaba en marcha una nueva operación estadounidense de rescate del llamado régimen maoísta, más o menos idéntica a la que se había montado en 1969 a través de la conferencia de Nueva York sobre las "relaciones con China". La diferencia, fundamental, es que esta vez el gobierno estadounidense, y el presidente Richard Nixon en particular, están comprometidos con posiciones esencialmente opuestas a las de los partidarios pro-maoístas representados, sobre el terreno, por el senador Henry Jackson y otros como Abe Ribicoff, cuyas actividades y alharacas son consideradas cada vez más por los especialistas como la "parte no sumergida del iceberg".

Frente a las más diversas maniobras abortivas de los acérrimos de la línea antisoviética, la administración política de Washington tiene que contar, al mismo tiempo, con las maquinaciones de la nebulosa prochina, excrecencia y continuación subterránea del Instituto de Asuntos del Pacífico, de pésimo recuerdo.

Sin embargo, para Pekín, la ilusión tres veces fatal sería dejarse convencer de que la acción de los grupos de intervención e influencia que, en Washington, maniobran para obstaculizar el acercamiento americano-soviético en curso, iría directamente en dirección de los intereses de China, como no se cansan de hacer creer los profesionales de la diversión de la clase de un tal Henry "Scoop" Jackson. Porque no es para salvaguardar los intereses político-históricos de la República Popular China por lo que actúan en Washington los encapuchados halcones demócratas y los grandes cetreros sin rostro que se esconden a la sombra favorable de la intransigencia antisoviética, sino para frenar el proceso, para obstaculizar y neutralizar el intercambio de zonas de influencia operado por Washington y Moscú en Oriente Medio, para sabotear, mientras haya tiempo, las implicaciones de la nueva línea pro-árabe adoptada por la actual administración republicana de Richard Nixon.

Para los halcones en la sombra de Washington, el apoyo a China sirve para sabotear el actual acercamiento a la Unión Soviética, y el sabotaje del acercamiento a la Unión Soviética sirve para sabotear el acercamiento de Washington al mundo árabe en Oriente Medio.

Sin-Kiang ya no está en Sin-Kiang

En la actualidad, la "línea roja Sin-Kiang" ya no se extiende sólo por el norte y el noroeste de China, a lo largo de la zona de confrontación nuclear soviético-china, sino por todo el mundo donde China puede contrarrestar política y estratégicamente las posiciones de la Unión Soviética. Cada vez que el problema de la presencia política y la seguridad de la Unión Soviética se plantea en términos de crisis o desafío, en el Océano Índico, en Oriente Medio, en Europa Oriental u Occidental, China se ve involucrada, llamada dialécticamente a comprometer todas sus fuerzas de oposición y político-estratégicas.

La línea roja Sin-Kiang ya no es, por tanto, sólo una línea de confrontación nuclear directa entre la República Popular China y la Unión Soviética, sino también y sobre todo una línea de confrontación permanente entre quienes, en el curso actual de la historia mundial, son susceptibles de tomar partido por uno u otro de los dos grandes campos geopolíticos en presencia, el campo de Pekín y el campo de Moscú.

Si Pekín gana su batalla política en Europa, y consigue que Europa adquiera la condición de factor de incertidumbre político-estratégica en la retaguardia occidental del frente abierto por la Unión Soviética contra China, Pekín habrá girado así, políticamente, e invertido el frente de cualquier posible ofensiva directa de la Unión Soviética hacia el corazón de los espacios interiores chinos.

Si, en un futuro próximo, los análisis globales planteados por el mando estratégico de la "gran política" china se vieran probados por la propia marcha de la historia, sería en la línea que, hoy, y desde 1945, separa a Europa en dos partes aún antagónicas, donde la "línea roja del Sin-Kiang" debería marcar, sobre todo, el paso del destino. Porque, sin duda, será en el hueco de esta división interna de Europa, separada dentro de sí misma entre una Europa Occidental y una Europa Oriental, donde se jugará el resultado final de la confrontación soviético-china en su momento.

La seguridad se paga

En estas condiciones, ¿podrá China lograr su "avance conceptual", podrá prever su consecución en el tiempo? En este juego, la baza de Pekín sigue siendo, más que nunca, la Organización del Tratado del Atlántico Norte y, dentro de ella, la implantación en Europa Occidental de una cierta idea de comunidad atlántica de destino entre Estados Unidos y Europa. Las relaciones entre Estados Unidos y Europa Occidental se habían vuelto algo tensas tras la Guerra de Octubre en Oriente Medio", escribe la Agencia Nueva China. Sin embargo, ante las ambiciones y la amenaza militar del socialimperialismo soviético y sus esfuerzos por desintegrar políticamente a Europa Occidental, los dirigentes de Estados Unidos y de los Estados de Europa Occidental consideraron necesario volver a acercarse".

Es a esta situación global a la que la Unión Soviética intenta responder, en la actualidad, con la aceleración de su proyecto de "Conferencia para la Seguridad Continental de Europa", del que, sin embargo, sigue siendo bastante dudoso que llegue a convertirse en algo políticamente eficaz, en una estructura de presencia e intervención histórica europea en condiciones de responder a los desafíos planetarios que le conciernen directamente. A menos, claro está, que se produzcan cambios profundos en las próximas opciones históricas de la Unión Soviética hacia Europa Occidental, opciones históricas que darían a la seguridad continental de Europa su mayor dimensión, peso y destino geopolítico. Si la Unión Soviética quiere una seguridad absoluta en su retaguardia occidental, debe pagar el precio.

29 de julio de 1974, en *Combate*

HACIA UN NACIONAL-COMUNISMO
¿LA EUROPA NACIONAL-COMUNISTA?

En una embajada de Europa del Este en París, un diplomático de alto rango hizo recientemente las siguientes reflexiones, que cabría esperar fueran teledirigidas: "La poca importancia que parece haberse concedido en París a las conversaciones que Georges Marchais mantuvo el pasado mes de julio en Moscú, y en particular con Leonid Brezhnev, me parece bastante atroz. Los dirigentes políticos de Europa Occidental parecen incapaces de comprender que la evolución actual de la situación en el campo controlado por la URSS está movilizada por un único objetivo político y estratégico: estar en condiciones de responder a la certeza de que, a partir de ahora, el enfrentamiento soviético-chino es absolutamente inevitable, y que corre el riesgo de adquirir, en cualquier momento, las dimensiones inmediatas de una conflagración mundial". Precisamente al día siguiente de las conversaciones Brezhnev-Marchais del pasado 27 de julio, *Pravda*, planteando el problema de la necesidad imperiosa de una nueva conferencia de los partidos comunistas europeos, una conferencia que les permita "reforzar su acción con vistas a lograr la distensión en Europa", declaró lo siguiente: El movimiento comunista internacional se caracteriza actualmente por la necesidad de reforzar la unidad sobre la base del marxismo-leninismo y de emprender acciones conjuntas. El gobierno de Pekín desarrolla el antisovietismo y se alía con los imperialistas contra el socialismo y la paz. Por eso es un error pensar que los peligros de la guerra son inexistentes. El problema fundamental de la diplomacia soviética en Europa se convierte así en un problema de "seguridad europea", en el sentido particular en que este concepto significa la seguridad político-militar de la retaguardia occidental de la Unión Soviética en caso de que ésta se encuentre en un compromiso directo con China. Los objetivos actuales de la diplomacia soviética en Europa son, por tanto, dobles: por un lado, conseguir que los partidos comunistas europeos formen un bloque detrás de la línea antichina del PCUS ("para reforzar la unidad", "para llevar a cabo acciones conjuntas"), y, por otro lado, asegurar el apoyo implícito de los países europeos en caso de un conflicto político-militar abierto con la República Popular China ("es un error pensar que los peligros de guerra son inexistentes", etc.).

En las circunstancias actuales de su gran política continental, la Unión Soviética no tiene elección para llevar a cabo sus urgencias diplomáticas del momento, Moscú debe apoyarse principalmente en Francia, y en el PCF. Francia, es decir, el nuevo régimen de Valéry Giscard d'Estaing, para actuar diplomática y políticamente en Europa, Georges Marchais y el PCF para actuar en el plano dialéctico, cada vez más tenso, en el que se plantea actualmente el problema de la influencia soviética en la izquierda europea. De ahí la declaración conjunta de los dos secretarios generales de los partidos comunistas soviético y francés sobre las relaciones entre la Unión Soviética y Francia: "Los dos partidos comunistas conceden una inmensa importancia al desarrollo de la cooperación entre la URSS y Francia, una cooperación que responde a los intereses de ambos pueblos y que está destinada a convertirse en un factor importante para garantizar la paz en Europa".

En el mismo comunicado conjunto, los secretarios generales de los partidos comunistas soviético y francés, Leonid Brezhnev y Georges Marchais, se refirieron también a los trabajos en curso de la Conferencia Europea de Cooperación y Seguridad y recordaron que "la rápida conclusión de los trabajos de esta conferencia "cumbre" responde a los intereses de la paz general y de las amplias masas populares", al tiempo que se preocuparon de señalar la necesidad de "completar la distensión política internacional con la distensión militar". Queda por señalar que el hombre en Moscú sobre el que recae la responsabilidad actual del alineamiento de los partidos comunistas europeos con las principales posiciones antichinas exigidas por la nueva estrategia soviética es el secretario del Comité Central, Boris Ponornarev, y su tarea no es nada fácil. En cualquier caso, la visita de Boris Ponomarev a París precedió de cerca el viaje del Secretario General del CPF a Moscú.

Sería difícil esperar más claridad de los demás.

Pero ¿quién, en el momento actual, sería capaz de captar toda la importancia de esta confesión, que viene del frío, y el alcance tan preciso de la acción inmediata? ¿Quién podría entender, se pregunta, el extraordinario poder de maniobra político-diplomático que podría proporcionar, si aún se quisiera, el juego de cierta línea de acción continental francesa?

Guerra preventiva, 'estupefacción y parálisis'

Al mismo tiempo, la opinión pública internacional se pregunta, no sin cierta inquietud, sobre el significado de la formidable campaña de condicionamiento psicológico lanzada por el gobierno de Tel Aviv, que tiene como objetivo la creación acelerada de una psicosis de guerra tanto dentro como fuera de la nación israelí.

En efecto, según el ministro israelí de Defensa, Shimon Pères, "los riesgos plausibles" de una reanudación de la guerra árabe-israelí acaban de alcanzar, en los últimos días, un umbral de no retorno, "encendiendo todas las señales de alarma". Por lo tanto, ya no cabe duda de que si el gobierno de Tel Aviv pone en marcha así un dispositivo de condicionamiento psicológico interno y externo destinado a forjar el señuelo de la inminencia de una nueva ofensiva árabe contra Israel, es precisamente para enmascarar y desviar la decisión de una próxima acción preventiva israelí contra el frente árabe y, sobre todo, con toda seguridad, contra Siria. Israel, según acaba de declarar el general Gur, podría ser el primero en elegir la opción utilitaria, si las opciones políticas resultan ineficaces.

La manipulación psicotécnica de las masas que siempre precede a la puesta en marcha de una acción preventiva tiene como objetivo invertir dialécticamente los términos de la situación, de modo que el atacante acaba haciéndose pasar por el atacado, y el atacado por el atacante. Este es un requisito fundamental de las condiciones actuales de la guerra política, que ninguna de las partes enfrentadas puede permitirse el fatal descuido de ignorar.

El mismo procedimiento de emergencia, unido a una intención de aturdimiento de primera clase, está siendo utilizado actualmente por la Unión Soviética contra China. Para Moscú no se trata sólo de alertar a la opinión pública internacional y de movilizar a las masas soviéticas ante el peligro chino real, supuesto o fabricado, sino también de paralizar psicológicamente al adversario ideológico-racial más allá de Sin-Kiang, de infligirle la certeza del próximo ataque bajo la apariencia de un terror estupefaciente, con todo el peso de una "fatalidad abrumadora", etc.

Sin embargo, la etapa verdaderamente decisiva en la puesta en marcha de un marco de agitación y psicológico en términos de "psicosis de guerra" es aquella en la que, en el proceso, los protagonistas potenciales llegan a deshacerse de todos los estorbos, de todos los impedimentos ideológicos, y en la que sólo cuenta la planificación directa del enfrentamiento previsto, en la que los problemas de la concentración operativa de las fuerzas implicadas anulan bruscamente cualquier otra consideración.

La geopolítica triunfa sobre las ideologías

Aquí es donde aparece la información ideológica más inesperada, como, por ejemplo, la movilización de cierta extrema derecha europea, que tiene sus raíces en el fascismo y la colaboración, al servicio de los intereses político-históricos particulares del Estado de Israel.

Pero es el enfrentamiento soviético-chino el que actualmente provoca, asume y apoya con fuerza una serie de retrocesos ideológicos que probablemente ya son irrevocables y que, en todo caso, anulan las justificaciones ideológicas de la actual guerra mundial, que es una guerra mundial total y permanente, en favor de sus justificaciones geopolíticas exclusivamente.

Así pues, estamos obligados a asistir al tango de fascinación que, al margen de cualquier consideración ideológica, lleva hoy a la República Popular China a hacer una solicitud cualificada hacia los líderes aún en activo del Tercer Reich, y de todas las grandes batallas anteriores contra la Unión Soviética y el "bolchevismo mundial". Todo está ahí. En Canadá, la emigración ucraniana, fuertemente antisoviética y antirrusa, es objeto de una maniobra de nucleación e intoxicación llevada a cabo por los servicios de Pekín, maniobra que, bajo la cobertura de un frente exterior para la liberación de las "naciones cautivas de la URSS", intenta actualmente poner en marcha una vasta máquina de subversión destinada a movilizar al conjunto de la emigración antisoviética de

Canadá y, desde Canadá, en todo el mundo in situ. ¿Y por qué, precisamente, de Canadá? Esa es la cuestión, una cuestión que no carece de respuesta.

Al mismo tiempo, los servicios especiales soviéticos eran muy conscientes de la verdadera "fiebre" china por los altos ejecutivos del Tercer Reich, que, como el ex ministro Albert Speer, parecían ser esencialmente recuperables, económicos, culturales y técnicos. Así, el antiguo jefe de la Hitlerjugend y héroe de la batalla de Berlín, Arthur Axmann, viajó varias veces a Pekín por invitación personal de Chou En-lai, llevando consigo a todo un grupo de industriales y técnicos de la economía y de las organizaciones políticas juveniles que habían pertenecido al Tercer Reich.

Hace poco, en una gran recepción ofrecida por la República Popular China en Bad-Godesberg, el escultor y arquitecto Arno Breker, amigo íntimo del Canciller del Tercer Reich y al que Charles Despiau se refería como un nuevo Miguel Ángel, fue recibido con muestras de deferencia que rayaban en la provocación hacia el gobierno socialdemócrata de la República Federal, cuyos representantes en el lugar fueron golpeados con frialdad, y muy ostentosamente, por el embajador de Pekín que lo recibía, y por todo su séquito. Por lo tanto, no se excluye en absoluto, se sugiere, que en un futuro próximo Arno Breker visite Pekín, invitado oficialmente por la República Popular China.

Por último, es bien sabido en los servicios especializados que los agentes de Pekín están peinando actualmente los círculos de supervivientes alemanes en América Latina, y en particular en Brasil y Argentina, en busca de contactos con los grupos de asamblea de las antiguas SS y otras formaciones políticas especiales, a los que se ofrecen contratos bastante excepcionales a condición de que acepten ir a la República Popular China por un período de al menos tres años.

Por otra parte, si hay que creer a la radio estatal israelí, Chou Enlai se sintió obligado a transmitir al gobierno de Tel Aviv el pasado mes de julio, utilizando los ansiosos servicios del senador demócrata Henry Jackson, la seguridad de que la República Popular China deseaba ayudar a garantizar la existencia de un estado israelí lo suficientemente fuerte como para oponerse y resistir eficazmente a las "actividades del imperialismo soviético", la seguridad de que la República Popular China desea ayudar a garantizar la existencia de un Estado israelí lo suficientemente fuerte como para oponerse y resistir eficazmente al "impulso imperialista soviético" en Oriente Medio, y estratégicamente capaz de contrarrestar la presencia soviética en el Océano Índico.

Del *"Plan Polarka"* al *"Plan Volcán"*

Por otra parte, y siempre siguiendo la dialéctica interna de la guerra mundial total, que exige la sustitución de las justificaciones ideológicas por los mandatos operativos directos de la geopolítica, se puede captar a la URSS asumiendo, en la actualidad, los destinos de un nuevo "risorgimento" de la

Gran Croacia, y asegurando así la sucesión, treinta años después, de una idea que había sido apoyada por el Tercer Reich, y que ya había conducido a la creación de una nueva guerra mundial, el destino de un nuevo "risorgimento" de la Gran Croacia, y asegurar así la sucesión, treinta años después, de una idea que había sido apoyada por el Tercer Reich, y que ya había conducido a la creación de un Estado Nacional Croata, dirigido por el poglavnik Ante Pavelitch.

Fue a partir de 1969 cuando algunos dirigentes políticos de la emigración nacional croata buscaron el contacto con la URSS, siendo la embajada soviética en Bonn la primera intermediaria en esta operación, que más tarde, pero siempre en la sombra, iba a adquirir dimensiones decisivas y que hoy sigue dando sus frutos. Paradójicamente, tal vez, la parte de la emigración nacional croata y sus fuerzas que actúan, secretamente, en el interior, parece mucho más importante, en el estado actual de los planes soviéticos relativos al proyecto de una República Socialista Croata, que la del gobierno comunista de Zagreb y los cuadros del Partido Comunista Croata creados por Belgrado.

Esto se debe a que la URSS jugó deliberadamente la carta de la Ustasha y del Frente Nacional Croata controlado por la Ustasha tanto externa como internamente, lo cual es extremadamente significativo.

Tras las revelaciones de un desertor checoslovaco, el general Sejna, el proyecto soviético de normalización político-militar de Yugoslavia, conocido como "Plan Polarka", fue mejorado y simplificado, mejorada y simplificada por la exclusión, en particular, de la parte que preveía el paso de las fuerzas soviéticas a través de Carintia, territorio austriaco, para tomar Yugoslavia en un movimiento de pinza con el empuje de un segundo frente ofensivo que avanzaba desde el sur.

El nuevo plan soviético, que volvía a incluir, como en el "Plan Polarka", dos direcciones de empuje que se separaban en el momento de la salida, proponía asegurar Croacia y Eslovenia partiendo de Hungría y dirigiéndose hacia el Adriático, con el puerto de Pula como objetivo fundamental, mientras que un cuerpo ofensivo mixto soviético-húngaro se contentaría con invertir el norte de Serbia, a lo largo de la frontera húngara, así como el Banato yugoslavo. Esto permitiría la instalación de una República Socialista Croata en el Adriático, controlada por la URSS, y el completo aislamiento de Rumanía, al tiempo que se conservaría la apariencia e incluso la realidad de una República Federal Yugoslava supuestamente independiente (pero amputada de Croacia y Eslovenia).

Analizando el estudio por satélite de la disposición y las direcciones de marcha de los dos cuerpos ofensivos soviéticos basados en la parte suroeste de Hungría, en la región estratégica del lago Balaton, pudimos reconstituir más o menos en sus líneas esenciales el nuevo plan soviético de intervención militar en Yugoslavia, Este plan se conoce en los círculos especializados como el "Plan Volcán" y se dice que fue concebido personalmente por el comandante en jefe adjunto del Pacto de Varsovia, el general Chtmenko.

Añadamos que, en los términos del "Plan Volcán", el principal problema de cualquier intervención militar en Yugoslavia, es decir, las disposiciones de

Belgrado para el lanzamiento de una guerra de defensa total del territorio, se evacua, en principio, por el hecho de que las fuerzas soviéticas deben detenerse en las fronteras de la "Gran Serbia", su acción directa concierne sólo a las zonas donde el nacionalismo se vuelca hacia el exterior (Banat) o hacia el interior (Croacia). Por ello, Belgrado se ha apresurado a poner en marcha una urgente actualización de la doctrina antirrusa de la "Gran Serbia", que, en el recién publicado libro antirruso del profesor Miko Milenkovic, trata de demostrar que Croacia, Macedonia, etc. son "propiedades de la Gran Serbia y del poder expansionista histórico y racial de la estirpe granderbia".

Moscú sigue el ejemplo de Portugal

Esta situación en sí, el nuevo destino que parece dar la Unión Soviética al proyecto de la Gran Croacia, lejos de ser una situación coyuntural, el subproducto de una coyuntura que se trata de utilizar tácticamente mientras dure, representa por el contrario, el inicio directo de una de las nuevas estructuras de acción político-estratégica, puesta en marcha por la URSS, en Europa, a partir de 1969.

En efecto, habiendo comprendido que los partidos comunistas de Europa Occidental, y sobre todo en el marco de una alianza mantenida con la socialdemocracia y las llamadas izquierdas revolucionarias, no tienen ninguna posibilidad de apropiarse del poder político en su momento, Moscú juega actualmente la carta del suicidio ritual de los partidos comunistas de Europa Occidental en el marco de un frente común con las fuerzas armadas nacionales. Lo que ha ocurrido en Portugal, donde el Partido Comunista ahora sólo sirve de relevo operativo entre el Movimiento de las Fuerzas Armadas y las masas populares, acabará ocurriendo también en España, Grecia y, con toda seguridad, en Italia, se piensa en Moscú.

A este respecto, es sumamente interesante recordar que todas las organizaciones de acción político-estratégica directa, reunidas por Guido Giannettini en el CNDR (Comité Nacional de Defensa de la República), formación de extrema derecha que actúa ilegalmente en Italia desde hace dos años mediante la acción terrorista y la agitación política clandestina, se han declarado, y en varias ocasiones, a favor de un acercamiento al Partido Comunista Italiano, a condición de que el actual equipo de la Secretaría General del PCI, dirigido por Berlinguer, se decida a eliminar del Partido los elementos trotskistas e internacionalistas que lo han convertido en la cabeza de puente del izquierdismo internacional, y que siguen saboteando y pudriendo a la izquierda nacional europea desde el PCI.

Llegados a este punto, hay que recordar también que el CNDR de Guido Giarmettini no oculta su pretensión de ser considerado el primer elemento de un gobierno provisional clandestino de la futura República Socialista Italiana, y que su acción se orienta cada vez más hacia los contactos con las Fuerzas Armadas y la infiltración acelerada de las estructuras políticas y

administrativas existentes. Una parte del Estado ya está detrás de ellos",
escribía *L'Espresso* en su editorial del 11 de agosto.

Tiempo para los capitanes de todo el mundo

La hora de los capitanes ha llegado en Europa, y en Europa la hora de los
capitanes será la hora del nacional-comunismo.

Los capitanes están en el poder en Lisboa, mañana probablemente estarán
en Madrid, Roma y Atenas, como ya están en Trípoli y Argel. Con el coronel
Vasco Gonçalves como presidente del Consejo y el general Otello Carvalho
como jefe del Mando Operativo Continental (Copcon), Lisboa se ha convertido
en el epicentro político-estratégico de la nueva lucha revolucionaria europea,
que es la lucha continental del nacional-comunismo. Así pues, el general Otello
Carvalho dispone hoy, a través del Mando Operativo del Continente (Copcon),
de la única fuerza armada europea con una misión exclusivamente política, y
dirige, desde la región militar de Lisboa, de la que también es responsable, el
único cuerpo de combate político que existe actualmente en Europa. Un cuerpo
de batalla nacional-comunista.

También se sabe que, en vísperas del regreso de Caramanlis a Atenas, un
grupo de oficiales griegos pertenecientes a las armas de élite, incluida la
seguridad militar, se encontraban en Lisboa en una misión confidencial para el
Grupo de Ejércitos del Norte, y también se sabe que la orientación política de
estos oficiales no era en absoluto la que se podría pensar. La línea de
confrontación ideológica inmediata en la que sus grupos político-militares
tendrán que encontrarse en los próximos días en Atenas, debido a la liquidación
de un régimen podrido desde hace mucho tiempo, está ya comprometida en la
dirección de una evolución prevista por sus análisis que muestran al nacional-
comunismo como ganador a largo plazo en las dos orillas del Mediterráneo, de
Lisboa a Atenas y de Argel a El Cairo.

Y es esta nueva situación que se está produciendo en Europa, en términos
de historia inmediata, la que también se arriesga a dar una oportunidad a una
reconsideración total del problema de la reunificación alemana. Porque, en la
perspectiva de lo que está ocurriendo o se está preparando, tanto en Lisboa
como en Roma, Atenas o Madrid, la Alemania Oriental está destinada a ganar
dialécticamente a las concepciones políticas adulteradas y socialmente
ultrasubversivas de la Alemania Occidental, devoradas sin piedad por el cancro
oculto del supercapitalismo apátrida. Y en la medida en que las fuerzas
armadas y el Partido en Alemania Oriental han encontrado hace tiempo el
camino de vuelta a la única realidad activa de un destino nacional y una
conciencia nacional.

Si en 1969 nadie se hubiera empeñado en derribar a De Gaulle para
impedirle hacer lo que sabían que iba a hacer a cualquier precio, Europa sería
hoy, en su dirección de marcha, en su ser y en su aliento, una Europa gaullista.
Ahora, después del Petit Clamart, de tan brillante éxito en 1969, Europa será
otra cosa. La misma continuación tendrá que tomar caminos muy diferentes,

caminos sin duda infinitamente más peligrosos que los que el gaullismo y la Europa gaullista habrían elegido si De Gaulle hubiera podido quedarse.

El destino del nacional-comunismo soviético

En un libro olvidado, *De Gaulle dictador*, un político olvidado, de Keritlis, concluía su vivido análisis del gaullismo con la siguiente definición, que sigue siendo extraordinaria, y que data de 1945: El gaullismo es un nacionalsocialismo que jugó la carta del partido ganador.

El nacional-comunismo soviético es un nacional-socialismo que ha conseguido convertirse en un socialismo, y cuyo nacionalismo se convierte así en un nacionalismo continental. El nacional-comunismo soviético es un nacional-socialismo continental en la medida en que toda política europea auténtica y totalmente nacional debe apropiarse, para actuar, del espacio de desarrollo geopolítico continental que va del Atlántico al Pacífico.

Esta misma corriente histórica profunda, que hoy debemos llamar, quizá a falta de un término mejor, nacional-comunismo, acabará, por otra parte, y allí, en cierto modo, como por un retorno de la ola, por anunciarse también en la Unión Soviética, una corriente que viene de Lisboa, de Madrid y de Atenas, de todas partes. El nacional-comunismo soviético, cuyo significado más actual es el de una geopolítica continental global, se convertirá entonces en un nacional-comunismo volcado hacia Europa, un movimiento de destino y conciencia esencialmente europeos, en la medida en que el nacional-comunismo europeo conseguirá devolver a Europa, en términos de conciencia, el contragolpe del impulso sísmico original, que formaba parte de él en términos de destino.

Es desde 1969, como ya se ha dicho, que la Unión Soviética prepara la instalación del nacional-comunismo en Europa, lo que significa que una línea divisoria atraviesa la historia política de Rusia, una línea divisoria que anuncia, de hecho, que la ideología estatal soviética ya no es el marxismo-leninismo, sino la geopolítica. Evacuación final del marxismo-leninismo, retorno a los valores vivos y activos de una visión geopolítica nacional volcada hacia la asunción histórica inmediata de un destino nacional de dimensiones continentales y mundiales: aquí es donde el movimiento de neutralización interna del marxismo-leninismo, movimiento iniciado por Stalin por la liquidación masiva de los cuadros del Partido exigida por su proyecto de pacto germano-soviético, debería encontrar, y encuentra hoy, su resultado final. Además de la estalinización, Leonid Brezhnev continuaba así, y cumplía, los objetivos ocultos de la línea geopolítica nacional del comunismo soviético encarnada por I.V. Stalin.

La parte de Heráclito que actúa por debajo de un Hegel, dice sin cesar y sin descanso: nada se hace en la historia sino por la negación de la negación. Es negando geopolíticamente la negación dialéctica china como la Unión Soviética consigue hoy encontrarse dialécticamente a sí misma en términos de geopolítica total, y sentar las bases para otro reinicio histórico de su propio destino continental en Europa y en el mundo.

Por supuesto, el juego está lejos de haber terminado: hay poderes en juego que, en Moscú como en otros lugares, todavía pueden poner todo en cuestión, y cambiarlo todo.

El juego está lejos de terminar

Comentando las reuniones de verano entre Leonid Brezhnev y los secretarios de los partidos comunistas de Europa del Este, reuniones que ya se han convertido en una tradición, el diario de Belgrado *Politika*, cuyas fuentes de información se consideran siempre excepcionales, afirmaba que, en las circunstancias actuales, estas reuniones tendrían el valor de una conferencia en la cumbre destinada a preparar, todavía en secreto, el gran "consejo rojo" del comunismo mundial que Moscú desearía poder convocar para el año próximo. ¿Por qué esta prisa y este secretismo, por qué esta tensión implícita? Es porque Leonid Brezhnev también se ha dejado atrapar en las arenas movedizas de una fase en la que, si quiere ganar, tiene que jugar apretado, rápido y sin el menor contratiempo táctico. Más allá de Viena, las cosas se están decidiendo ahora.

En efecto, no cabe duda de que el silencioso pero aún muy poderoso grupo que, en el Comité Central del PCUS y en otros lugares, se opone a la línea general adoptada por Leonid Brézhnev, tratará de utilizar la liquidación política de Richard Nixon para contraatacar, y también es bien sabido que el grupo anti-Brézhnev de Moscú cuenta con un apoyo eficaz y feroz en casi todos los partidos comunistas de Europa del Este y de otros lugares, especialmente en Praga y Roma.

La frase clave de las últimas cumbres americano-soviéticas, pronunciada por Richard Nixon en Moscú, que algunos se apresuraron inmediatamente a interpretar en el sentido de un intento de publicidad personal, pero que quedará en los libros de historia como el trágico desgarro del que dan testimonio las profundidades de la historia invisible, Fue un desgarro trágico en la historia, en el que las profundidades de la historia invisible fueron testigos de la marcha de la historia visible, y fue el comienzo de una cadena de acontecimientos fatales para Leonid Brezhnev, a quien se le reprocharía a su debido tiempo el haber vinculado la política global soviética a las opciones de un presidente estadounidense que se consideraba incapaz de cumplir sus compromisos, "en aras de las apariencias". Richard Nixon, como se recordará, declaró que el actual estado de acercamiento entre la Unión Soviética y los Estados Unidos había sido posible, sobre todo, "gracias a la relación personal establecida entre el Secretario General del Partido Comunista y el Presidente de los Estados Unidos".

Evitar la relajación a toda costa

Una cosa, en cualquier caso, es cierta: J.F. Kennedy fue liquidado porque estaba a punto de jugar la carta soviética, y que, una vez que J.F. Kennedy se quitó de en medio, no se hizo nada entre Washington y Moscú. Robert Kennedy, a su vez, fue liquidado en el mismo momento en que corría el riesgo de ocupar la Presidencia de los Estados Unidos, porque una vez en la Casa Blanca también habría jugado la carta de Moscú. Richard Nixon, finalmente, fue liquidado porque consiguió hacer lo que a los Kennedy se les había impedido realizar, y sobre todo porque su eliminación política no podía dejar de cuestionar una vez más los logros actuales del acercamiento americano-soviético.

Pero aquí también hay que decir algunas cosas. La primera es que el Kremlin afortunadamente no es la Casa Blanca. La segunda es que, a pesar de la demencial exageración que la izquierda internacional ha hecho durante años sobre las acciones del llamado "criminal de guerra" Richard Nixon, nunca desde 1945 ha estado el mundo tan cerca del riesgo apocalíptico de una conflagración nuclear preventiva como cuando Richard Nixon fue abatido en llamas, Moscú se pregunta ahora si no sería mejor jugar sus cartas estratégicas decisivas de un solo golpe antes de que el mundo entero se encuentre unido en una cruzada democrática, o más bien en una nueva cruzada democrática destinada a imponerle la ley de un imperialismo mundial cuyo signo equívoco ya no logra ocultar sus objetivos aún inconfesables. Lo tercero que hay que decir es que, tomando la parte del fuego, también es posible que la escenografía puesta en marcha sobre la limpieza por el vacío de la Casa Blanca se vaya a secar, sobre un imprevisto histórico antes de su punto de partida en la propia trampa que los "asesinos" político-administrativos de Richard Nixon habían montado tan bien, demasiado bien: porque, detrás de Gerald Ford, ya asoma la sombra afilada de Ted Kennedy, que no fallará su tiro. A la tercera va la vencida. La cuarta y última cosa que hay que decir es que una extraña analogía parece haber jugado, y sigue jugando, en las sombras, tanto en Washington como en Moscú, en el punto final del plan general para hacer caer a Richard Nixon y, más tarde, si es posible, a Leonid Brezhnev. De hecho, ahora parece que, en definitiva, es el director de la CIA, William E. Colhy, que tiene la responsabilidad operativa de la caída de Richard Nixon. Y algunos creen también que es el jefe del Comité de Seguridad del Estado, Yuri Andropov, quien, a través de un vasto sistema de relevos, está cubriendo, desde Moscú, el montaje de la actual campaña contra Leonid Brezhnev.

Ahora, en cualquier caso, las pálidas perras del Apocalipsis están desatadas. Para cuando alguien se diera cuenta, ya sería de nuevo la "época del infierno". La calma actual no es más que la tórrida y lúgubre calma antes de que estalle la tormenta, antes de que estalle el fuego. En el nivel más profundo, las partes implicadas se apresuran a establecer sus nuevos relevos secretos, sus fuerzas de intervención y sus masas de maniobra. Porque habiéndose dejado caer tan lamentablemente fuera del gran juego, ¿piensa Francia que se salvará, en el momento de la próxima tragedia europea, en el momento del próximo reparto de los dados de hierro?

Los perdedores siempre están marcados por el destino.

16 de agosto de 1974, en *Combate*

Yuri Andropov y el lado nocturno de la Unión Soviética

En enero de 1981, un coronel del KGB destinado en Londres bajo cobertura diplomática, V.R. Nikolsky, había, como era bien sabido en aquella época, "elegido la libertad" (debido, según se afirmaba en los círculos de emigrantes rusos en Londres, a una joven cantante jamaicana, sin duda polifacética, y no por razones ideológicas imperativas, como él mismo afirmaba).

Como había estado a cargo de las "relaciones culturales activas" anglo-soviéticas durante los dos últimos años -seguimiento estrecho de los círculos política y culturalmente activos de los refugiados soviéticos en Gran Bretaña, sus continuos contactos con el submundo del *Samizdat* soviético en el interior, etc. -V. R. Nikolsky, una vez liberado -en principio al menos- de los terroríficos grilletes de los servicios secretos soviéticos, se apresuró a crear -estableciendo, según dicen, por su cuenta- una especie de oficina comercial para la distribución permanente de manuscritos más o menos inéditos procedentes directamente del *samizdat* soviético en su interior, que ofrecía a las diversas editoriales europeas interesadas en este tipo de literatura peculiar, e incluso algo peligrosa.

Un resumen del manuscrito inédito de V.R. Nikolsky, *"Yuri Andropov y el lado nocturno de la Unión Soviética".*

En agosto de ese mismo año, V.R. Nikolsky viajó a París y se ofreció a negociar con una importante editorial de mi elección la publicación de un importante manuscrito -de más de cuatrocientas páginas- del que él mismo era autor, en el que se proponía dar una imagen directa, exhaustiva, reveladora y totalmente precisa de las realidades políticas internas del régimen soviético en el poder en ese momento, así como de algunas de sus actividades externas.

Desde la primera lectura, el manuscrito de V.R. Nikolski -en inglés- me pareció un documento político de extrema actualidad, importancia y utilidad: era exactamente lo que pretendía ser, una sonda reveladora del corazón más secreto del aparato de poder soviético en acción. Un golpe importante, con repercusiones inmediatas y muy imprevisibles.

La editorial parisina a la que había propuesto el manuscrito de V.R. Nikolski me pidió entonces que escribiera un resumen de unas veinte páginas, que no dudé en proporcionar urgentemente. No dudé en proporcionarlo con carácter de urgencia, porque había que ganar tiempo y no arrastrar los pies.

Pero finalmente, por razones muy oscuras, no habiendo fracasado la transacción editorial prevista, ni ninguna de la larga serie de intentos que la siguieron, V.R. Nikolski, exasperada por todas estas dilaciones, por el empantanamiento cada vez más dudoso de nuestros esfuerzos para llegar a un acuerdo y publicar su manuscrito, en el que se le acusaba injustamente de ser la autora de un libro. Nikolski, exasperado por toda esta dilación, por el empantanamiento cada vez más dudoso de nuestros esfuerzos para llegar a un acuerdo y a la publicación de su manuscrito, en el que, con razón o sin ella, había depositado todas sus esperanzas, decidió abruptamente abandonar Europa, y voló a Brasil, donde pronto le perdí la pista definitivamente.

Lo único que queda de esta angustiosa aventura es el resumen que hice del manuscrito de V.R. Nikolski, *Yuri Andropov y la cara nocturna de la Unión Soviética*. Es un documento que, sobre todo en la perspectiva de lo que iba a ocurrir después en Rusia, me parece de tal importancia que no puedo dejar de incluirlo en este libro. Una vez más, reconozco en él un testimonio político excepcional sobre lo oculto y a la vez planteado -por paradójico que parezca- sin tapujos, muy abiertamente, de la gran geopolítica imperial de los años de las Fuerzas de la URSS, de sus tendencias internas, de sus mentalidades y de sus *objetivos últimos*. Que han permanecido sin cambios hasta el día de hoy. Y que, ahora, corren el riesgo de triunfar. A más o menos largo plazo, y en un contexto político-histórico totalmente cambiado, porque su razón de ser ya no será marxista-leninista, sino imperial y euroasiático ortodoxo, "trascendental".

De hecho, la biografía política de Yuri Andropov forma parte de una larga conspiración antisoviética perseguida desde el propio régimen. Dado que sus planes secretos para la transformación interna del régimen no podían tener éxito en vida, Yuri Andropov, al apostar por Mijaíl Gorbachov, había asegurado su continuación impersonal en la marcha de la historia ya iniciada. Ahora se conoce el contenido de la carta en la que Yuri Andropov nombraba a Mijaíl Gorbachov en el Buró Político como su sucesor como Secretario General del Partido.

Bajo la nefasta influencia del más que sospechoso Alexander Yakovlev, el "hombre de los poderes en la sombra", Mijaíl Gorbachov había iniciado rápidamente -mediante los dos devastadores conceptos de "glasnost" y "perestroika"- el proceso de autotransformación del régimen soviético desde dentro, Este proceso no tardó en perder el control, lo que condujo inmediatamente -o casi inmediatamente- a la liquidación del régimen soviético y de la propia Unión Soviética.

Lo que, por encima del eclipse alucinante, sangriento e infernal del comunismo en el poder, hizo posible finalmente el reencuentro actual de Rusia con su propia identidad anterior, fue la sacudida, la sacudida original urdida por Yuri Andropov desde el principio, y con qué poder visionario subversivo.

¿Necesito explicarlo? El resumen que tuve que hacer, para la editorial parisina que estaba interesada en él, del manuscrito de R.V. Nikolski en inglés, *The darkface of the* Soviet Union, no mencionaba en absoluto mis posibles posiciones ideológico-políticas personales respecto a todos los problemas tratados por este libro: sólo daba cuenta objetiva de su contenido, del que extraía las líneas de fuerza esenciales.

Sin embargo, creo que lo que hay que señalar es, sobre todo, el nivel tan particular en el que R.V. Nikolski situó sus revelaciones, sus análisis y sus propios comentarios, un nivel que revela la verdadera naturaleza de las preocupaciones activistas clandestinas de ciertos círculos ocultistas, "polares". Nikolsky situó sus revelaciones, análisis y sus propios comentarios en un nivel que revela la verdadera naturaleza de las preocupaciones activistas clandestinas de ciertos círculos ocultistas, "polares", "trascendentales" y "arcaicos", actuando desde las estructuras operativas superiores del KGB en vísperas del colapso -que sigue siendo, en definitiva, extraordinariamente misterioso- de la Unión Soviética, de la que podemos repetir lo que ya había dicho Platón, 360 años antes de Cristo, sobre la Atlántida: En el espacio de un solo día y noche fatales, la isla de la Atlántida se hundió bajo las olas del mar y desapareció".

Y recordar que aparece una relación directa y profundamente oculta entre, por un lado, la especial acción político-estratégica "subversiva" y "antisoviética" de Yuri Andropov y su personal y, por otro, las actuales posiciones revolucionarias imperiales y escatológicas euroasiáticas de Vladimir Putin: Así que, en definitiva, es como si lo que empezó Yuri Andropov lo estuviera completando ahora Vladimir Putin.

No en vano, una de las primeras iniciativas que tomó Vladimir Putin al entrar en el Kremlin fue la de sellar una placa de oro en memoria de Yuri Andropov. Pues se trata de un símbolo y una admisión igualmente fundamentales y reveladores.

Por último, debo reconocer el amargo pesar que me produce el hecho de que, si bien tuve a mi disposición el manuscrito original de R.V. Nikolski, no pude prestar -incluso en su momento- toda la atención que debería haber prestado a la última parte del mismo, que se refería al trasfondo ultrasecreto de la intervención soviética en Afganistán, cuyos objetivos parecen haber sido, en efecto, muy diferentes de los que se afirmaban. Porque, lo sé, Afganistán -y la zona de altas tormentas geopolíticas de la que es el epicentro sísmico- volverá a ser noticia. Pronto.

Unas palabras sobre el propio V.R. Nikolski. Un personaje que parecía escapado de una de las novelas terminales de Raymond Abellio, *El pozo de Babel, Rostros inmóviles*, me parecía representar, en cierto modo, la "gran raza judía" de los iluminados secretos, replegados sobre sí mismos, indistinguibles desde el exterior, pero que, sin embargo, actúan de lo invisible a lo visible, en los términos de quién sabe qué misión especial inconfesable. Totalmente transformado -no sé si decir transfigurado- por el comunismo, en el que había creído encontrar un sueño más grande que el del propio judaísmo, y que había quemado su vida hasta los cimientos, una vez que se había desprendido de él, había dejado de ser él mismo, habiendo perdido la parte del absoluto que le había poseído durante tanto tiempo. Había perdido la parte del absoluto que le había poseído durante tanto tiempo, convirtiéndose no en un muerto viviente, sino en un muerto viviente, el contrazombie de sí mismo, la sombra de su sombra.

No sé lo que V.R. Nikolski acabó haciendo o dejando de hacer en Brasil, pero algo me dice que al cabo de un tiempo tuvo que salir de Brasil hacia Canadá y que de Canadá se habría trasladado a Estados Unidos. Porque así es como se suele hacer. Y en los Estados Unidos, por supuesto, emergiendo como otra persona, porque se habría convertido en otra persona.

En cuanto a la valoración final de los antecedentes y análisis expuestos en su manuscrito, he apoyado y sigo apoyando lo que considero su más completa veracidad. Sin duda alguna. Y sé exactamente de qué estoy hablando.

Lo que podría parecer incoherente con el lenguaje particular de los agentes de la inteligencia ofensiva comunista se debería, en el caso de V.R. Nikolsky, al hecho de que, habiendo pertenecido a núcleos ideológicos ultrasecretos y contraestratégicos que operaban a niveles muy altos, ocultos dentro de los aparatos comunistas en acción e incluso actuando, a veces, contra ellos, había tenido que sufrir una serie de mutaciones específicas en su forma de pensar, hablar y comportarse. Pero, sin duda, se trata de cuestiones demasiado técnicas, de enfoque y uso especial y poco convencional, que pueden llevar a la confusión.

En cualquier caso, sé que V.R. Nikolski nunca pudo asegurarse la confianza de los servicios de seguridad británicos, a quienes el carácter evidentemente demasiado especial de sus afirmaciones y *revelaciones* les parecía la prueba misma de su falta de fiabilidad inmediata, y de la situación esencialmente sospechosa de su propia personalidad. Un malentendido insuperable, un *signo de los tiempos*.

Dicho esto, no es menos cierto que, posteriormente, la información política y estratégica proporcionada por V.R. Nikolsky se verificó por la evolución de la situación interna en Rusia y, finalmente, por la aparición de Vladimir Putin, así como, sobre todo, por lo que esta aparición significa *como irrevocable*. Porque es el advenimiento de la "Nueva Rusia" lo que V.R. Nikolsky estaba anunciando de hecho.

Una conspiración exitosa que continúa.

YURI ANDROPOV, Y EL LADO NOCTURNO DE LA UNIÓN SOVIÉTICA, (RESUMEN)

¿Cuál de los dos bandos se impondrá al otro? ¿La transmisión del poder supremo en la URSS revela todavía la supervivencia, enterrada en las profundidades, del rito guerrero chamánico conocido como "cabeza cortada"?

En noviembre de 1979 - noviembre de 1982: rigurosamente controlado, a través de la KGB y con el apoyo del Ejército Rojo, por Y.V. Andropov y su grupo de poder, el proceso subterráneo de desbredificación precede dialécticamente, prevé y logra exigir, llegado el momento, el asesinato ritual de L.I. Brezhnev. En las sombras, una vez más, volvemos a los procedimientos de la Rusia más antigua, a las mistagogías abismales del Paleolítico escita-chamánico. El sacrificio del jefe supremo y la figuración de su apoyo cosmológico por el Misterio de la Cabeza Cortada aparece así como un misterio esencialmente bélico. Napoleón, en el momento de su muerte: "El Jefe de los Ejércitos". Desde I.V. Stalin hasta Y.V. Andropov, sólo los rangos militares, sólo las terribles calificaciones guerreras de los Kshatriyas sancionan y legitiman las jerarquías políticas últimas del Partido Comunista en relación con el Estado soviético, es decir, en relación con la realidad transhistórica oculta del "Imperio Rojo del Fin de Ciclo". La transmisión del poder supremo sólo puede hacerse, en el Kremlin Rojo, mediante el asesinato mistagógico del líder político-militar de turno, mediante la eliminación asesina del Gran Líder en declive, el *generalísimo* crepuscular. Así, V.I. Lenin fue asesinado por I.V. Stalin, I.V. Stalin por L. Beria, L. Beria por N.S. Khrushchev, N.S. Khrushchev por L.I. Brezhnev y L.I. Brezhnev por Y.V. Andropov. La larga agonía político-estratégica de L.I. Brezhnev, muerto en lugar de vivo-muerto, y las nuevas tecnologías de neutralización antipersonal del KGB. El 23 de noviembre de 1981, durante su visita a Bonn, L.I. Brezhnev adoptó una posición muy personal y destacada a favor de la reducción de las armas nucleares en Europa. Aprovechando esta oportunidad, el KGB se dispuso a despejar el aire a su alrededor: el expediente altamente confidencial sobre las malas prácticas sociales, incluso la corrupción de los parientes de L.I. Brezhnev y de su propia familia, fue entregado oficialmente por el KGB al MVD, a la "Oficina Especial de Lucha contra el Desmantelamiento de la Propiedad Socialista", la temida O.B.Kh.S.S.; el cuñado de L.I. Brezhnev, el general S. Tsvigun, vicepresidente del KGB, es víctima de un suicidio técnico; el Departamento (A) de la Primera Dirección del KGB (Desinformación, Activnyyé Meropriatya), que actúa en estrecha relación con L. Zamiatin, jefe de los servicios de información del Departamento Internacional del Comité Central, lanzó una intensa campaña de desinformación interna y externa destinada a difundir el rumor del progresivo debilitamiento mental de L.I. Brézhnev y de su inminente incapacidad física; finalmente, la revista de Leningrado *Aurora* se tomó la libertad de publicar, bajo el control directo del Secretario del Partido, G. Romanov, un artículo increíble, de hecho, un ataque abierto, sobre "cierta personalidad, que se está muriendo todo el tiempo".

A la sombra del Kremlin, el aliento liberado de lo antiguo se une mistagógicamente al vacío interior de lo nuevo

Bajo los negros muros del Kremlin, medio sobrecargado, y frente a la tumba abierta de L.I. Brezhnev, ante la Kaaba semidescubierta de la conspiración mundial del comunismo, Y.V. Andropov pronuncia, tres veces, las palabras rituales del paso iniciático de los poderes: "Adiós, pues, querido Leonid Ilich Brezhnev". Al momento siguiente, los tambores y los bronces chamánicos llevarán lo *viejo* a la nada de la nada mientras traen de vuelta su aliento imperecedero al pecho vaciado de lo *nuevo*: así, cada vez, lo nuevo está hecho sólo del aliento de lo más antiguo que vuelve oculto a la luz de la vida.

Ahora bien, ¿cómo no reconocer, en esta sombría ciencia del paso ritual de los poderes, la persistencia extraordinariamente profunda de una conciencia anterior a cualquier ciencia de la actualidad, la persistencia de una concepción chamánica y preglacial de la manipulación de los alientos, de la que quizá sólo las visiones hipnagógicas de P.H. Lovecraft estarían en condiciones de dar cuenta hoy? Se trata de las confesiones que el futuro mariscal y jefe del Estado Mayor del Ejército Rojo, Michail Toukhatchevsky, iba a hacer a Rémy Roure, durante su cautiverio común en el fuerte de Ingolstadt, durante la Primera Guerra Mundial, donde también estaba presente el futuro presidente de la República, pues *todo está relacionado*, General Charles de Gaulle, que aparece el primer testimonio del retorno secreto de los mayores jerarcas bolcheviques a una identidad racial y transhistórica sometida al Ser del Abismo.

Un voto asegurado por la división de élite Kantemirov

Sin embargo, tres días después, rodeados por las unidades blindadas de la división de choque Kantemirov, el Comité Central, donde la corriente de Constantin Chernenko tenía mayoría, y una amplia mayoría, llevó a Y. V. Andropov a la Secretaría General del Partido mediante un sugestivo voto de bloqueo: fue la Kantemirovka la que, de hecho, votó por Y.V. Andropov. ¿Por qué Y.V. Andropov no llamó a la I [ère]"División Blindada Dzerzhinsky", perteneciente, bajo las órdenes del general S. Chomikov, al propio KGB? A través de la Kantemirovka, el poder de apoyo estratégico en el interior sería en adelante, para Y.V. Andropov, un poder exclusivamente militar.

El testamento perdido de L.I. Brezhnev, y su visión de la próxima "primavera cósmica

El cadáver del Partido se recompone de repente y balbucea en las alas. Sobre el testamento perdido - extraviado, dicen - de L.I. Brezhnev, que sabemos tenía un título bastante enigmático: "La Unión Soviética, garante fundamental y perpetua de la Paz Mundial". El cercano advenimiento de la gran Primavera Cósmica". Algo de luz sobre las cartas de L.L. Brezhnev a Indira Gandhi, y sobre sus terrores apocalípticos. Evitar, a toda costa, el horror insoportable de un enfrentamiento nuclear, sea cual sea. Preservar a la Unión Soviética y a Europa de ella, por los medios que sean necesarios: ese es mi verdadero objetivo, esa es, estoy convencido, mi verdadera misión. La conspiración brezhneviana para bloquear y neutralizar el estado del armamento nuclear adquirió dimensiones mundiales, lo que preocupó al campo atlántico tanto como al propio campo socialista. Informado por filtraciones del entorno inmediato de Indira Gandhi, el jefe de la gran planta del KGB en Nueva Delhi fue personalmente a Moscú para advertir a Y.V. Andropov. Este último informó al Jefe del Estado Mayor del Ejército, el mariscal Ogarkov, de la situación en el mayor secreto. Constitución de emergencia, en la cúpula de los estados mayores operativos del KGB y de las Fuerzas Armadas, de una célula de crisis permanente y especial, dirigida contra las actividades clandestinas y el desviacionismo pacifista del Secretario General del Partido y su grupo de acción personal. Constantin Chernenko, que, según acaba de quedar claro, "viaja mucho, incluso demasiado", y que parece controlar muy de cerca, "demasiado de cerca", los cuadros y la organización interna del Partido, se convierte en el objetivo número dos de la célula especial.

Sobre los enviados extraordinarios de Juan Pablo II a L.I. Brezhnev, y su misión ultra secreta

La misión secreta de los profesores Jérôme Lejeune, de la Facultad de Medicina de París, y Marini Bettolo, de la Academia Pontificia de Roma, enviados extraordinarios de Juan Pablo II a Moscú, a L.I. Brejnev. Las reuniones altamente confidenciales de la Academia Pontificia en la Casa Pio Quarto de Roma y las conclusiones apocalípticas de sus trabajos. Se elaboraron dos informes para uso exclusivo de Juan Pablo II: *el informe absolutamente secreto* y *el informe absolutamente incomunicable*. Juan Pablo II se encargó de dar a conocer el contenido a L.I. Brezhnev. Brezhnev respondió a Roma, pero el contenido de esta respuesta siguió siendo un profundo misterio, y Juan Pablo II se apresuró a cubrirlo con el secreto papal.

En enero de 1983, Y.V. Andropov propuso al Vaticano el establecimiento de un canal especial, directo y permanente de comunicación oculta entre Juan Pablo II y él. Sobre las consecuencias actuales de esta propuesta. Las bases activas de una nueva diplomacia clandestina de la Iglesia.

Las *autorizaciones reservadas* del Secretario de Estado de Juan Pablo II, Mons. Casaroli, partidario convencido, incluso activista, de la apertura más extrema hacia Oriente, y las grandes líneas de la operación metaestratégica en curso bajo el nombre encubierto de *"Proyecto Lado Oscuro de la Luna"*.

Vuelve a aparecer la persistente sombra de la difunta madre de L.I. Brezhnev, cuya muerte le cambió profundamente. Bajo la total influencia de un grupo místico de Kazán, la madre de L.I. Brezhnev había pasado los últimos años de su vida bajo los velos negros de las congregaciones nocturnas y clandestinas de los Viejos Creyentes, y en el recuerdo convulso de las "grandes quemas" de 1682. Por consejo de su madre, L.I. Brezhnev había traído a Moscú, en el mayor secreto, a la taumaturga Duna Davitashvili y la había instalado en la clínica privada de los dirigentes del Gosplan. La propia Duna Davitashvili había convocado y movilizado a su lado a los elementos más esenciales del grupo de acción mistagógica y taumatúrgica, reuniéndolos en uno de los grandes barrios residenciales de Moscú, del que había sido, en Alma Ata, Kazajistán, el "corazón vivo y sangriento" y la "verdadera madre de la vida". La correspondencia particular de Moscú afirma que los grupos bajo la influencia de Duna Davitashvili siguen en pie, operando en condiciones algo más lentas pero esencialmente sin cambios, en este mes de marzo de 1983 en el que "se están preparando tantas cosas decisivas, cosas conocidas de antemano".

Yuri Andropov ya no es Yuri Andropov

Yuri Vladimirovich Andropov, o el último supermontaje del KGB, su *montaje trascendental:* Yuri Vladimirovich Andropov no es, o ya no es Vladimirovich Andropov. ¿Contiene el misterio de la transmutación filosófica de los metales el principio activo de las manipulaciones que pueden conducir al cambio de la identidad abismal de un sujeto determinado? Más allá de las técnicas primarias conocidas como lavado de cerebro, ¿podemos obtener ya, en los servicios especializados de alta tecnología, el *blanqueamiento del ser*? Una vuelta alegórica a la novela de Richard Condon, *El candidato mandchuriano*, y a la película de acción subliminal realizada por John Frankenheimer.

En la actualidad, las potencias de dos caras están luchando secretamente por el poder supremo en la URSS. ¿Cuáles son las opciones de Y.V. Andropov?

Visibles o invisibles, fuerzas tanto metapolíticas como inmediatamente políticas luchan ocultamente por el poder supremo dentro del campo atrincherado de la URSS y en la Célula Central de la conspiración mundial del comunismo de influencia soviética. La nueva y abismal aparición, en la URSS, de un contrapoder, un poder paralelo trotskista, de nuevo en marcha y activo desde la muerte de I.V. Stalin, con picos paroxísticos bajo la influencia de L. Béria (incluyendo, en particular, la rehabilitación de los médicos judíos de la conspiración criminal de la cúpula conocida como los "batas blancas"), y, también, pero de forma algo diferente, bajo la de N.S. Krouchtchev. A este respecto, el extraordinario testamento visionario de Rasputín, descubierto en Odesa en 1927 y hecho público en Occidente, gracias a una filtración organizada en Londres, en 1973, filtración que el profesor Renzo Baschera supo aprovechar, con fines, en definitiva, bastante oscuros. El terrible, fascinante y demasiado claro testamento visionario de Rasputín prevé el enfrentamiento decisivo entre las "serpientes" trotskistas y el "águila" estalinista y, aunque fue escrito en 1912, no sólo anuncia la aniquilación de la Unión Soviética, sino también de la Unión Soviética, anuncia no sólo la aniquilación final de las "serpientes" trotskistas como presagio de la sangrienta liberación del "Santo de los Santos", la "Santísima Rusia", sino también y sobre todo la "conversión de la Rusia Roja" y el eventual advenimiento de "un Gran Rey que por fin podrá impartir la Verdadera Justicia".

De la propia mano de Rasputín se escribió este testamento profético en 1912 para la zarina Alexandra, que se convirtió en Santa Alexandra Romanoff: la medida más completa de la importancia profética fundamental de este texto reside en la atención enfermiza, incluso paranoica, con la que fue considerado por LV. Stalin (pero cómo resistirse a la tentación de reconocer, en la "conspiración de los compañeros con la sutil arma del veneno", el complot de los "batas blancas" desbaratado, sin duda demasiado tarde para algunos, por la inspirada vigilancia de la doctora Lydia Timachouk, radióloga del Hospital Botkine). En la actualidad, ya se sabe que fue Y.V. El propio Andropov, así como algunos de sus partidarios más cercanos, están escudriñando febrilmente la breve pero terrible profecía del místico de Pokorvskoye: las conclusiones de esta profecía se refieren al momento mismo de su llegada al poder, y si todo lo demás ya se ha hecho realidad, y se ha cumplido al pie de la letra, no hay razón para que no se cumpla también el final bastante peculiar que se anuncia en ella. Por último, un signo absolutamente significativo del estado de ánimo que es hoy el del pueblo soviético en sus capas más nocturnas, más intactas, un estado de ánimo recalentado por los movimientos sísmicos, por los desplazamientos que percibe en las profundidades, dos circuitos al menos de *Sviatye Pisma*, de "letras sagradas", con epicentro respectivamente en Odesa y Leningrado, han retomado con fervor y claridad, desde finales del año pasado, los impulsos esenciales de la sangrienta profecía de Rasputín, el Iluminado siberiano, y en particular los que se refieren a su conclusión apocalíptica.

¿Un gobierno secreto en la Unión Soviética? ¿Es Y.V. Andropov el gran comandante o sólo un instrumento necesario?

¿Es el poder central soviético, actualmente y desde hace mucho tiempo, un poder oculto político-militar? ¿Está el poder central soviético, al mismo tiempo, ocultamente predeterminado por un contrapoder teocrático-imperialista interno?

Un gobierno secreto en la Unión Soviética", afirmó *Nostra* en febrero de 1982. *Nostra:* "Una Orden, organizada según un sistema neomedieval similar al de nuestros caballeros. Su objetivo: dominar la tierra a finales de nuestro siglo. Y también: "La sociedad con la que sueña el "Orden" sería una especie de Rusia neomedieval, gobernada por jefes de provincia militares en toda Eurasia: una sociedad jerárquica, poderosamente movilizada". El "secreto interior" de esta Orden sería, siempre según Nostra, el siguiente: "No creer en el marxismo, sino utilizarlo para la "grandeza del Imperio", es decir, de la URSS, llamada a dominar el mundo".

La figura preontológica del Reino Milenario de la Unión Soviética, una figura profundamente activa en los círculos político-militares que actualmente deciden los destinos futuros de la Unión Soviética y la conspiración mundial del comunismo de influencia soviética desde la sombra.

Las fraternidades polares en el Ejército Rojo, y el reino milenario de Rusia

La penetración ultrasecreta de la Hermandad Polar en el Ejército Rojo, antes, durante y después del mandato del mariscal M. Tukhachevsky en el Estado Mayor del Ejército. ¿Por qué I.V. Stalin tuvo que proceder a la neutralización física del mariscal M. Tukhachevsky? En primer lugar, y sean cuales sean las otras razones, imperativamente, de carácter político-militar, para poder asumir él mismo, dentro del Ejército Rojo, la dirección oculta de la Hermandad Polar; que más tarde entregaría al general S. Chtemenko, jefe del Estado Mayor del Ejército, en quien, muy excepcionalmente y no sin misterio, había depositado toda su confianza.

Con la llegada de Y.V. Andropov a la Secretaría General del Partido Comunista de la URSS, la flamante estrella del mariscal Ogarkov, jefe del Estado Mayor de las Fuerzas Armadas, se alzó en el horizonte del mando supremo del Ejército Rojo. Junto al mariscal Ogarkov, el general Valeri Varennikov, jefe adjunto del Estado Mayor de las Fuerzas Armadas, está definiendo actualmente la nueva geoestrategia global del Ejército Rojo, la versión exterior de lo que se acaba de llamar la figura preontológica del "Reinado Milenario de la Unión Soviética". Sobre este tema, véase el importantísimo artículo de Jacques Guillemé Brulon en *Le Figaro* del 30 de enero de 1983: *Cinquante ans après l'ascension de Hitler au pouvoir. Una URSS "milenaria".* En efecto, el acercamiento entre la Unión Soviética y el Tercer Reich no deja de sacar a la luz el proyecto continental común y los fundamentos transhistóricos ocultos de las dos grandes tentativas imperiales euroasiáticas de finales del ᵉsiglo XX.

Otra visión de la trayectoria político-histórica, de la misión y del misterio de V.I. Lenin y de su sucesor, aparentemente no elegido, I.V. Stalin

De hecho, V. I. Lenin y LV. Stalin aún menos, no eran en absoluto lo que estamos acostumbrados a pensar de ellos. Una luz diferente, una luz de ruptura y de inversión dialéctica de la obra doctrinal y activista de V.I. Lenin y de I.V. Stalin - una obra que, a la luz de la historia de la Unión Soviética, no es sólo obra de V.I. Lenin, sino también de LV. La obra doctrinal y activista de Stalin -una obra de la que, al final, sólo contará el desdoblamiento geopolítico secreto- ¿no entregaría las claves de la identidad más insospechada, misteriosa y prohibida de la Unión Soviética y de la llamada revolución mundial del comunismo de la que quiere ser, desde 1917, el epicentro político-estratégico y la vanguardia histórica en marcha? Emmanuel Le Roy Ladurie, en 1980: "La Unión Soviética se ha convertido, hoy en día, en el centro absoluto del totalitarismo mundial".

El pacto Hitler-Stalin, fundamento irreversible de la línea continental soviética

El recuerdo, aún no oscurecido, para algunos, del 23 de agosto de 1939: saber reconocer, hoy, en el Pacto Hitler-Stalin, el polo supremo de la gran política continental euroasiática de la Unión Soviética y sus proyectos planetarios aún y siempre ocultos tras la semántica doctrinal diversionista del marxismo-leninismo. El comunismo no es, ni ha sido nunca, en la Unión Soviética, un fin en sí mismo, sino el medio de desarrollo totalitario de un proyecto imperial oculto.

Sobre el doble lenguaje del informe de política general presentado por I.V. Stalin el 10 de marzo de 1939 en el Salón de San Andrés del Kremlin en la apertura del XVIII ᵉCongreso del Partido Comunista de la URSS.

1977-1982, ¿años decisivos de qué "gran retorno"? El precedente de la revista alemana de Buenos Aires, *Der Weg*. ¿Hacia una reactualización clandestina de la "línea operativa" de G.V. Astakhov?

La geopolítica soviética de vanguardia vista a la luz del próximo milenio

Aclaraciones profundas, posiciones de inteligencia activista sobre la línea geopolítica de la URSS, desde V.I. Lenin hasta Y.V. Andropov, y los principios fundamentales de una cierta geopolítica trascendental en condiciones de exponer, precisamente, el concepto preontológico del "Reinado Milenario" de la Unión Soviética.

Ya en febrero de 1977, la revista mensual *Correspondance Européenne*, publicada en París, escribía: "En el seno del poder soviético, dos tendencias, o más bien dos conspiraciones, se enfrentan, en la actualidad, en profundidad, y es precisamente esta confrontación la que define y arma la crisis política total a la que el año 1977 no puede dejar de dar, de una manera u otra, *el desenlace decisivo:* por un lado, para utilizar, una vez más, la expresión de I. V. Stalin, la "conspiración trotskista desde dentro", y, por otro lado, lo que debería llamarse, desde ahora, la conspiración actual de los "grupos geopolíticos".V. Stalin, la "conspiración trotskista desde dentro", y, por otro lado, lo que debería llamarse, a partir de ahora, la actual conspiración de los "grupos geopolíticos" en acción desde las posiciones de fuerza del Ejército Rojo". Y también: "Para los nacionalistas revolucionarios europeos, la más urgente y, en las actuales circunstancias, la única tarea doctrinal fundamental aparece, por tanto, y se impone como una aproximación inmediata y lo más completa posible de la nueva ideología revolucionaria que lleva adelante, hoy, los líderes aún ocultos de la nueva línea geopolítica continental soviética".

Sobre el concepto contraestratégico de "cabeza de puente ideológica" aplicado al intento de desestabilización trotskista puesto en marcha en Praga en 1968. La oposición secreta de dos concepciones polares, la Concepción Ártica y la Concepción Antártica, y su significado como ruptura dialéctica con las doctrinas de Horbiger sobre la lucha cosmogónica fundacional "del Hielo y del Fuego". La oposición de la Concepción Ártica y la Concepción Antártica ha sido explotada de forma encubierta desde 1977 por los servicios de investigación avanzados que trabajan bajo el control directo del Estado Mayor de la Flota Oceánica de la URSS. Por su parte, Y.V. Andropov apoya personalmente, desde bases estratégicas de retaguardia en Carelia, el establecimiento de una presencia soviética avanzada de alto secreto en el Extremo Norte, y de una misión especial permanente en las inmediaciones del Polo Norte. Bajo la supervisión del personal del almirante de la flota G. S. Gorshkov, la flota oceánica de la URSS, el *Okeanska*, se adentra en los "espacios interiores" de la Antártida.

En *La asunción de Europa*, Raymond Abellio invierte dialécticamente los datos del problema y, considerando la oposición de las concepciones polares ártica y antártica desde el punto de vista del Fuego Central de la Tierra, La parte más secreta de esta cosmología genética está en consonancia con la esencia de las doctrinas de Horbiger, a la vez que se abre a la inteligencia final de una Concepción Polar global, y cuya visión más inmediatamente operativa parecería prestarse al acercamiento y manipulación de lo que se ha convenido en llamar, con una expresión de coberturas, los Grandes Galácticos. Los grupos de acción encubierta de influencia abeliana están realizando aproximaciones teúrgicas entre Perú y Japón; se están llevando a cabo operaciones extremadamente peligrosas, de forma encubierta, en ciertas tierras del Atlántico Sur (lo que no deja de interesar, de forma más aguda y decisiva, a los elementos que ocupan el lugar del almirante G.S. Gorchkov en *Okeanska*).

Evolución geoestratégica por el General Valeri Varennikoy, Jefe de Estado Mayor Adjunto del Ejército Rojo

Siguiendo muy de cerca los actuales compromisos doctrinales del Jefe del Estado Mayor de las Fuerzas Armadas, el mariscal Ogarkov, su más estrecho colaborador, el Jefe Adjunto del Estado Mayor de las Fuerzas Armadas, el general Valeri Varennikov, está trabajando en la definición de las nuevas líneas de marcha geoestratégicas del grupo político-militar central del que forma parte Y.V. El propio Andropov es, en la actualidad, el *concepto supremo de la polarización activa:* retorno a la dialéctica policentrista de la revolución mundial del comunismo y de la lucha antiimperialista planetaria; superfortalecimiento ontológico de las Tierras Centrales, y sus enfrentamientos intercontinentales con los partidarios del Establecimiento Oceánico; una nueva línea general soviética hacia China, Estados Unidos y América Latina, hacia la India, el sudeste asiático y Japón, hacia el mundo árabe y Oriente Medio, y en Europa hacia Europa Occidental y Oriental y el complejo operativo del sudeste europeo; Grecia, quizás, como plataforma para nuevas y muy imprevisibles salidas.

El jefe adjunto del Estado Mayor de las Fuerzas Armadas, el general Valeri Varennikov, escribió en *lzvestia :* Es, pues, urgente, y de la mayor importancia, que se pongan en marcha nuevos medios para perfeccionar constantemente la preparación de las Fuerzas Armadas de la Unión Soviética, a fin de que se acerquen cada vez más al punto máximo de todas sus posibilidades operativas, y, también, para que esta preparación permanente se realice en lo sucesivo en muy estrecha relación con el frente de todas las Fuerzas Armadas de los países que pertenecen, en Europa, al mismo campo de batalla que nosotros".

Estas declaraciones del general Valeri Varennikov son muy importantes. Porque en ellos se establece, por primera vez, la decisión, implícitamente avanzada, de una próxima integración reforzada y, más tarde, de una integración total de las Fuerzas Armadas del Pacto de Varsovia, primera etapa de la integración político-administrativa de todos los países socialistas de Europa del Este en una unidad federal de tipo soviético, y cuya infraestructura política decisiva y última sería constituida por Moscú.

Y.V. Andropov, el 16 de noviembre de 1982, en Moscú: "La política de Europa del Este, y más aún la política de los Balcanes, no se hace en Bucarest o en Belgrado. Se fabrica, exclusivamente, en Moscú".

La línea roja de Sin-Kiang

Para Guido Giannettini, que sigue siendo indiscutiblemente el fundador de la nueva geoestrategia continental europea y, por tanto, de una nueva geoestrategia planetaria, el fundador de la *geoestrategia total,* es Eurasia la que, geopolíticamente, constituye la "Tierra Media", mientras que la frontera geopolítica continental de la URSS y de China, frontera de raza y de destino, corresponde a lo que se llamó, en otro lugar, la "Tierra Media", La frontera geopolítica continental de la URSS y China, una frontera de raza y destino, corresponde a lo que se ha llamado, en otros lugares, la "línea roja Sin-Kiang".

En *La conquista de la Tierra Media*, Guido Giannettini escribió en agosto de 1971: "Sobre la base de los elementos de geopolítica que hemos mencionado, los intereses de Eurasia son comunes, porque Eurasia es una unidad natural; y este carácter unitario debería hacerse más evidente precisamente hoy, en la era de los grandes bloques y las grandes concentraciones de Estados. Frente a Eurasia, el corazón de la principal masa de tierra, se alza el gran océano primordial, el Pacífico, que hoy ha encontrado su eje no sólo geográfico, sino también político, en el paralelo 40ème de Washington y Pekín. Disputado por dos mundos, el paseo fronterizo, la "tierra del medio". Y al igual que hace cuatro mil años, la posesión de la "tierra del medio" sigue interesando a los descendientes europeos de los antiguos *reitervoleros de* las estepas. De hecho, si el Drang *nach Osten* de Hitler hubiera tenido éxito, Europa (pero, sobre todo, Eurasia) estaría hoy en primera línea en los montes Altai y en las fronteras del Sin-Kiang. Esto no ocurrió porque las mismas fuerzas ahora aliadas con China lograron impedir la unificación pacífica del continente euroasiático -que tanto Hitler como Stalin parecían perseguir- y luego el intento de unificación por las armas. Pero el fondo de las cosas no ha cambiado. Europa renacerá y no podrá escapar a la fatal *Erulkampf* por la conquista de la "Tierra Media", una lucha final que decidirá así su destino.

Ahora bien, es bastante obvio que, en la actualidad, el Jefe del Estado Mayor del Ejército Rojo, el mariscal Ogarkov, podría muy bien arriesgarse a firmar estos análisis de Guido Giannettini, en los que, en cualquier caso, no dejaría de encontrar la esencia del nuevo pensamiento geoestratégico continental soviético del que, al parecer, era la principal figura ideológica.

Sin embargo, no parece menos cierto que Y.V. Andropov iniciaría, en una primera fase, un proceso de acercamiento de distracción y retraso hacia Pekín, utilizando para ello las excepcionales habilidades de los sinólogos de alto nivel que ha sabido atraer confidencialmente en la nueva diplomacia soviética y en la universidad, dirigida por Mijaíl Kapitsa. Nombrado viceministro de Asuntos Exteriores el 16 de diciembre de 1982, ahora se da por sentado que, como parte del plan general de inversión del poder ideado por el grupo de acción personal de Y.V. Andropov, Mijaíl Kapitsa debería suceder muy pronto al actual titular del Ministerio de Asuntos Exteriores soviético, A.A. Gromyko, en la plaza de Smolensk. Antiguo embajador en Islamabad y luego responsable, sucesivamente, del Sudeste Asiático y del Extremo Oriente en el Ministerio de Asuntos Exteriores de Moscú, Mikhail Kapitsa acaba de conseguir, de hecho, la tarea bastante abrupta de establecer una línea de relaciones que aún no es oficial, pero eficaz, y completamente coherente, con el número uno de Pekín, Den Xiaoping, un feroz despreciador, hace sólo unos meses, del "socialimperialismo soviético, heredero del imperialismo místico-tsarista y de sus más ocultos designios de dominación continental en Asia". Sin embargo, en su acercamiento a Deng Xiaoping, Mikhail Kapitsa había actuado, y desde el principio, bajo un mandato especial de Y.V. Andropov y bajo la supervisión personal de éste, a quien informaba constantemente de los progresos de su misión. Por otra parte, ahora se sabe que fue efectivamente bajo la influencia directa de Mikhail Kapitsa que, a su regreso de una gira de inspección en el sudeste asiático, el Jefe del Estado Mayor de las Fuerzas Armadas, el mariscal Ogarkov, había aconsejado y obtenido que se redujera muy significativamente la entrega permanente de material de guerra soviético a Hanoi, equipos pesados, misiles y equipos electrónicos avanzados. Sin embargo, estas entregas soviéticas de apoyo militar contraestratégico fueron denunciadas constantemente por Pekín como "absolutamente intolerables". El propio Deng Xiaoping, en julio de 1982: "Hay que pinchar el forúnculo soviético en Hanoi a cualquier precio" (así fue, pero aún no sabemos el precio real).

Hay que añadir que la retirada militar soviética de China, que se completó en Hanoi, fue al mismo tiempo acompañada de una retirada muy dura sobre el *terreno:* Desde diciembre de 1982, todas las organizaciones político-militares paralelas, irreductiblemente antichinas, que se habían implantado de forma preventiva en las regiones fronterizas en disputa y cuyas bases de retaguardia se encontraban en Mongolia Interior, fueron abruptamente puestas a dormir, y la mayoría de las veces sin la menor consideración, suprimidas por la fuerza por los servicios operativos especiales del nuevo KGB de Victor Chebrikov.

Por último, e infinitamente más significativo, fue a través de Mikhail Kapitsa que el nuevo Ministro de Defensa de la R.P. de China, el general Zhang Aiping, pudo conocer el último tratado político y estratégico del mariscal Ogarkov. de China, el general Zhang Aiping, pudo tomar nota a su debido tiempo del último tratado político-estratégico del mariscal Ogarkov, obra ultra secreta donde las haya, que, en un artículo de fondo publicado recientemente en *La Bandera Roja*, órgano doctrinal central del PCCh, el general Zhang Aiping acaba de hacer suyo, tal cual, y, creemos, muy deliberadamente como es - porque esta extraña compilación en primer grado pretende ser, de hecho, el desafío abierto de una provocación político-estratégica de muy gran tamaño, de una provocación político-estratégica dada como bastante decisiva - todas las tesis fundamentales, a saber

(1) Estando más que probada la naturaleza exclusivamente científica y tecnológica de las grandes confrontaciones político-históricas del futuro próximo, *debe imponerse* una *prioridad absolutamente incondicional al esfuerzo de armamento nuclear de las Fuerzas Armadas, un armamento que debe ser esencialmente nacional, sin servidumbres externas*, y que comprenda tanto un arsenal nuclear estratégico como un arsenal nuclear táctico, implicando ambos la diversificación acelerada de los sistemas de lanzamiento y de los portadores especializados

(2) la movilización de toda la nación activa para una *aceleración super reforzada del desarrollo de todos los sectores económicos e industriales comprometidos, directa o indirectamente, al servicio del esfuerzo tecnológico-militar en el proceso de inicio del proceso final de su "gran salto adelante"*,

(3) la creación inmediata del *Comité Superior Científico y Tecnológico de las Fuerzas Armadas y de la Defensa, que* ya cuenta con amplísimas competencias propias, competencias de "alto mando vertical", es decir, libres de cualquier control, retraso o impedimento político-administrativo.

Es innegable que las tesis político-estratégicas, o más bien estratégico-administrativas, más secretas del Jefe del Estado Mayor soviético, el mariscal Ogarkov, han sido aprovechadas por el nuevo Ministro de Defensa chino, el general Zhang Aiping, con un poder de integración dialéctica en profundidad muy preocupante, un poder de integración bastante inmediato y como sobreactivado por las propias urgencias de lo que constituyen los problemas esenciales que las Fuerzas Armadas de la R. P. China están llamadas a afrontar abruptamente en su giro actual.Pero hay una ley de hierro del universo, y es la ley del pueblo. Pero hay una ley de hierro: es el enemigo el que siempre será el mejor alumno. Lo que el comandante Charles de Gaulle sólo pudo tener una visión premonitoria y doctrinal, fue el general Reinz Guderian quien se encontró en posición de realizarlo en términos de acción.

En definitiva, el mariscal Ogarkov, así como su discípulo demasiado dotado, el general Zhang Aiping, anuncian más que proponen el irresistible ascenso de una nueva gran sociedad militar: la salvaguarda histórica de las nuevas sociedades por venir y de los nuevos grandes Estados actualmente en proceso de reagrupación exige, desde ahora, su total militarización.

Pero, por otra parte, ¿no debe aparecer cada nuevo advenimiento de una sociedad militar total, y cada vez, como un presagio del inminente retorno a la época heroica y ardiente de los Grandes Imperios?

La llegada de Y.V. Andropov a las palancas supremas del mando político-militar en la URSS significa, en primer lugar, la desestabilización probablemente definitiva del Partido y del cuerpo de *apparatchik de* su aparato político-administrativo general, así como, por otra parte, y de forma bastante trágica, el desplazamiento abrupto -el desplazamiento de la ruptura revolucionaria, uno podría, eventualmente, atreverse a decir-de la mayor potencia soviética hacia el centro de gravedad interno del Ejército Rojo, hacia la célula polar de decisión, hacia el corazón polar más prohibido y oculto del alto mando ideológico-operativo de las Fuerzas Armadas soviéticas.

Zbigniew Brzezinski, a quien le preguntaron en enero de 1983 si Y.V. Andropov le "inspiraba confianza", tuvo que responder sin rodeos: "En absoluto. Su nombramiento subraya un peligroso cambio en el centro de gravedad del poder en la URSS, que se aleja de los apparatchiks del PCUS y se acerca al año y a los servicios secretos. Estas dos instituciones son las más represivas y también las más *nacionalistas*. Andropov tuvo éxito donde Beria, en 1953, y Zhukov, en 1957, habían fracasado.

Ahora, todo está subversivamente vinculado, y todo está conectado por el propio curso de los acontecimientos. A través de las WRONS, a través del Comité Militar de Salvación Nacional creado por el general Jaruzelski, la sociedad polaca en su conjunto está predeterminada por una infraestructura de carácter exclusivamente militar, que actúa de forma permanente y totalmente a la vista. Las misiones actuales de las WRONS y de las Fuerzas Armadas polacas son ideológico-políticas, sociales, administrativas, económicas y sindicales, educativas, diplomáticas y religiosas: todas las fuerzas auténticamente vivas, auténticamente revolucionarias de Polonia bajo el régimen político-militar del general Jaruzelski tienen que pasar, para ser y actuar, por los canales preconcebidos y establecidos a propósito por las Fuerzas Armadas polacas. (Y el propio WRONS, el Comité Militar de Salvación Nacional, ¿no nos recuerda, de forma extraña y muy significativa, a los Comités de Salvación Pública de los generales, o mejor dicho de los capitanes nacional-revolucionarios de Argel, durante las grandes batallas político-militares de liderazgo llevadas a cabo por la Organización del Ejército Secreto, por la OAS? Para los que todavía están en condiciones de juzgar lo que hay detrás de las cartas, esta conexión está lejos de ser fortuita. Su valor sería, más bien, de una extrema actualidad profética y activista).

Por lo tanto, aunque todavía no haya llegado, Polonia está en camino de convertirse, bajo el liderazgo del general Jaruzelski, en el primer socialismo abiertamente militar de la Europa actual. Ahora bien, cabe destacar que el propio general Jaruzelski es uno de los que mejor se acercó y captó el pensamiento estratégico-administrativo del mariscal Ogarkov, a quien debe buena parte de su carrera y, sobre todo, la seguridad de su situación actual.

Hoy, como en el pasado, la fuerza interior de los ejércitos que apoyan, abierta o más encubiertamente, la trágica aventura de los nacientes Imperios, ha sido siempre la fuerza político-militar de sus jóvenes capitanes. Así, debemos recordar que al tomar una posición brutal contra la situación incierta y negativa de la preparación estratégica de los Grupos de las Fuerzas Armadas Soviéticas en Alemania, el mariscal Ogarkov no dejó de declarar que el futuro e incluso el destino mismo del Ejército Rojo descansaba en sus jóvenes capitanes, que el Ejército Rojo debe ser y será "un ejército de jóvenes capitanes".

Por otra parte, en su mensaje de Año Nuevo para 1983, el recientemente destituido Jefe del Estado Mayor del Ejército francés, el general Jean Delaunay, declaró, proféticamente quizás, o de otra manera, que *1983 sería el año de los capitanes en Francia*. Es sobre los hombros de sus jóvenes capitanes, declaró también el general Delaunay, que se sostiene hoy el inmenso esfuerzo que representa la "eficacia operativa del Ejército francés, tradicional guardián del suelo francés".

Por último, y como para dar un paso atrás, recordemos también que, en un importante texto doctrinal titulado, precisamente, *Hacia una Europa nacional-comunista*, el desaparecido *Combate* escribió, el 16 de agosto de 1974: "La hora de los capitanes en todas partes. La hora de los capitanes acaba de sonar en Europa y, en Europa, la hora de los capitanes será la hora del nacional-comunismo. Y luego están también estas líneas, que, en este caso, hay que estar aventuradamente en condiciones de interceptar, más allá de la negación provisional que parece haberles infligido el propio curso de los acontecimientos, las secretas dimensiones premonitorias y la secretísima actualidad que está por venir, o más bien por volver: "Los capitanes están en el poder en Lisboa, mañana estarán probablemente en el poder en Madrid, en Roma y en Atenas, igual que están ya en el poder en Trípoli y en Argel. Con el coronel Vasco Gonçalves como presidente del Consejo y el general Otello

Carvalho como jefe del Mando Operativo Continental (Copcon), Lisboa se ha convertido en el epicentro político-estratégico de la nueva lucha revolucionaria europea, que es la lucha continental del comunismo nacional. Así pues, el general Otello Carvalho dispone hoy, a través del Mando Operativo del Continente (Copcon), de la única fuerza armada europea con una misión exclusivamente política, y dirige, desde la región militar de Lisboa, que también comanda, el único cuerpo de combate político disponible actualmente en Europa. Un cuerpo de batalla nacional comunista".

Con la plena complicidad y todo el apoyo necesario de Y.V. Andropov y su grupo, ¿intenta el mariscal Ogarkov, en estos momentos, hacer realidad en China lo que aún no ha podido poner en marcha en la propia Unión Soviética? ¿Será que la China del general Zhang Aiping, al igual que la Polonia del general Jaruzelski, está en vías de convertirse, de forma muy subversiva, en el banco de pruebas de la nueva visión político-militar del imperialismo interior y exterior de la gran Rusia, al igual que Hungría sería su banco de pruebas económico transmarxista, y Rumanía su banco de pruebas mistagógico, subterráneamente orientado hacia las más terribles aproximaciones teúrgico-cosmológicas a los mundos y dominaciones de las Potencias exteriores?

¿Este sería, entonces, el sentido último, el sentido indefectiblemente oculto del concepto leninista-estalinista de la *división del trabajo socialista* proyectado a escala planetaria e incluso supraplanetaria, galáctica y exterior por aquellos que en Moscú, en la pertenencia al grupo central, parecen estar ya preparados para el más inconcebible de los "grandes comienzos"?

¿Qué está ocurriendo realmente a lo largo de la "línea roja" Sin-Kiang?

Sabiendo que, al igual que el nuevo viceministro de Asuntos Exteriores, Mijaíl Kapitsa, el propio jefe del Estado Mayor de las Fuerzas Armadas, el mariscal Ogarkov, forma parte del "grupo central", el grupo personal, más bien reducido, de los seguidores incondicionales de Y.V. Andropov, es obvio que uno tiene derecho a preguntarse cuál puede ser el significado de estas maniobras de superapertura velada hacia Pekín, una apertura de varias cabezas cuya importancia hay que medir con precisión. Andropov, uno tiene evidentemente derecho a preguntarse cuál puede ser el sentido de estas maniobras de superapertura velada en dirección a Pekín, una apertura multicabezal cuya importancia político-estratégica decisiva, y sin duda mucho más que decisiva, debe medirse con la mayor precisión posible, y cuya responsabilidad última sólo puede pertenecer, en todo caso, al propio Y.V. Andropov.

Una responsabilidad inmensamente peligrosa, una responsabilidad al borde del abismo: al menos en primer grado, las actuales maniobras hacia China, y más particularmente por lo que es la relación subterránea Mikhail Kapitsa-Zhang Aiping, están indiscutiblemente relacionadas directamente con la alta traición.

Sin embargo, no es menos cierto que, a pesar de todas las apariencias, a pesar de todos los hechos inaugurales que puedan afirmar lo contrario, una guerra dialéctica abismal está oculta, y en la actualidad más que nunca, entre Moscú y Pekín, una guerra de un tipo absolutamente nuevo en la que sólo alguien como el mariscal Ogarkov, cuya arma de origen es el genio, y que sabe, se dice, manejar las nuevas lógicas matemáticas en sus estados más avanzados, puede asumir la tarea de mantener la línea del frente operativo, de predeterminar subterráneamente sus realidades, y que sabe, se ha dicho, manejar a la perfección las nuevas lógicas matemáticas en sus estados más avanzados, puede asumir la tarea de mantener el frente operativo, de predeterminar subterráneamente los objetivos reales y todos los códigos de paso de un enfoque tan poderosamente, tan activamente multiplicado fuera de sí mismo, si no, también, y sobre todo, contra sí mismo. Porque, en definitiva, el nuevo acercamiento soviético-chino concebido por el grupo operativo inmediato de Y.V. Andropov ya está poniendo en marcha una estrategia de inversión indirecta y una dialéctica de apropiación dialéctica de la China actual, la China viuda de *Mao*, que, contra todo pronóstico, como la propia viuda de Mao, permanecerá ahí para siempre, cada vez más oscurecida, impotente y anulada- una estrategia y dialéctica ofensiva subterránea, imperialista y totalitaria, cuyo único objetivo es la aniquilación final de las fuerzas vitales del antagonista y la completa expropiación subversiva de su ser y tener geopolítico permanente.

Así pues, para tener la última palabra sobre esto, ¿no deberíamos volver un poco atrás, a los análisis, ya citados, de Guido Giannettini? Porque, si los medios de la acción político-estratégica cambian, los objetivos y la realidad profunda de la gran geopolítica, su *fatalidad objetiva*, seguirán siendo siempre los mismos, inalterables.

Para llegar *al Imperio*, la Gran Rusia aún debe apropiarse de las Tierras Medias. Para llegar a las Tierras Medias, *el Imperio* debe, sobre todo, con una expresión de I.V. Stalin, golpear a la cabeza, aniquilar dialécticamente la conciencia político-histórica de la China actual, y luego apropiarse de sus gigantescos restos, decapitados, pero geopolíticamente aún vivos. *Arrastre nach Osten*, en efecto.

Afganistán, el frente de operaciones de Asia Mysteriosa

Los verdaderos desafíos del control político-militar de Afganistán, considerados, para empezar, a la luz de ciertas revelaciones de Saint-Yves d'Alveydre y Ferdinand Ossendowski, y, posteriormente, de René Guénon.

¿Qué Superiores Desconocidos, por hablar como René Guénon, y qué Sociedades Secretas Superiores se refugian, desde, quizás, los años 50, en los altos e inviolables valles inalcanzables del Hindukuch, a las puertas del polvo de Samarkanda?

A partir de 1941, *los* servicios de investigación a distancia de *la Ahnenerbe* (Heinrich Himmler, Wolfram von Sievers) compilaron un archivo de alto secreto relativo a ciertas investigaciones especiales de *la Ahnenerbe* en Afganistán, registradas bajo el nombre encubierto de *Sonderaktion Kandahar*, "SK". Este archivo desapareció materialmente durante la debacle alemana de 1945.

El archivo casi completo de *Ahnenerbe/Sonderaktion Kandahar* fue encontrado en la República Democrática Alemana (RDA) en enero de 1976 y fue recuperado inmediatamente por agentes locales de la misteriosa Sección (Vil) del KGB (la "Sección Esotérica", o KGBIKARIN) y enviado inmediatamente a Moscú.

¡Notas extraídas directamente del informe papal incomunicable/reservado transmitido desde Belgrado en noviembre de 1978 por el Prof. Dr. Bruno Wellensteg de Zúrich a la Secretaría de Estado del Vaticano, que trata de las secuelas actuales de la toma de posesión operativa oculta y de la revitalización de la *Ahnenerbe! Sonderaktion Kandahar* por el KGB/KARIN en Afganistán (el Prof. Dr. Bruno Wellensteg era, de hecho, el antiguo coronel de las SS a disposición de Albrecht-Georg von Kantzow, que estaba a cargo del Reichsführer Heinrich Himmler en Berlín y era personalmente responsable de toda *la Ahnenerbe/Sonderaktion Kandahar*).

Sobre los grandes y pequeños misterios de la sede operativa del KGB/KARIN en Bakú, Azerbaiyán. La actualización de la antigua doctrina de los "recintos exteriores" y el "núcleo de la tranquila oscuridad".

Desde la sede de Bakú, el KGB apoya y refuerza la promoción clandestina del gran esoterismo chiíta y del sufismo en todo el mundo islámico. El responsable directo de las operaciones relativas al "renacimiento del Islam secreto", así como de la "sobreactivación de las grandes corrientes revolucionarias antiimperialistas y de liberación nacional", es el presidente local del KGB de Azerbaiyán, Geidar Aliyev. Más tarde, para dedicarse abiertamente a actividades más políticas y religiosas, incluso espirituales, Geidar Aliyev fue ascendido al cargo de Primer Secretario del Partido en Bakú, asumiendo así el pleno control político y administrativo de Azerbaiyán.

Sin embargo, inmediatamente después de la desaparición de L.I. Brezhnev, Geidar Aliyev fue llamado urgentemente a Moscú por el propio Y.V. Andropov, que le invitó inmediatamente a formar parte del Buró Político. Por otra parte, en Moscú, Geidar Aliyev fue inmediatamente invitado a formar parte del "grupo central" que actuaba a la sombra de Y.V. Andropov. Es sin duda Geidar Aliyev quien se encargará, en el momento previsto, de la puesta en marcha y el desencadenamiento global del "gran plan mundial islámico" que parece rondar, y como irradiar, las visiones planetarias más secretas de Y.V. Andropov. La estrella naciente de Geidar Aliyev es la misteriosa estrella verde de Asia Anterior, de la *Asia Misteriosa* de las Fraternidades Polares.

Declaración de Geidar Aliyev, elemento activista del "grupo central" de Y.V. Andropov, a un grupo de activistas revolucionarios del PDPA de Kandahar Andropov, a un grupo de activistas revolucionarios del PDPA de Kandahar: Para la URSS y para su nueva estrategia antiimperialista planetaria, la promoción y el apoyo del Islam, y del Islam en su doble cara externa e interna, es, hoy, en el espacio propio del Tercer Mundo marcado por las luchas de su segunda liberación, de su liberación nacional poscolonial, de la misma urgencia, de la misma importancia político-histórica inmediata que la comprensión profunda, el apoyo adelantado por todo el campo socialista, a las grandes corrientes subterráneas por la paz actualmente en acción en Europa Occidental e incluso en los propios Estados Unidos" (Moscú, febrero de 1983).

En el Afganistán de hoy, detrás de ciertas cosas ocultas, se esconden otras, aún más ocultas: las grandes manipulaciones mistagógicas de Moscú, emprendidas más o menos en aplicación de las enseñanzas interceptadas a través de su dominio sobre el material de la *Ahnenerbe/Sonderaktion Kandahar*, están profundamente, y muy subversivamente, resguardadas detrás de las coberturas político-estratégicas proporcionadas por las circunstancias muy particulares de la presencia soviética allí.

Así, el 1er de enero de 1983, el Partido Comunista de Afganistán, el Partido Democrático del Pueblo (PDPA), anunció en la celebración oficial de su 18^{oe} aniversario que había puesto fin a la existencia de dos organizaciones disidentes paralelas - **(1)** el Fareham del presidente Babrak Karmal, y **(2)** el Khalq de los antiguos líderes Taraki y Amin - y que había logrado así restablecer, de una vez por todas, su unidad interna.

Por otra parte, en Moscú, Andrei Alexandrov, elemento esencial del "grupo central" de Y.V. Andropov, publicó el 31 de diciembre de 1982, a través del canal oficial de la agencia Tass, una declaración destinada, en principio, a poner fin a las "insinuaciones" sobre la política de la URSS hacia Afganistán, "insinuaciones propagadas recientemente" por "ciertos políticos y órganos de prensa, esencialmente de los países que libran una guerra no declarada contra Afganistán". Finalmente, para cortar las maniobras de desinformación preventiva que sugerían que Y.V. Andropov planeaba cambiar la línea soviética hacia Afganistán iniciando un proceso de *retirada* a más o menos corto plazo, Andrei Alexandrov también escribió: "Los intentos de condicionar las relaciones entre la URSS y Estados Unidos, entre Oriente y Occidente, por los acontecimientos en torno a Afganistán no pueden dejar de suscitar sorpresa y desaprobación. ¿Quién se impresionaría con estos intentos? ¿Realmente pensamos que, bajo su influencia, la URSS cambiará su posición hacia el Afganistán democrático y su gobierno legítimo? Digámoslo de forma inequívoca: estos cálculos son ilusorios. La URSS cumplirá su deber internacionalista de proteger a Afganistán contra la intervención militar extranjera hasta el final. Andrei Alexandrov concluye diciendo que la URSS no tiene intención de "mantener sus tropas en Afganistán para siempre".

(Sin embargo, si, como todo parece indicar, el "grupo central" de Y.V. Andropov fue capaz de retener, e incluso adoptar, las conclusiones preventivas que son necesarias de cualquier intento de actualizar y profundizar los aspectos operativos directos del expediente *Ahnenerbe/Soruleraktion Kandahar,* es obvio que la URSS difícilmente estaría dispuesta a comprometerse en el más mínimo proceso de retirada en Afganistán. Por el contrario, los dirigentes sin nombre y sin rostro de la "Orden Secreta" que se dice que se han apoderado de las palancas de mando en Moscú deben haber comprendido perfectamente, ellos mismos y sus apoderados político-militares, hasta qué punto de no retorno extremo la continuación de su superestrategia en marcha exige ya que después de Afganistán, y en un plazo que ya no puede tolerar ninguna demora, el nuevo poder imperial de la URSS la nueva emergencia histórica de la Más Grande

Rusia aceleró y superintensificó su empuje hacia el Océano Índico imponiendo su presencia real, su peso político-estratégico inmediato sobre Pakistán al mismo tiempo que sobre el sureste separatista de Irán, y sobre el propio Irán, cada vez más subversivamente investido y vuelto del revés por el doble dispositivo soviético de penetración política directa, marxista e islamoprogresista:Mientras que fueron los servicios de inteligencia y seguridad internos y externos de las Fuerzas Armadas soviéticas, el GRU, los que, en 1976, habían interceptado los expedientes constitucionales de *la Ahnenerbel Sonderaktion Kandahar* en la RDA, y que, en consecuencia, era el GRU el que debería haber velado por su posible actualización. El presidente del KGB en ese momento, Y.V. Andropov, solicitó y obtuvo, no sin dificultad, que el GRU fuera dado de baja y que el KGB tomara realmente el control del mismo. Por lo tanto, fue la toma de posesión del KGB en 1976 la que abrió la nueva carrera operativa del expediente *Ahnenerbe/Sonderaktion Kandahar* y ofreció de repente oportunidades inesperadas a algunos de sus antiguos agentes alemanes que habían sobrevivido a la caldera de 1945, entre ellos, precisamente, el coronel de las SS Albrecht-Georg von Kantzow, quien, desde entonces, ha demostrado que ha sido capaz de volver a intensificar su juego, seguramente bajo instrucciones especiales).

La URSS y el fundamentalismo islámico

Sin embargo, en Moscú, a nivel de las "células operativas internas" del Comité Central, no se desconoce que a través de sus actuales enfrentamientos político-militares en Afganistán, la Unión Soviética está comprometida en la primera línea de una vasta conspiración planetaria emergente, preparada clandestinamente por los servicios especiales británicos -estructuras al amparo del Foreign Office, y del MI6- con vistas a organizar un levantamiento general del Islam fundamentalista, chiíta y wahabí.

Un levantamiento cuya apertura ofensiva del futuro frente político-estratégico tiene como objetivo, en el inicio del horizonte del tercer milenio, e incluso mucho antes, por un lado, la conflagración revolucionaria, en primer lugar, de las repúblicas soviéticas de Asia Central, con un foco fundamental de irradiación en Teherán y, posteriormente, en Kabul, y, por otro lado, el bloqueo de la línea político-estratégica "euro-árabe" puesta en marcha por el general De Gaulle. El objetivo es desmantelarlo, dejarlo inoperativo lo antes posible, y también por otros medios.

El Islam fundamentalista debería ganar, a la larga, por sus excesos místico-revolucionarios y apoyado secretamente en esta operación por el bloque de Estados Unidos y Gran Bretaña, tanto a nivel internacional como a nivel de los países árabes de la "línea gaullista", Irak, Siria, Egipto, Argelia, etc., otros tantos regímenes nacional-socialistas de estructura político-militar que deben ser desalojados y sustituidos por regímenes de "nuevo tipo" de identidad islámica fundamentalista, esencialmente religiosa, fanáticamente religiosa, etc. Todos ellos son regímenes nacionalsocialistas con una estructura político-militar que deben ser desalojados y sustituidos por regímenes con una estructura e identidad islámica fundamentalista de "nuevo tipo", "esencialmente religiosa, fanáticamente religiosa".

La sublevación planetaria del Islam Fundamentalista, que está en proceso de preparación subterránea, deberá actuar transversalmente, a través de los dos bloques americano y soviético, tratando de despejar una "tercera vía" que no será en absoluto la actual "tercera vía" de los "no alineados", sino una "tercera vía" de ruptura revolucionaria abismal, definitiva, total, en cierto modo post-histórica, porque se basará en posiciones religiosas que derriban el orden convencional de los actuales compromisos ideológico-doctrinales, cualesquiera que sean, y pondrá en práctica estrategias ofensivas planetarias de "nuevo tipo", en las que la presencia de un frente discontinuo, no continuo y, en su mayor parte, no visible, se enfrentará a la aplicación de nuevas estrategias ofensivas, basadas en el terrorismo de masas y en el uso de medios especiales de combate (guerra química, biológica e incluso nuclear a escala reducida)

Así, la estrategia de lucha del futuro Frente Islámico Fundamentalista será, esencialmente, una estrategia basada en el terrorismo, y en la lucha sin cuartel contra cualquier otra forma de realidad política que no sea la de la religión islámica. La guerra total de una entidad de tipo totalmente nuevo).

LA GALAXIA GRU

Un análisis operativo ampliado del libro de Pierre de Villemarest, *GRU, le plus secret des services soviétiques, 1918-1988*, Stock, París, 1988.

L os Ediciones Stock, París 1988, acaba de publicar un nuevo libro de Pierre de Villemarest, *GRU, le plus secret des services soviétiques, 1918-1988. Es* sabido que, además de publicar obras especializadas sobre la URSS, el espionaje contemporáneo, el terrorismo y las relaciones soviético-alemanas, Pierre de Villemarest, fundador del *Centro Europeo de Información* (CEI) en 1970, desarrolla múltiples actividades, *(*dirección activa, *Centro Europeo de Información* (CEI) y sus publicaciones oficiales, en La Vendomière, 27 930 Le Cierrey, Francia, tel. (16) 3 237 0024, télex 17 2640 Infocei).

"La mayor ambición"

Siguiendo un orden de marcha un tanto disperso, y situándose, de entrada, en una perspectiva político-histórica y revolucionaria global que, en conjunto, sólo es relativamente nuestra, la investigación realizada por Pierre de Villemarest sobre la historia íntima del GRU, "el más secreto de los servicios soviéticos", investigación que va de 1918 a 1988, Sin embargo, conduce, como en última instancia, a un entramado de conclusiones geopolíticas activadas y sobreactivadas, a tesis de afirmación operativa inmediata, explícita o *implícita*, que nos interesan, que deben interesarnos en grado sumo y de manera que nos resulten directamente relevantes para lo que consideramos la actualidad más urgente de nuestro propio frente de combate.

En su *GRU, el más secreto de los servicios soviéticos, 1918-1988*, Pierre de Villemarest persigue una tarea particular, una tarea de *spetsloujba* como dicen en el "departamento militar 44388", en Khodinka: establecer una diferenciación ontológica entre el KGB y el GRU, una diferenciación que, además, seguiría -sigue- muy de cerca la que, en otros tiempos y en otras circunstancias, oponían, en la clandestinidad, el SD y la Abwehr dentro del aparato de seguridad político-militar del Tercer Reich.

De hecho, la tesis básica del trabajo analítico de Pierre de Villemarest sobre el GRU es la siguiente, y para ser lo más directo posible cito la contraportada: "El KGB es una emanación del Partido: el GRU proviene del Ejército. La diferencia es enorme: por vocación, el ejército protege al Estado mientras que el KGB protege al Partido que ha investido al Estado. Detrás de la URSS, la de Gorbachov, vemos reaparecer la sombra del ejército. Hay que saber qué es el GRU para entender lo que va a pasar ahora en Moscú.

Y, siempre hablando del GRU, Pierre de Villemarest también sostiene que "no se puede repetir lo suficiente que es un servicio de inteligencia, y que no era, ni es, un servicio de represión". Y luego: "Hay que recordarlo en cada página de su historia: en relación con el poder soviético y su policía secreta, es lo que el Estado Mayor de la Wehrmacht y su servicio de inteligencia, el Abwehr, eran en relación con el partido nazi y el Sicherheitdienst, ese servicio de espionaje paralelo del partido único".

Finalmente, para concluir su libro sobre el GRU, Pierre de Villemarest escribió: "Sería un error imaginar que todo está dicho en una alianza entre el aparato político-militar y el grupo Gorbachov contra los viejos cuadros del Partido y el apoyo que encuentran en el aparato del KGB. Puede ser que Gorbachov tolere la influencia de los militares sólo como un recurso temporal, mientras se afirma y recupera la economía. Pero también sabe que la época en la que los mariscales y generales inclinaban la cabeza ante Stalin y sus secuaces, o por oportunismo y arribismo, ante Jruschov, Brezhnev o Andropov, ha terminado. La extrema tecnificación del armamento, la alta cualificación de los oficiales de los mandos, como los del GRU, condujeron a un estado de ánimo que se puso instintivamente al servicio del Estado mucho más que al del Partido. El lema "patriotismo al servicio del internacionalismo" ya no cautiva a los cuadros de este ejército, para el que el GRU sigue siendo los ojos y los oídos más allá de las fronteras. El ejército actual sirve al Estado soviético para protegerlo y mantenerlo. Orgulloso de su misión, cada vez está menos dispuesto, a pesar del KGB, a salvaguardar el papel dominante del Partido a riesgo de que el Estado sea aplastado en un conflicto mundial. Se está convirtiendo -le guste o no al KGB- en el componente irresistible de una nueva era, aunque sólo sea por las relaciones Este-Oeste, en las que su asesoramiento es indispensable. Presentar a los oficiales superiores de la URSS como una especie de "ir a la guerra", arrojar sospechas sobre ellos porque su nacionalismo supera al comunismo, sería arrojarlos a un peligroso nacional-sovietismo. El nacional-sovietismo es un ejército de las SS a las órdenes del partido único. El nacionalismo, salvo la deriva imperialista, es un ejército al servicio de un Estado dentro de sus fronteras. Las últimas líneas del libro de Pierre de Villemarest sobre el GRU son éstas: "Pero no es porque un imperio se vea, como un río, obligado a volver a su cauce, sino para extenderse y perderse en las arenas, que pierde su dinamismo. Por el contrario, la corriente, estrechada en sus orillas, gana en cohesión y fuerza. *La historia nos enseña a vigilar*, tal era el título del último libro del mariscal Ogarkov. Se lo enseña a la Unión Soviética. También nos enseña.

Pierre de Villemarest, *GRU, el más secreto de los servicios soviéticos, 1918-1988* : Se trata, pues, y en primer lugar, de un libro de combate ideológico-político avanzado, del que los trabajadores responsables de una cierta inteligencia europea y continental no pueden prescindir ni omitir su utilización, en una u otra dirección, ni siquiera recuperarlo como tal, a los fines que bien podemos suponer, posiblemente y si pensamos, con Guy Debord, que la "más alta ambición" de algunos sería, hoy en día, lograr que "los agentes secretos se conviertan en revolucionarios, y que los revolucionarios se conviertan en agentes secretos".

I.V. Stalin, la visión final de un imperio euroasiático

Así, nos parece que, tras una lectura profunda de su importantísima obra sobre el GRU, Pierre de Villemarest parece sostener que la historia política oculta de la URSS es el hecho de una conspiración militar permanentemente movilizada que se enfrenta a una contra-conspiración político-administrativa. Conspiración y contra-conspiración que se funden, en cierto nivel, con la historia de la dramática, auto-intensificada, tenebrosa y finalmente sangrienta oposición entre, por un lado, el Ejército Rojo y el GRU y, por otro lado, el Partido y la Secretaría General del Partido y sus propios servicios de control político-estratégico general y de seguridad (NKVD, KGB).

Esto se reduce, también, y más particularmente para el período paroxístico del control infalible de I.V. Stalin sobre la Secretaría General del Partido, a la lucha subterránea y total entre el Ejército Rojo e I.V. Stalin, considerando el Ejército Rojo que el enemigo fundamental de la URSS es Alemania y el Tercer Reich, mientras que I. V. Stalin, por su parte, había comprendido, de forma visionaria, que era en la alianza -e incluso, a largo plazo, en la integración gran-continental de la URSS y el Tercer Reich- donde se iba a jugar el destino, el mayor destino.

Por lo tanto, los años decisivos que iban a ser, para I.V. Stalin, los años 1936-1939, pueden ser comprendidos -realmente comprendidos- sólo en la perspectiva de una despiadada *lucha interna*. Años de indulto, de preparación clandestina y de contra-conspiración que le permitieron detener, neutralizar y, posteriormente, aniquilar la resistencia interna, de orden exclusivamente trotskistocosmopolita, que había logrado apoderarse subversivamente del Estado Mayor del Ejército Rojo y del GRU con el fin de oponerse al "gran diseño" confidencial de I.V. Stalin, obsesionado con la visión final de un Imperio Euroasiático, un Gran Imperio Continental que integrara a la URSS y al Tercer Reich y, desde el *núcleo* central soviético-alemán, a toda la Europa continental.

Toda la política interna soviética, desde la llegada de I.V. Stalin a la Secretaría General del Partido hasta junio de 1941, sólo había perseguido, pues, un objetivo fundamental secreto: la creación de las contraestructuras internas del poder soviético capaces de permitir que éste condujera, en el momento deseado, a la integración gran-continental de la URSS y el Tercer Reich, integración cuya prefiguración cumbre había aparecido durante la instrumentalización diplomática del pacto germano-soviético de agosto de 1939.

A este respecto, Pierre de Villemarest citará el informe "completo y secreto" de Himmler y Heydrich, fechado el 22 de marzo de 1937, que aseguraba que *Alemania ya no era el objetivo de la Comintern ni de otras actividades soviéticas.* A continuación, Pierre de Villemarest afirma que, según las confidencias que le hizo el comodoro H. Wichmann, antiguo director de la Abwehr para Gran Bretaña, el coronel Walter Niko1aï, antiguo jefe de la inteligencia militar del Kronprinz y, posteriormente, bajo el Tercer Reich, responsable de la Oficina de Asuntos Judíos, "era uno de los que, ya en 1919, creía que una entente germano-soviética bien llevada determinaría el destino de Europa y Eurasia". Tanto es así que tanto el capitán Patzig, primer jefe de la Abwehr en los años 20 (el equivalente alemán del GRU), como su sucesor en diciembre de 1935, el almirante Canaris, prohibieron a Nikolai el acceso a sus oficinas". Y Pierre de Villemarest añade: "Durante un tiempo, Nikolai puso sus conocimientos personales al servicio de von Ribbentrop, cuyo entorno estaba lleno de intelectuales y funcionarios que despreciaban a los policías incondicionales y estrechos de miras de los que se había rodeado Hitler desde 1934. Entonces, Nikolai se las arregló para caer en gracia a Heydrich, el hombre que dirigía la red de espionaje nazi en todo el mundo, el SD, el rival de la Abwehr. Y Nikolai se llevaba bien con Martin Bormann que, tras la huida de Rudolf Hess en 1941, se convirtió en la eminencia del poder. Nikolai, que en 1937 creó la Oficina de Asuntos Judíos para que le sirviera de tapadera, era uno de los pivotes secretos del GRU. No sabemos si era un voluntario o un agente a sueldo, pero sí sabemos que cuando la vanguardia del Ejército Rojo entró en Berlín en 1945 -es decir, las unidades especiales del NKVD- este hombre, todavía verde a sus setenta y dos años, se precipitó al lado soviético, antes que caer en manos de los aliados.

El mismo movimiento nocturno

Sobre el tema de las supuestas conexiones del coronel Walter Nikolai con el GRU, una fábula tan evanescente como ambigua, aunque hay que saber distinguir entre las relaciones ordenadas de un servicio a otro, aunque sean ultraclandestinas para las necesidades de la causa, y el sometimiento de lo que comúnmente se denomina un doble agente, sobre el tema de las supuestas conexiones del coronel Walter Nikolai con el GRU, Pierre de Villemarest ni siquiera se abstiene de citar sus fuentes. Expedientes personales", afirma, confeccionados "a partir de consultas con los supervivientes del equipo Canaris, entre ellos el comodoro Wichmann, el coronel Wagner (jefe de la Abwehr para los Balcanes) y los adjuntos del general Gehlen", y también a partir de "comprobaciones con el industrial Arnold von Rechberg, que advirtió en vano a los servicios franceses antes de 1940".

Las tesis operativas de la línea de desinformación antinacionalsocialista practicada a principios de los años 60 por los agentes de la Organización Gehlen, que, trabajando desde Pullach, en Baviera, con fines oscuros, aún no resueltos, se encuentran de nuevo en una forma muy escandalosa, había intentado lanzar el singularmente risible montaje de la supuesta pertenencia de Martin Bormann (Pakbo, supuestamente) a las redes de combatientes del GRU y de la presencia de éste, después de la guerra, en la URSS (cuando, como algunos saben, fue en España donde Martin Bormann se escondió durante mucho tiempo).

Por su parte, y en la misma línea, Pierre de Villemarest añade, innovando: "Gracias a los consejos de Nikolaï, el GRU reclutará activamente, de 1937 a 1941, en la Gestapo y el SD, e incluso a uno de los ayudantes de Himmler. En su momento, Martin Bormann entrará en escena".

Así, cuando hacemos *demasiado*, siempre será demasiado: porque, al final, al tratar de demostrar demasiado, no demostramos nada en absoluto.

Himmler, Heydrich, Bormann, "agentes soviéticos", el SD y la Gestapo profundamente infiltrados por el GRU, el aparato nacionalsocialista de la Gran Alemania manipulado, en la sombra, por las criaturas nocturnas del tétrico Kiusis Peteris, alias Ian Karlovitch Berzine, "Starik" (el "Viejo"), y por sus sucesores?

Sin embargo, es demasiado rápido olvidar que fue el despreciable y abyecto "almirante" Canaris, condenado por alta traición contra su propia patria y los ejércitos de su país comprometidos en una guerra total, traidor a sus camaradas caídos, quien fue colgado de un gancho de carnicero, símbolo de una justicia sin duda tardía pero al fin clarividente. El penoso indulto que el "almirante" Canaris había obtenido al hacer asesinar a Heydrich en Praga en 1942, una maniobra criminal destinada a aflojar el cerco que Heydrich cerraba cada vez más en torno a sí mismo y a sus seguidores, el SD había empezado por fin a comprender, El oprobio supremo del gancho del carnicero estaba escrito en su destino por adelantado, al igual que está escrito en la sombra incierta de toda gran traición.

La aventura metahistórica y sacrificial del nacionalsocialismo depravada por los usos que de ella han hecho, a través de quién sabe qué sometimientos prosoviéticos de sus dirigentes, los jefes sin rostro del gran juego oculto de Moscú... También significaría olvidar a los millones de jóvenes alemanes y europeos de todas las nacionalidades que, "habitados por la luz hölderliniana de la muerte", como dijo Martin Heidegger, dieron heroicamente su vida para salvar la civilización, que, habitados por la luz hölderliniana de la muerte", como decía Martin Heidegger, dieron heroicamente su vida en aras de la civilización, del ser y del destino europeo y occidental del mundo y de la historia presente -la historia final- del mundo, que hicieron de su sangre derramada el hormigón incorruptible de los fundamentos ontológicos y sacrificiales de la futura gran historia occidental del mundo, abriéndose de nuevo al misterio de su propia metahistoria futura en la renovación de los ciclos.

Si, en el fondo, un doble movimiento de mezcla gran-continental se había acercado, en aquellos *años decisivos*, y antes de que ocurriera lo irreparable - años decisivos que ahora vuelven- a la doble aventura revolucionaria y metahistórica de la URSS y el Tercer Reich, este doble movimiento había encontrado su propio centro de gravedad en otro lugar que en las turbias aguas de la baja policía de los dos bandos, al margen de los terribles avances de la alta traición nacional y continental perpetrada, en la URSS, por los partidarios del bloque conspirativo trotskista-cosmopolita y, en Alemania, por los agentes, por otra parte disimulados, de la misma tendencia nocturna. El mismo movimiento también está en marcha en Londres, Washington y otros lugares. Y, además, ¿quién dijo que la historia no se repite?

Cari Düssel, en 1944: "¿Por qué os calláis los alemanes? ¿Por qué no dice de forma clara e inteligible cómo ve el futuro, nuestro futuro, el futuro de Europa?".

La agonía de la era Berzine

Sin embargo, a la luz de lo que hemos sabido desde entonces, ahora es perfectamente cierto que el responsable operativo directo del montaje subversivo emprendido por el aparato conspirativo trotskista-cosmopolita opuesto a la gran visión continental y europea de LV. Stalin, no era otro que el mismísimo jefe del GRU, Ian Karlovitch Berzine, el "Starik", el "Trotsky desde dentro". Cuanto más dura sea la caída, mejor.

Porque, en el día LV. Stalin había decidido que tenía que poner fin, bruscamente, a la barrera erigida, desde el interior del poder central soviético, contra sus planes de acercamiento gran-continental entre la URSS y el Tercer Reich, barrera incansablemente erigida y enderezada por la conspiración del bloque trotskista-cosmopolita que había encontrado asilo, detrás de Ian Karlovich Berzin, en el GRU, esta barrera fue desmontada, por I.V. Stalin, dentro y fuera de la URSS, en el menor tiempo posible -deslumbrante, diría yo- y sin prestar demasiada atención a los considerables riesgos que ello implica. El aparato trotskista-cosmopolita amparado por el GRU de Ian Karlovich Berzin y sus agentes dentro y fuera de la URSS fue entonces aniquilado, aniquilado hombre por hombre, o casi, y la agonía político-administrativa de la ardiente estela de Berzin duró hasta 1941 y más allá, por no decir que aún duraría hoy, como veremos a continuación, porque *no ha terminado*.

¿Habían tenido tiempo estos "luchadores antifascistas" de la línea más dura, la "línea Berzine", de comprender que fueron pura y simplemente sacrificados por L. V. Stalin a las exigencias -*exigencias objetivas*, se dijo- de su política de acercamiento continental a la Gran Alemania de Adolf Hitler?

Pierre de Villemarest: "¡Extraña ceguera o moralidad que estos hombres no hayan percibido que a partir de 1937, desde Suiza hasta los suburbios de Albacete, había comenzado la agonía de la era de Berzine, que condujo directamente al pacto germano-soviético de agosto de 1939! ¿Acaso desconocían la orden dada por Stalin ya en diciembre de 1936 de "cesar toda actividad contra Alemania"? ". ¿No se preguntaron por qué Iagoda y luego Iejov habían lanzado escuadrones de la muerte en todo el mundo, cuyas víctimas eran en un 70% judíos y en un 100% opositores al nazismo? ".

Y de nuevo Pierre de Villemarest, de quien debemos citar aquí estas páginas analíticas que captan, a la vez admirable y terrible, indiscutiblemente, la marcha misma de la más grande historia en vías de tomar uno de sus giros irrevocables, "sin retorno". Basta con releer el discurso de Stalin pronunciado en enero de 1934 ante el XVIIe Congreso del PC de la URSS, repasar los acuerdos celebrados con Berlín en 1935, conocer las gestiones realizadas ese mismo año por varios emisarios del secretariado personal de Stalin y del 00 a los dirigentes del *Sicherheitdienst* y las conversaciones secretas del diplomático David Kandelaki, comprender que la sombra de la muerte se extiende sobre los que pertenecieron a la primera falange de la Revolución, si se sospecha que no son incondicionales del Partido, es decir, Stalin.

A principios de 1936, las cosas estaban lo suficientemente avanzadas en el lado de Berlín como para que Stalin convocara al Kremlin a Semione Ouritzki, director en funciones del GRU desde el verano anterior. Le dio la orden que también había recibido Walter Krivitzky al frente de las redes que cubren Europa: "¡Detengan todo el trabajo contra Alemania! ". ¿Cómo no iba a estar sellado el destino de Berzine, Unschlicht y Ouritzki cuando, en abril de 1937, David Kandelaki llevó a Berlín el primer borrador del pacto germano-soviético que, con algunos matices, iba a ser el pacto firmado en agosto de 1939?

España, donde Berzin actúa para lo mejor con sus especialistas: Vladimir Antonov-Ovseenko, A. Wronski, Gorev, Stern, el futuro mariscal Malinovski, los generales Rodintzev y Smoukhevitch España es la tumba de una época. Incluso los asesinos de la NKVD, que asesinaban a los sospechosos de ser trotskistas o anarquistas a sus espaldas, caían a su vez una vez que regresaban a la URSS. Salvo para algunos iniciados.

Las retiradas del extranjero comenzaron en mayo de 1937. Comenzaron las deserciones. Krivizky ya. Ignace Reins, jefe del GRU en Suiza, es ejecutado antes de que pueda escapar. El mariscal Tukhachevsky preside su último desfile ese mes. Cuando llegó a la tribuna del Kremlin, el mariscal Iegorov fingió no verlo. Esto era una mala señal. ¿Pero qué hacer? Es demasiado tarde. Tukhachevsky va a morir, y cientos de hombres con él. Nicolas Iejov, ocho semanas después de la muerte del Mariscal, envía una directiva: "Exterminar a todos los miembros de una red de espionaje muy ramificada... ".

Unschlicht sustituyó a Ouritzki como jefe del GRU. Durante cinco meses, multiplicará sus esfuerzos, basándose en la guerra de España y en lo que sobrevivió de los líderes de la red, para mantener y reconstituir esta organización. Iejov le arrebató el puesto en mayo de 1938. Hasta el mes de diciembre siguiente, hubo una masacre en las filas del GRU: Unschlicht fue fusilado en junio por traición; Vassili Blücher, que acababa de derrotar a las unidades japonesas en el lago Khasan, fue llamado a Moscú y ejecutado el 9 de noviembre. Incluso en el NKVD, la gente tiene miedo. Hay una buena razón para ello: 3.000 chekistas son asesinados. El general Lyushkov, jefe de la guardia fronteriza del NKVD en el Extremo Oriente, huyó a Manchuria, en el lado japonés, ofreciendo a sus adversarios toda la información sobre el sistema militar de la Unión Soviética. La ejecución de Vassili Blücher cerró irremediablemente toda una época.

En Moscú, Stalin colocó a Lavrenti Beria detrás de Iejov en julio de 1938. Ahora que ya no tiene que temer la popularidad y la eficacia del alto mando del ejército, el espacio es libre para colocar peones dóciles en la dirección del acuerdo con Berlín".

Incluso hoy en día, ¿quién puede entenderlo realmente? El único objetivo, el objetivo profundo de toda la política estalinista, tanto interna como externa, desde 1934 hasta 1940, era el del acuerdo con Berlín, el acuerdo con Hitler.

El no-ser acaba de superar al ser

Dos superpotencias continentales, la URSS y el Tercer Reich, cada una de ellas comprometida en su propia experiencia revolucionaria y totalitaria utilizando la dialéctica y las imposiciones activistas del Partido Único, terminarán así siendo invertidas, cada una de ellas, Cada una de estas dos superpotencias está así dividida y opuesta, en sí misma, contra sí misma, al tiempo que se oponen entre sí.

¿Cuál es, pues, la estructura conflictiva del control del poder interno de cada una de las dos superpotencias en presencia, una estructura, por tanto, fundamentalmente común a ambas? ¿Cuál es la estructura conflictiva interna común al poder soviético y nacionalsocialista en Moscú y Berlín respectivamente?

da la siguiente definición: fuerzas divergentes, centrífugas, cosmopolitas y antinacionales, fundamentalmente también anticontinentales, estableciendo sus bases ofensivas internas con los Estados Mayores y sus servicios de inteligencia y seguridad -Estado Mayor de la Wehrmacht así como Estado Mayor del Ejército Rojo, Abwehr y GRU- se oponen, de forma cada vez más consistente, cada vez más vehemente, pero también cada vez más encubierto, subversivo, a las fuerzas de convergencia revolucionaria nacional y gran continental a disposición del Partido Único-CP de la URSS, NSDAP - cuyo objetivo final parece ser el de perseguir la integración final de los dos estados opuestos - URSS, Tercer Reich - en una única unidad metahistórica de destino, a saber, la Gran Confederación Continental de Eurasia. Mientras que la oposición interna, que actúa tanto en Moscú como en Berlín, una oposición interna paradójicamente cosmopolita y militar, incluso militarista, "reaccionaria" e irreductiblemente anticontinental, prepara -tanto en Moscú como en Berlín- el enfrentamiento armado de la URSS y el Tercer Reich, la "guerra final", el Endkampfin transcontinental y planetario deseado por Karl Haushofer y Rudolf Hess, al tiempo que apela -cada parte por su lado- a las "Potencias externas" de la democracia liberal anglosajona, potencias "oceánicas" y anticontinentales, que, al mismo tiempo, hacen todo lo posible por mantener a Francia bajo su influencia degradante y exagerada, o incluso como rehén sonámbulo de su propio antidestino.

Ahora bien, si fue la guerra intracontinental y no la gran integración continental la que finalmente ganó en términos de historia -en términos, también, de antidestino- es urgente y más que urgente que lo reconozcamos, y que lo reconozcamos con toda claridad: no fue por culpa de la URSS, sino por la inconcebible, desastrosa y completamente demencial ceguera del Tercer Reich, que empeñó todas sus fuerzas en junio de 1941 en una guerra de ruptura intracontinental contra la URSS, cuando ésta había luchado, *hasta el último momento*, por evitar el desastre irreparable, que cambió negativamente el curso de la historia europea del Gran Continente

En la noche del 21 al 22 de junio de 1941, cuando la Wehrmacht atacaba desde Finlandia hasta el Mar Negro, el embajador de LV Stalin en Berlín, Vladimir Dekanozov, se dirigió en plena noche a la casa del ministro de Asuntos Exteriores del Tercer Reich, Joachim von Ribbentrop, en Dahlem, Lenz Allee, para llevarle un mensaje personal urgente de LV. Stalin. El Secretario General del PC de la URSS, LV Stalin, quería ir personalmente, y lo antes posible -decía el mensaje- a Berlín, para una "conferencia suprema" con el canciller Adolf Hitler. Pero los dados de la nada ya habían rodado, la oscuridad del no-ser había ganado.

Y, según las confidencias de Arno Breker, yo mismo puedo atestiguar que, en la mañana del 22 de junio de 1941 -el sol apenas había salido-, Martin Bormann, dejando -o debería decir abandonando- su puesto en la Cancillería del Reich, fue a ver a Arno Breker a Jâkelsbrueh, en un estado de sombrío desconcierto, para confiarle, a riesgo de su propia vida, su desesperación ante lo irremediable, ya hecho. Martin Bormann: "El no-ser, en este día de junio, acaba de imponerse al ser. Todo se consume. Todo está perdido".

Arno Breker: "Su visita fue misteriosa, y lo seguirá siendo siempre. Me pareció que en el último momento no había dicho lo que quería decirme. Se detuvo de nuevo, con la mano en el picaporte, se giró una vez más, como si quisiera decir algo, pero permaneció en silencio.

Qué lejos estábamos de repente del abismal mito de la *Weltrevolution total*. ¿Podrían haber ocurrido las cosas de otra manera? En la historia en curso, sólo cuenta lo que ha sido. Pero aún queda el futuro, del que somos, todavía y siempre, los soldados metapolíticos, del que constituimos, frente a la oscuridad, la fuerza de protección visionaria.

En su número de julio de 1980, *Jeune Nation* escribía: "Así que la Alemania de Hitler perdió su oportunidad, y es muy afortunado que la perdiera; porque las cosas tenían que suceder como lo hicieron, y no de otra manera. ¿Por qué la Europa del Fin debía ser una Europa alemana? La Europa del Fin debe ser y será europea, la Europa del Fin sólo puede ser europea. Porque ésta es, en el momento actual, la única cuestión verdadera y totalmente revolucionaria, la única cuestión liberadora: ¿descubrirán las naciones europeas, en su interior, cuando llegue el día, que ya está aquí, la realidad ardiente de la "nación antes de las naciones", el legado trascendental de la "nación indoeuropea" de nuestros orígenes anteriores? El sueño de hierro de la irracionalidad absoluta, un sueño que el general De Gaulle calificó de "sobrehumano e inhumano", habiendo terminado, de una vez por todas, en las ruinas ennegrecidas de la Cancillería de Berlín, nos queda enfrentarnos, sin inmutarnos, al sol negro de lo que aún está por venir. Pero más allá de este sol de oscuridad, y si el abismo llama al abismo, ¿habrá alguna vez *algo más* para nosotros? ¿No hay nada más allá del desastre? ¿Nada más allá de la negrura y el vacío?

Tomado prestado de *Jeune Nation*, el fragmento que acabo de citar se titulaba, precisamente, *"El genio de la renovación"*.

Editorial Askania

Sin embargo, estos análisis no deben interpretarse en el sentido de una hostilidad implícita hacia los ejércitos europeos en combate durante las dos últimas guerras mundiales, 1914-1918 y 1939-1945, y menos aún como una desconfianza que pueda menoscabar el honor militar de nuestro pueblo y de todos aquellos que fueron llevados a realizar el sacrificio heroico de sus jóvenes vidas por una causa política o metahistórica, por una causa revolucionaria total.

Si hay hostilidad, y desconfianza, profunda desconfianza, esta hostilidad activa y esta desconfianza sólo conciernen, en todo caso, a los propios núcleos ocultos de traición y de duplicidad antinacional y antirrevolucionaria que hemos llegado a detectar en el seno del OKW alemán, núcleos de traición en funcionamiento antes, durante e incluso después de la guerra de 1939-1945, o su contraparte dentro de la Stavka soviética, profundamente infectada, por ejemplo bajo Tukhachevsky, por las remanencias cosmopolitas y trotskistas-cosmopolitas que conocemos e inevitablemente conducidas, así, hacia la dialéctica activa e incesantemente activada de la alta traición, el derrotismo y el obstruccionismo antirrevolucionario y subterráneamente opuesta a la gran línea estalinista continental y europea.

Así, por decirlo en términos de un nuevo mito fundacional, los jóvenes muertos de la batalla de Stalingrado ya no son, para nosotros, muertos alemanes, soviéticos o rumanos, sino los jóvenes héroes de una única gran causa europea y continental, los jóvenes muertos de nuestra propia vida por venir.

Herbert Taege, director de la editorial Askania y de la revista *Askania Annuel* (dirección activa, Postfach 17, 3067 Lindherst, Alemania Federal), comenta en el número de agosto-septiembre de la revista *Vouloir* de Robert Steuckers (dirección activa, BPB 41, 1970 Wezembeek-Oppem, Bélgica) el libro de Hans Werner Neulen, *Europa und das 3. Reich. Einigungsbestrebungen im deutechen Machtbereich 1939-45*, Universitas, München, 1987. El comentario de Herbert Tage, que es mucho más que un simple comentario, se titula, en forma interrogativa, *"¿Confederación europea o nación europea?* y encontraremos en él revelaciones tan decisivas como claras para la definición de un concepto metahistórico unitario de esta "gran causa continental y europea" que necesitamos actualizar urgentemente.

El artículo de Herbert Tage y, obviamente, aún más el libro del que trata, adquieren un valor simbólico e inmediatamente ideológico-político bastante extraordinario en las circunstancias actuales: Muestra claramente el surgimiento, la actuación, la historia confidencial, los principios y la doctrina, las tesis ideológico-políticas que acabaron imponiéndose en Berlín dentro del Mando Supremo de las SS (SS Hauptamt), de los años 1942-1943, una doctrina y una acción revolucionarias que expresaban una línea grandiosa-continental y europea absolutamente idéntica a la que intentamos definir hoy, y, por eso mismo, en su época, una línea visionaria, incluso profética.

Según Herbert Taege, el jefe de la oficina de planificación y del Amtegruppe D (Europa Amt), Alexander Dolezalek, era el responsable en Berlín de la línea Gran Continental y Europa dentro del Mando Supremo de las SS (SS Hauptamt). La labor ideológica y política de Alexander Dolezalek fue inmensa.

Hans Werner Neulen:

La idea de un orden pacífico en Europa aún no había salido del todo del nacionalsocialismo, pero sin embargo había propagado el inicio de soluciones en política interior y exterior, soluciones que preveían el abandono del *Führerprinzip* totalitario y la pretensión alemana de dominio absoluto del continente".

Se había recorrido un largo camino desde la idea de un Estado germánico coercitivo bajo la absoluta hegemonía alemana hasta el sublime ideal de una "confederación europea", en la que cada pueblo sería libre de configurar su propio orden político y podría forjar libremente su propio destino político.

Según uno de los documentos oficiales presentados por Hans Werner Neulen en su libro, titulado *Die europdische Friedensidee 1944145* ("La idea de la paz para Europa 1944/45"), el "objetivo de guerra" de Alemania, tal como lo definía entonces el Mando Supremo de *las SS* (SE Hauptamt), llevaba a la siguiente conclusión Alemania libra esta guerra para alcanzar un objetivo positivo: construir la Confederación Europea, la comunidad socialista de los pueblos de Europa".

Herbert Taege: "La oposición inmanente al sistema nacionalsocialista ya se había formado en 1942, es decir, antes de Stalingrado, y, dentro de la dirección de las SS, había encontrado su portavoz en la persona de Richard Hildebrandt. Ya en 1943, Himmler se había puesto en contacto con los seguidores de esta oposición dentro de su cuerpo de oficiales superiores, con el objetivo de trabajar para el establecimiento de un *"Führerstaat"* constitucional. Richard Hildebrandt, "en una declaración jurada justo antes de ser entregado a la URSS para su ejecución, describió los objetivos de sus actividades y reveló los nombres de las personalidades que le rodeaban. Hubo supervivientes de este círculo, entre ellos Dolezalek, jefe de la oficina de planificación de las SS Hauptamt, que pudo verificar los escritos dejados por Hildenbrandt. ¿Cuál era el objetivo final, el *objetivo fundamental* de esta "oposición inmanente" al "sistema nacionalsocialista" que operaba desde la Hauptamt de las SS en Berlín? Herber Taege también dijo: "Lo que sin duda constituyó el punto más destacado de esta "oposición" fue el objetivo de la política exterior, que ya estaba esbozado en aquel momento y que acabaría expresándose en el plan de la "Confederación Europea". Según los documentos oficiales de la SS Hauptamt citados por Herbert Taege en su artículo, el plan de la SS Hauptamt para la "Confederación Europea" preveía lo siguiente: "Renuncia a cualquier pretensión de hegemonía alemana más allá de las fronteras naturales de la etnia alemana y, por tanto, vuelta al programa del partido. Creación de los Estados

Unidos de Europa sobre la base de la igualdad de derechos de todos los pueblos incluidos en esta entidad. Subordinación de todos los puntos de vista nacionales a este gran objetivo común.

Fue, por otra parte, con la ofensiva para la creación del Ejército de Liberación Nacional de Rusia del general soviético Vlassov, héroe de la batalla de Moscú, que la "oposición inmanente" dentro del Hauptamt de las SS tuvo que librar una de sus batallas decisivas. Desgraciadamente, los líderes de la "oposición inmanente" en el Hauptamt de las SS perdieron esta batalla en el último nivel, al toparse con las posiciones irreductiblemente negativas de Hitler hacia Rusia y los "pueblos del Este", un desastre de fatales consecuencias.

Herbert Taege: "Es comprensible que los funcionarios y oficiales alemanes que habían apoyado el movimiento de Vlassov se sintieran traicionados. Muchos se retiraron del juego, antes de que Goebbels abandonara la idea de crear un puesto que había planeado: el de un "encargado de negocios para los problemas del Este", adscrito al Ministerio de Propaganda. Para este puesto, Goebbels había considerado a Günter Kaufmann, redactor jefe de la revista *Wille und Macht*, destinada a los líderes de las *Hitlerjugend*. Kaufmann, junto con su colega de *Das Schwarze Korps*, Günter d'Alquen, llevaba años haciendo campaña por un cambio radical de rumbo en la política rusa. En el número de abril-junio de 1943 de *Wille und Macht*, Kaufmann había publicado la carta abierta del general Vlassov bajo el título *Russen gegen Sowjets* ("Los rusos contra los soviéticos"). Y luego: "En el círculo que rodea a Vlassov, al que también pertenecía el escritor Edwin Erich Dwinger, todos estaban de acuerdo en que la "franqueza" debía ser la condición previa incondicional para las relaciones entre el gobierno alemán y el movimiento de liberación ruso". Se acogió con satisfacción que el nombre del general Vlassov se mencionara por fin en la prensa alemana, especialmente en la revista *Wille und Macht*. En un número especial, el llamamiento de Vlassov no sólo se citó íntegramente, sino que se comentó sin ambages.

Este repaso documental de las tesis revolucionarias europeas profesadas, en plena guerra, en la sombra y luego muy abiertamente, por la "oposición inmanente" del Hauptamt de las SS en Berlín, sirve para demostrar que es efectivamente la escatología europea y continental la que constituye, en Europa, la única idea fundamental del siglo XX. Este repaso documental de las tesis revolucionarias europeas profesadas en plena guerra, en la sombra y luego muy abiertamente por la "oposición inmanente" del Hauptamt de las SS de Berlín, sirve para demostrar que es efectivamente la escatología europea y gran-continental la que constituye, en Europa, la única idea fundamental del ᵉsiglo XX político, una idea presente en todos los campos, vehiculada por todas las ideologías y transmitida por todas las ideologías presentes, y al mismo tiempo combatida a muerte, en todos los campos, por el enemigo que, en todos los campos -e incluso en los campos antagónicos- parece ser, siempre y en todas partes, el mismo. Incesantemente aniquilada, incesantemente evacuada de la historia, reprimida en la no-historia, la escatología de la Gran Europa renace sin embargo indefinidamente de sus cenizas.

La gran misión secreta de los Gral. Col. SM. Chtemenko

Siempre, impenetrables son los caminos de la metahistoria en acción: el trabajo a largo plazo, la aniquilación, por I.V. Stalin, de las estructuras subversivas montadas, en el interior del poder político-militar central de la URSS, por la conspiración permanente de la línea trotskisto-cosmopolita de la que uno de los últimos avatares fue, en 1953, la "conspiración de las batas blancas", habrá inventado dialécticamente, sobre el terreno, las "condiciones objetivas" que iban a abrir las puertas de la historia a los responsables de la "línea geopolítica" dentro de las Fuerzas Armadas de la URSS, una "línea geopolítica" cuya figura polar sigue siendo, a día de hoy, el general coronel Serguei Matveievitch Chtemenko (7.2.1907-23.4.1976).

Con S.M. Chtemenko y sus grupos de acción de la "línea geopolítica", I.V. Stalin habrá ganado, más allá de su muerte, en el futuro más lejano, la apuesta visionaria de su política grandcontinental. Los ejércitos políticos de la gran revolución continental estalinista, los ejércitos políticos de la puesta en marcha revolucionaria del futuro Imperio Euroasiático, que habían soñado los elementos dirigentes de la "oposición inmanente" en el seno de la Hauptamt de las SS de Berlín, se convirtieron en una realidad político-militar en marcha con el advenimiento de la generación de S.M. Chtemenko en los estados mayores soviéticos.

El hombre al que Pierre de Villemarest llama "uno de los primeros geopolíticos de la URSS, quizás incluso el primero de todos", el Oral-Col. S.M. Chtemenko fue, sucesivamente, y actuando, como dice Pierre de Villemarest, "a veces en la sombra, a veces en el primer plano", jefe del GRU, jefe del Estado Mayor de la URSS y jefe del Estado Mayor del Pacto de Varsovia: El peso de su acción político-militar de vanguardia fue inmenso, e inmenso fue también el giro que logró imponer, confidencialmente, a los destinos actuales y futuros de las Fuerzas Armadas soviéticas y de la propia URSS, el giro geopolítico de la "Gran línea imperial europea y continental", o incluso la "salida oceánica" del Gran Continente Euroasiático y su penetración dialéctica en el "juego planetario final" con *la Okeanska*, la Flota Oceánica del Almirante Serge Gorschkov, este último identificado como uno de los elementos principales del "clan S. M. Chtemenko" y delM. Chtemenko y sus "grupos geopolíticos centrales".

En el Gral. Col. S.M. Chtemenko, Pierre de Villemarest escribió que "pertenece a un clan de oficiales superiores, ciertamente "soviético", pero sobre todo de espíritu gran ruso, y perfectamente expansionista". Y también: "Para esta casta, la URSS es un imperio llamado a dominar el continente euroasiático, no sólo desde los Urales hasta Brest, sino desde los Urales hasta Mongolia, desde Asia Central hasta el Mediterráneo. Y luego: "En este último punto, Chtemenko es, en efecto, el hombre que inventó, de 1948 a 1952, no la eventual invasión de Afganistán, sino su lenta absorción mediante la continua interpenetración económica, con la subversión que la acompaña. Y, al mismo tiempo, la irrupción de la URSS en las capitales árabes, en Beirut, Damasco,

El Cairo y Argel. A finales de 1948, ya explicó que en la intersección de Oriente y Asia, Afganistán ofrecía los medios estratégicos para cubrir las flotas que el almirante Serge Gorshkov, uno de sus amigos personales, estaba empezando a desarrollar para salir del Mar Negro al Mediterráneo.

Y Pierre de Villemarest añade: "Cuando en el verano de 1948 el fracaso del plan Jdanov en Europa occidental llevó a éste a la tumba (aparte de que avergonzaba a Stalin y competía peligrosamente con Malenkov y Beria), Chtemenko fue uno de los inspiradores del grupo político-militar antisemita, en la Unión Soviética y en los países satélites, del que el "complot de los abrigos blancos", en enero de 1953, fue la culminación. Todo está relacionado: Moscú pasa entonces de apoyar a Israel (1947) y a las redes judías internacionales, a la estrategia de la carta árabe, o más exactamente musulmana.

Sobre el paso del Gral. Col. S.M. Chtemenko al mando del Estado Mayor de los Ejércitos del Pacto de Varsovia, Pierre de Villemarest subraya: "Después de un periodo de eclipse, tras la caída en desgracia del mariscal Zhukov, en octubre de 1957, Chtemenko reaparecerá como Jefe del Estado Mayor de los Ejércitos del Pacto de Varsovia. Un puesto hecho para él, porque también fue el hombre que, dos veces al frente del GRU y constantemente colocado en el Estado Mayor, tomó la iniciativa de duplicar las redes de espionaje soviético en el mundo gracias al personal específicamente elegido en los servicios secretos de los Estados satelizados por Moscú, o de los Estados asociados por tratados de cooperación con la URSS.

Por último, también debo recordar que es el Gral. Col. S.M. Chtemenko y sus "grupos geopolíticos" de estudio y acción estaban detrás de los planes contraestratégicos *Polarka, Volcán* modificado - "normalización" de Yugoslavia y de todo el sureste de Europa- y *Gengis-Khan* - "normalización" nuclear del Sin-Kiang y de la China Popular- planes que, en los años sesenta, casi "cambiaron la faz del mundo".

Sin embargo, al final nada de esto ocurrió. Por qué "razones objetivas" -es decir, en función de qué enfrentamiento ultrasecreto de fuerzas internas y externas competían *en ese momento- se produjeron* los "cambios de destino" que implicaban la ejecución de los grandes planes contraestratégicos de Gral. Col. S. M. Chtemenko y sus "grupos geopolíticos" no podrían haberse hecho, no podrían haber *pasado a la historia*? Digamos que la respuesta a esta pregunta lleva consigo el diagnóstico espectral de la situación creada, en la actualidad, en la URSS y en el corazón del "bloque socialista" del Este, por el ascenso al poder de Mijaíl Gorbachov y las inevitables fuerzas que se esconden tras él, a la espera de lo que venga.

Así, el mérito muy excepcional y loable de Pierre de Villemarest habrá sido -y cómo no reconocerlo, y felicitarlo calurosamente por ello- el de haber sabido detectar y captar, con certeza, el gran destino oculto, las verdaderas dimensiones de la identidad doctrinal y revolucionaria, y el valor activador y abarcador de los compromisos contraestratégicos definidos y aplicados por el Gral. Col. S. M. Chtemenko, y por lo tanto la extrema importancia, en el pasado reciente, y en el futuro también, en el futuro metapolítico más lejano, de esos núcleos de influencia político-militar clandestinos y no oficiales que fueron, y siguen siendo, sus "grupos geopolíticos". Y esto lo ha hecho Pierre de Villemarest de forma tanto más notable cuanto que es el único, en Francia al menos, que lo ha entendido y se ha atrevido a decirlo cuando era necesario y, sobre todo, como era necesario.

Por su parte, el general Guido Giannettini, en sus estudios e investigaciones de "enfoque geopolítico avanzado" sobre la historia grancontinental de Europa y su hinterland euroasiático, había revelado el intento de Chou Enlai que, en los años de su poder supremo, había tratado de apropiarse -en nombre de la Gran China, la "Isla Continental China", el Chungwa Kuo- de las doctrinas geopolíticas grancontinentales, y había tratado -o casi tratado- de imponer la Gran China, la "Isla Continental China", el Chungwa Kuo, al pueblo chino, de la Gran China, de la "Isla Continental China", el *Chungwa Kuo* - las doctrinas geopolíticas gran-continentales, y pretendía - o casi - imponer a China una misión confederal euroasiática asumiendo el destino imperial - el mismo destino imperial - que ya había sido soñado por la "oposición inmanente" de la SS Hauptamt de Berlín y los "grupos geopolíticos básicos" de la Gral. Col. S.M. Chtemenko. Y puedo -y debo- atestiguar también el interés bastante operativo que el general Guida Giannettini y sus servicios no dejaron de mostrar, de 1958 a 1978, e *incluso después* -si se puede ver lo que significa- en las posiciones doctrinales, los compromisos contraestratégicos de Gral. Col. S.M. Chtemenko y de los núcleos de influencia que había creado en la URSS y en los ejércitos del "bloque socialista" del Este.

Más que eso: En la misma línea, revelemos también que, para frenar la oleada -sucesivas oleadas- que precedió y sucedió, bajo la dirección del mismo epicentro oculto extraeuropeo, a las explosiones trotskistas-cosmopolitas de mayo de 1968 en toda Europa y, sobre todo, en Francia, donde se apuntó directamente al régimen gaullista vigente El general Guido Giannettini y sus estructuras subterráneas de influencia habían tratado confidencialmente de instalar, en todas partes, y especialmente en Francia, dentro del aparato del ya moribundo régimen gaullista, "grupos geopolíticos de base", o "Grupos Geopolíticos". Esta operación culminó con el intento de capturar y hacer girar (Dominique de Roux) la sublevación político-militar (la "Revolución de los Claveles") que, en Portugal, terminó en el fracaso desviacionista que conocemos.

¿A qué se debe, en Francia y en toda Europa, este reiterado fracaso de la línea geopolítica gran-continental? Más que una doctrina de acción, la geopolítica es esencialmente la acción directa de una doctrina, *una doctrina en acción. La* acción geopolítica directa no es en absoluto utilizable para la marcha hacia el poder, para la "toma del poder". La acción geopolítica directa sólo puede utilizarse desde el centro absoluto de un poder político-militar ya establecido, sólo puede actuar desde el interior de un poder político-militar ya plenamente establecido.

En cualquier caso, sigue siendo una certeza que, gracias a las intervenciones del general Guido Giannettini, tan confidenciales como seguidas, el estudio occidental de la "línea geopolítica" en acción en Moscú y en el "bloque socialista" del Este, el seguimiento del "a veces en la sombra, a veces en primera línea" de la carrera, del enfoque personal de Gral. Col. S.M. Chtemenko, no dejó por un momento de estar en un nivel inmediatamente operativo.

¿Todo esto ya forma parte del pasado? En la geopolítica, para la gran geopolítica, *todo está presente*. De ahí la extraordinaria importancia, de ahí la extraordinaria actualidad que debemos reconocer, una y otra vez, a la acción emprendida por los Gral. Col. S.M. Chtemenko en su momento, y según los medios que le otorgaba objetivamente la situación. Una personalidad polar para una ideología polar". Hay que recordar que, para los principales partidarios de la línea geopolítica grancontinental, el centro absoluto del poder ideológico y político-militar de la URSS no está en Moscú, sino en el "Polo Norte", y que los "grupos geopolíticos" creados por Gral. Col. S.M. Chtemenko dentro de las unidades de combate del Ejército Rojo también se llaman "logias polares".

Dicho todo esto, no creo que pueda dejar de aprovechar la ocasión para recordar aquí, y como si de un propósito polar se tratara, el nombre del general Alexander Poskrebychev, jefe del secretariado personal de I.V. Stalin y, como tal, responsable del *Spezialne Sektor*. Que fue, dentro del régimen estalinista - y en su apogeo-, lo que Martin Bormann, al que algunos -incluido Pierre de Villemarest- suponen al servicio de la URSS, no habrá sido, dentro del régimen nacionalsocialista -y en su apogeo-, habiendo sido, con Adolf Hitler, lo que el general Alexander Poskrebyshev había sido con I.V. Stalin

Porque el general Alexander Poskrebyshev fue, y por fin ha llegado el momento de revelarlo, el hombre que estuvo en Berlín precisamente donde tenía que estar, y donde consiguió hacer todo lo que tenía que hacer.

Sin embargo, si el mariscal G. K. Zhukov llegó a ser el protector militar intratable de Gral. Col. S.M. Shtemenko, fue básicamente gracias al apoyo y a la incansable labor del general Alexander Poskrebyshev que el Gral. Col. S.M. Chtemenko pudo actuar y continuar su acción geopolítica en el gran continente, su "tarea polar".

Por otra parte, en la medida en que la bastante larga secretaría general de Leonid Brezhnev no fue, de hecho, más que una reverberación posterior, y tal vez definitiva, del estalinismo, se puede dar por probado y comprobado que la línea geopolítica gran-continental instalada doctrinal y operativamente por el propio I.V. Stalin, a partir de 1936, y posteriormente magnificada por Gral. Col. S.M. Chtemenko, se mantuvo más o menos en el poder hasta la desaparición de Leonid Brezhnev y el desmantelamiento del "grupo de Dniepopetrovsk". También se sabe que Leonid Brezhnev fue él mismo, de forma más o menos secreta, un renovador de las posiciones grandiosas soviéticas ya adquiridas, que exacerbó en la medida en que, actualizando el Consejo de Defensa de la URSS para servir a sus propios intereses de poder, lo convirtió -o influyó fuertemente en él- en una nueva estructura, Lo había convertido -o intentó convertirlo fuertemente- en un instrumento político-militar de fuerza, destinado a permitirle invertir en una política de acercamiento continental a Alemania que, a largo plazo, implicaba no sólo la reunificación de los dos estados alemanes, sino un reenfoque total, un *giro total* de la URSS hacia Alemania y Europa Occidental.

La reticencia alemana, que respondía a intereses ocultos, profundamente antialemanes y antieuropeos, iba sin embargo a hacer perder a Alemania y a Europa, saboteando -y a sabiendas, quiero decir *deliberadamente*- el gran avance continental, el avance proalemán de Leonid Brejnev, años quizás para siempre irredentos, como en los años sesenta también habían saboteado -la misma *reticencia*, los mismos intereses ocultos- el esfuerzo visionario emprendido por el general de Gaulle en la misma gran convergencia continental y proalemana, en el corredor de atracción magnética de la misma gran lealtad polar.

Puede que I.V. Stalin esté ya muy lejos en su corredor de las tinieblas, pero la atracción de Alemania sigue ejerciendo misteriosamente sobre la Rusia soviética. Sobre Siberia, en el avión de pasajeros que, por invitación personal de Chou En-lai, le llevaba de visita a Pekín, Arthur Axmann -confianza que me contó en Madrid, en presencia de Otto Skorzeny- se vio repentinamente rodeado por varios oficiales soviéticos de alto rango, muy conscientes de los objetivos de su viaje. El discurso que le habían dado entonces, para convencerle de que la "nueva misión continental" de Alemania se refería a la URSS y no a la China Popular "ni a los planes expansionistas continentales de Chou Enlai", me dijo Arthur Axmann, "una verdadera sesión geopolítica de alto nivel", era de una ortodoxia continental tan grande que se encontró, en ese momento, recordando en lo más profundo de su memoria algunas de las palabras más tensas que una vez tuvo que interceptar en los círculos de la "oposición inmanente" dentro del Hauptamt de las SS en Berlín. Arthur Axmann: "Me pareció el *regreso de los tiempos*".

El encuentro de Arthur Axmann, sobre la Siberia nevada, con los elementos en acción de un "grupo geopolítico", una "logia polar" del Estado Mayor del Ejército Rojo, que me hace pensar irresistiblemente en la película que John Frankenheimer había realizado en 1962 a partir de una novela de Richard Condon, *El candidato de Manchuria. Por* una extraña coincidencia del destino, la misma noche que conocí a Arthur Axmann en Madrid iba a ver *El candidato de Manchuria*. Todo encaja.

De Berlín a Sin-Kiang

La última batalla que Gral. Col. S.M. Chtemenko tuvo que luchar en el seno del Ejército Rojo, y que ganó, fue la del pleno restablecimiento de las estrategias del uso de las fuerzas convencionales en paralelo con las nuevas superestrategias balísticas de la "guerra intercontinental". Pierre de Villemarest citará, a este respecto, el artículo de "ruptura doctrinal" que Gral. Col. S.M. Chtemenko había publicado en febrero de 1965 en el órgano central de las Fuerzas Armadas soviéticas, *Krasnaya Zvezda, en el* que afirmaba que "la política de defensa de la URSS no puede basarse únicamente en los misiles balísticos intercontinentales".

Sin embargo, fue precisamente el Secretario General del Partido, Nikita Kruchtchev, quien estuvo a la cabeza del grupo político-militar que apoyaba, en la cúpula del poder, la tesis según la cual "a partir de ahora, la política de defensa de la URSS deberá basarse exclusivamente en el uso de misiles balísticos intercontinentales".

Pierre de Villemarest tiene, pues, razón al insinuar que la verdadera razón de la destitución del Secretario General del Partido, Nikita Krouchtchev, fue la elección estratégica fundamental, infinitamente perjudicial, y que incluso podría haberse convertido en fatídica, impuesta -en principio, al menos- por Nikita Krouchtchev y sus seguidores en el Ministerio de Defensa y el Estado Mayor, una elección que habría primado totalmente las nuevas superestrategias balísticas intercontinentales sobre las estrategias convencionales y, sobre todo, sobre la realidad misma del Ejército Rojo como suma permanente y orgánica de las Fuerzas Armadas soviéticas, que tiene su propio destino, y que considera, esta realidad, en su despliegue continental como un todo, "de Berlín a Sin-Kiang".

Una vez hechas las cosas, el *Krasnaya Zvezda*, señala Pierre de Villemarest, escribiría, no sin vehemencia, que "la estrategia a la que finalmente le dimos la espalda era producto de un cerebro estúpido". Y la sangrienta colada continuó en las sombras. Exactamente ocho días después de la *destitución de* Jruschov -observó Pierre de Villemarest-, el mariscal S.S. Biriouzov, nuevo jefe del Estado Mayor, nombrado por Nikita Jruschov, artífice de la instalación de misiles soviéticos en Cuba en 1962, y partidario incondicional de las doctrinas de Jruschov sobre la *guerra relámpago* nuclear intercontinental, desapareció el 19 de octubre de 1964 en un accidente aéreo de excepcional oportunidad. En el mismo accidente aéreo desapareció también el general N. Mironov, responsable de la "Blitzkrieg Nuclear Intercontinental". Mironov, jefe de los "órganos administrativos", también murió en el mismo accidente aéreo. Pierre de Villemarest: "Se ha establecido que el accidente de avión había sido *preparado*". Difícilmente se puede ser más lapidario.

Fenómeno tan singular como vertiginosamente rápido, la "dekruchtchevisación" se completó en menos de un mes.

Urgente y directa, la respuesta del Ejército Rojo había sido perfectamente adecuada al desafío cuyo estrangulamiento estaba a punto de servirle como un reto devastador.

Es que la puesta en peligro, por las doctrinas supraestratégicas de Nikita Krouchtchev y sus seguidores, o, si se quiere, la eventual perdición del Ejército Rojo como -como acabamos de decir- una suma permanente y orgánica de las Fuerzas Armadas soviéticas, que tiene *su propio destino*, y considerada, esta suma, en todo su despliegue continental, "de Berlín a Sin-Kiang", no era -no era en absoluto- un asunto único, el simple asunto de la elección -aunque fuera capital- de una doctrina estratégica de defensa. Detrás de la cuestión de la elección de una doctrina de defensa estratégica, muy, muy atrás, había otra elección, una *elección completamente diferente*. ¿Qué otra opción, qué opción completamente diferente? La de negar dialécticamente, y luego proceder al desmantelamiento de facto de lo que constituía la misión nacional implícita, la misión metapolítica e inmediatamente carismática del Ejército Rojo, tal como la definía Gral. Col. S.M. Chtemenko y sus "grupos geopolíticos básicos": la misión de la alta custodia de la integridad nacional, del propio ser y de la conciencia nacional del "pueblo soviético" y de la Gran Rusia Soviética, e incluso -y, quizás, sobre todo- la "predestinación polar" de esta última, concepto de "predestinación polar" que debe entenderse, por supuesto, en el sentido más chtemenkiano del término.

Para los "grupos geopolíticos básicos" que actúan dentro del Ejército Rojo en la dirección "polar" establecida por Gral. Col. S.M. Chtemenko y por aquellos -o mejor dicho, aquellas- que lo respaldaban, el Ejército Rojo era, y debía ser, ante todo, un estado de conciencia perpetuado. El Ejército Rojo debía ser aquello de lo que el Partido Comunista sólo podía ser la pobre y oscura falsificación, el señuelo empujado preventivamente a la primera línea. Así, el Ejército Rojo debía ser, sin solución de continuidad, tejido conectivo vivo, forma de ser y modo de vida. Y, a una profundidad subversiva mucho mayor, habrá sido también, cualesquiera que sean los avatares "externos", "colaboracionistas", la "misión clandestina" de la Iglesia ortodoxa rusa y, en Ucrania y los Estados bálticos, la de la Iglesia católica clandestina, siempre el fuego que arde bajo las cenizas muertas.

Desmantelada como organización nacional de masas, caída en desuso y convirtiéndose, cada vez más, por la propia degradación de su realidad política y social ante el surgimiento, a corto plazo, de una guardia pretoriana nuclear al servicio particular de las opciones exteriores, defensivas u ofensivas, de la secretaría general del Partido Comunista sostenida por la "línea jruschoviana", una guardia pretoriana nuclear conformada por una organización supraespecializada, de estructura reducida, separada de las masas nacionales del pueblo soviético y constituida, exclusivamente, por técnicos superiores, por "mercenarios del interior" - el Año Rojo se vio así vedado de toda presencia viva, de toda acción, de toda respiración social y nacional soviética, de toda contrainterpretación profunda de la única realidad impositiva del Partido Comunista. Por lo tanto, era necesario reaccionar inmediatamente, y el Año Rojo reaccionó. Al igual que, a partir de ahora, reaccionará, inmediatamente, y con el coste necesario, a cualquier intento de invadir o alienar la "línea polar" secreta que se ha dado a seguir internamente, o incluso externamente. *¿Afuera?*

En el exterior, ciertamente. Al igual que el jefe del GRU, el Gral. Col. S.M. Chtemenko había luchado por dar a los servicios de inteligencia militar de los países del "bloque socialista" del Este un estatus permanente de responsabilidad compartida y de acción igualitaria en la realización de las tareas operativas generales, su interpretación y explotación, Al tomar el mando del Estado Mayor de las Fuerzas del Pacto de Varsovia, establecerá, con el más ejemplar rigor, el derecho de las representaciones nacionales en el seno del Pacto de Varsovia a una participación directa del concepto de su participación en el conjunto del "frente socialista" en Europa del Este. Esto incluyó la aparición de un estado de conflicto permanente con los partidarios de la doctrina de un mando exclusivamente soviético del Pacto de Varsovia, o de uno que sólo hubiera concedido un estatus de participación formal a otras delegaciones del Estado Mayor.

Esta situación recuerda paradójicamente a las encarnizadas batallas libradas por *el Obergruppenführer* Berger, quien, como responsable de los combatientes europeos no alemanes en las Waffen SS, se negó -y no fue el único en hacerlo- a aceptar cualquier preponderancia de mando o estatus alemán respecto a los soldados, suboficiales, oficiales y oficiales generales de las Waffen SS, oficiales y oficiales generales de las Waffen SS, y, también, en cuanto a la exclusividad ideológico-doctrinal alemana en la "conformación del nuevo orden europeo grancontinental de posguerra" (sobre este tema, véase Hans Werner Neulen, *An deutscher Seite Internationale Freiwillige von Wehrmach und Waffen* SS, Universitas, Munich 1985).

Es un hecho, creo, que la utilidad activista de estas referencias cruzadas, de estas transversales político-históricas cuyo impacto arroja luz y enseña en profundidad, no puede ser suficientemente probada. A este respecto, recordemos las condiciones dramáticas y más que singulares que fueron las de la puesta en marcha de la fuerza nuclear estratégica francesa por el general De Gaulle, condiciones que provocaron -y exigieron- la aparición, tal vez irremediable, de una inmensa fractura en el seno del Ejército francés, así herido de muerte, y durante mucho tiempo, por las oscuras y dudosas secuelas del "asunto de Argelia". Jugado al borde del abismo, y en qué paroxismos de atrapamiento, el elusivo "asunto argelino" por el cual, las "razones objetivas" que lo requieren en ese momento - "es tomarlo o dejarlo, en ese momento", El general de Gaulle dijo, como alucinado, a Pierre Joxe: es imperativo que se ponga en marcha la fuerza nuclear estratégica francesa, y que se ponga en marcha a *tiempo*.

Resulta extraña e inquietante la significativa analogía entre el "accidente de avión" que provocó la desaparición del general Georges Ailleret, él mismo actor trágico del "asunto de Argelia" antes de convertirse en el superpatrón de la fuerza estratégica nuclear francesa de disuasión, y el "accidente de avión" que provocó la desaparición -por las razones que acabamos de mencionar- del mariscal S. S. Biriousov, superpatrón de los misiles balísticos de guerra intercontinental soviéticos.S. Biriousov, superpresidente de los misiles balísticos de la guerra intercontinental soviética. La comparación es obligada, y su significado más que evidente.

Todo ejército que no sea, muy fundamentalmente, una "organización armada secreta", o, si queremos ir más lejos, una Organización Armada Secreta, no es un verdadero ejército, ni puede ser en modo alguno el cuerpo de un destino en armas, la encarnación de un destino metahistórico, de una *predestinación*. Todo ejército verdaderamente grande es una Orden, y una Orden secreta.

Siembra y cosecha

Desde la muerte de Leonid Brezhnev, la situación interna de la URSS ha evolucionado en una espiral cada vez más acelerada, que algunos consideran también cada vez más imprevisible. Con el ascenso al poder de Mijaíl Gorbachov, un ascenso singularmente resistente y que casi nunca se produjo sin choques o rupturas ocultas, las cosas parecen haber entrado en una fase que ya puede considerarse definitiva: lo que se está deshaciendo en el mundo soviético no se volverá a hacer, mientras que lo que parece que se está haciendo con fuerza y continuidad corre el riesgo de deshacerse en cualquier momento. Al igual que en octubre de 1917, la historia del mundo está cambiando, la historia del mundo se renueva, se forja revolucionariamente en Rusia. Pero en una dirección que ahora corre el riesgo de ser totalmente opuesta a los cambios que se produjeron en 1917. Una dirección que sólo San Maximiliano Kolbe podía prever, y de la que la Iglesia católica guardaba el formidable e inconcebible secreto desde el año de las apariciones marianas de Fátima, en Portugal, apariciones que tuvieron lugar precisamente en 1917. Se sabe que en una de sus grandes visiones místicas, San Maximiliano Kelbe había visto "la estatua de la Virgen María, radiante, colocada en la torre más alta del Kremlin", y que el 13 de julio de 1917, la Virgen María se le había aparecido en forma de estatua. El 13 de julio de 1917, la Virgen María había dicho a la joven vidente de Fátima, Lucía dos Santos, que, a reserva de ciertas exigencias místicas, exigencias que sólo la Iglesia católica podría llevar a buen término cuando llegara el día, "Rusia se convertirá, y la Paz acabará venciendo".

Y también pretendo citar aquí el testimonio de Jacques Vergès: "Si las raíces se mantienen, no se pierde la esperanza. Miren a Rusia y vean cómo, después de sesenta años de Gulag, los temas eslavófilos y cristianos conservan su fuerza. La misión de Rusia siempre será defender a Europa de la revolución cultural asiática".

Ahora la URSS está cambiando, y cambiará definitivamente. Un cambio, como acabamos de decir, que, a partir de ahora, corre el riesgo de realizarse más o menos rápidamente, y de forma más o menos tumultuosa, pero, en cualquier caso, en una dirección diferente, si no totalmente opuesta a la que tomó, en octubre de 1917, el movimiento revolucionario del que surgió entonces la URSS, y que tuvo que instalar a la URSS en el "nuevo destino" que tan trágicamente se impuso a sí misma y al mundo.

¿Podemos prever ya el primer curso del cambio que la URSS se dispone a dar en su gran giro político y, a la larga, metapolítico, las configuraciones de ruptura y de contraestablecimiento, e incluso lo que convendrá considerar, un día, como su propia identidad?

El objetivo declarado de nuestro presente estudio no es diferente. De hecho, son los propios datos del problema, así definidos, los que predeterminan, prospectivamente, la única respuesta. Una respuesta cuyo nombre sólo puede ser el de un Nuevo Destino.

A más o menos largo plazo, pero desde ahora, sin esperar demasiado, la "nueva URSS", la URSS del "giro final" de su destino, será -tendrá que convertirse- exactamente en lo que la Orden Secreta -lo que acabamos de llamar, aquí, la Orden Secreta- querrá que sea, que llegue a ser. Me refiero a la

Orden Secreta instruida, dentro del Ejército Rojo, por la "línea polar" de los "grupos geopolíticos básicos" que Gral. Col. S.M. Chtemenko, y por lo que se escondía tras haber seguido -apoyado- la "gran línea continental" de I.V. Stalin.

De qué estará hecho este Nuevo Destino de la URSS, y por tanto de todo el futuro "bloque socialista" del Este, y cómo estará hecho, del que tendrá que ser a la vez el resultado y la justificación metahistórica abismal, empieza a parecer, en la actualidad, que se deja sorprender bajo la iluminación espectral de la doctrina del Orden Secreto actuante, habiendo actuado, desde los años 1934-1936, en la infraestructura clandestina del Ejército Rojo y, desde el Ejército Rojo, movilizando -y, hoy, de manera cada vez más *expuesta*- la totalidad política, histórica y económica de la URSS y del "Estado soviético" investido desde dentro.

Así, cuando el mariscal N.V. Ogarkov, entonces jefe del Estado Mayor General de la URSS, reclamó -y trató de imponer la doctrina de- la "militarización integral" y la "movilización general y permanente" del aparato de producción industrial y de la economía soviética en su conjunto, el número muy reducido de los que se dice que están "al tanto" -un "grupo muy reducido" presente y que trabaja confidencialmente en la URSS, así como en Europa oriental y occidental- no había dejado de comprender que la "Orden Secreta" estaba a punto de pasar a la ofensiva final. De ahí, casi inmediatamente, la destitución del mariscal N.V. Ogarkov, que temporalmente -pero no deberíamos decir más bien subversivamente- volvió a las sombras, a la espera del siguiente paso. Porque todavía no había llegado el momento, hay que creerlo, de esta "ofensiva final" ni, sobre todo, de lo que implicaría y haría irreversible en el plan aún no probado de las grandes estrategias político-militares soviéticas renovadas por la reanudación abierta de la línea continental euroasiática. Como siempre, los que tienen más prisa no pierden nada por esperar la maduración final de los tiempos, su *maduración fatal*.

Sin embargo, la cuestión más candente para nosotros hoy en día, de hecho la *única cuestión*, es si el mariscal N.V. Ogarkov es el sucesor, a la cabeza de la Orden Secreta del Ejército Rojo, del Gral. Col. ¿S.M. Chtemenko? Estoy fuertemente tentado a pensar que sí, y a proceder en consecuencia.

Y es por ello que quiero señalar que, en Francia, en la actualidad, sólo dos especialistas parecen haber comprendido, o al menos vislumbrado realmente, las verdaderas dimensiones, políticas o no, de la carrera trascendental del mariscal N.V. Ogarkov. Estos dos especialistas en la URSS son Alexandre Adler, el sovietólogo oficial de *Libération*, y, mucho menos conocido quizás pero no menos sabio, Pierre de Villemarest, a quien debemos seguir lo más de cerca posible.

Aunque no tenía nada que comunicar sobre informaciones de carácter reservado, todo lo que Pierre de Villemarest escribió en su obra sobre el GRU sobre el planteamiento del poder atribuible al mariscal N.S. Ogarkov debe interesarnos especialmente, en un sentido que debo considerar de primera importancia: el avance contraestratégico más urgente de nuestra propia acción está, en este momento, directamente cuestionado.

Pierre de Villemarest :

El hombre que más aportó nuevas dimensiones a la estrategia soviética, desde mediados de los sesenta, pero especialmente en los últimos diez años, fue el mariscal Nikolai V. Ogarkov, a quien el mariscal Zakharov había tomado bajo su protección poco después de que Leonid Brezhnev llegara al poder. Ogarkov, a quien el mariscal Zakharov había tomado bajo su protección poco después de la llegada al poder de Leonid Brezhnev. Durante unos veinte años, el KGB tuvo su propio servicio de desinformación, que fue elevado a la categoría de departamento en 1969. Gracias a Ogarkov, el personal del GRU tuvo su propio departamento desde 1967. Bajo el nombre (en aquel momento) de la decimotercera dirección del alto estado mayor, trabajaba en permanente consulta con la oficina pertinente del GRU. Ogarkov fue el hombre que, en las semanas previas a la intervención de los paracaidistas en el aeropuerto de Praga y al ataque de los blindados que rodearon Checoslovaquia, fue capaz de cegar a Occidente de los preparativos soviéticos. Esto se debió a que hizo circular entre los gobiernos occidentales información falsa y contradictoria procedente de fuentes que se creían fiables, y a que en las horas previas a la invasión consiguió interferir el radar de la OTAN. Cuatro años más tarde, cuando las delegaciones estadounidense y soviética firmaron los acuerdos de Salt I, el hombre que estaba al lado de Brezhnev no era ni el Primer Ministro, ni el Jefe del Estado Mayor, ni un miembro del Politburó, sino el General N.V. Ogarkov, que parecía así avalar con su tecnicismo estas intenciones pacíficas. La ironía de Brezhnev hacia la sonriente y relajada delegación estadounidense. Honor para Ogarkov que fue tan bueno en atraer a Washington durante estas negociaciones que fue promovido a Mariscal de la URSS y nombrado Jefe del Estado Mayor.

Observación adicional de Pierre de Villemarest: "Es cierto que, según nuestras fuentes del Pentágono, Henry Kissinger, aunque no esté muy especializado en armamento, quería discutir solo, sin técnicos americanos, con los de la URSS, en la fase final de estas negociaciones. Esto facilitó enormemente el trabajo de Ogarkov.

Y Pierre de Villemarest añade: "El mariscal Ogarkov ha sido, durante veintidós años, el gran maestro de *la maskirovka*, es decir, del arte de desinformar a Occidente sobre las intenciones estratégicas de la URSS, a través de mil canales de los que los oficiales y agentes de influencia del GRU son los vectores en todo el mundo. Cabe señalar que el mariscal S.F. Akhromeiev, actual Jefe del Estado Mayor (desde 1984), fue su sucesor en 1974 en la Dirección de Desinformación Militar.

Por otra parte, Pierre de Villemarest señala que el mariscal N.V. Ogarkov estuvo personalmente detrás de la creación de las fuerzas operativas especiales soviéticas, los comandos negros de los *Spetsnaz*.

Pierre de Villemarest :

Nikolai Ogarkov es sobre todo el inventor de una teoría que revolucionó el arte de la guerra soviética. Es esencial conocer el principio. Involucró directamente al GRU mediante el uso de sus unidades especiales, llamadas *Spetsnaz*, que existían en cada una de las cuarenta y una divisiones terrestres y en forma de brigadas navales. Por iniciativa de Ogarkov, aparecieron los grupos operativos de maniobra, que eran conjuntos de unidades de gran movilidad, entre las que se encontraban estas nuevas brigadas de asalto aéreo, unidas a las fuerzas aerotransportadas del entramado habitual, lo que desvinculó la capacidad de acción en profundidad de las fuerzas armadas soviéticas. Las brigadas *Spetsnaz están* destinadas a sumergirse, justo antes de la hora H del Día D, muy por detrás de las fronteras del adversario, en el corazón de su territorio, en los puntos vitales de su economía, sus transmisiones, su defensa, sus comunicaciones por carretera, ferroviarias y aéreas, su producción o sus reservas energéticas. Todas las divisiones de infantería motorizada y blindada se transformaron en unidades de ataque extremadamente flexibles, capaces de realizar operaciones autónomas. Los helicópteros se han integrado en estas fuerzas de asalto. Todo está planeado, diseñado, preparado para la guerra por sorpresa, en estrecha coordinación con las unidades *Spetsnaz* que, proyectadas detrás de las fronteras (hasta 500 kilómetros), se dividen en grupos de inteligencia, grupos de sabotaje y grupos de intervención contra objetivos humanos; posiblemente autoridades civiles y militares peligrosas".

Y más adelante: "Los *Sptesnaz* reciben una formación continua y son enviados en estancias temporales a los países que se les asignarían en caso de conflicto... y bajo distintas coberturas: misiones deportivas, culturales, sindicales o turísticas. Fueron acogidos por agentes "durmientes", reclutados hace tiempo, no para espiar, sino para servir de guías en el Día D. Esto se refleja en los escritos soviéticos con textos como el del general Yuri Ya. Kirchin:

Dentro de los países capitalistas y en desarrollo, las fuerzas lucharán contra sus gobiernos y, en la medida de sus posibilidades, ayudarán a la coalición socialista durante la guerra.

Y para concluir: "Estos textos datan de 1987. El coronel Henri Paris, en *Stratégique*, insistió en este problema: "Basado de forma general en la ofensiva, y más concretamente en la ofensiva en profundidad, el concepto soviético de aire-tierra conduce a la abolición de toda noción de frente continuo". Es el GRU, en particular su quinta dirección, el que planifica y proyecta los medios secretos de apoyo a esta ofensiva en el mundo, teniendo la dirección en cuestión bajo su responsabilidad permanente a *los Spetsnaz* distribuidos en cada uno de los dieciséis distritos militares terrestres y en cada una de las principales flotas. También dispone de brigadas similares, directamente a las órdenes del jefe de la dirección, para intervenir puntualmente a petición del jefe del Estado Mayor.

Siendo las cosas como son -y más aún, *siendo* las cosas como *son*- me parece imperiosamente urgente y necesario que nosotros mismos nos dediquemos, en el menor tiempo posible, a la investigación en profundidad, a la investigación de uso operativo contraestratégico inmediato sobre todos los problemas polarizados por la situación personal político-militar que es, que debe ser, en la actualidad, la del mariscal N. V. Ogarkov, la situación, también, de la evolución y de los estados activos de sus doctrinas y de las posiciones que de ellas se desprenden para actuar-actuar, por el momento, de forma bastante singular.La situación político-militar personal de V. Ogarkov, una situación, también, de la evolución y de los estados activos de sus doctrinas y de las posiciones que surgen de ellas para actuar-actuar, por el momento, de una manera bastante singularmente confidencial, e incluso demasiado confidencial para que no sea, por este mismo hecho, significativa de una *intención operativa en curso* - tanto en la URSS, donde el mariscal N.S. Ogarkov parece estar tomando el relevo de Gral. Col. S.M. Chtemenko a la cabeza de la "Orden Secreta" del Ejército Rojo, así como dentro del bloque socialista del Este y, por imposición dialéctica, incluso dentro de las líneas de nuestro propio campo, reducidas, a partir de ahora, sólo al espacio subcontinental de Europa Occidental.

Ahora bien, ¿cuál es esta *intención operativa en curso*, de la que hemos venido a hablar aquí, llevando nuestra investigación sobre las verdaderas actividades del mariscal N.S. Ogarkov a su última y más actual conclusión? Porque es importante recordar que, tras su despido forzoso -o supuestamente *arreglado, según* la *maskirovka*- del Estado Mayor del Ejército Rojo, al mariscal N.S. Ogarkov se le encomendó -o exigió que se le encomendara- la dirección del "teatro de operaciones" en Occidente, es decir, la responsabilidad activa de los planes y el mando de cualquier posible empresa soviética de penetración e inversión político-militar de Europa Occidental.

Ahora bien, dado el equilibrio de fuerzas así desafiado por cualquier posible compromiso político-militar soviético en dirección a Europa Occidental, este compromiso, proyectado en los próximos años y considerado desde el único punto de vista soviético, no podía plantearse objetivamente de otra manera que en la forma y en los términos del *teatro resultante* de una maniobra combinada subcontinental con cobertura nuclear en principio.

Cobertura nuclear, de hecho, imperiosamente no activa, o muy parcialmente activa sólo a nivel táctico, cobertura nuclear, por tanto, exclusivamente *de principio,* y maniobra combinada que comprende, por una parte, una operación de penetración subcontinental de vanguardia, a cargo de los grupos de intervención estratégica *Spetsnaz* y, por otra parte, y al mismo tiempo, una operación de inversión, Esto último fue confiado a las fuerzas blindadas que estaban llamadas a definir, con su propia marcha, no tanto la "línea del frente" -no la habría, no podía haber "línea del frente"- sino el avance político-administrativo de la "normalización" subcontinental europea que se estaba produciendo.

Añadiré que la estrategia combinada - romper, penetrar en las líneas y derrocar en profundidad a cargo de las fuerzas estratégicas especiales, invertir y asegurar el territorio mediante el despliegue de los tanques de choque - concebida por el mariscal N.V. Ogarkov para la próxima apropiación, para la "normalización" del espacio de predestinación continental soviético, ya ha sido probada a menor escala. Ogarkov para la futura apropiación, para la "normalización" del espacio de la predestinación continental soviética, ya ha sido probado a menor escala, y en Checoslovaquia y Afganistán -recordemos la deslumbrante toma de Praga por los *Spetsnaz*, su actuación en Kabul- y cada

vez -ya bajo el mando directo -aunque bastante encubierto- del propio mariscal
N.V. Ogarkov

También me parece que hay que hacer mucha justicia a la inspirada
insistencia con la que Pierre de Villemarest se esfuerza por definir el eminente
ministerio, en la ideología político-militar de las grandes estrategias
continentales soviéticas, de los aparatos de desinformación operativa a cargo
del GRU, cuyas tareas especiales se reflejan incluso a nivel del Estado Mayor
del Ejército Rojo. Y también por no haber dejado de imponer, en su libro sobre
el GRU, la violenta iluminación necesaria para descubrir las responsabilidades
fundamentales y, en rigor, decisivas del mariscal N.V. Ogarkov en el
establecimiento doctrinal, operativo y de mando de las grandes estrategias de
desinformación ofensiva soviética: a fin de cuentas, ¿no es el "maestro de la
maskirovka" de hoy el "maestro del mundo" de los años venideros?

Guy Debord: "El secreto domina el mundo, y ante todo como el secreto de
la dominación". Y también: "Donde se *nombra* la desinformación, no existe.
Donde existe, no se nombra".

Sin embargo, para dotar a estos escenarios de su marco global de validez,
tendrían que estar predeterminadas ciertas condiciones políticas de estado por
parte de Europa Occidental, condiciones que, ante todo, tendrían que ser tales
que excluyeran cualquier deslizamiento hacia *un estado de guerra* en el sentido
convencional del término, un estado de guerra derivado del hecho del avance
político-militar soviético y de su inversión en el espacio subcontinental
europeo: Estas condiciones políticas deberían poder conceder al avance
subcontinental de las fuerzas especiales soviéticas el estatus de una empresa
de "normalización", muy exclusivamente, y la mayor dificultad doctrinal
radica en la necesidad de definir la situación en la que la diferenciación del
"estado de guerra" y el de "normalización" se exhibiría como obligatoria, obvia
y cierta. Es decir, como lo aceptan todas las partes implicadas, y lo aceptan
como tal.

Sin embargo, y sobre todo *en previsión de los acontecimientos*, la
definición de las condiciones políticas que podrían conceder al avance
occidental del Ejército Rojo un estatus de "normalización" es en sí misma parte
integrante del concepto de inversión continental soviética del subcontinente
europeo occidental y, como tal, constituye un "secreto operativo" defendido
por las estrategias ofensivas de la gran *maskirovka* ogarkoviana.

El establecimiento -me atrevo a decir- de las condiciones que podrían -y
deberían- conceder -quiero decir imponer- a la inversión continental soviética
en Europa Occidental un estatus de "normalización" excluyendo el "estado de
guerra", establecido en gran secreto, lleva el nombre en clave operativa de
Siembra y Cosecha (o *Posev* i *Jatva*).

¿Es penetrable el secreto operativo de la *Siembra y la Cosecha*? Creo que
sí. Digamos, brevemente, que, practicando nosotros mismos las vías de
aproximación, de inversión y de contrainvestidura dialéctica de los problemas
solicitados, vías dialécticas habitualmente seguidas por el pensamiento
político-militar soviético, creemos haber podido determinar que la operación
Siembra y Cosecha deberá velar y prever la implantación clandestina, de una

vasta situación de imposición -de autoimposición- y de oleada revolucionaria, de orientación izquierdista trotskista-cosmopolita, una situación de crisis destinada a "extenderse" para desestabilizar totalmente -irrevocablemente-, para *desintegrar* totalmente el espacio político y social de los países de Europa Occidental. De este modo, se reclama una especie de "mayo de 1968" de dimensiones subcontinentales europeas. Pero esta vez, por supuesto, en un sentido completamente opuesto al de mayo de 1968.

Inversión, pues, y contrainversión de las estructuras de la operación de izquierda trotskista-cosmopolita de mayo de 1968 que, en ese momento, había intentado -en nombre del centro oculto que conocemos- derribar el régimen gaullista en el poder en Francia y, Desde Francia, el movimiento intentó extenderse a otros países de Europa Occidental, incluidos, por razones que podemos sospechar, los países que se abren al Mediterráneo.

De nuevo Guy Debord: "Lo más importante es lo más oculto. Nada, desde hace veinte años, se ha cubierto de tantas mentiras ordenadas como la historia de mayo de 1968. No obstante, se han extraído lecciones útiles de algunos estudios desmitificados sobre estos días y sus orígenes; pero este es el secreto del Estado.

El Amtorg, en el corazón de Wall Street

Los mejores capítulos del libro de Pierre de Villemarest sobre el GRU, como *Les années Berzine (1924-1935), Et puis le désastre (Los años de Berzine)*, son los que tratan de la infiltración soviética en el mundo de la economía y la industria, los sindicatos, la universidad y la cultura, el poder político, la inteligencia y la diplomacia, en Estados Unidos y Gran Bretaña, y sobre todo entre las dos guerras mundiales: Es un relato despiadado de una catástrofe social sin precedentes, cuyas secuelas se perpetúan aún hoy, y que sigue midiendo la garra putrefacta del negro cáncer de la traición que una sociedad condenada a la perdición ha inventado y mantenido en su seno, un negro cáncer de la traición producido y llevado por el cretinismo congénito de una clase social decadente e irremediablemente degenerada. La oscuridad se infiltra a través de los que la llaman.

La extraordinaria novela de Dennis Wheatley, *Toby Jugg el Poseído, que* acaba de ser publicada (París, 1988) por Nouvelles Éditions Oswald (Neo), debe ser leída con urgencia, y hasta en segundo o tercer grado: Las revelaciones sobre este *cáncer negro* hacen de este gran y poco conocido libro el ardiente breviario de todos aquellos que se ven llamados a aventurarse por las fronteras prohibidas y peligrosas donde la política se enfrenta a la metapolítica, donde las putrefacciones de la decadencia histórica y social, aunque estén mejor disimuladas y mejor ocultas al ojo inexperto, se encuentran con los abismos habitados por *otras tinieblas*.

La documentación especial reunida y elaborada por Pierre de Villemarest sobre el tema de las infiltraciones marxistas -o supuestas infiltraciones marxistas, que viene a ser lo peor- que actúan en los pliegues de la sombra y la traición permanente de cierta sociedad anglosajona que agoniza desde hace tiempo, También debo señalar la excelente calidad de las obras de referencia que Pierre de Villemarest envía constantemente para apoyar su denuncia y actualización ininterrumpida.

Citaré, por ejemplo, y entre muchos otros, *The Climate of Treason*, de Andrew Boyle, Hodder and Stoughton, Londres, 1979, *The Storm Petrels*, de Gordon Brook-Shepherd, Ballantine Books, Nueva York, 1977, *Kennwort: Direktor*, de Heinz Uhne, Fischer Verlag, Frankfurt, 1970, *Der Angriff*, de Graf Ranz Huyn, Verlag Fritz Molden, Munich, 1987, *Wall Street and the Bolchevik Revolution*, de A.C. Sutton, Arlington House, Nueva York, 1974, *Mole*, de William Hood, Ballantine Books, Nueva York, 1982, *The Grand Design of Egon Bahr*, de Walter Hahn, en *Orbis*, 1973, y *Brandt and the destruction of Nato*, *de* Stefan Possony, Heinz Tirnrnermann, Walter Hahn, en Foreign Affaire Publishing Co Ltd, Londres, 1973.

Se trata de una muestra formidable, una muestra de primera línea de una literatura de testimonio, si no de confesión, empeñada en la desmitificación de los juicios penales de una época singularmente desprovista de juicios, y tanto más edificante, esta muestra, porque bien podría contener algo así como un submensaje reservado a la atención de unos pocos, y no los menos.

Pero, por otra parte, ¿podemos ignorar que poderosos obstáculos impiden a menudo aceptar los análisis políticos elaborados por Pierre de Villemarest? ¿Nos dice que el general Heinrich Müller -antiguo jefe de la Gestapo y, según fuentes reservadas que Pierre de Villemarest parece suscribir plenamente, agente encubierto del GRU-, que se había refugiado en Centroamérica después de la guerra y luego en Sudamérica, había sido secuestrado en 1955 "por un equipo checo" y llevado a Praga, "donde su vida depende desde entonces de los resultados de su trabajo para Moscú"? O, también, que, además, por supuesto, Gral. Col. S.M. Chtemenko, el grupo de oficiales y almirantes generales que debían seguir una línea de acción comprometida contra la intolerable conspiración permanente de la concentración trotskista-cosmopolita existente en el seno del poder central soviético, y allí, ¿Pierre de Villemarest citando los nombres de los mariscales Vasilyevsky, Koniev, Govorov ("jefe de la policía militar"), y los almirantes Kuznetzov y Levchenko - sólo manifestaban así el "trasfondo antisemita de una fracción del alto personal"?

Todas estas cosas son del más alto y seguro interés para nosotros, *cuya interpretación*, sin embargo, exige opciones doctrinales que pueden ser o no las mismas para unos y para otros, para el propio Pierre de Villemarest, por ejemplo, y para nosotros, que cazamos en muchos otros matorrales y con otras jaurías.

Por otra parte, me gustaría repetir, cuando Pierre Villemarest se ocupa del desmantelamiento informativo de las penetraciones marxistas en Gran Bretaña, en Estados Unidos -véase el capítulo, bastante excelente, "Empresarios disfrazados de humanistas de la Cruz Roja", o el nodo de elucidación titulado "El Amtorg, en el corazón de Wall Street" - sólo podemos decir cuánto respetamos su trabajo, su lucidez activa y su vigilancia infalible durante tantos años; sólo podemos decir, también, cuánto esperamos que nuestros esfuerzos se dirijan un día de tal manera que actúen de forma concertada y, tal vez, con todos los medios que les corresponden.

Unas últimas palabras. Al llevar a cabo lo que llamé el "análisis espectral" de su libro sobre el GRU, había empezado por constatar la inclinación semiconfesada de Pierre de Villemarest -o algo parecido- por algunas de las modalidades nacionales, tradicionalistas y militares *de* la *Abwehr*, que, además, se perpetúan, que, además, se perpetúan, como obliga la "profesión del señor".

El hecho es que la labor antimarxista de la Abwehr fue, y probablemente sigue siendo, un logro insustituible, tanto interna como externamente: aunque sólo sea mitológicamente, lo veo como un paso vigilado para unos y para otros, un paso vigilado en las altas montañas.

Pierre de Villemarest cita, de una fuente personal, el consejo de Litvinov a Berzin y a sus adjuntos, a saber: "Si uno sabe infiltrarse en los que se infiltran desde arriba en la sociedad británica, podrá penetrar en ella con ellos, beneficiándose de su cobertura". Devolvamos juntos al remitente estos consejos firmes y brillantes de un especialista de primera categoría. Y, por cierto, la mismísima espiral del libro de culto de Dennis Wheatley, *Toby Jugg the Possessed, se puede* encontrar aquí. Estas cosas se mantienen juntas.

El hielo se rompe

Y todo esto una vez dicho, establecido y, cómo decirlo, *desencadenado*, para no olvidar, en ningún caso para no olvidar que la tan larga investigación emprendida por nosotros a partir del libro de Pierre de Villemarest sobre el GRU, que el "análisis espectral" al que acabamos de someter este libro sigue siendo tendido por un objetivo extremadamente preciso, un objetivo extremadamente preciso que, él, se sitúa mucho más allá de este libro mismo: Ahora bien, siendo nuestro objetivo el de dar una definición inmediatamente fiable del significado último y del secreto fundamental de los actuales cambios de estado en curso en la Rusia soviética, una definición por tanto operativamente lista para ser utilizada sobre el terreno, una definición contraestratégica, hemos tratado de encontrar, inventar, precisamente a partir del libro de Pierre de Villemarest sobre el GRU, una línea de partida para la puesta en marcha de un "trabajo de conjunto" destinado a conducirnos a esta definición que, como tal, debería llevar también una decisión a tomar en términos de acción directa. Una definición cuya urgencia y necesidad me parecen evidentes, e incluso trágicamente obvias. Una decisión cuyo tiempo será también el de nuestro propio destino, en la vanguardia de lo que acabamos de llamar el Nuevo Destino y de sus mayores batallas metapolíticas futuras. Un Nuevo Destino que comanda el futuro actual de la historia visible e invisible de la URSS y, por tanto, de la más profunda historia por venir del Gran Continente Euroasiático.

Esta definición, que lleva implícita una gran decisión contraestratégica, inmediata e incluso como si ya estuviera en acción, de la que todos los despliegues actuales o dialécticamente aún por venir constituyen la tarea más urgente de nuestro propio compromiso directo hoy, esta definición que transmite el terrible secreto del Nuevo Destino y de un nuevo comienzo del Gran Continente Euroasiático, ¿podemos afirmar que la hemos establecido, podemos afirmar que ya la estamos utilizando, que ya está informando los estados actuales de nuestro trabajo? Y, si es así, ¿cuál es esa definición contraestratégica que ya está en marcha y cuya acción va a cambiar ya la faz del mundo y el sentido mismo de la historia de la Europa del Fin, nuestra historia, nuestro destino y nuestra misión secreta, nuestra tragedia soñada y nuestra tragedia en armas?

Cuál es esta definición, lo diré, exhaustivamente, durante la próxima reunión de nuestro propio "grupo geopolítico básico", reunión que será convocada muy pronto para este fin, y donde nuestro grupo, como "grupo geopolítico básico número 1" será llamado a asumir, para proclamarse ofensivamente como el epicentro revolucionario contraestratégico del gran movimiento de despertar europeo y continental que se avecina, un movimiento sísmico cuya puesta en marcha deberá marcar el paso metahistórico de nuestros tiempos actuales hacia los tiempos del Nuevo Destino.

Por lo tanto, debo limitarme a sugerir hoy que esta definición está llamada a reunir, oponer, integrar y superar dialécticamente, en la dirección de un futuro aún indeterminado y de forma cada vez más activa, y quizás pronto incluso cada vez más paroxística, las dos grandes polaridades del campo geopolítico interior, del concepto geopolítico unitario que rige la identidad actual y el futuro del Gran Continente Euroasiático.

Entonces, ¿cuáles son hoy estas dos polaridades internas, estas dos polaridades sobreactivadas del campo continental euroasiático cuya resolución ya reclama el secreto abismal de su Nuevo Destino?

- Por un lado, el movimiento puesto en marcha, en la URSS y en el seno del "bloque socialista" del Este, por Mijaíl Gorbachov y por lo que Mijaíl Gorbachov está en proceso de convertirse en el "concepto absoluto", y este movimiento de la petición gorbacheviana de cambio, de autotransformación, teniendo que enfrentarse, en una confrontación de condiciones dramáticamente confidenciales, en las cumbres de la *maskirovka, a* la "Orden Secreta" del Ejército Rojo y a sus "grupos polares" a disposición del mariscal N.V. Ogarkov que, desde 1984, estaba sumido en la "acción encubierta" ("enviado a la sombra de la jerarquía", decía Pierre de Villemarest).

- Por otra parte, Europa Occidental en sus estados más actuales, donde la Alemania Federal inicia, desde octubre de 1988, su "nuevo proyecto grancontinental" en dirección a la URSS, proyecto inspirado por Hans Dietrich Genscher y por lo que se cobija tras él, mientras que, al mismo tiempo, Europa Occidental tiene que lidiar con las posiciones equívocas y decadentes, posiciones esencialmente subversivas y ocultamente antieuropeas de Francia, que vuelve a ser prisionera de su propio "enemigo interno", y que es combatida por la "acción encubierta", por el alto trabajo clandestino de un cierto "gaullismo del fin", todavía sin rostro ni identidad controlable.

En cualquier caso, es ya un hecho que la visita del Canciller de Alemania Occidental, Helmut Kohl, a Moscú en octubre de 1988, y las aperturas doctrinales, económicas y geopolíticas inmediatamente grandiosas de esta visita, adquieren el valor decisivo de un "umbral iniciático": Tanto si Moscú cree que debe aceptar las propuestas de Alemania Occidental como si piensa que no debe aceptarlas, la cuestión fundamental se ha puesto así a disposición de todos los grandes debates diplomáticos y político-estratégicos que se avecinan entre los defensores de los destinos internos del Gran Continente, y *no hay vuelta atrás.*

Se sabe que el "nuevo proyecto grancontinental" de la República Federal de Alemania, presentado en Moscú en octubre de 1988 por el Canciller Helmut Kohl, proyecto inspirado por su Ministro de Asuntos Exteriores, Hans Dietrich Genscher, ya había sido presentado por éste personalmente en febrero de 1987 en el Foro Económico Internacional de Davos, Suiza.

Y digamos que, resumiendo al extremo, el discurso de presentación del "nuevo proyecto grancontinental" de la República Federal de Alemania pronunciado por Hans Dietrich Genscher en Davos en febrero de 1987 podría encajar en la parrilla de las seis propuestas doctrinales que siguen, propuestas doctrinales que, un día de estos quizás el más cercano, corren el riesgo de convertirse en otras tantas tesis de acción geopolítica directa, inmediatamente operativa:

1) Estamos totalmente preparados, ya listos, para entablar una amplia cooperación económica con la Unión Soviética, que le ayudará a modernizar su economía, a desarrollar este enorme país con sus grandes recursos naturales, al tiempo que nos ayudará también a nosotros, proporcionando puestos de trabajo y aumentando nuestro crecimiento.

2) También estamos dispuestos a adoptar, a hacer nuestro el concepto de "casa común europea" propuesto por Mijail Gorbachov, y a hacer de esta casa, con el apoyo de la Unión Soviética, una casa verdaderamente común, una casa en la que todos los habitantes vivirían como iguales, libres y en paz, una casa en la que el muro de separación entre los que viven en el Este y los que viven en el Oeste tendería a desaparecer, y en la que los derechos humanos serían respetados

3) En la actualidad, los intercambios económicos entre Oriente y Occidente están -si se tiene en cuenta el potencial existente en ambas partes- a un nivel sorprendentemente bajo.

Para la República Federal de Alemania, por ejemplo, que es el principal socio comercial de CAEN, el comercio con el Este sólo representa el 4% del comercio exterior.

Así pues, Europa del Este parece ser un bloque comercial esencialmente orientado hacia el interior.

4) Mijail Gorbachov parece ser muy consciente de todo esto. Es consciente de que para modernizar su país necesita la cooperación económica y técnica con Occidente, la cooperación empresarial sobre una amplia base y, al menos de momento, grandes créditos.

Por otro lado, esto abriría un enorme espacio económico en Occidente, una enorme oportunidad cuya movilización podría ser un motor de movilización y crecimiento de toda la economía mundial.

5) Corresponde a la República Federal de Alemania juzgar hoy, de forma más realista y menos prejuiciosa, los nuevos desarrollos en la Unión Soviética y las perspectivas de futuro, las nuevas perspectivas de futuro que éstos abren ante nosotros y ante el conjunto de la economía mundial.

También es tarea de la República Federal de Alemania asegurar que los nuevos desarrollos que tienen lugar ahora en la Unión Soviética no corran el peligro de ser confundidos con una empresa de propaganda dirigida hacia el exterior. Se trata de tomarlos realmente por lo que ya sabemos que no pueden ser, de explorar su contenido y de aprovechar inmediatamente los inicios que ya existen, ya en acción, para que a partir de ahí, y en primer lugar, lleguemos a una mejora de facto de las relaciones Este-Oeste.

6) Se trata de confiar en el sentido de los cambios que está imponiendo Mijaíl Gorbachov en la Unión Soviética. Se trata, pues, de tomar la palabra a Mijaíl Gorbachov, de ofrecer nuestro capital de confianza.

Para la República Federal de Alemania, se trata ahora de atreverse a tomar partido por una gran apertura hacia el Este y, en consecuencia, y para empezar, iniciar sin más demora un movimiento de cooperación económica a la mayor escala con la Unión Soviética.

(Hans Dietrich Genscher, 1 de febrero de 1987, en el Foro Económico Internacional de Davos, Suiza. Para el texto de las actas completas del Foro Económico Internacional de Davos, fuente federal suiza. Resumen del discurso de Hans Dietrich Genscher, también fuente federal suiza).

Sin embargo, no hay que olvidar que, tres meses antes de que el Canciller de la República Federal de Alemania, Helmut Kohl, se viera abocado a presentar en Moscú las propuestas de facto que constituían la esencia del "nuevo proyecto grancontinental alemán", Mijail Gorbachov, por su parte, ya se había posicionado, en julio de 1988, en Varsovia, sobre el principio de una Gran Europa que reuniera a la Europa del Este y a la del Oeste, un acercamiento en principio acompañado, además, de la propuesta de reunir una "Unión Europea", En Varsovia, Mijail Gorbachov ya se había posicionado sobre el principio de una Gran Europa que reuniera a la Europa del Este y a la del Oeste, un acercamiento en principio acompañado de la propuesta de convocar una "cumbre paneuropea" para "avanzar significativamente en la reducción del armamento convencional en Europa".

Mijail Gorbachov, en julio de 1988, en Varsovia: Vemos en el futuro una Gran Europa en la que el Este y el Oeste ya no se amenazarían con las armas apuntando el uno al otro, sino que, por el contrario, encontrarían una base para un progreso sin precedentes en el intercambio de bienes y trabajo, de experiencia y conocimiento, de personas e ideas, una Gran Europa de personas que habrían aprendido a verse como socios en un único y vasto proyecto y no como antagonistas comprometidos en una confrontación sin fin".

Así, el aparato doctrinal se encuentra ya en un estado que, bajo la cobertura de lo que Hans Dietrich Genscher llama el "proyecto de cooperación económica a gran escala" entre Alemania Federal y la Unión Soviética, es al menos tan diverso como interesado, Este proyecto pretende definir y asegurar la aplicación política y diplomática de un nuevo gran diseño continental alemán que actúe como cabeza de puente para toda Europa Occidental, y al que, por su parte, Mijail Gorbachov, al ponerse a la cabeza, no ha dejado de comprometerse a acoger una aceptación plenaria, aunque, al menos por el momento, se limite exclusivamente al nivel de una petición de principio. Pero no es menos obvio y cierto que ya se ha hecho mucho, y que una especie de desplazamiento tectónico del destino parece haberse puesto en marcha de forma irreversible en algún lugar a favor de una renovación metahistórica de la idea europea grancontinental.

Sin embargo, para dar contenido a la "definición operativa" que es importante que hagamos emerger del significado en acción, del sentido último de los profundos cambios que se están produciendo en la URSS y de la exposición del "terrible secreto" que los gobierna desde abajo, debemos también tener en cuenta, y tener plenamente en cuenta, los formidables campos de fuerzas que intervienen, inexorablemente, en cada uno de los campos de Europa Occidental, de Europa del Este -cuyas polaridades antagónicas -cada vez menos antagónicas, ya se afirma- constituyen, en la actualidad, o reconstituyen, más bien, el concepto y la realidad visionaria, el proyecto en curso -ya en curso, y acabamos de ver cómo- de la Gran Europa, la fundación renovada o en proceso de renovación de un retorno metahistórico a la antigua idea del Gran Continente Euroasiático.

¿Cuáles son, pues, los campos de fuerza, los formidables campos de fuerza que predeterminan, desde dentro, los estados actuales de las polaridades antagónicas cuyo doble empuje, revelándose desde la nueva confrontación dialéctica de Europa Occidental y Oriental, va a reconstituir, a llamar a la vida, a renovar, el concepto político-histórico de la Gran Europa? Responder a esta cuestión analítica global, incitante y preconcebida, planteada por nosotros, *aquí* y ahora, con el fin de ponerla en práctica más adelante, será precisamente la tarea de la próxima reunión del "grupo geopolítico básico número 1", cuya misión especial acabamos de definir, su misión de centro contraestratégico del "gran movimiento de despertar europeo y continental" que se avecina, el propio movimiento del Nuevo Destino.

Mientras tanto, me parece que hay que plantear hoy un cierto número de problemas, para abordarlos preventivamente, aunque sólo sea para dar un paso adelante en nuestro propio trabajo actual.

En primer lugar, hay que reconocer que *la perestroika* gorbacheviana ha liberado ya dos formidables campos de fuerzas antagónicas en la URSS, cuyo ascenso paroxístico me parece muy difícil, si no imposible, de frenar. Sobre todo, citaría el ascenso del trotskismo a la luz del día.

Reconocer, por tanto, que la liberación, el súbito desencadenamiento de todas las reliquias izquierdistas, antisociales y antinacionales, "antiimperiales", anarco-nihilistas y abyectamente "tolstoystas" que se perpetúan en las más profundas cloacas del "oscuro inconsciente de los pueblos rusos", El ascenso de las cloacas se mantiene en la actualidad y es objeto de un renacimiento artificial como consecuencia de la rehabilitación de León Trotsky y, por tanto, del trotskismo y, detrás de esta rehabilitación, por el proceso mismo de volver a poner en la vía oficial la línea trotskista-cosmopolita contra la que el Estado soviético, según la concepción estalinista del término, y apoyado, en la sombra, por la "Orden Secreta" del Ejército Rojo, no ha dejado de luchar desde hace más de medio siglo, sin lograr, sin embargo -por lo que parece-, neutralizarla de manera decisiva, "sin retorno".

Todo pasa. En el *Pravda* del 9 de septiembre de 1988, el imbécil a cargo, el general Volkogonov, escribió: "En sus años de intensa actividad en el Partido (1917-1924), Trotsky no había sido un enemigo de la revolución, ni del socialismo. Por otra parte, ya era enemigo de Stalin. No podemos dejar de rendirle homenaje: a diferencia de muchos, no se plegó a la dictadura de Stalin.

El elemento, más que cercano a Mijaíl Gorbachov, que, en su nombre, ahora controla y apoya - o apoya en absoluto, y no sólo por parte de Mijail Gorbachov - el ascenso político-administrativo de la conspiración trotskista-cosmopolita ya existente en el seno del poder central soviético -que hay que creer que nunca ha tenido que salir de sus cumbres nocturnas- es la temida y cada vez más temible AN. Yakovlev, antiguo embajador de la URSS en Canadá, en el momento de su caída en desgracia y ahora de vuelta al ruedo por la gracia de ésta, miembro del Comité Central y del Buró Político y, en el Comité Central, jefe de la Comisión de Asuntos Exteriores.

Ahora bien, en Moscú se considera indiscutiblemente que A.N. Yakovlev fue, en la época en que aún estaba destinado en Ottawa, el "inventor inspirado" -e inspirado por quién, como veremos más adelante- de la dialéctica del cambio interno del poder soviético llamado a actuar a través de los conceptos de *glasnost* y *perestroika*, dialéctica actuante en la que Mijaíl Gorbachov se vio obligado a basar la "nueva línea" de su propio poder interno y externo. Una "nueva línea" de la que quiere ser y pretende ser el inspirador, y el inspirador directo y abierto, mientras que, de hecho, y se diga lo que se diga, no es más que el inspirado en la sombra, en las sombras, quiero decir, de un secreto que, al menos de momento, le supera y le retiene.

En Ottawa, A.N. Yakovlev había tenido la oportunidad, sin duda preparada a conciencia, de reunirse frecuente y significativamente con alguien que, un viejo conocido quizás, para algunos, representaba en realidad -bajo la cobertura de tratos confidenciales con una empresa industrial nuclear de Chicago- los intereses exteriores de Israel. Este "alguien", cuyas "habilidades de grupo" ya habían tenido que instruir, en otras ocasiones, al embajador de Praga en Tel Aviv, el Dr. David Goldstücker -no olvidemos que el Dr. David Goldstücker tuvo que ser el inspirador y artífice oculto de la llamada Primavera de Praga, contra la que tuvieron que actuar hombres como los generales S. M. Chtemenko y N.A. Niemeyer-.M. Chtemenko y N.V. Ogarkov - fue también, en Ottawa, el instructor encubierto del embajador A.N. Yakovlev. Fue, pues, a través de un canal directo del mismo centro oculto que ya había participado, a través del Dr. David Goldstücker, en las manipulaciones que condujeron, según los planes, a la llamada Primavera de Praga, que las disposiciones ideológico-políticas para la aplicación de la "nueva línea" antinacionalista y trotskista-internacionalista soviética, precisamente la "nueva línea" que iba a surgir a través de la *perestroika* gorbacheviana, fueron inculcadas conspirativamente al entonces embajador A.N. Yakovlev, entonces destinado en Ottawa. Tanto en el plano doctrinal, que implicaba el renacimiento bajo control de un neotrotskismo reivindicado como exclusivamente dialéctico, antiestalinista, como en el plano de las maniobras a realizar operativamente sobre el terreno llegado el momento, la instrucción, en Ottawa, del actual jefe de la Comisión de Asuntos Exteriores del Comité Central del Partido Comunista de la URSS, el embajador A.N. Yakovlev, por lo tanto, se había hecho *desde el exterior, un* hecho que no creo que se pueda ocultar de ninguna manera.

Me parece que puedo dar por sentado que este hecho había sido, en su momento, y sobre todo después, quiero decir desde el regreso de A.N. Yakovlev a las últimas esferas del actual poder soviético, poderosamente retenido, de hecho, por los servicios especiales militares de la República Federal de Alemania, y uno puede imaginar la forma en que los servicios especiales militares de la República Federal de Alemania tuvieron que ser utilizados. Yakovlev en las últimas esferas del poder soviético actual, fue, en efecto, fuertemente retenido por los servicios militares especiales de la República Federal de Alemania, y se puede imaginar el uso que no dejará de hacerse de él, por parte de Bonn, en el momento más oportuno para los desarrollos, ya en curso, del "proyecto de cooperación económica a gran escala" de Hans Dietrich Genscher presentado, en Moscú, por el canciller Helmut Kohl.

Sin embargo, la aparición de un campo de fuerzas subversivas trotskistas y trotskistas-cosmopolitas en los actuales estados de la *perestroika* gorbacheviana y tras la actuación en la cúpula de la célula político-estratégica instruida, a nivel del Comité Central, por A.N. Yakovlev, no debe considerarse de otro modo que dentro de un frente de cambio global. Cualquier interpretación que no fuera llevada por la exigencia de una definición de toda la línea de cambio asumida, hoy, a la vista, por Mijaíl Gorbachov, acabará pareciendo totalmente aleatoria.

Pues *la perestroika*, el movimiento en curso de la propia *perestroika*, ha liberado también, y de forma no menos significativa que el absceso del trotskismo y su nebulosa, los torrentes impetuosos, irracionales y aparentemente imparables del "alma crística" de las Rusias, y ello a lo largo de una línea de emergencia extraordinariamente imprevista. De hecho, no es la ortodoxia la que se lleva hoy por delante la ruptura de los diques, por las aguas tumultuosas del renacimiento crístico de las Rusias, sino, en Ucrania y quizás aún más en los Estados bálticos, el catolicismo. ¿Catolicismo?

Irreprimible y totalmente expuesta, poniendo en marcha manifestaciones de cientos de miles de fieles súbitamente sacados de las sombras, la explosión católica en los países bálticos sigue siendo una de las cosas más incomprensibles de todas las que están sucediendo hoy en la Unión Soviética tras los primeros terremotos de la *perestroika* gorbacheviana. Y lo que está por venir será aún más irracionalmente imprevisible. Imprevisible para todos, excepto, en este momento, para Juan Pablo II y la dirección católica, apostólica y romana del "reverso de la historia contemporánea", "historia contemporánea" que, como sabemos, se está convirtiendo ahora, a las puertas ciclópeas del tercer milenio, en una historia definitivamente planetaria.

Mijail Gorbachov dijo, comentando los resultados muy concretos de la visita de Helmut Kohl a Moscú en octubre de 1988: "Se ha roto el hielo", y ¿no deberíamos verlo también como una petición de principio que concluye la primera gran etapa de la *perestroika* gorbacheviana en curso? En cualquier caso, apenas mientras esté dialécticamente en proceso de devenir podemos esperar entenderlo, captar su "terrible secreto" interior, sino sólo en el momento de su desenlace final, "cuando todo esté hecho, cuando todo esté terminado" y cuando el "gran diseño" de la "Orden Secreta del Ejército Rojo" se cumpla plenamente, y se *cumpla en la historia:* No es mientras sigue, es con la llegada de la *perestroika* gorbacheviana que se revelará su "terrible secreto", que lo inconcebible se convertirá de repente en historia renovada y en el umbral metahistórico de otra historia, de una "historia diferente". En los tiempos de la historia del fin, sólo cuenta el *resultado.*

Por el momento, el proceso revolucionario -o mejor dicho, ya transrevolucionario- de *la perestroika* gorbacheviana está al servicio exclusivo de la lucha personal de Mijaíl Gorbachov, pero de Mijaíl Gorbachov como "concepto absoluto" de *la perestroika,* al transmitir, sobre el terreno, su implacable marcha dialéctica hacia el poder total. Así, el objetivo operativo de *la perestroika* es doble: llevar a Mijaíl Gorbachov al poder total, y abrir un corredor de emergencia para la Unión Soviética hacia la "revolución cultural total" que aún esconde su nombre, hacia la gran transmutación interna de sus estructuras económicas, tecnológico-industriales y sociales, que es lo único que aún puede permitirle ponerse al día en la carrera por la dominación planetaria en la que ya se abre el tercer milenio. Mientras, en la sombra, la "Orden Secreta" del Ejército Rojo vigila, inspira y conspira, controla, decide y dirige, frena o acelera, y hace que se hagan las cosas que deben hacerse en la clandestinidad.

El proceso de transmutación ontológica de las estructuras organizativas internas de la Unión Soviética, una vez completado, el "Orden Secreto" del Ejército Rojo emergerá a la plena luz del día, el significado del poder soviético cambiará, la historia, la mayor historia continental europea encontrará allí un nuevo pasaje hacia la transhistoria, un nuevo pasaje que se identifica, entonces, al mismo tiempo con el "terrible secreto" de la perestroika de Gorbachov y con lo que nosotros mismos llamamos el Nuevo Destino. Pero ya nada detendrá este movimiento. El hielo se ha roto.

Texto de la conferencia pronunciada el 24 de febrero de 1989, en Lausana, ante el Consejo de Administración del Instituto Atlantis de Investigación Metaestratégica Especial (IRMSA)

LA IMPORTANCIA SUPRAHISTÓRICA DEL MASACRE DE LOS ÚLTIMOS ROMANOV

Fuerzas misteriosas os conducen a ti y a tu pueblo a un destino inevitable.

Gran Duque Alexander Mikhailovich,
en una carta de 1917 al emperador Nicolás II.

La historia y el concepto de irracionalidad dogmática

La historia es impenetrable, y muy paradójicamente se vuelve transparente, luminosa, sólo en el momento final en que su irracionalidad dogmática alcanza el paroxismo del misterio, de la incomprensibilidad, cuando los poderes suprahistóricos se reputan fuera de alcance, "eternos", que lo conducen ocultamente se dejan sorprender desnudos, se exhiben temporalmente dentro de su mismo devenir, un devenir suplicante que luego exaltan y deslumbran mientras lo devastan a corto plazo, infligiéndole estragos irremediables. Hay un inmenso sol interior de la historia, cuya aproximación es a la vez divina y fatal, calcinante, y siempre ajena, si no enemiga, a las tranquilas playas de la razón tenida por discursiva y que, de hecho, nunca es más que una aceptable diversión ante la abismal conducta de la irracionalidad dogmática en marcha según sus propios planes, inconcebibles a escala humana.

¿Qué podemos entender todavía, en la actualidad, del ciclón de luz ardiente que fue la aventura transcontinental de Alejandro Magno, y del hecho absolutamente incomprensible de que su ciclópea tumba haya podido desaparecer sin dejar rastro? ¿Cómo admitir, también, que con la deslumbrante aparición de Federico II Hohenstaufen se produjo, por última vez, en los albores de los tiempos actuales, la encarnación imperial declarada, y tenida por tal, visible y aceptada por todos, evidente, del principio divino del *Imperium*, *del* Dios Sol, del *Sol Invictus* inmediatamente presente en la historia? ¿Y la desaparición, en el subsuelo de cierta historia oculta, del linaje de los merovingios aniquilados, *no hizo nada?* ¿Y el milagroso desmayo de Luis XVII del Templo, que surgió de la historia como un muro que se abre para recibirlo? ¿Y el acceso de Adolf Hitler al poder total y suprahistórico de la nada, y ambos igualmente oníricos, la creación del Tercer Reich y su desaparición en las llamas de la Gotterdiimmerung final, en la irracionalidad dogmática que se eleva a las últimas cumbres de la historia cuando la propia historia parecía interrumpirse, si no terminar en la oscuridad de la antihistoria? Porque todo es misterio actuando en la oscuridad, en la "gran historia" todo es irracionalidad dogmática actuando.

Y la sangrienta expulsión de la temporalidad histórica de la muy cristiana dinastía imperial de los Romanov no escapará al imperio del misterio de la irracionalidad dogmática que ahoga el curso visible de la "gran historia". Al contrario.

Presidiremos con serenidad los destinos de Nuestro Imperio, que a partir de ahora sólo se debatirán entre Dios y Nosotros", debía declarar el emperador Alejandro III -el *Mirotvorets*, el "Pacificador'- cuando tomó el poder tras el asesinato terrorista de su padre, El emperador Alejandro II -el *Osvoboditel*, el "Libertador"-, cuyas inclinaciones democráticas altamente sospechosas le llevarían a terminar, como hemos visto, en una orgía de sangre y violencia subalterna, manipuladora y manipulada. La maquinaria altamente subversiva destinada a la liquidación final de los Romanov en el poder ya había sido rearmada en el ᵉsiglo XVIII: no ocultemos que, a la sombra de sus poderes místicamente inspirados, Madame Krudener y sus seguidores habían podido ver acertadamente, y muy proféticamente, el terrible incendio que estaba a punto de estallar.

En la noche del 16 al 17 de julio de 1918, en Ekaterimburgo, en los Urales, el emperador Nicolás II y toda su familia fueron, por orden de Moscú -por orden de V.I. Lenin- bestialmente asesinados por sus guardias. ¿Fue ésta una conclusión sangrienta pero explicable de la revolución comunista en curso? Eso es lo que, desde entonces, se intenta hacer creer desde todos los bandos, con una implacabilidad cada vez más reveladora que, en lugar de ocultar, exalta lo que se quiere ocultar.

Porque no se trata de que el emperador Nicolás II y su familia fueran masacrados como un episodio necesariamente previsible y fatídico de la Revolución Comunista en su momento interior más crítico y paroxístico, sino que es la Revolución Comunista la que -con todo, en la sombra, obstinadamente se delata como incalificable- debe ser vista hoy como un episodio de la batalla subversiva iniciada, desde el siglo XVIII, contra los Romanov, y como resultado de la cual, al final, los Romanov se vieron obligados a huir, debe considerarse más bien, hoy, como un episodio de la batalla iniciada subversivamente, desde el ᵉsiglo XVIII, contra los Romanov, y contra los estados históricamente establecidos de la idea imperial y real en Europa, una idea fundamentalmente cristológica.

El funcionamiento interno de la "agitación especial"

En su *Diario del Exilio*, León Trotsky escribió: "No sólo era urgente, sino necesario tomar la decisión de matar a la familia imperial. La severidad de esta justicia sumaria demostró al mundo que continuaríamos nuestra lucha sin piedad y sin detenernos ante nada. Era necesario ejecutar al zar y a su familia para asustar, horrorizar y asquear al enemigo, pero también para sacudir a nuestras propias tropas y mostrarles que no había vuelta atrás y que les esperaba la victoria total o la destrucción total. Pero, ¿es esto realmente cierto? ¿Es así como debía ser? No. No, no es en absoluto cierto, y no es en absoluto la forma en que las cosas han sucedido realmente. Hoy, tras el derrumbe interno de la Unión Soviética y setenta años de comunismo en Rusia y en el mundo, este cambio de perspectiva proporciona por fin las claves de la inteligencia profunda y decisiva, final, del proceso que ya había comenzado con la llamada Revolución Francesa y que habría de conducir, tras la Primera Guerra Mundial, al desmantelamiento de los tres últimos Imperios cristianos de Europa: el Imperio alemán, el Imperio austriaco y el Imperio ruso. Porque era necesario a toda costa descristianizar la historia del mundo, que, en su marcha, estaba llegando al umbral antes de tener que dejar de intentar hacer suya la luz suprahistórica de la Cruz Victoriosa.

¿Quién, entonces, y por qué? Y, por otro lado, ¿cómo es que el Imperio Británico no fue también arrastrado por la misma agitación "especial"? Aparte de que se acerca el momento de la liquidación del Imperio Británico, también hay que decir que si la "agitación especial" que iba a derribar a las realezas europeas de derecho divino -estas, en su conjunto, son herederas del Imperio Romano a través del Sacro Imperio Romano-, al Imperio Británico, así como a la desviada, revuelta y totalmente alienada realeza británica, se le había encomendado una misión muy especial: una misión de alta traición y crimen, de subversión y perjurio, por la que ahora, por fin, deben pagar el justo precio, y los aterradores intereses que la acompañan, ocultos, confidencialmente infernales. *¿Qué misión?*

Ninguno de nosotros, ninguno de los que están comprometidos en el campo opuesto al del "Misterio de la Iniquidad" puede desconocer el juego infernal que la Corte de Santiago realizó en la puesta en marcha subterránea de la llamada Revolución Francesa y la liquidación en extremo oprobio y sangre de los Borbones de Francia, de los que Londres tan bien -tan mal, hay que oírlo- había tratado de apoyar a los últimos soubresauts con el único objetivo de hacerlos retroceder mejor hacia la oscuridad arremolinada que ya los retenía.

Al igual que la responsabilidad de facto, directa y total, decisiva, de la masacre de los últimos Romanov, corresponde a la escoria liberal David Lloyd George (1863-1944), artífice también de la trampa infernal que fue el Tratado de Versalles, David Lloyd George que acabó *retirando* -anulando- el derecho de asilo político concedido -por las formas- a los Romanov, asilo político negociado por Kerenski, y que trajo a las víctimas de la masacre de Ekaterimburgo la libertad de la Rusia comunista, la libertad, la vida. Todo encaja. ¿Acaso Ramsay McDonald, otra escoria despreciable, no llamó públicamente al emperador Nicolás II "criatura manchada de sangre" e incluso "vulgar criminal"?

Desde la batalla de Naseby y el advenimiento del poder criminal subversivo tras el asesinato del rey Carlos I er(1649), poder criminal ejemplificado, en aquella época, por Olivier Cromwell (1599-1658), Gran Bretaña no es, en efecto, más que su propio cadáver, un cadáver vivo, medio vivo y superviviente, pero no vivo, balbuceante al servicio de los poderes de perdición que han elegido establecer allí su base de acción oculta, y que interviene constantemente para cortar de raíz cualquier atisbo de renacimiento, de liberación espiritual y nacional en Gran Bretaña en el plano interno, como se vio con el sórdido nudo conspiratorio que obligó al rey Eduardo VIII a abdicar en 1936 y, aún hoy, por el obstruccionismo cada vez más intenso que se opone a la ascensión del príncipe Carlos al trono.

La extinción de la raza Romanov tenía un "objetivo preciso"

Tras setenta años de terror comunista en casa y de implacable guerra política revolucionaria en el exterior, tras el inesperado -y a su vez extraordinariamente misterioso- colapso de la Unión Soviética y la actual conspiración mundial del comunismo, esa Rusia, en su propia realidad, ha seguido siendo la misma, en términos de conciencia geopolítica de su propio destino y en el nivel final de la historia mundial en curso, es una especie de milagro, la pesadilla comunista aparece ahora como un episodio cada vez más incomprensible, inútil y fundamentalmente perverso, perteneciente a un lugar de otro mundo, de otra realidad, de otra historia, desprovisto de cualquier significado inteligible en el conjunto de la historia en curso.

Porque la geopolítica, la proyección vital del ser, prevalecerá siempre sobre las alienaciones aberrantes que el no-ser y sus poderes de intervención, de subversión activa y secreta, intentarán, hasta el final, imponer a la historia, a la "gran historia". La historia a veces puede ser alienada. La geopolítica nunca lo hace.

El alucinante genocidio del pueblo ruso, inaugurado y como anunciado por la masacre de Nicolás II y sus seguidores, ¿se convierte así, al final, en el inmenso holocausto sagrado mediante el cual el pueblo ruso logró rechazar las fuerzas del caos y de la nada que, venidas -llamadas, invocadas, convocadas- de fuera de Rusia y de este mismo mundo, habían podido instalarse subversivamente en él -como ya había sucedido, tal vez en otro nivel, como acabamos de decir-? desde fuera de Rusia y desde fuera de este mismo mundo, habían sido capaces de instalarse subversivamente en su seno -como ya se había hecho, quizá a otro nivel, como acabamos de decir, en Gran Bretaña desde el asesinato del rey Carlos 1 er en el siglo XVII- para hacerla perder a sí misma y, por tanto, para hacerla perder a todo el mundo. Pero el plan fracasó: al final, hubo algo más que el protocolo puesto en práctica por las instancias de la acción subversiva fuera de este mundo y de su historia, por los escurridizos diseñadores de este plan oculto, y ahora vendrá pronto el gran contragolpe, que arrasará con todo, y de manera irrevocable, para que se haga justicia y el ser y la vida, restituidos a sus derechos ontológicamente regios, puedan darse otro comienzo histórico. Fue a través de Rusia que todo estuvo a punto de perderse; es también a través de Rusia que todo será llamado a una nueva vida tras el desvanecimiento de la oscuridad existente.

El misterio de la masacre comunista del emperador Nicolás II y los de su sangre, los últimos de la estirpe imperial rusa, debe situarse en esta perspectiva apocalíptica y justiciera. ¿Misterio? ¿Qué misterio? Todo es aparentemente cierto, y cierto incluso de los hechos que ahora se conocen plenamente -o que se han dispuesto para ser tenidos como tales- de la masacre que tuvo lugar en la noche del 15 al 16 de julio de 1918, en la planta baja de la "casa de propósito especial" en Ekaterimburgo. Pero, por lo que sabemos, nada es menos cierto.

Así pues, deben hacerse y se harán revelaciones sobre las abismales implicaciones que arrojan una luz espectral, infinitamente inquietante, sobre todas las empresas que presidieron la implacable, cuidadosa y concertada persecución de los planes de liquidación de la familia imperial rusa, en su último núcleo reinante y también en la perpetuación de ciertos vínculos sanguíneos inmediatos o relaciones significativas. Revelaciones destinadas a cambiar por completo el ángulo desde el que hay que considerar los hechos del horror que ensangrentó para siempre las paredes de la misteriosa casa de Ypatiev en Ekaterimburgo, más allá del espacio, más allá del tiempo.

Pierre Lorrain, en *L'assassinat de Nicolas II*, Éditions Fleuve Noir, París, 1994: "El 18 de julio, al día siguiente de la tragedia de Ekaterimburgo, en Alapaievsk, fueron asesinados de forma horrible la Gran Duquesa Ella, hermana de la Emperatriz, el Gran Duque Serge Mikhailovich y los príncipes Juan, Constantino e Igor, tres de los hijos del Gran Duque Constantino. Fueron arrojados vivos a un pozo donde se lanzaron algunas granadas. No todos murieron en el acto. La agonía de los supervivientes duró varios días.

Como bien dijo Pierre Lorrain, *el exterminio de la casa imperial tenía un objetivo preciso.*

Aterradoramente, la casa del ingeniero Nicolás Ypátiev, en Ekaterimburgo, requisada y convertida, por orden de V.I. Lenin, en una "casa de destino especial" -y ya hemos visto cuál era ese "destino especial", la liquidación in situ, y el fin supuestamente definitivo, de la familia de Ekaterimburgo. Lenin, en una "casa con un propósito especial" -y ya hemos visto cuál era este "propósito especial", la liquidación in situ, y el fin supuestamente definitivo, de la dinastía Romanov mediante la eliminación física de sus últimos representantes reinantes- llevaba el mismo nombre, y no era de hecho con un propósito decidido, de naturaleza secretamente simbólica, que otra casa Ipatiev, que, en 1613, había albergado el nacimiento de la dinastía Romanov.

Fue en el monasterio de Ipatiev, en Kostroma -ciudad cercana a la confluencia de los ríos Kostroma y Volga-, donde Mijaíl Feodorovich Romanov fue coronado emperador de todas las Rusias en 1613.

Sin embargo, cabe señalar que sólo cinco años antes de los sangrientos sucesos en la "casa de propósito especial" de Ekaterimburgo, dentro de los muros de la Casa Ypátiev, el emperador Nicolás II y toda la familia imperial habían participado en las solemnes ceremonias en el Monasterio Ypátiev de Kostorama para conmemorar el tercer centenario del nacimiento de la dinastía Romanov.

Pero las cosas se están yendo de las manos. Desde Tobolsk, el emperador Nicolás II y la emperatriz Alexandra Feodorovna, ya prisioneros, llegaron a Ekaterimburgo y fueron llevados inmediatamente a la "casa de destino especial" el 30 de abril de 1918. Un mes después, se les unieron el zarevich Alexis y las cuatro grandes duquesas, Olga, Tatiana, Marie y Anastasia, de veintidós, veintiuno, diecinueve y diecisiete años respectivamente. La familia imperial estaba acompañada por el doctor Botkin y tres sirvientes (Troup, lacayo del emperador, Demidova, criada de la emperatriz, y Kharitonov, cocinero).

El príncipe Vasily Delgoruki, ayudante de campo del emperador, ni siquiera había sido llevado a la "casa de destino especial". Separado del grupo de la familia imperial al llegar a la estación de Ekaterinburgo, fue conducido fuera de la ciudad por el chekista Grigory Nikulin y recibió un disparo en la nuca. Otros miembros de la familia imperial fueron posteriormente liquidados de forma similar.

El dispositivo operativo especial establecido personalmente bajo la cobertura de V.I. Lenin incluía, en el propio Moscú, a Jacobo Sverdlov, presidente del Comité Ejecutivo de los Soviets, y al oficial de enlace confidencial Alexei Akimov, adjunto a V.I. Lenin en el Kremlin. En Ekaterimburgo, el grupo de vigilancia permanente asignado para vigilar a la familia imperial alojada en la casa Ypatiev incluía al comisario militar de los Urales y miembro del Presidium bolchevique de la región Isaiah Goloshchekin, alias "Filip", Jacob Jurovski, jefe adjunto de la Cheka de los Urales y comandante de la "casa de destino especial", Piotr Ermakov, comisario militar de la ciudad de Ekaterimburgo, así como los chekistas de base Mikhail Medvedev, Serguei Lioukhanov, Grigori Nikouline, Pavel Medvedev y Alexei Kabanov (este último, antiguo guardia cercano del Emperador). Otros ocho chekistas iban a formar parte del pelotón de fusilamiento, entre ellos seis desertores extranjeros, los llamados "letones" (entre ellos, según se afirma, el húngaro Imre Nagy, futuro primer ministro de la Hungría comunista de posguerra en 1945, que fue ejecutado a su vez tras el levantamiento antisoviético de 1956).

Nueve de las víctimas fueron arrojadas a un pozo minero en desuso en el lugar llamado los Cuatro Hermanos y luego desidentificadas con ácido, enterradas permanentemente en una fosa, cubiertas con durmientes de ferrocarril. Separados del grupo, el zarevich Alexei y una de las grandes duquesas -presumiblemente Anastasia- iban a ser incinerados y sus cenizas esparcidas en el barro.

También se ocultó cuidadosamente que, en la noche fatal, las cuatro jóvenes duquesas habían sido violadas en vida por sus asesinos, y que, una vez muertas, sus restos habían sido sometidos a una serie de mutilaciones específicas. Estas profanaciones eran a la vez singularmente bestiales y muy cultas, y además de su obscenidad criminal, tenían también una dimensión ritual muy evidente, que implicaba las instrucciones directas, si no la presencia en las sombras, de una responsabilidad nigromántica superior, con una duplicidad no humana y ciertamente antihumana. Uno no se atreve a imaginar lo que debió ocurrir allí esa *noche*. Temidas invocaciones cósmicas negras, *llegadas*.

El informe sobre la masacre de la familia imperial llegó a Moscú en la noche del 17 de julio, y V.I. Lenin fue informado de ello inmediatamente en el Kremlin, en medio del Consejo de Ministros, que había interrumpido por unos momentos para que Jacobo Sverdlov pudiera anunciar brevemente la noticia. Entonces V.I. Lenin exigió que se reanudaran los trabajos de las inoculaciones escolares en la región de Moscú como si no hubiera pasado nada, ya que la noticia de la destrucción física del Emperador -se seguía ocultando el destino de su familia- ya no tenía ninguna importancia.

Cuando, de hecho, fue, para V.I. Lenin, el momento mismo de su *realización suprema*. Su gran misión nigromántica subterránea, toda su vida como marout, un muerto viviente habitado por una entidad oculta, la razón por la que él mismo había sido predicho de la tarea, alejado de los vivos, sumido en el misterio de la serie de metamorfosis abismales que le llevan a convertirse progresivamente en algo cada vez más no humano, una entidad que aloja su centro de gravedad en una realidad fuera de este mundo, directamente dependiente de los Superiores del Exterior.

Las potencias nocturnas, absolutamente innombrables, vedadas a toda cita discursiva, que conducen al mundo y a la historia a través de las secuencias ininterrumpidas de sobrecompensaciones criminales, de las que, misteriosamente, *algo* logra sin embargo asomar en la superficie a veces adelgazada de las cosas, no dejaron de hacer que todo el oprobio de la inmensa criminología comunista se concentrara en la persona -el personaje de LV. Stalin, y sólo en él, mientras lucha por promover al máximo la mitología imbécil, escabrosa y diversionista de la "integridad", la "pureza" revolucionaria de V.I. Lenin, mientras que es este último el que constituyó -y sigue constituyendo, probablemente no por mucho más tiempo- el polo infernal supremo del gigantesco ascenso de la oscuridad actuante, de la "corteza muerta", del *klippoth* introduciéndose en el mundo a través de la revolución comunista soviética, de sus aparatos de subversión mundial y de sus dobles en lo invisible. Porque, a este nivel, nada existe sino por duplicación en lo invisible.

Por lo tanto, ya es hora de que V.I. Lenin sea desenmascarado definitivamente como un alto iniciado de ciertas instancias negativas, fundamentalmente infernales, suprahistóricas, no humanas y supremamente antihumanas, fuera de este mundo pero invitadas a actuar en él por grupos de desviados ontológicos, de los que hasta la fecha quizá sólo H.P. Lovecraft ha sido capaz de dar una imagen algo apropiada, y todavía.

Muerto en vida, cadáver animado por la presencia efectiva en él de una entidad oculta, antihumana, deudora sólo de la demonología activa, V. I. Lenin dirigió por delegación infernal secreta el derrumbe final de la historia occidental y europea, atacada en su núcleo mismo, y ello durante la década decisiva que precedió a su propia muerte por el fracaso de la Unión Soviética. Lenin dirigió, por delegación infernal secreta, el colapso final de la historia occidental y europea, atacada en su misma sangre vital, y esto durante la década decisiva que precedió a su propia muerte por el fracaso imprevisto y prematuro de su cuerpo -el cuerpo que tenía a su disposición- que, al final, no era más que una carroña en descomposición, demasiado solicitada desde dentro por los empujes exorbitantes de las fuerzas que pasaban por él.

Un tal Clemenceau Georges, una especie de político francés, se hizo famoso en su época al declarar desde la tribuna del Palacio Borbón que la *Revolución es un bloque.* ¿Pero no deberíamos responder que la

Contrarrevolución también *es un bloque*? ¿Un bloque que se mantendrá en pie mientras persistan la dominación secreta y las amenazas permanentes de la vasta conspiración revolucionaria vigente desde 1789?

A este respecto, recordemos que en *La cabaña en las viñas*, Ernst Jünger relata que, el día del ataque japonés a Pearl Harbour, el embajador japonés en Roma hizo una visita especial al profesor Johan von Leers -Johan von Leers-, Johan von Leers, el brillante redactor de la revista *Nordische Welt* y de algunos otros organismos metapolíticos superiores pero secretos, que se encontraba entonces en Roma para poder anunciarle personalmente la "gran noticia", había encontrado para ello esta formulación absolutamente deslumbrante: *¡Es la venganza de 1789!*

Porque todo lo que hacemos, los que somos fieles, de continuidad contrarrevolucionaria ininterrumpida, es, en realidad, sólo una venganza de 1789. Y todo lo que el enemigo ontológico de lo que no queremos dejar de ser, encuentra su modelo ardiente e incluso su sustancia en los arrebatos de oscuridad sangrienta de 1789.

Por eso no es tan sorprendente comprobar que resurge la identidad de los procedimientos subversivos más criminales e innobles, procedimientos de falsa denigración, de falsa y desvergonzada destitución moral de las víctimas de la carnicería revolucionaria, del envilecimiento y de los inauditos insultos hechos a la reina María Antonieta, y corresponden -prácticamente iguales, hasta el punto de repetir casi las mismas expresiones, las mismas palabras sucias e inmundas, el mismo aliento de locura inferior, bestial, infrahumana- a lo que se le echó en cara a la emperatriz Alexandra Feodorovna en el mismo momento de su espectacular y alucinada muerte, e incluso mucho después. No hay límite a la degradación, a la negación inconsciente, exaltada y sucia de la propia naturaleza humana. Se puede reconocer la firma sangrienta de una garra monstruosa, que no es de este mundo.

Ambas -la reina María Antonieta y la emperatriz Alexandra Feodorovna- habían sido llamadas, sobre todo, la "extranjera", la "alemana", ambas acusadas de alta traición, de estar "vendidas al servicio de Alemania". En ambos casos, el uso implacable y obsesivo de un proceso de sobrecultivo sexual llevado cada vez más lejos, llegará a las últimas profundidades de lo indecible, del oprobio y de la profanación concertada. La reina María Antonieta fue acusada -sobre la base de falsos testimonios que sólo pueden ser recordados con la mayor repugnancia- de haber mantenido relaciones sucias con el Delfín, ella y su cuñada juntas, de haber llevado al Delfín por el mal camino y de haberlo "masturbado hasta la muerte" en repetidas ocasiones. Tanto o más cuanto que estaba convencida, a través de escritos oficiales y testimonios de trastienda, de que había realizado los mismos actos criminales en la persona del zarevich Alexis, en la suya propia y en la de las grandes duquesas, y que también había obligado a estas últimas a someterse a las agresiones de Rasputín. Por haber tomado "baños de sangre fresca" en compañía de Virubova, orgías complejas y locas, espantosas, en las que las Grandes Duquesas se veían obligadas a participar incesantemente. De hecho, el "inconsciente popular" se había desatado hasta la locura total, para completar o incluso "justificar" - las torturas y violaciones, las profanaciones demenciales que las Grandes Duquesas, cuya belleza natural angelical, juventud, pureza, la rectitud de corazón y el honor imperial intacto actuaron sobre la escoria de los subhumanos en el trabajo como el fuego de una excitación insoportable, exigiendo la ruptura inmediata de todas las restricciones, de los últimos diques, dejando el camino libre a las oleadas, a los apetitos psicopatológicos más inconcebibles, a los últimos *derrames infernales*. Esa noche fue la de la aparición de la Estrella Roja.

Ha llegado el momento

El horóscopo tibetano de Tsrevitch Alexis, elaborado por el propio Badmaiev, presagiaba un destino altamente providencial, ya que se suponía que iba a lograr históricamente lo que el emperador Alejandro I ⁽ᵉʳ⁾no había podido lograr durante su vida, una Europa -la Gran Europa- que se había unido contrarrevolucionariamente, y que por lo tanto era capaz de detener el surgimiento en este mundo de las metástasis negativas del Poder Oscuro y la vasta conspiración revolucionaria que estaba sujeta a él. Capaz, también, y Rusia, entonces, en primera línea, de establecer, de constituir, en términos de alta estrategia espiritual, esa *fuerza de retención* -el *Kata-Exon*- que, según el Apóstol de los Gentiles, quedaba, al final de los tiempos, como la única instancia en estado de poder contener, de prohibir la venida, el surgimiento histórico directo, el nacimiento y la aparición del llamado Anticristo.

En cierto sentido, "el tiempo había llegado", y la misión del zarevich Alexis era precisamente oponerse personalmente a la aparición, a la "venida" del Anticristo. Y esto es precisamente lo que el Poder Oscuro debía impedir a toda costa, frustrar a cualquier precio. Y esto es también lo que ocurrió, habiendo podido V.I. Lenin llevar a cabo su muy oculta misión nigromántica, para barrer el anticipado avance del Anticristo como una posibilidad política real, en proceso de realizarse, si no ya realizada.

Obispo Ioan de San Petersburgo: *Dios nos ha destinado a ser contemporáneos de los "últimos tiempos". El Anticristo, como posibilidad política real de nuestro tiempo, está ya fuera de toda duda.*

Al tener lugar en lo invisible, fuera de la historia visible y en contra de ella, uno puede animarse a concebir la historia del comunismo en Rusia y en el mundo como una prueba de fuerza oculta, a la sombra del propio Anticristo, entre V.I. Lenin y el zarevich Alexis, una prueba cuya conclusión final no se verá hasta mucho después de sus muertes. Ahora parece que la omnipotencia de V.I. Lenin, de su revolución en Rusia y de su proyección a escala planetaria, se ha visto ya obligada a ceder ante la divina debilidad del hijo predestinado de lo Alto, ante la figura eternamente suplicante del zarevich Alexis, que no es la Estrella Roja la que ha vencido.

En cuanto al símbolo apocalíptico de la Estrella Roja, me gustaría recordar que, hacia finales de 1918, un grupo de personalidades militares y religiosas rusas de muy alto rango del campo nacional antibolchevique había compilado un archivo reservado ultraconfidencial, que figuraba bajo el título convencional de *Krasnaya Zvezda, y* que en un principio iba a ser utilizado para la investigación prevista del gran juicio por alta traición nacional y el crimen de regicidio, así como, de forma más confidencial, por actividades satánicas, un juicio que los Ejércitos Blancos se habían comprometido a llevar a cabo, iba a ser utilizado para la investigación planificada del gran juicio por alta traición nacional y el crimen de regicidio, así como, más confidencialmente, por actividades satánicas, un juicio que los Ejércitos Blancos se habían comprometido a llevar, a puerta cerrada, después de la victoria final, contra los responsables, visibles u ocultos, de los sangrientos acontecimientos de Ekaterinburgo, contra los líderes en la sombra del "Campo del Anticristo".

Sin embargo, ante el giro negativo de los acontecimientos, el expediente de *Krasnaya Zvezda* fue confiado posteriormente a la custodia del honor militar del rey Alejandro I de Yugoslavia. Tras la entrada de la Wermacht en Yugoslavia, el archivo *Krasnaya Zvezda* fue interceptado por la Abwehr en los archivos secretos de la monarquía, en los sótanos de un monasterio cerca de Belgrado. Pregunta: ¿por qué razón incomprensible -pero, al fin y al cabo, no tan incomprensible, cuando se conocen algunas de las actividades de alta traición de las que la *Abwehr era* constantemente culpable en aquella época- *la Abwehr* de Belgrado no envió este expediente a Berlín? En 1945, fueron los servicios político-militares de Tito los que, a su vez, se apoderaron de él en uno de *los* alijos pendientes de *la Abwehr* de Belgrado, para resurgir diez años más tarde, como resultado de quién sabe qué oscuras transacciones o intercambios, en el *Foreign Office* de Londres, donde debe de seguir sentado, inalcanzable (aunque, por supuesto, lo es).

Por otra parte, pude obtener algunas revelaciones muy valiosas -aunque desgraciadamente bastante incompletas- sobre el expediente *Krasnaya Zvezda* durante mi estancia en la prisión política especial de *Dalmatinska Uliça, en* Belgrado, entre 1948 y 1949, donde, en la celda blindada número 15 (y más tarde 4 y 6), recibí las confidencias de un antiguo oficial superior de la Abwehr en Belgrado -que previamente había estado destinado en París- detenido en relación con sus actividades en ese país justo antes del final de la guerra, Había recibido las confidencias de un antiguo oficial superior de *la Abwehr* de Belgrado -antes había estado destinado en París- detenido en relación con sus actividades allí justo antes del final de la guerra, y probablemente destinado a ser ejecutado (permítanme citar su nombre, von Ditges).

Revelaciones relativas a la parte más oscura, propiamente dicha, dada como intrínsecamente incomunicable, e incluso -todavía- peligrosa de mencionar, relativa a la otra parte de la conspiración montada por V.I. Lenin -y detrás de él, por las delegaciones cercanas no humanas de las Entidades Exteriores en activo- para la liquidación física de los Romanov, las viles y verdaderamente espantosas manipulaciones de las grandes duquesas. Lenin -y detrás de él, por las estrechas delegaciones no humanas de las Entidades Externas en acción- para la liquidación física de los Romanov, las innobles y verdaderamente espantosas manipulaciones de las grandes duquesas, así como las muy extraordinarias complicidades occidentales -inglesas y francesas, sobre todo, pero también alemanas, e incluso algunas otras- en la marcha conspirativa de los planes que apuntaban, y de qué manera profundamente depravada, la ejecución de los planes bolcheviques para la aniquilación del "obstáculo" constituido por los Romanov -y por el Imperio ruso- en el anunciado advenimiento de un mundo y una historia enteramente sometidos a la intervención directa del "Misterio de la Iniquidad", y todo ello debiendo sufrir una extrema aceleración operativa debido a la presencia predestinada -ya allí, y dispuesta a manifestarse en su hora- del Charevich Alexis, el "Salvador".

Los videntes de la gran catástrofe anunciada, de la inmensa agitación preparada bajo tierra

Injustamente ignorado en Europa, un gran escritor ruso, un brillante visionario, un iniciado de altos vuelos, André Biély, había entregado abiertamente, en -entre otros- dos de sus escritos proféticos, *La paloma de plata*, y *San Petersburgo*, las claves para el dominio completo del "otro lado", el "lado prohibido", oculto, sumido en la oscuridad de lo indecible, incluso de lo incognoscible, de lo que iba a ser -sólo unos años después- la revolución comunista de 1917 en su deriva leninista, demostrando así, de forma que ya no cabe la menor duda, que ésta sólo había sido en apariencia y por diversionismo estratégico de alta ciencia subversiva, una "revolución materialista", regida por el materialismo dialéctico e histórico, e impulsada por V.I. Lenin, sabemos con qué fuerza y eficacia sin precedentes. Y que, de hecho, la revolución comunista -en sus precedentes, en su insospechado futuro- había sido exactamente lo contrario de lo que V.I. Lenin había dicho, engañosamente. Lenin:es decir, en realidad, una revolución planetaria de identidad y signo nominal, de sustancia íntima, de filosofía secreta, de inspiración suprahistórica y de objetivos fundamentalmente infernales, "satánicos", enteramente subyugados al Poder de las Tinieblas, al "Misterio de la Iniquidad", y a sus agentes comprometidos en el campo; y, por tanto, cualquier cosa menos una revolución "materialista", "fundada en la razón", "heredera de la Ilustración", "comprometida con la vanguardia del progreso", etc. Su antiespiritualidad fundamental no era el materialismo, sino una forma invertida, desviada y *demente* de espiritualidad. Y sus agentes en acción, sumergidos, por supuesto, profundamente, de forma seguramente indetectable, en la masa enjambrada, anónima, sin rostro, inhumana, y siguiendo sus oscuros tumultos, los verdaderos líderes nunca fueron los que se dieron como tales, con la excepción, sin duda, de V.I. El propio Lenin, cuya figura activista, al igual que la otra, la nocturna, la oculta, nunca pudo ser realmente conocida, captada, interceptada de manera efectiva, sólo cuando los dispositivos de seguridad originalmente ligados a él se debilitaron, habiéndose desvanecido el tiempo asignado a su funcionamiento, de modo que sólo ahora ciertas cosas han empezado a aclararse, a *mostrar a* través de las "cáscaras muertas" asignadas a su protección.

En *La Colombe d'Argent*, André Biély se propone revelar - denunciar - los fundamentos demonológicos del trabajo realizado durante mucho tiempo precisamente en el seno de la "gente pequeña", el suelo vivo de la vida, de la realidad rusa, por las nebulosas - secretamente centrifugadas - sectas que, bajo la apariencia de una especie de cristianismo desviado, dan cobijo subversivamente a influencias, a presencias identitarias infernales, sobreactivadas, y ya en condiciones de tomar el relevo para actuar en el plano de la historia en curso, cuyas instancias decisivas invisten subterráneamente. *La Colombe d'Argent*, de André Biély, es un documento inestimable para exponer las sutiles y nocturnas razones del misterioso desentrañamiento, las oscuras convulsiones sociales que hicieron posible el súbito retroceso apocalíptico de los años 1918 y, finalmente, la liquidación del Imperio Ruso, fortaleza reputada como inexpugnable para la justa fe ortodoxa y sus certezas cristológicas, eucarísticas y paracléticas. *La Paloma de Plata, una* figura invertida y demoníaca del Santo Paráclito.

Sin embargo, en el *San Petersburgo* de André Biély ocurre algo increíblemente misterioso y terrible. En la pared de una habitación clandestina aparece una especie de ampolla espasmódica y perniciosa, como una especie de escudo que se autoconstituye debido a que la propia sustancia de la pared se pone en funcionamiento, y en su centro esta ampolla produce un "rostro diabólico", procedente del más allá, que André Biély llama "el chino", pero que, en realidad, no es otra cosa que una representación mediúmnica de V. I. Lenin, una decisiva excrecencia profética de la "pesadilla de mi vida".I. Lenin, un decisivo brote profético de la "pesadilla mongólica" que persigue el abismal inconsciente ruso.

Ya me he preguntado muchas veces si este episodio de la "cara en el muro" de la novela de André Biély no era, de hecho, la figura profética central y original de toda la revolución comunista que estaba por venir, en su doble nivel ruso y planetario.

Con su extraordinaria novela ocultista *Walkers* -en francés *Démences*, publicada por Presses de la Cité, París, en 1991-, Graham Masterton ofrece una ilustración tan aterradora como cercana a la realidad más secreta de las cosas como a veces se dejan sorprender. Yo mismo he investigado a fondo el juicio de *los Caminantes* de Graham Masterton y, entre otras cosas, les remito al texto que di al *Mundo Desconocido* en septiembre de 1991, bajo el título *¿Vuelve la antigua religión de la tierra y el fuego?* Ahora, en cierto sentido, todo está ya dicho allí. Basta con saber abordarlo desde un ángulo correcto, o leer entre líneas. Toma la tangente espectral.

Yo añadiría que el ocultismo de más alto nivel, con pretensiones cósmicas, siempre ha sabido manejar los procedimientos de transreverberación de muros, que -como en el *San Petersburgo* de André Biély, y en *los Caminantes* de Graham Masterton- salen a medias, e incluso por completo, de muros malignos, rocas, superficies de tierra antiguas. Como relieves movidos, convulsos, con muecas, desbordantes de odio, espumosos. A veces se reconocen figuras que pertenecen a las demonologías del mundo subterráneo de las tinieblas.

Hacia la mitad del primer milenio, nació un inmenso torbellino migratorio, *nacido como de la nada*, que, habiendo atrapado a los innumerables pueblos mongoles del continente amarillo, los impulsó entonces violentamente hacia adelante, de Oriente a Occidente, desde el Asia profunda hacia Europa, Este cataclismo histórico ha marcado para siempre la abismal inconsciencia de los pueblos rusos y europeos, y sus oscuras secuelas han permanecido subterráneas hasta mediados del segundo milenio e incluso, en cierto sentido, hasta ahora.

Ante las ruinas de Samarcanda destruidas, reducidas a cenizas por las hordas mongolas, ante los interminables campos de montones, de pirámides de cráneos chorreando sangre, el historiador árabe Ibn al Azir atestiguó: "Desde la creación del mundo, no ha habido una catástrofe peor para la humanidad, y nada parecido ocurrirá hasta el fin del mundo".

Sólo la implementación mágica de una demonología activa de las más vastas dimensiones podría explicar la movilización, la agitación migratoria, el fanatismo ilustrado, la voluntad demente, espasmódica e inflamada de las hordas mongolas en marcha, su poder de duración y su persistencia ciega en la tarea, su sed insaciable de sangre y destrucción, su irresistibilidad aparentemente sobrehumana en la cresta del ímpetu mistagógico, su constitución de masa no humana. Rescatados de según qué infiernos del caos, de la oscuridad y del vacío exterior por la acción mágica de los Grandes Chamanes de la Raza, al abrigo de sus ciudades inmemoriales, enterradas en las arenas mistagógicas de Asia Central, los poderes de la Alta Demonología que actuaron a través de las migraciones mongolas permanecieron, sin embargo, en suspenso, en lo cercano de lo invisible, durante la extinción histórica del impulso mágico original de la Horda de Portadores, para volver a ser reactualizado, movilizado y puesto en funcionamiento, esta vez en un plano casi exclusivamente metapsíquico, por las agrupaciones de obediencia infernal que han elegido investir a V.I. Lenin para preparar el Acta Final que corresponde a los delegados del poder del "Misterio de la Iniquidad".

Sólo en la apertura mediúmnica de esta ciencia diferente de la historia del mundo puede uno darse cuenta de hasta qué punto es gratificante la figura del "chino en la muralla" utilizada por André Biely en su *San Petersburgo*, portadora de las últimas claves reveladoras.

Esta visión de André Biély es, en efecto, un anuncio negro e infernal del retorno inminente de los antiguos desencadenamientos demoníacos (y, como hemos visto, así sucedieron las cosas unos años más tarde).

En este nivel, sin embargo, un nivel situado más allá del de los simples hechos, la oscuridad sangrienta de la pesadilla de las invasiones mongolas del pasado no habrá sido más que la parte visible del gran ceremonial negro en curso, cuya parte simbólica, profética y anunciadora se ocultaba implícitamente detrás de su parte manifiesta, y se refería precisamente a la "segunda ola" de la inversión del espacio euroasiático por la oscuridad del no-ser, a saber, la revolución comunista de Rusia. Pero en cada ocasión -durante las invasiones mongolas, durante la revolución comunista rusa- nada podría haberse hecho sin la movilización oculta de inmensos poderes metapsíquicos negros y su puesta en marcha operativa por parte de potencias poderosamente instruidas para ello.

La recuperación de Rusia

En los pocos años que quedan hasta el final del milenio, que está a punto de terminar, en los primeros diez años del próximo milenio, un gigantesco cambio interno en la historia europea grandcontinental euroasiática tendrá que renovar su propia identidad e incluso su propio destino -su destino histórico y, sobre todo, su destino espiritual, su nuevo destino espiritual- y esta renovación será impulsada, sobre todo, por el retorno imperial de Rusia a la comunidad europea, un retorno hecho posible -e imperativamente necesario- por Rusia, Y esta renovación está impulsada, sobre todo, por el regreso imperial de Rusia a la comunidad europea, un regreso posible -e imperiosamente necesario- por el colapso del comunismo en Rusia y en toda Europa del Este. A través de Rusia, Europa vuelve a encontrar su anterior destino euroasiático. ¿No dijo Aleksandr Dugin que *Rusia es el puente de Europa hacia la India?*

En cierto sentido, es precisamente el retorno de Rusia a la historia, su desarraigo definitivo de la antihistoria de la que se había convertido en vanguardia activa durante la época de su sometimiento forzoso a la conspiración mundial del comunismo, lo que constituye ahora los nuevos fundamentos -las refundaciones vivas- de la nueva historia euroasiática del mundo, que ya está en marcha, una historia que aún está por venir en todas sus disponibilidades, pero que, en el plano de los principios, ya está ahí: Sin Rusia nada era posible, con Rusia todo es posible de nuevo.

Como observó Guido Giannettini en uno de sus ensayos geopolíticos pioneros, por primera vez desde tiempos indefinidos, desde el final del Neolítico quizás, los hombres de la misma sangre y pertenecientes a la misma visión fundamental del ser y del mundo, a la misma civilización profunda, vuelven a estar juntos, dispuestos a integrar la antigua unidad de su predestinación común, desde el Atlántico hasta el Pacífico.

Sin embargo, Rusia debe ser capaz de encontrarse, sobre todo, en las profundidades y en el nivel más peligroso de su historia inmediata actual, que se encuentra en un estado de crisis total.

Superar, superar esta crisis.

Ahora, para que Rusia se reencuentre a sí misma, me parecen necesarias dos condiciones dogmáticas: exorcizar, abismalmente, aniquilar el fantasma de V.I. Lenin y lo que significa, todo lo que significa, y apaciguar las sombras ultrajadas, todavía inconsolables y sin consuelo, de la estirpe imperial de los Romanov tan innoblemente devastada en 1918, en Ekaterimburgo.

Siguiendo esta dialéctica de redención y reparación mistagógica de una realidad histórica depravada, excomulgada del orden declarado del mundo, ¿habrá que reducir a cenizas la momia de V.I. Lenin y dispersar estas cenizas, neutralizadas según las antiguas leyes secretas de expropiación y expulsión forzosa de los límites legales de este mundo? La momia de Lenin debe ser reducida a cenizas y estas cenizas esparcidas, neutralizadas según las antiguas leyes secretas de expropiación y expulsión forzosa de los límites legales de este mundo de lo que se había infiltrado en él desde otro lugar y con intenciones hostiles, así como de todo rastro de influencias ocultas, indefinidamente dañinas y persistentes, apegado a esta momia y a su doble de sombra -o dobles de sombra- dependiente de esta momia o de los estados de su estancamiento espectral aún en reverberación, y capaz de responder a renovadas solicitaciones, vengan de donde vengan, incluso de la nada intermedia de los mundos y de los inframundos antiontológicos de naturaleza espectral que ciertos elementos instruidos por el grupo ultrasecreto de ( ), o en su seguimiento persistente en Gran Bretaña, han podido vislumbrar.

Este trabajo de exorcismo cósmico debe ser confiado personalmente al Dalai Lama, que es el único que dispone hoy de los equipos, de las agregaciones humanas y sobrehumanas todavía capaces de llevar a cabo irremediablemente, incluso en los "espacios exteriores", una operación de este tipo y de esta importancia cósmica, capaz de desbaratar los agregados demonológicos que actúan desde hace tanto tiempo.

En cuanto al apaciguamiento de los Romanov, que fueron suplicados y profanados a propósito en Ekaterimburgo, debería ser posible lograr, para que lo que hay que hacer a este respecto se haga correctamente y con bastante eficacia, un estado de movilización, de ecumenismo nacional ruso total sobre este proyecto, integrando en el mismo impulso profundo y santo, el retorno de toda la nación a su antiguo sentimiento, así como su canonización regular por la Iglesia Ortodoxa de Rusia y, eventualmente, también por la Iglesia de Roma. Porque las suplicantes sombras de los Romanov deben aceptar caritativamente el inmenso calvario de sangre y sufrimiento que fue el del pueblo ruso atrapado en la trampa del comunismo, y el pueblo ruso debe llegar a identificarse conscientemente con el calvario final, metasimbólico, como atestiguan en silencio las decenas de millones de víctimas inocentes, rusas y no rusas, tortura litúrgica y cósmicamente significada de los propios Romanov, y que los dos holocaustos sean así ofrecidos, juntos, a Dios para la redención y la transfiguración, para la asunción y la exaltación divinas, para su integración amorosa y torácica en la Montaña del Sufrimiento, en el Carmelo Negro construido por el comunismo para fines finalmente vueltos contra sí mismo, perdiendo así, en última instancia, por la secretísima dialéctica nocturna de la Divina Providencia en acción, siempre vigilante.

En cambio, en el plano sideral, donde sólo aparecen y actúan los intersignos producidos por la propia divinidad, todavía habría que cumplir un alto procedimiento ritual: que la "estrella roja" de V.I. Lenin sea sustituida en el tejado del Kremlin por una representación de Nuestra Señora de la Asunción. ¿No predijo San Maximiliano Kolbe, antes de la última guerra, que llegaría el día en que la gloriosa figura de María la Inmaculada iluminaría la tierra y los cielos desde la cumbre definitiva del Kremlin?

Ahora bien, no olvidemos que la iglesia original del Kremlin, obra de Ridolfo Fioravanti, está dedicada a Nuestra Señora de la Dormición, es decir, a Nuestra Señora de la Asunción, a *Maria in cœlo assumpta*.

La coronación mariana del Kremlin vale infinitamente más que un símbolo de la vuelta a la fe ancestral de la Rusia ortodoxa, tanto tiempo degradada, porque un misterio abismal tiene su fundamento ontológico en ella: La siempre inexplicable liberación de Rusia del comunismo, tal como tuvo que ocurrir, como en el espacio de un sueño, de qué manera irreal, no fue el resultado de una intervención directa de María la Inmaculada en la historia actual del mundo, una intervención anunciada condicionalmente durante las apariciones marianas de Fátima, Esta intervención fue anunciada condicionalmente durante las apariciones marianas de Fátima en 1917, y sólo debía realizarse bajo el compromiso formal de la consagración de Rusia al Corazón Inmaculado de María, consagración que debía ser proclamada por el Sumo Pontífice reinante en Roma, "en estrecha y profunda comunión de voto con todos sus obispos"...

Así pues, fue muy milagroso que la liberación de Rusia del comunismo se produjera poco después de la proclamación por parte del Papa Juan Pablo II de la consagración de Rusia al Inmaculado Corazón de María, a pesar y por encima de lo que pudieran creer quienes en Alemania y en Rusia se movilizaban entonces secretamente en su labor conspirativa antisoviética, y sea cual sea la parte de su acción en el campo en la sombra, la parte de su acción política especial y clandestina, el milagro inconcebible de la liberación de Rusia del comunismo ha sido -hay que reconocerlo absolutamente- la obra directa y personal del Corazón Inmaculado de María, de la misma que San Maximiliano Kolbe llamaba la Inmaculada.

La *coronación* mariana *del* Kremlin se convertiría entonces, ante todo, en una acción de gracias, en el gesto carismático de agradecimiento de Rusia a su Divino Libertador y a su Corazón Inmaculado.

Así, los desarrollos presentes y futuros del símbolo de la coronación mariana del Kremlin, visionariamente vislumbrado y anunciado por San Maximiliano Kolbe, se vuelven más importantes que el hecho de este símbolo en sí, que ya se está abriendo en la actualidad, bajo el sol del misterioso plan mariano en curso, como un capullo que entrega sucesivamente el secreto de sus transformaciones implícitas, previstas, presentes en él antes de que tenga que abrirse, y que sólo se conocerán al realizarse a la plena luz del día, en el último estado de su metamorfosis.

¿Hacia dónde se dirige el gran plan salvador del Corazón Inmaculado de María y cuál será su conclusión suprahistórica e inaudita, cuando llegue el momento y en vista de lo que ya se ha hecho hasta ahora?

Un testimonio del actual poder político ruso

Sin embargo, por razones de conciencia, también me interesaba conocer un punto de vista opuesto al mío en cuanto a los nuevos caminos que, en mi opinión, debería tomar Rusia para cumplir sin más demora sus últimos destinos revolucionarios en Europa y Eurasia. Para que se convierta en la "Nueva Rusia" de la que tanto se espera.

Así pues, habiendo compartido la parrilla de estas instrucciones escatológicas revolucionarias, que me parecen urgentemente necesarias, con alguien que había desempeñado recientemente, y sigue desempeñando, funciones políticas especiales muy elevadas en Moscú -alguien que podría haber sido Oleg Lobov, o Yuri Skokov, etc.- y cuyas convicciones íntimas, bajo su capa de circunvalaciones de distracción, de precauciones circunstanciales, me parecen las mismas, en el fondo, que las nuestras. - y cuyas convicciones íntimas, bajo la capa de sus circunvoluciones de distracción, de precauciones circunstanciales, me parecen las mismas, en el fondo, que las nuestras, he extraído la siguiente respuesta global. Aquí está:

No niego que, a cierto nivel, las consideraciones espirituales y religiosas, incluso místicas, de las que nos habla, puedan tener su importancia, sin duda, en alguna parte, una importancia más o menos decisiva, capaz de cambiar totalmente la faz de las cosas, en el presente y, sobre todo, en el futuro. Pero no es menos cierto que su punto de vista -al que, una vez más, me adhiero personalmente, sin reservas, pero sólo a título personal- no puede ser de ninguna manera de utilidad operativa real e inmediata en la Rusia de hoy. Los problemas más vitales de Rusia son en la actualidad -y lo serán cada vez más durante mucho tiempo- exclusivamente problemas materiales, económicos y sociales de una gravedad de la que nadie en Occidente puede tener actualmente la menor idea. La banda de traidores e imbéciles degenerados a los que se les ha confiado la dirección del proceso revolucionario de sacar a Rusia del comunismo nos ha llevado, en tres años, al borde de una catástrofe sin ningún precedente conocido ni siquiera *concebible*, una catástrofe tal vez ya *irremediable*, como si estuviera encerrada en sí misma y que podría llegar ahora hasta formas de locura, de suicidio colectivo, y que está dispuesta a arrastrar al mundo entero al terrible torbellino apocalíptico de su espasmo final. La dotación nuclear original de Rusia -de la Unión Soviética- sigue en principio tan operativa como más o menos intacta, no lo olvidemos en ningún momento. Te lo digo para que lo sepas, y para que lo sepas precisamente por mí, y para que no puedas alegar, más adelante, que no fuiste advertido de ello cuando aún estabas a tiempo de reaccionar, para evitar lo inconcebible. Una ayuda material -financiera, económica, industrial, de supervisión y educativa, tecnológica y cultural- apoyada, masiva, estratégicamente concertada, planificada a lo largo de años, un apoyo operativo, una presencia real, de dimensiones adecuadas, como la que había propugnado el presidente Richard Nixon, tal vez hubiera podido salvar lo que aún podía salvarse, pero creo -nos tememos mucho- que a estas alturas ya era *demasiado tarde para todo eso*. En esta situación, hablar de la neutralización mágica de la momia de Lenin por el Dalai Lama, de la canonización de los últimos Romanov masacrados en 1918, de la coronación del Kremlin con una estatua votiva de Nuestra Señora de la Asunción, es -siento tener que decírselo tan abiertamente- una forma de alucinación que, en el mejor de los casos, no interesará a nadie, en el mejor de los casos, sólo podrá interesar -o incluso movilizar- a agrupaciones marginales, o a fracciones revolucionarias elitistas del tipo que se están formando actualmente en torno a personalidades de especial influencia occidental, como

Alexander Dugin y algunos de sus cercanos compañeros de armas. Así que todavía estamos lejos, muy lejos de lo que usted mismo llama el "estado de ecumenismo interior" de todos los pueblos de Rusia. Pero, quién sabe, yo mismo puedo estar trágicamente equivocado en mi propio análisis de la situación. En el punto al que hemos llegado, en este estado de desesperación absoluta, sin remisión, todo se vuelve de repente posible - todo se vuelve de nuevo posible, y *sobre todo imposible:* tendremos que ver sobre el terreno, en circunstancias reales, para avanzar sonámbulos, para no tener en cuenta nada. Ya no lo sé, realmente no lo sé. Al fin y al cabo, lo sé tan bien como tú: es lo espiritual lo que manda a lo material, lo superior lo que manda a lo inferior, y no al revés. Pero, por otra parte, usted no tiene conocimiento de lo que significa la situación actual de Rusia, quiero decir lo que significa de *hecho la* actual decadencia social del pueblo ruso, y del agotamiento cada vez más irreversible de su propia conciencia de sí mismo, su vergüenza y desesperación, su impotencia, su estado de desmantelamiento interior.

Pero es también por este mismo hecho que, como te atreves a predecir, ahora se ha hecho posible milagrosamente un cambio de rumbo. E incluso, cómo decirlo, la "Gran Reversión". Esperemos, hagamos lo que todavía podemos hacer y, en todo caso, sus luces, lo confieso con toda sinceridad, son realmente, extraordinariamente preciosas para nosotros. Sálvanos, te digo, para que a su vez podamos salvarte a ti. Entre Europa y Rusia existe ahora, en secreto, una comunidad de destino absolutamente trágica. Es suicida ignorarlo.

Unos días más tarde, en presencia de Robert Steuckers y de Christopher Gérard, y también de Alexander Douguin, tuve que hablar de la inspirada obligación de coronar simbólicamente el Kremlin con una figura de Nuestra Señora de la Asunción, pidiéndole incluso que recurriera a la aventurada dialéctica de los hechos consumados, que, gracias a un golpe de efecto que goza de ciertas complicidades extraoficiales en el seno del actual aparato de seguridad del Kremlin, se trajo una estatua de Nuestra Señora de la Asunción para sustituir la "Estrella Roja" del comunismo en sus alturas.

Creo que es difícil concebir una identidad de puntos de vista más perfectamente ordenada que la de las posiciones de Aleksandr Dugin y sus seguidores y la de nuestras propias posiciones metahistóricas globales, a todos los niveles y sobre todos los temas de nuestras luchas actuales, y sobre todo en lo que se refiere a las orientaciones políticas directas de nuestra acción común grancontinental ya en marcha, relativa a la "línea euroasiática" y al resultado previsto de ésta, es decir, nuestro proyecto del "Imperio euroasiático del fin".

Ahora bien, la reticencia producida por Alexander Dugin con respecto al "Acto Espiritual Definitivo", la coronación del Kremlin por Nuestra Señora de la Asunción, me pareció, en su momento, producida sobre todo por su arraigo a sus convicciones ortodoxas ancestrales, inmovilizadas por el propio peso de sus supervivencias actuales, sobreactivadas, sin duda, por los cambios de situación en curso, por el retorno de la ortodoxia rusa al poder y quizás también por ciertos intentos intervencionistas católicos en el lugar. Porque, al parecer, Roma no tiene intención de adoptar una actitud pasiva ante el proceso de despertar ardiente del cristianismo en Rusia.

Así, los impedimentos más o menos declarados de Alexander Dugin a la visión de San Maximiliano Kolbe y a su urgente y crucial realización en la práctica no tienen nada que ver con la *afirmación del principio* de la mayor guerra espiritual que estamos librando, sino con las implicaciones católicas de esta afirmación, y sólo con ellas. Porque la afirmación de principio, la piedra angular de nuestra gran guerra espiritual actual, es en efecto la del "Acto Espiritual Definitivo", la coronación del Kremlin por Nuestra Señora de la Asunción en lugar de la "Estrella Roja" del Comunismo.

Así podemos ver que es el enfrentamiento sobre el terreno, y en el terreno más que doctrinal, entre el catolicismo y la ortodoxia lo que constituirá, en los años de negra agitación y vértigo que se avecinan, el obstáculo insalvable para la puesta en marcha de una verdadera política grancontinental de integración total europea. Entonces, ¿qué se puede hacer? Desde luego, este no es el lugar para hablar de ello, ni para decidir nada al respecto. Pero estoy convencido de que es en esta línea de confrontación, en esta falla tectónica supremamente decisiva, donde tendrá que producirse el verdadero salto hacia adelante sobre el vacío, para que todos encontremos la forma de volver a la visión contrarrevolucionaria del Emperador Místico, el gran Alejandro 1er , y de la Santa Alianza de los Tres Imperios Cristianos, el alemán, el austriaco y el ruso, que equivale a la eventual integración del catolicismo y la ortodoxia en una única instancia imperial de presencia y testimonio de vida dentro de una única estructura eclesiástica imperial. La resistencia a este proyecto de reintegración imperial de una única religión grancontinental, ya sea desde el seno del catolicismo o de la ortodoxia, comprensiblemente, y ya es hora de decirlo, tendrá que ser derribada por la fuerza, aniquilada. Y no hay absolutamente ninguna cuestión de volver a esto.

Así encontraremos el sentido final de la definición de Möller van den Bruck cuando dice que "sólo hay un Reich como sólo hay una Iglesia".

Es aquí, pues, donde se librarán las grandes batallas del Espíritu, las batallas decisivas del Nuevo Espíritu venidero, el Espíritu de Renovación, que será a la vez el Nuevo Espíritu y el Espíritu del Fin.

¿No es esto también lo que el Papa Juan Pablo II está trabajando en este momento, a través de sus grandes proyectos de encuentros religiosos y nuevos comienzos en el horizonte del cierre del milenio que termina, en el umbral del milenio que viene?

Así, las dos grandes heridas abiertas del santo Pontificado de Juan Pablo II fueron, por un lado, la traición de los Obispos hacia el Poder Romano, ese sida teológico infiltrado, dentro de la Iglesia, por el Concilio Vaticano II, y las posiciones de rechazo intratable que la Ortodoxia opone a los planteamientos nupciales de Roma.

Por lo tanto, ya no es cuestión de ocultarlo a nosotros mismos: la astuta, implacable e intratable resistencia, la oscura resistencia, venga de donde venga, a la reintegración de las actuales Iglesias europeas -católica y ortodoxa- sólo puede ser, en cualquier caso sólo manifestaciones de la conspiración del poder de las tinieblas en acción, oponiéndose a la única fuerza de avivamiento y presencia carismática viva que puede bloquear el incesante avance del Antirreino al servicio del "Misterio de Iniquidad".

Adoptar todas las medidas de contraintervención necesarias para reducir las fuerzas de resistencia y bloqueo a la reintegración de las actuales iglesias europeas es una misión contraestratégica decisiva del Frente de Liberación del Gran Continente Euroasiático de nosotros, los "guardianes del umbral".

Samuel Huntington y la visión euroasiática del gran continente

Las principales tesis de Samuel Huntington son bien conocidas, y yo mismo las suscribiría en lo sustancial, con la única diferencia de que yo pondría un serio énfasis no en los conceptos de cultura o civilización, sino en el concepto de religión, que constituye su base.

- El choque de civilizaciones dominará la política mundial. Las líneas de fractura entre civilizaciones serán el frente del futuro". Y también: "Los conflictos entre civilizaciones serán la última fase de la evolución de los conflictos en el mundo moderno".

- Las líneas de fractura entre civilizaciones están sustituyendo a las fronteras políticas e ideológicas de la Guerra Fría como fuentes de crisis y conflictos sangrientos. La Guerra Fría comenzó cuando el Telón de Acero dividió a Europa política e ideológicamente. Terminó con el levantamiento del Telón de Acero. Desaparecida la división ideológica de Europa, reapareció la división cultural de Europa entre el cristianismo occidental, por un lado, y el cristianismo ortodoxo y el islam, por otro. Como ha sugerido William Wallace, la línea que separa de manera más significativa a Europa Oriental y Occidental bien podría ser la frontera oriental de la cristiandad occidental en el año 1500. Esta línea pasa por encima de las fronteras que ahora separan a Rusia de Finlandia y de los Estados Bálticos, atraviesa Bielorrusia y Ucrania, separando la Ucrania occidental, de mayoría católica, de la Ucrania oriental, ortodoxa, da un rodeo hacia el oeste para separar Transilvania del resto de Rumanía, y luego cruza a Yugoslavia casi exactamente por la línea que ahora separa a Croacia y Eslovenia del resto de Yugoslavia. En los Balcanes, esta línea coincide naturalmente con la frontera histórica entre los imperios Habsburgo y Otomano.

El gran proyecto geopolítico de la integración imperial euroasiática en el futuro próximo, la reanudación, por tanto, y la revalorización en sus dimensiones exacerbadas, finales, del concepto de *Kontinentalblock* definido -revelado- por Karl Haushofer, El proyecto geopolítico fundamental del que ahora hacemos la base revolucionaria misma de nuestra "línea euroasiática", que debería conducir a la institución político-histórica del "Imperio euroasiático del fin", toda nuestra lucha presente y futura corre así el riesgo de ser derrotada, dentro de nuestro propio campo, por la irreductibilidad actual entre las posiciones del bloque europeo católico y el bloque europeo ortodoxo:

Superar esta irreductibilidad, que vuelve, fatídica, aparece, desde ahora, como el objetivo revolucionario esencial de nuestra empresa imperial euroasiática.

Ahora bien, siendo las cosas lo que están siendo y, sobre todo, lo que ya han sido, sólo el concepto fundamental *del Imperium está* todavía en condiciones de asumir la tarea de esta superación suprahistórica: volver a los tiempos en que la unidad imperial romana no había tenido que experimentar todavía la separación entre Occidente y Oriente, estando el *Imperium situado de manera* trascendental por encima de todas las divisiones, históricas, religiosas o de otro tipo.

Ahora, hoy, una vez más, el concepto trascendental, suprahistórico, del "Imperio Euroasiático del Fin" supera, integra, reconduce, asume y exalta presuntamente todas las sucesivas y circunstanciales concepciones imperiales de trayectoria separativa, inscritas en la historia, entre *el Imperio* de los Comienzos y *el Imperio* del Fin. Sólo hay un Reich como sólo hay una Iglesia", escribió Möller van den Bruck, y, añadió, el "Tercer Reich será eterno".

Y no sólo hay que entender que Mœller van den Bruck no está hablando, en este caso, del "Tercer Reich" en su sentido nacionalsocialista posterior, un sentido pasajero y alienante que está tanto más proféticamente arraigado en el hecho visionario de que el Tercer Reich hitleriano aún no existía en el momento en que él escribió su gran ensayo sobre el Tercer Reich, pero que, de hecho, en la plenitud última de su propia exigencia trascendental y asuntiva, se refiere, en realidad, al concepto imperial final, escatológico, suprahistórico y divino del Cuarto Reich, *el Imperio* coronador de la historia después de la historia, el advenimiento del *Millenium Christi:* El verdadero Tercer Reich no es el Tercer Reich. El verdadero Tercer Reich es el Cuarto Reich.

Así pues, parecía, en un plano aparentemente político y como si fuera exclusivamente político, circunstancial, apenas simbólico, pero como en la sombra, que una superación imperial europea -o incluso euroasiática, en última instancia- podía ser inmediatamente concebible, por encima de cualquier frontera ideológica, religiosa o de otro tipo, cuando, durante el Pacto germano-soviético, de 1939 a 1941, un concepto político superior, implícitamente euroasiático, y de hecho, si no de derecho, de dimensiones imperiales grandiosas, había logrado unir la doble petición política grandiosa alemana y soviética bajo la égida de una sola Ley.

Por lo tanto, ha llegado el momento de que los demás no sigamos rehuyendo el reconocimiento formal de que el concepto de "Imperio euroasiático del fin" está providencialmente destinado a encarnar de forma muy precisa el Cuarto Reich, el *Imperio* trascendental de la historia desde el más allá de la historia, donde el enfrentamiento religioso abierto entre el catolicismo y la ortodoxia encontrará su resolución imperial euroasiática definitiva.

Porque, si no hay Nuevo Imperio, ni *Novum Imperium, y* menos aún un Imperio del Fin, *un Imperium Ultimum,* sin una nueva religión imperial, el "Imperio Eurasiático del Fin" deberá conducir, sobre todo, a una renovación religiosa imperial propia, y que esta renovación religiosa imperial del fin, más allá de la historia, sea confirmada por una nueva intervención divina en la historia, por una nueva encarnación viva y actuante del *Principium* de todo el ciclo que ha pasado y que está a punto de comenzar de nuevo.

El fundamento suprahistórico trascendental de todo nuevo Imperio está contenido en la nueva encarnación histórica de su propio *Principium*. Esto puede significar que nos dirigimos ahora hacia el Reino del Espíritu Santo, hacia la encarnación histórica del Paráclito, hacia el establecimiento de una historia sofística del mundo en su fin, y esto fundado en la liberación de la Santa Sofía de Constantinopla, la misión ancestral del Imperio Ruso, la misión actual de la "Nueva Rusia" que se anuncia en el horizonte revolucionario de nuestra historia futura próxima, y que, secretamente, ya está sin duda allí.

El gran secreto imperial de Nicolás II

Por otra parte, ciertas consideraciones de orden político superior deben intervenir también, y de una manera que a la postre resultará bastante esclarecedora, en la aproximación en profundidad que debemos intentar hacer a la hasta ahora indescifrable personalidad de Nicolás II. Ha llegado el momento de revelar su identidad profundamente oculta, en todo sentido inalcanzable, correspondiente a su estado de "concepto absoluto" en la continuidad de un linaje pantocrático, sagrado, de una predestinación original sobrehumana, de un ministerio secretamente trascendental, escatológico, que conduce más allá de la historia y que al mismo tiempo atraerá finalmente *a la* historia en su conjunto, la historia de un mundo que se acerca a su fin, imponiéndole así su última dimensión sagrada, asumible. Porque el final sangriento y fundamentalmente sacrificial de Nicolás II desafiará directamente a toda la historia grancontinental euroasiática, en la que dejará *su huella ardiente*, la cifra espectral de su paso. Y lo que queda de ella. Porque algo quedará de él, que con el paso de los días se acercará aún más a su figura imperecedera, la figura de su entrega sacrificial.

El gran secreto imperial de Nicolás II habrá sido, según me parece, el de su apego incondicional a la misión grancontinental euroasiática de Rusia como pivote e instrumento privilegiado de un plan providencial preconcebido, de Rusia eucarísticamente crucificada -ofrecida, desgarrada- entre Europa y Asia en el momento mismo de la separación de Europa cerrada sobre sí misma y de Asia sumida en su letargo dogmático, y que, en el corazón mismo de esta separación, no terminaba de instalar -o de intentar hacerlo- la integración imperial definitiva de las dos partes, la europea y la asiática, como lo prueba herméticamente el Águila del Mundo, no era terminar de instalar -o intentar hacerlo- la integración imperial definitiva de las dos vertientes, la europea y la asiática, como lo prueba herméticamente el Águila Romanov, en el cuerpo vivo del Tercer Término Asuncionista, Eurasia, el "Gran Continente" recuperando su identidad histórica anterior y persiguiendo su realización en este "Imperio Euroasiático del Fin", que ha de constituir su coronación, tanto histórica como suprahistórica.

La visión geopolítica secreta de Nicolás II estaba orientada, como ahora sabemos, hacia la Gran Asia y hacia la apertura planetaria al Océano Pacífico, su horizonte de objetivo incluía la marcha política de Europa hacia Irán, Irak, Palestina y todo el Oriente Medio, Asia Central, Afganistán, India, Tíbet, Corea, Japón y las islas del Pacífico, y esto es precisamente lo que Nicolás II me parece haber sido el inspirado y visionario precursor de todas nuestras grandes luchas geopolíticas de hoy, todas las cuales se refieren al establecimiento de una planificación imperial euroasiática final que implica una sobrevaloración revolucionaria final, doctrinalmente y sobre el terreno, de las concepciones establecidas, en el mismo sentido, por Karl Haushofer. Todo hombre imparcial está obligado a reconocer que Corea debe ser y será rusa", escribió el emperador alemán Guillermo II a su primo Nicolás II. Guillermo II, que se consideraba el "Emperador del Atlántico", llamó a Nicolás II "Emperador del Pacífico". Esto es lo que Nicolás II había intentado ser toda su vida, el "Emperador del Pacífico". El "Emperador del Pacífico", pero en nombre de Europa, con toda Europa detrás, desde el "Atlántico hasta el Pacífico".

El servicio secreto imperial contraestratégico de Nicolás II ya había llevado muy lejos su investigación de campo y su nivel de definición de la situación geopolítica de Eurasia continental con vistas a las "misiones imperiales" de Rusia y a la investigación conspirativa directa, al replanteamiento confidencial del espacio en cuestión y al establecimiento de sitios de irradiación subversiva de alto alcance. En 1917, todos los planes estaban listos para que Rusia invirtiera en el Tíbet y lo asumiera como protectorado imperial ruso.

Hay que admitir que el reinado de Nicolás II había marcado el regreso de Rusia a Asia, a *Asia Mysteriosa*, primando el esfuerzo místico del "Emperador del Pacífico" hacia el corazón vivo de ésta sobre todas las demás preocupaciones profundas del régimen. En esta perspectiva, que aún es confidencial, pero cuyo contraluz sacará a la luz muchas cosas, muchas situaciones nuevas, la guerra que Rusia acababa de perder contra Japón -este matrimonio de hierro y fuego, que continuó bajo tierra- adquiere un *significado* completamente diferente, del que desaparecen todas las dimensiones negativas. Un sentido sacrificial y litúrgico, siguiendo la dimensión profética viva, asegurada en y a través de la sangre, cuya comunión de las dos partes en juego, la rusa y la japonesa, en la muerte y a través de la superación de la muerte, hará de ella, en lo invisible, la prueba iniciática común que abre el camino a otro estado de comunión heroica, santificante, imperial, en el sentido más ontológico del término.

Un testimonio de Karl Haushofer

Así, Karl Haushofer no se equivocó en absoluto cuando, en un texto de inestimable significado visionario, fechado en 1940, un texto impreso pero no distribuido, titulado *El bloque continental centroeuropeo-euroasiático-japonés*, trató de dar su verdadero significado a las ceremonias funerarias conjuntas ruso-japonesas que, en el período de preguerra 1929-1945, habían celebrado litúrgicamente el levantamiento de los cadáveres de los combatientes caídos durante los cinco meses de enfrentamientos mortales en Mongolia entre las fuerzas de intervención soviéticas y los japoneses, en el periodo de preguerra de 1929-1945, había celebrado litúrgicamente el levantamiento de los cadáveres de los combatientes caídos durante los cinco meses de enfrentamientos mortales en Mongolia entre las fuerzas de intervención soviéticas y japonesas.

Karl Haushofer: "Entonces las dos partes en lucha recibieron al mismo tiempo, una de Moscú, la otra de Tokio, el llamado a terminar esta lucha. A continuación, se realizó una grandiosa escena en la que, a la manera verdaderamente japonesa, se llevó a cabo una ceremonia de muerte conjunta para las almas de los guerreros muertos en el terreno de la zona previamente disputada; a pesar del carácter religioso de la ceremonia y aunque no debe ser fácil para él ideológicamente, el general soviético Potapow asistió a la ceremonia perfectamente vestido. Estas celebraciones organizadas por los japoneses tienen una importancia psicológica considerable. A la cabeza de las tropas que marchan con sus banderas desplegadas en el recinto del altar se encuentra un anciano general, que camina hacia el altar de los muertos. Todos los japoneses están firmemente convencidos de que las almas de los guerreros muertos están realmente presentes alrededor de este altar para recibir el mensaje del emperador. Es un testimonio de la notable capacidad de adaptación del general soviético y sus oficiales el hecho de que hayan asistido a esta larguísima ceremonia de manera impecable. Como no está permitido dar la espalda a los espíritus, todos los participantes en la ceremonia tenían que caminar una larga distancia hacia atrás con la cara vuelta hacia el altar. Sería un sacrilegio dar la espalda a los espíritus de los antepasados que se consideran presentes. Esta ceremonia, impregnada de una religiosidad absoluta, es muy interesante y convincente desde el punto de vista de la psicología del pueblo; también causó una profunda impresión en los hombres que, con una experiencia acumulada en todo el mundo, pudieron asistir a una ceremonia de este tipo y pudieron decirse: aquí hay todo un pueblo que cree firmemente en la migración de las almas. Creen que durante la breve existencia terrenal uno puede, mediante actos meritorios por la patria, adquirir un lugar elevado en ese más allá, o que en caso de fracaso se cae al fondo. El sentimiento de que, a excepción de algunos librepensadores que tienden a ocultar sus impresiones personales, todo un pueblo está ardientemente animado por esta convicción, da a este pueblo una enorme fuerza, cohesión y disposición al sacrificio.

La última palabra, la "aparición del salvador final"

El destino de Europa y el destino actual del mundo dependen de Rusia, de la recuperación final de Rusia. Una recuperación con el significado y la importancia de un verdadero renacimiento, de un retorno a su ser anterior, a su predestinación original, a su misión imperial escatológica última, y por lo tanto capaz de dar el impulso decisivo al movimiento revolucionario de la integración político-histórica total del gran continente euroasiático Europa. Un movimiento revolucionario que sería el único capaz de cambiar la faz del mundo actual, de detener la marcha hacia delante de la historia mundial hacia la crisis final e irreversible, hacia la deshumanización total y la dictadura totalitaria del no-ser, hacia el Anti-Imperio del Fin, cuando el poder omnímodo del "Misterio de la Iniquidad" será llamado a manifestarse.

Hemos visto cuál es el conjunto de condiciones necesarias para la recuperación salvífica de Rusia. Pero aún no hemos mencionado el más importante de ellos, del que depende todo lo demás, a saber, la aparición del "hombre del mayor destino", el "salvador del fin".

Pues es la "aparición" de este último lo que significará la aceptación de la Divina Providencia en cuanto a la recuperación abismal de Rusia, y en cuanto a la misión salvífica final que así se le encargará.

Se trata, pues, de la "aparición del salvador final" que dirá que *ha llegado el momento,* que ya se está produciendo la inversión de la situación actual. Porque empezará teniendo lugar en secreto, y luego saldrá a la luz.

Conferencia de Jean Parvulesco ante el "círculo íntimo
de la "Société Philosophique Jean Parvulesco",
en Neuilly, el 20 de diciembre de 1994

ORTODOXIA Y CATOLICISMO, ¿EL GRAN REINICIO?

El final, y el comienzo de un gran ciclo

Lo que ocurra entre el principio y el final de un gran ciclo histórico carece, por así decirlo, de importancia: al final, o más allá del final, el principio del ciclo estará intacto, exaltado por el logro de la manifestación completa de su propia historicidad, cuya figura secreta aparecerá en lo que será entonces su conclusión ya eterna y su verdadero final. Yo soy el Alfa y la Omega", dice el Señor velado del Apocalipsis, "el vástago de la raza de David, la radiante Estrella de la Mañana" (Apoc. , XXII, 16).

Signos innegables -*signos de los tiempos*- indican que un gran ciclo de la historia de la cristología está a punto de concluir. El ciclo que ha tenido que contener, para soportar los tiempos históricos de la separación, en Europa, de las Iglesias de Occidente y de Oriente, el misterio aterrador de la túnica de Jesús, desgarrada no desgarrada, enterrada, por un tiempo, en la oscuridad. Esto es lo que envolvió a Cristo, que en este tiempo lo despojará.

Pero los mismos signos nos dan también la certeza de que el fin escatológico de este ciclo deberá encontrar, reapropiarse, una vez más, de los tiempos de su unidad anterior, reactualizados por su proyección en este más allá de su fin, que constituirá su recapitulación exhaustiva al mismo tiempo que su fin suprahistórico.

El horizonte en el que se inscribe actualmente el futuro de los destinos finales de las Iglesias ortodoxa y católica es el horizonte profético de su futura reunión en los tiempos actualizados de su unidad original, antes de la catástrofe crucificadora de su separación en 1054, Esto es antes de la catástrofe crucificadora de su separación en 1054, antes de su puesta en la cruz en el vértigo abismal de su separación, que ahora se convierte providencialmente en una boda ardiente, en un recomienzo nupcial, que lleva en sí mismo el signo del fin de los tiempos de abandono y de prueba.

Porque el misterioso movimiento de profunda reconciliación entre las Iglesias de Europa Occidental y Oriental, puesto en marcha por Juan Pablo II, será ahora imparable. La visión romana, reconciliadora, final y pacificadora de Vladimir Soloviev, al final -y aquí estamos- prevalecerá sobre la obra antagónica, sobre la permanencia subversiva y separadora de las tinieblas en su acción de muerte, y de la perpetuación oculta de la muerte. Una *permanencia subversiva* cuyas líneas de fuerza se han reactivado en los últimos tiempos, incluso a nivel de la historia inmediata, de la "historia visible". En la sombra, hoy como en el pasado, actúan impunemente los mismos poderes oscuros. Pero no por mucho tiempo esta vez: ahora vienen otros tiempos.

La estrategia anticontinental de la división ortodoxa-católica

Desde el desmantelamiento del Muro de Berlín, la reunificación de Alemania y el fin de la Guerra Fría, el peligro extremo que representa para Estados Unidos el ascenso irresistible de un movimiento desde las profundidades que conduce a todas las naciones europeas hacia su integración, en un futuro próximo, en una única gran unidad imperial continental, Los Estados Unidos fueron así puestos sobre aviso para reaccionar, de manera inmediata y a la vez total y disimulada, para detener y neutralizar, para impedir a toda costa que este movimiento de integración imperial de toda Europa no pudiera continuar, ni alcanzar el estadio de identidad suprahistórica que ya estaba en marcha. En efecto, el advenimiento político-histórico de un "Imperio Euroasiático del Fin" que comprenda Europa Occidental, Europa Oriental, Rusia y la Gran Siberia, la India y Japón, destruiría sin remedio los actuales proyectos hegemónicos imperialistas de lo que Bill Clinton acaba de llamar la Superpotencia Planetaria de los Estados Unidos.

De ahí -entre otras muchas medidas de prevención previstas por Estados Unidos, integradas en un vasto dispositivo operativo manifiesto y completamente oculto- la estrategia de exacerbación subversiva de la línea de fractura interna entre la mitad ortodoxa de Europa y su mitad católica. Esta estrategia de exacerbación subversiva encontró su mayor expresión geopolítica en la doctrina del "choque de civilizaciones" de Samuel Huntington, y su aplicación político-militar en el golpe militar de Estados Unidos en el sureste de Europa, donde la agresión contra Serbia sirve de introducción al establecimiento de una base estratégica continental en el sureste de Europa bajo el control total de Estados Unidos. Albania, la "Gran Albania", incluido Kosovo, tiene en el sureste de Europa el destino especial que Estados Unidos no pudo lograr imponer a Vietnam en el sureste de Asia.

Bosnia y la "Gran Albania" pretendían así establecer la continuidad, bajo el control directo e integral de Estados Unidos, de una línea de presencia política y estratégica estadounidense en Europa que enlazara con Turquía -otra zona de influencia fundamental de Estados Unidos en Europa- y, a través de Turquía, con la cadena de ex repúblicas musulmanas soviéticas, con Afganistán y Pakistán, desestabilizando así el flanco sur del "Gran Continente" euroasiático, donde la única zona de presencia contraestratégica grancontinental seguiría siendo la del subcontinente indio. Comprenderemos así cuál es la misión particular de la India en el marco de la conflagración intercontinental entre la Superpotencia Planetaria de los Estados Unidos y la emergencia imperial del Gran Continente Euroasiático: la India aparece, a partir de ahora, como el eje de la gran resistencia imperial continental a la conspiración planetaria de los Estados Unidos, como el espacio geopolítico decisivo donde se jugará el destino de la conflagración suprahistórica en proceso de definición final. Pero es desde el interior que la India será asaltada.

El espíritu paraclético de la peregrinación de Juan Pablo II a Rumanía

La conspiración protestante de los anglosajones y su superpotencia planetaria americana, controlada en las sombras por los poderes ocultos e inconfesables que conocemos, una conspiración dirigida contra la Europa católica y ortodoxa que comulga con el culto a María, ¿no será? ¿No se trata, pues, de una conspiración oculta y clandestina contra la figura nupcial y trascendental de la Virgen, una agresión que no se atreve a pronunciar su nombre contra el fundamento siempre vivo de la fe europea en la persona divina de María, nuestra referencia suprema?

Evidentemente, detrás de la parte inmediatamente visible de las cosas, entran en escena otros poderes, otras influencias indecibles, otras instancias superiores, suprahumanas, que modifican secretamente las aportaciones de las fuerzas que actúan en esta lucha, cuyos desarrollos determinan el curso actual de la historia.

Así, el intento estadounidense de reactivar, de exacerbar subversivamente la línea divisoria interna de Europa entre sus mitades ortodoxa y católica acaba de sufrir un estrepitoso fracaso, pues la reacción de su propia afirmación ha invertido finalmente los términos. Pues no sólo la agresión político-militar de Estados Unidos y sus seguidores occidentales -traición total o ceguera, inconsciencia total por parte de estos dientes- no ha tenido en absoluto el efecto de reforzar el antagonismo de principio entre las dos mitades de Europa, Por el contrario, ha conseguido finalmente reforzar los lazos, antes bastante debilitados, entre ellas, e incluso devolverles, de forma bastante misteriosa, su antigua unidad, antes de la ruptura entre las Iglesias ortodoxa y católica.

La peregrinación de Juan Pablo II a Rumanía -el segundo país ortodoxo del mundo, después de Rusia, con sus 20 millones de creyentes ortodoxos-, que tuvo lugar del 9 al 11 de mayo de 1999 -en el momento álgido de la agresión estadounidense en el sureste de Europa, en Serbia-, significó, al confirmarla, la reversión providencial de una situación que podía darse por descontada, cerrada en el hecho de su propio desastre, sin salida. El gran aliento paraclético de la peregrinación de Juan Pablo II a Rumanía reveló de repente que la situación no era en absoluto la que creíamos que era basándonos sólo en los hechos, que un significado secreto estaba modificando por completo el curso de los acontecimientos, que una autoridad superior a los acontecimientos estaba trabajando para cambiar su dirección. Que la aparente derrota de nuestro pueblo no fue una derrota. Con demasiada frecuencia llegamos a olvidar que toda realidad de este mundo tiene un sentido según el mundo, y un sentido oculto, resultado de la obra invisible del Espíritu, que nunca deja de actuar, cuyo fuego vivo y ardiente está siempre ahí.

Porque es necesario comprender el sentido -todo el sentido- de esta Peregrinación de Juan Pablo II a Rumanía, así como el alcance oculto y gigantesco de su testimonio activo, una Peregrinación con resultados completamente inesperados, que son, en rigor, de naturaleza milagrosa, directamente providencial.

La Ortodoxia rumana ya está en estado de unidad con Roma, y ahora es seguro que las demás Ortodoxias europeas seguirán el mismo camino en un futuro próximo: la Gran Europa no puede dejar de crearse, y es imperativo que redescubra el misterio de su unidad anterior, de su comunión original, la una no va sin la otra.

La atención de la ortodoxia rumana hacia Roma ya forma parte de los hábitos de la religiosidad nacional. La actitud antiseparatista de la religiosidad rumana es notoria. Los dos líderes de la Guardia de Hierro, Cornelius Codreanu y Horia Sima, ambos ortodoxos, no dejaron de mostrar cierta inclinación hacia el catolicismo y, a pesar de la "línea ortodoxa" del Movimiento, siempre se negaron a hacer la más mínima diferencia entre los ortodoxos, los uniatas y los católicos dentro del mismo. Dos de los líderes más importantes del Movimiento, Ionel Motza y Vasiàe Marin, ambos ortodoxos, fueron a dar su vida a España, una tierra fundamentalmente católica, donde murieron dando testimonio con su sangre por el Rostro de Cristo ultrajado por las bandas de asesinos comunistas. Para Cornéliu Codreanu, como para Horia Sima, lo único que importaba era la fidelidad, un compromiso personal profundo e incondicional con el Cristo vivo, el Cristo resucitado. Ambos sintieron la división entre las dos Iglesias de Europa como una herida intolerable.

Los medios de comunicación occidentales -prensa, radio, televisión-, totalmente subyugados al enemigo interior, al enemigo ontológico de todo lo que somos, los de la Europa imperial y grancontinental del fin, los del *Regnum Sanctum,* muy deliberadamente no dejaron filtrar nada de la formidable ola de entusiasmo místico, El impacto providencial, paraclético, de la Peregrinación de Juan Pablo II a Rumanía, el verdadero terremoto que se había desencadenado milagrosamente en ese momento, un terremoto místico, una iluminación colectiva, extática, encendida por un fuego del más allá, había dejado su huella en las masas rumanas movilizadas por una misteriosa renovación de la Fe, tan repentina como ferviente. No, nadie lo sabía, ni quería decirlo. Lo que también es una señal. *He llegado a contemplar el Rostro de Cristo grabado en el misterio de tu Iglesia. Gracias, gracias, hermanos en Cristo, por el don de esta Peregrinación, que me ha permitido fortalecer mi propia fe a través del contacto con vuestra fe, tan viva, tan ferviente",* dijo Juan Pablo II en Bucarest.

La peregrinación de Juan Pablo II a Rumanía -que tuvo lugar en el momento más oscuro de la impotente sumisión de Europa a los mandatos de la guerra que le hace la superpotencia planetaria de los Estados Unidos- representa, sin embargo, un momento culminante, profético y significativo para quienes saben ver hacia adelante, el hecho de la inversión irrevocable de la tendencia resignada y separatista de Europa, el reinicio de su reunificación, la prenda de la futura elevación imperial gran-continental de dimensiones suprahistóricas, trascendentales, cuyo nombre último será, precisamente, el de *Regnum Sanctum.* Porque de eso se trata, y qué podría ser más abrumador que esta esperanza inaudita que emerge de la misma oscuridad de nuestra aparente derrota del momento.

Trabajando en las sombras de las "ardientes alturas espirituales"

Aunque es innegable que el inmenso peso negativo de la corteza muerta de los oscuros extravíos del pasado sigue envenenando, contaminando activamente y contradiciendo los esfuerzos actuales por una reconciliación definitiva, no hay que olvidar que lo único que cuenta aquí son los intentos de acercamiento entre las dos Iglesias, las tentativas de acercamiento entre las dos Iglesias por parte de ciertas cumbres espirituales ardientes de la Ortodoxia y del Catolicismo, actuando de forma oculta, "cumbres espirituales ardientes" que son las únicas autorizadas a llevar el fuego, a buscar adelante, a unirse a las olas ardientes del *Incendium Amoris*, que ha comenzado de nuevo a avanzar, circularmente.

Pero, ¿qué significa el resplandor, la comunión viva de lo que acabo de llamar las "cumbres espirituales ardientes" de la ortodoxia y el catolicismo? ¿Qué son estos grupos de intervención con identidad oculta, que se mantienen siempre en la sombra?

Tanto en la ortodoxia como en el catolicismo, existen grupos de acción especial, núcleos confidenciales e incluso ocultos, completamente ocultos a la atención exterior, que enseñan una experiencia directa y personal de la Fe, Estos grupos comparten una experiencia directa y personal de Fe, Esperanza y Caridad que no tiene nada en común con las prácticas religiosas actuales, y que se elevan a niveles de presencia, conocimiento y experiencia cercanos a la santificación y, a veces, incluso más allá de la santidad, con la experiencia inmediata de la divinización, e incluso de la propia divinidad.

Sin embargo, en la actualidad, es a través de la muy secreta labor de acercamiento de estas "ardientes cumbres espirituales" de la ortodoxia y el catolicismo como se está forjando en lo invisible la futura reunificación definitiva de las dos Iglesias separadas. Sin perder ni un instante, las urgencias son ahora bastante extremas.

En otras palabras, son las élites ocultas las que llevan a cabo el trabajo que, cuando llegue el día, aparecerá a la luz, y es, en efecto, en el trabajo de estas élites espirituales donde se basan las elecciones, los avances, las decisiones que pertenecen a la marcha visible de las Iglesias. Son los contactos entre estas "cumbres espirituales ardientes" de la ortodoxia y el catolicismo los que establecen el territorio sobredimensionado y cada vez más extenso de las futuras comuniones decisivas, que reducen constantemente la brecha entre las Iglesias de Europa occidental y oriental. El archipiélago incandescente de estas misteriosas "cumbres espirituales ardientes" es la noche estrellada de nuestra angustia actual, de nuestra espera sin horas, de nuestra oscura impotencia ante las tinieblas que nos rodean. Así sobrevivimos.

El nacimiento, y el derramamiento de sangre, del grupo "Burning Bush".

Si, como pienso, "todo vuelve a la zona de la atención suprema", sería de considerable interés, por lo tanto, que proporcionara aquí la definición operativa, el historial propio, el secreto de las estructuras activas que le habían sido propias en el campo, la genealogía espiritual y los objetivos de la lucha escatológica final que había animado a uno de los grupos que tenía, dentro de la ortodoxia rumana más reciente, el estatuto reconocido, y verificado por el martirio integral, por el ritual del derramamiento de sangre, el estatuto, digo, de "cumbre espiritual ardiente" si se trata del "Grupo del Convento", el estatuto reconocido y verificado por el martirio integral, por el ritual del derramamiento de sangre, el estatuto, digo, de "ardiente cumbre espiritual" si se trata del "Grupo del Convento de Antim", que había actuado, confidencialmente, en los años cincuenta en Bucarest -los grandes años del Terror Rojo- y que había terminado por ser aniquilado por la seguridad política comunista en el terrible verano de 1958.

A través del análisis del recorrido del "Grupo del Convento de Antim", se revelará de forma espectral la identidad secreta de todas las demás "cumbres espirituales ardientes" actualmente activas, porque, a este nivel, todo grupo es el mismo grupo.

De hecho, la historia -o más bien la prehistoria- del "Grupo del Convento de Antim" comienza en 1941, cuando los ejércitos rumanos que avanzaban en territorio soviético tomaron la ciudad de Rostov, en el Don. En un campo de concentración oculto, se encontraron el obispo Nicolás, metropolitano de Rostov, y el padre Ioaa Culighin, su confesor. Tan pronto como fueron liberados y se les restituyeron sus derechos y poderes, el obispo Nicolás y el padre Ban Culighin debían acompañar a los ejércitos rumanos en su retirada de la gran contraofensiva soviética de 1943, hasta Rumanía, donde se establecieron en el exilio, integrando la comunidad del convento de Cernica, cerca de Bucarest. El obispo Nicolás murió allí, y el padre Ban Culighin comenzó allí su deslumbrante carrera espiritual, que terminaría en 1946, cuando fue detenido por la policía militar de las fuerzas de ocupación soviéticas, juzgado y enviado a un campo de concentración siberiano, donde desapareció sin dejar rastro. Toda la vida de Ban Culighin fue una larga visita al fuego vivo del Espíritu Santo, y fue en el fuego donde desapareció.

El padre Ban Culighin, que, para actuar clandestinamente en Rumanía, iba a tomar el nombre iniciático de Ivan Strannik -Juan el Extranjero-, ocultaba, tras los cambios de una vida de andanzas aventureras y ocultación permanente, la identidad secreta -en sentido estricto, inconfesable, absolutamente inconfesable- de alguien que había alcanzado muy pronto el estadio supremo de la impersonalidad divinizadora, totalmente transparente para la obra de la Iglesia, la identidad secreta -en sentido estricto, *inconfesable*, absolutamente inconfesable- de alguien que había alcanzado muy pronto el estadio supremo de la impersonalidad divinizadora, totalmente transparente a la obra del

Espíritu Santo en su interior, habiendo encontrado definitivamente asilo en el seno de la Santísima Trinidad. Sus palabras brotaban del corazón de un silencio que participaba en el misterio de la edad venidera, de la edad después de las edades, mientras que las palabras que utilizaba eran las mismas que las de la edad presente, de nuestras propias vidas", se ha dicho de él.

Ahora bien, como tal, el padre Juan el Forastero iba a servir de levadura oculta para la constitución, surgimiento y breve florecimiento de lo que iba a ser el "Grupo Convento Antim", que en sus círculos internos se autodenominaba con el nombre secreto de "Zarza Ardiente". Esto, sabiendo que la doctrina ortodoxa de los comienzos sostenía que la "Zarza Ardiente" era una figura profética oculta perteneciente a la propia teología de la Virgen María, quien, al igual que la Zarza Ardiente recibía, en ella, indemne, sin consumirse, el fuego terrible del Dios Vivo, también ella tendría que dar asilo, en su cuerpo humano, terrenal, al Logos Vivo, sin que se destruyera, *rubus arderet et non comburetur*. Busca, sobre todo, la comunión con aquellos que están habitados por el mismo misterio que tú", enseñaba Isaac el Sirio a sus pares, los Hermanos del Desierto, establecidos en el conocimiento íntimo de ciertos "secretos divinos". El "Grupo del Convento de Antim", con sede en el convento de Bucarest del mismo nombre, estaba formado por un número más o menos igual de monjes del Convento de Antim y ciertos intelectuales pertenecientes a la alta sociedad de Bucarest: profesores universitarios, altos funcionarios, Juan el Forastero, perseguía una meta de santificación total, de "liberación en vida", habiéndose atrevido a hacer suya la palabra en continuidad de los antiguos Padres del Desierto: Aquellos que, sólo en nombre de Dios, sabrán soportarlo todo, hasta el final y más allá, se transformarán en potencias activas, y recibirán alas como las águilas, seguirán su trabajo sin conocer la fatiga, caminarán delante de ellos sin que el hambre los debilite, elevándose de altura en altura, y Dios se les mostrará en la Sión de su sabiduría más secreta y en las visiones que se alzan en las cumbres supremas.

Por su mera presencia allí, por el hecho mismo de su oculta influencia espiritual, el "Grupo del Convento de Antim" consideraba que iba a poder influir, incluso cambiar la situación político-histórica de Rumanía, que se preparaba entonces para deslizarse bajo el espantoso manto de plomo de los cincuenta años de comunismo que iban a caer tan mortalmente sobre ella. No obstante, el Grupo Antim ha llevado a cabo entretanto una extraordinaria labor espiritual y carismática, cuyos frutos definitivos están sin duda por llegar.

Hasta el fatídico verano de 1938, en el que la seguridad política del régimen comunista vigente golpearía, para destruir, de un solo golpe, al "Grupo del Convento de Antim": en el espacio de tres días, la "Zarza Ardiente" sería definitivamente desmantelada, destruida. Todos sus miembros serían detenidos, torturados bestialmente, condenados a largos años de detención, o - como Sandu Tudor, el principal líder del "Grupo Antim", ejecutado en la prisión de Aiud, desaparecido sin dejar rastro- masacrados, arrojados a fosas comunes. El holocausto fue la conclusión necesaria.

El circuito de la alta predestinación espiritual y mística del "Grupo del Convento de Antim", figura ejemplar de tantas otras "cumbres espirituales ardientes", no podía, en efecto, cerrarse sobre sí mismo más que por el derramamiento de sangre en común, por la liturgia sangrienta del martirio por Cristo, en Cristo. Así fue.

Además de las fuentes que, por razones comprensibles, siguen siendo altamente confidenciales, la parte más importante de la información relativa al sangriento viaje espiritual del "Grupo del Convento de Antim" de Bucarest, de la "Zarza Ardiente", proviene de un libro publicado en Bucarest en 1996 por Mons. André Scrima, *Rugul Aprins, "La Zarza Ardiente"*.

La persona de Monseñor André Scrima es un espacio existencial de signo y predestinación escatológica.

Sobreviviendo milagrosamente al holocausto del "Grupo del Convento de Antim", al que, en las inmediaciones del Padre Juan el Forastero, había pertenecido por derecho propio, Mons, André Scrima, tras una importante estancia en la India, fue nombrado representante plenipotenciario del Patriarca Ecuménico de Constantinopla, Atenágoras, ante el Vaticano y, como tal, tuvo que llevar a cabo una serie de misiones decisivas para el movimiento clandestino de acercamiento entre el catolicismo y la ortodoxia.

Pero, ¿no era necesario que el testigo superviviente del "Grupo del Convento de Antim" y de su holocausto final, Monseñor André Scrima, pareciera, incluso en su propia existencia, estar hecho a la inquietante imagen de aquello mismo cuyo viaje sacrificial y misterio se ha encargado de revivir? Porque hay que decir que Monseñor André Scrima es un hombre misterioso, cuyos poderes, sin duda mucho más grandes de lo que se cree, se manifiestan sólo en las sombras, y cuyo recorrido personal marcará, en las sombras, el futuro de este siglo lleno de sombras que nunca serán descifradas.

Fulgens Corona

Ciertamente, se podrían multiplicar las revelaciones sobre la existencia y las actividades muy especiales, tanto en el seno de la Ortodoxia como del Catolicismo, de lo que acabo de llamar "cumbres espirituales ardientes", si uno se sintiera inclinado a ello; pero éste no es el propósito del presente trabajo. Para que sirva para evocar simbólicamente el conjunto de estos centros de alta reverberación de la Fe que actúan confidencialmente en todas partes de la cristiandad viva, basta con dar una definición consecuente de estas "cumbres espirituales ardientes", como se acaba de hacer, a través de la breve historia de lo que fue, en Bucarest, bajo el terror comunista, este misterioso "Grupo del Convento de Antim" que conoció el sangriento final que ahora se conoce, y cuyo recuerdo aún brilla en la oscuridad.

Pero el tiempo es corto, muy corto. Los nuevos mandatos estratégicos de la hora nueva que se avecina implican la urgencia de un trabajo acelerado, sostenido e intensificado de esas "cumbres espirituales ardientes" que representan, como en el pasado, la parte sobrenaturalmente móvil de la comunidad secreta de los vivos en Cristo resucitado.

Porque, en el momento paroxísticamente final de la dominación conspirativa de las tinieblas -del "Misterio de Iniquidad" del que habla San Pablo en su Segunda^e Epístola a los Tesalonicenses- sobre la historia del mundo en su fin y sobre el conjunto subyugado de las conciencias humanas en proceso de alienación irreversible, Es la obra oculta del archipiélago viviente de las "cumbres espirituales ardientes" que constituye la última barricada viva, el último aparato de resistencia a las maniobras fundamentales de la subversión del no-ser que está en vías de tomar el poder total, de poder hacer surgir su Anti-Iglesia y su Anti-Imperio de sustancia infernal frente al mundo.

Por lo tanto, sabemos perfectamente lo que nos queda por hacer si queremos frustrar los designios últimos de los poderes oscuros, y lo que hay que hacer lo haremos. La doctrina y las estrategias secretas de nuestra acción presente, de nuestra acción futura, nos han sido reveladas, y las mantendremos hasta el final.

Así como la historia es el instrumento visible de la suprahistoria, de la historia más allá de la historia, y lo visible el medio de afirmación de lo invisible, así el misterio de la Encarnación debe aparecernos como aquello por lo que se nos ofrece la omnipotencia en acto del Logos increado: Es el *Regnum Sanctum*, el Imperio Final de la Cristiandad históricamente establecido, que controla lo que en última instancia se opone a la Anti-Iglesia y al Anti-Imperio en el que se reúnen y encuentran refugio los poderes regresivos de la negación y el caos.

¿Se han aclarado ahora las cosas lo suficiente como para que podamos tomar la dirección de nuestros futuros pasos imperiales revolucionarios, de nuestros futuros compromisos de ruptura total y de reinicio total, a partir de esta misma claridad?

Instituir el Imperio del Fin implica también la renovación abismal de la Iglesia, el advenimiento de la Iglesia del Fin, dentro de la cual sólo puede mandar lo que está más situado en el ascenso de la espiral profética del Espíritu Santo que avanza, es decir, los "ya salvados" destinados a asumir la salvación y la liberación de los "aún no salvados". En la acción salvadora de la Iglesia y de sus Sacramentos, su propio núcleo secreto, sus "cumbres espirituales ardientes", protagonizan hoy la batalla decisiva para el establecimiento de sus nuevas jerarquías vivas, de la nueva ontología activa de su propia identidad por venir, en el siglo y más allá. La heroicidad suprema de la Fe reside en el valor heroico de su autorrenovación.

Y si esto es así -como ya se ha dicho al principio de esta investigación-, entonces a ambos lados de la línea de la actual separación de las Iglesias, la tarea de conformar, perfeccionar y finalmente declarar abiertamente la unidad a recuperar -la unidad recuperada- de las Iglesias de Europa Occidental y Oriental, a sus propias "ardientes cumbres espirituales", para que la antigua comunidad de las dos Iglesias -ortodoxa y católica- así reconstituida sirva de fundamento vivo al *Regnum Sanctum*, al "Imperio Eurasiático del Fin", de ello se desprende que la suprema tarea revolucionaria de los "grandes tiempos que se avecinan de nuevo" no es otra que la que corresponde fundamentalmente al trabajo de las "ardientes cumbres espirituales", ya comprometidas desde hace tiempo en primera línea, que no han perseguido nunca más que un objetivo, el de preparar la integración parusina de este mundo y del otro mundo, el "descenso de la Jerusalén Celestial". Un objetivo esencialmente apocalíptico.

En cualquier caso, lo que parece absolutamente cierto a partir de las conclusiones más que avanzadas a las que hemos llegado en nuestra investigación es que el horizonte general de todo lo que debe ocurrir y ocurrirá ahora, de todo lo que nos atrevemos a esperar e invocar, de lo que incluso nos servimos para intentar *provocar*, sólo puede ser, a partir de ahora, un horizonte apocalíptico, incluso el horizonte del Apocalipsis. De una forma u otra, "estamos ahí".

Las grandes líneas de convergencia, las grandes orientaciones estratégicas de combate que deberán ser, en común, las de las "cumbres espirituales ardientes" en su conjunto serán, pues, durante los próximos años, exclusivamente de orden apocalíptico.

Ahora bien, el personaje central del Apocalipsis es, según el Apocalipsis canónico de San Juan, el de María": "Apareció en el cielo una gran señal, una Mujer vestida de sol, con la luna bajo sus pies y doce estrellas coronando su cabeza; está encinta y grita con dolores y fatigas de parto". De ahí también el misterioso lema apocalíptico de Juan Pablo II, *de labore solis.*

El centro de gravedad de las grandes obras espirituales de vanguardia a cargo de las "ardientes cumbres espirituales" deberá, por tanto, desplazarse a la persona divina de María. Todo el trabajo se hará en María, en María, para María y con María.

Las "cumbres espirituales ardientes" tendrán, pues, la misión primordial de luchar, desde el interior de la propia Iglesia, desde las Iglesias ortodoxa y católica y, posteriormente, desde el interior de la Iglesia reconciliada, y reunidos dentro de la misma identidad suprahistórica final- para que la proclamación del dogma de la Coronación de María Soberana pueda tener lugar en el tiempo más breve y, por ello mismo, más *significativo,* con todo lo que ello implica a nivel de la renovación teológica y dogmática, incluso sacramental, de la Iglesia del Fin, una renovación verdaderamente abismal. Pero, ¿no dijo la propia María que *nondum erant abyssi et ego concepta eram?*

Ahora bien, siguiendo ciertas visiones proféticas de San Maximiliano Kolbe, ¿no es también sobre la figura relámpago de María -la *Fu/gens Corona* de nuestro gran Pío XII- que, finalmente, se producirá la inversión católica e imperial de la India y el Japón dentro del "Imperio euroasiático del fin", dentro del *Regnum Sanctum*?

Porque, como dijo Mœller van den Bruck, "sólo hay un Imperio, como sólo hay una Iglesia".

La causa por la que luchamos está inscrita en lo más alto del cielo.

SOMOS LA IGLESIA DEL FIN

> *Cuando, desde el seno del Ser, Dios se manifiesta a través del Verbo vivo, fundido en el crisol del corazón de ciertos seres que han aceptado la radicalidad de la prueba última que les lleva de la kenosis a la deificación, Se suspende, en un gesto de Amor, en el aliento de quien lo recibe, para que el Inefable se coloree con la Voz del amado y le dé la carne que le falta a su pasión de incorporación.*
>
> *El Verbo, eternamente enamorado, se consume en su pasión por abrazar a los seres, especialmente a los hombres, en los que se refleja, y se encuentra a sí mismo, al encontrarnos, más a sí mismo que a sí mismo, tras el beso de fuego.*
>
> Marikka Devoucoux

La historia como mariología de combate

E l advenimiento ontológico de lo sobrenatural mariano en la historia del mundo, que estaba destinado desde el principio a desarrollarse a través del misterio de la Inmaculada Concepción, debía por tanto conducir, según los insondables designios de la Divina Providencia, al misterio de la Asunción de María, definida y establecida dogmáticamente por nuestro santo Papa Pío XII, desde Roma, el 1 de^{er} noviembre de 1950, y es toda la aventura de la Encarnación y su procesión cristológica en la historia que se desarrolla entre los dos tiempos misteriosóficos de la Inmaculada Concepción y la Asunción de María, tiempos fundamentales. Y es la estela ardiente de la cristología en la historia, o más bien de la historia como cristología en curso, la que revelará en la continuación, de manera tan viva como ininterrumpida, el rostro flamígero de la Iglesia y su aterrador misterio de amor, y es María quien es la Iglesia, porque es María la que ha sido deseada, la que ha querido ser la Esposa de Dios, de la que María -y más especialmente el Corazón Inmaculado de María- es el espejo de la amorosa duplicación nupcial que la convierte, también a ella, en Emperatriz Coronada, junto a Dios, de todo lo que ha sido, es y será, eternamente.

Jesucristo, en quien se identifican el Amor y la Caridad, y de qué manera incendiaria, y más especialmente en el misterio imperial de su Sagrado Corazón Ardiente, en el *Incendium Amoris*, aparece así como Emperador en la eternidad del *Regnum Sanctum*, en quien lo visible y lo invisible, la historia y la eternidad, igualmente cristológicas, están llamadas a identificarse sin cesar, y a revelarse en el acto mismo de su desposorio apocalíptico, cuando llegue la hora.

Sin embargo, no se dijo también: "En cuanto a la fecha de ese día, o la hora, nadie la conoce, ni los ángeles del cielo, ni el Hijo, ni nadie más que Dios", Marcos, XIII, 32.

Todo es, pues, aliento retenido, espera extática, nuestra historia no es más que una historia suspendida por la secreta expectativa de su finalización parusial.

En efecto, debemos sostener que la historia del mundo y de los hombres -de la humanidad- ha dejado de ser una historia de la que se pueda dar cuenta objetivamente: todo en ella está totalmente cambiado desde la intervención directa de lo divino en su seno, en su devenir, desde su investidura por lo divino en los términos del misterio de la Encarnación del Verbo, et verbum caro factum est. Un acontecimiento que hizo que todo -y la historia en primer lugar- se convirtiera en cristología, y su mismo principio y siguiendo los desarrollos visibles e invisibles de este principio ahora en acción.

Así, considerada en el único horizonte mariano de sus desarrollos futuros más secretos, con la proclamación del dogma de la Asunción, la historia dejará de ser historia, para convertirse, en sí misma, en su más íntimo devenir, en el tiempo después de la historia, un tiempo a la vez velado, soberano y sagrado, cuya única apertura se orientará en adelante hacia el fin de la historia y su conclusión apocalíptica, es decir, la Segunda Venida del Resucitado, nuestro único Salvador.

Ahora bien, lo que va a ser -o ya es- esta conclusión apocalíptica final de la historia, o de la post-historia de la Asunción, sujeta a María, nadie, me parece, ha sido capaz de decirlo todavía con tanta fuerza viva como nuestro santo Papa Pío XII en su muy deslumbrante discurso romano de la mañana de Pascua de 1957. Que estas breves citas proféticas, estas invocaciones cargadas de un poder tan formidable como inmediato, se abran paso en nosotros y en el mundo de hoy:

Es necesario quitar la lápida con la que la verdad y el bien han sido encerrados en el sepulcro; es necesario resucitar a Jesús de entre los muertos; de una verdadera resurrección, que ya no admite ningún dominio de la muerte: "El Señor ha resucitado verdaderamente" (Lucas XXIV, 34). La muerte no tendrá más poder sobre Él. (Rom.VI, 9).

¡Ven, Señor Jesús!".
La humanidad no tiene la fuerza para eliminar el obstáculo que ha creado al tratar de impedir tu regreso. Envía tu ángel, Señor, y haz que nuestra noche sea brillante como el día.
¡Cuántos corazones, Señor, te esperan! ¡Cuántas almas se consumen para acelerar el día en que Tú vivirás y reinarás solo en nuestros corazones!".
"¡Ven, Señor Jesús!"
"¡Hay indicios de que tu Regreso no está lejos!".

Alojados, como estamos ahora por nuestra fe visionaria, en el horizonte mariano de la historia, estamos ya, y lo estaremos hasta el final, en los tiempos de las secuelas de la historia, de la historia después de la historia en su final, los tiempos del Reinado Cósmico de María, cuando ésta es llamada a llevar a cabo su lucha, su gran lucha final contra el Misterio de la Iniquidad, una lucha cuyos secretos interiores aparecen en transparencia en los capítulos XII y XIII del Apocalipsis de San Juan: Apareció en los cielos una gran señal: una mujer a la que el Sol envolvía, la Luna bajo sus pies y doce Estrellas coronando su cabeza; estaba encinta y gritaba con los dolores y el parto. Entonces apareció una segunda señal: un enorme Dragón, rojo de fuego" (Juan XII, 1-3).

El espacio propio de nuestra actualidad histórica venidera se mostrará así como el propio espacio interior de la historia mariana después de la historia, la temporalidad y el espacio histórico postasuncional destinado a llevar las marcas, a la vez luctuosas y ardientes, de la salida asuncional de María del seno de nuestra historia, María que al mismo tiempo se encuentra encargada de dirigir clandestinamente, desde lo invisible, las luchas fundacionales tanto de nuestra propia acción presente, de la línea final apocalíptica de la historia tras la historia, como de lo que nos llegará con la conclusión cristológica última de ésta, es decir, la Segunda Venida de Nuestro Señor.

Todo queda así suspendido de antemano de la sucesión de etapas, acontecimientos y combates cósmicos de María en lo invisible. Todo está en adelante decidido, definido por la marcha misma de nuestro combate mariano en lo visible, donde, "durante un cierto tiempo", María será apoyada únicamente por el Arcángel Miguel: la tarea absolutamente fundamental de nuestra propia conciencia teológica que ilumina, desde dentro, esta nueva metahistoricidad mariana en curso, una metahistoricidad de dimensiones tanto cósmicas como inmediata e históricamente combativas, parece ser, por tanto, la de encuadrar y dilucidar dogmáticamente, la definición dogmática definitiva por parte de Roma de esta nueva identidad combativa de María. Sólo esta definición dogmática romana podrá establecer los nuevos campos de la realidad, de la tensión propia, y también hacer que llegue a plantearse en términos de conciencia, para convertirse en el ser mismo de nuestra nueva conciencia teológica -teológica- y cósmica de nosotros mismos y de la historia -la nueva historicidad mariana en acción-, en la medida en que ésta será invitada a realizarse según los designios aún ocultos de la Divina Providencia.

Porque nuestro objetivo, como hemos comprendido, no es otro que el de la sujeción irrevocable de la sociedad civil y de todo poder histórico o trascendental al Corazón Inmaculado de María, tal como esta sujeción revolucionaria bien podría ser concebida, aún hoy, y proclamada abiertamente por la fe visionaria de una Irene Pivetti y de quienes están a su lado en la luz redescubierta de la antigua Fede Santa.

El dogma de la Coronación Cósmica de María

Tales son, pues, las razones abismales, providenciales e inmediatamente divinas de la soberanía imperial, cósmica y supremamente amorosa de María, soberanía dogmática cuya conciencia nos es suministrada teológicamente y al mismo tiempo armada ontológicamente por el nuevo dogma católico que vendrá y que nosotros haremos realidad, el dogma de la Coronación Cósmica de María.

Dogma, también, de su Coronación Nupcial. El dogma de la Coronación cósmica de María, cuyo énfasis serio se pondrá dialécticamente en su identidad nupcial, no en la Natividad, en su identidad maternal como Madre del Salvador, sino en María como Esposa del Padre Único, o Santa Sofía enfrentada amorosamente al Espíritu Santo. Y, como tal, como Soberana Señora de todo el universo, de las conciencias y de los seres que actúan nupcialmente en el Misterio de la Caridad, misterio que alimenta la totalidad del ser y de la conciencia divina y amorosa del ser. Una totalidad ontológica que mantiene, como Amor Vivo, la eternidad ardiente *del Incendium Amoris*, y que lo exacerbará desde su mismo centro, desde el Corazón Inmaculado de María, con una exacerbación que se exalta, en sí misma, siguiendo una espiral infinita. La espiral del Deseo Único.

Así, al sentar las bases de la fiesta litúrgica romana de la Soberanía de María, el 1 de ᵉʳnoviembre de 1954, nuestro santo Papa Pío XII recordó con fuerza los términos de su encíclica *Ad Cadi Reginam*, fechada el 11 de octubre de ese año, y aclamó a María como "Reina y Señora del Cielo y de la Tierra", como "Nuestra Reina y Nuestra Señora".

Y también señalo que los apelativos marianos utilizados, en esta ocasión concreta, por nuestro santo Papa Pío XII, a saber, "Soberana de todo el Universo", "Señora del Cielo y de la Tierra", "Reina y Señora Nuestra", no eran más que una repetición del propio titulario que se había utilizado, con respecto a María, en el seno de las organizaciones iniciáticas ultrasecretas del movimiento sofiánico, suprahistórico y supratemporal, movilizadas por la *Fede Santa*, o por su *Fedeli d'Amore, cuya* enseñanza muy reservada a nuestro gran Dante Alighieri se le había encomendado la tarea de expresar "externamente", de perpetuar sus fuegos espirituales a través del vehículo de la creación poética encriptada que era la suya y la de sus coetáneos.

Por otra parte, y no soy el único que puede -o debe- atestiguar esto, en los últimos meses de su vida, nuestro santo Papa Pío XII sintió muy imperiosamente, en los términos de una inspiración interior viva y cierta, ineludible, que la Iglesia pronto se encontraría invitada a entrar en los tiempos -los Grandes Tiempos- de su Renovación Final, los tiempos cósmicos de lo que la tradición secreta -iniciática- romana -me refiero a la alta tradición iniciática ocultista de la *Roma Aeterna*- ya había sabido llamar el "Gran Verano".

El invierno, el oscuro invierno, ya ha pasado, Jam hiems trasiit" (Cant. , II, 11), gritó nuestro santo Papa Pío XII el 19 de marzo de 1958. Y, añadió, el mismo día y con las mismas palabras del Apóstol San Mateo, Prope est Aestas, el Verano está cerca, el Gran Verano" (Mat. , XXIV, 32).

Y también, el mismo día :

Una gran llamada a la renovación está pasando por el mundo: ¿la escucharás? ¿Quieres hacerla tuya también? "

Como si se tratara de la revelación de una inspiración luminosa, Pío XII no dejó de afirmar que esta Renovación debía entenderse como un Renacimiento. Y más aún, que "todo en el mundo es un Despertar", momento paroxístico último de la visión cristológica de la historia y del mundo considerado como unidad resurreccional ontológicamente fundada y vivificada por el mismo Resucitado en su doble identidad, eucarística y venidera, constituyendo la espera de la Segunda Venida el secreto mismo -y el misterio salvífico, vivificador, incesantemente fundacional- de la injerencia de la Fede Santa en la historia presente y final -en la historia cristológica- del mundo. Un mundo cuyas apariencias, sean las que sean, esconden ya un fuego devastador e inextinguible, el propio fuego del Despertar. He venido a echar fuego en la tierra, y cómo quisiera que ya estuviera encendido" (Lucas, XII, 51).

Ahora bien, ya me parece evidente que esta inmensa Renovación interior de la catolicidad y del mundo en marcha con la catolicidad, Renovación prevista y anunciada por nuestro santo Papa Pío XII, se referirá sobre todo al hecho de la entrada actual de la historia en los tiempos de la "historia después de la historia", donde se ejercerá en lo sucesivo sólo el poder salvífico de María, y que esta Renovación será también el resultado de nuestro propio despertar a la conciencia del cambio final de la jurisdicción cósmica, manifestando la soberanía invisible de María "en el cielo y en la tierra", que es el cambio cuya rayuela, estructuras estratégicas e impulso revolucionario incondicional nos corresponde gobernar.

Una soberanía que es sobre todo una soberanía luchadora, una soberanía heroica y amorosa, porque las lágrimas de María son las lágrimas de vanguardia del Amor, y de la Caridad, que recibe tumultuosamente el excedente muy claro.

Bajo la soberanía heroica y amorosa de María, lo que estaba desunido, ontológicamente fundado -o desfondado- por la separación, y sólo por la separación, llegará a reunirse amorosamente de nuevo, sicut erant in principium. La estación cósmica de la Desunión será así sustituida revolucionariamente por la gran estación cósmica de la Reunión, bajo la égida incendiaria del espejo del Corazón Inmaculado de María y de sus nuevas protecciones especiales, mucho más ocultas pero también mucho más pujantes que las antiguas. Porque tal es la ley de la renovación del mismo Amor, siempre más alto, siempre más ardiente. Cada vez más cerca del Corazón Inmaculado de María, cada vez más escondido en la espiral ascendente de su eterna virginidad nupcial cada vez más exacerbada por los fuegos del Único Deseo.

El fin del comunismo y la reunificación del Gran Continente

Por otra parte, ¿vamos a tener que preguntarnos cómo, y hasta qué profundidad ontológica, estos inmensos cambios espirituales de signo mariano anunciados por la figura visionaria de la Renovación, que habían quemado tan intensamente el final de la vida de nuestro santo Papa Pío XII, van a tener que reverberar a nivel de la "gran historia occidental y planetaria" en curso? La historia ha llegado al final de un ciclo final de ciclos cada vez más crepusculares, y estaba previsto que nosotros mismos fuéramos elegidos de antemano como testigos inmóviles, fuera de alcance, pero testigos en armas, y nosotros mismos -como hubiera dicho un Miguel Serrano- sacrificados allí, por nuestro propio testimonio, donde el sacrificio fundacional debía hacerse y se había hecho, totalmente. Testigos en armas, a la vez que trágicamente responsables de lo que se hizo, de todo lo que se hizo, de lo que no se hizo y, sobre todo, de lo que se hará al final, definitivamente *in aeternum*. ¿Estar en armas no es estar, para siempre, en el centro, en el centro absoluto?

Y todo lo que ahora habrá que hacer se hará bajo el signo de la reintegración final del ciclo cuya marcha histórica a través del tiempo se había constituido, afirmada de antemano por la sola desintegración de su propia unidad virginal de los orígenes: a la Inmaculada Concepción de los orígenes tendrá que responder, una vez que el presente ciclo haya terminado por completo, y está en camino de serlo, la Inmaculada Concepción del Fin.

Así, la Virgen del Fin será la misma que la Virgen de los Comienzos, la Virgen de la Desintegración será la misma que la Virgen de la Reintegración, la Virgen de la Destrucción, la misma que la Virgen de la Salvación y la Liberación, la misma que la Virgen de la Liberación Final, pues *Una est Columba Mea*.

Sin embargo, como el mundo superior e invisible, el mundo de los principios y de los cambios nupciales en lo divino, se refleja en el mundo visible, en el mundo fenoménico de los acontecimientos y de la historia en curso, el advenimiento de una nueva disposición apocalíptica mariana en los cielos no puede dejar de traducirse, en la tierra, en la historia visible, por un movimiento análogo de retorno virginal a la unidad original dentro de lo que se encuentra actualmente en estado de separación -de desunión- específico de los fines de ciclo, y con mayor razón de los fines de un conjunto final de fines de ciclo.

Así, con el milagroso y providencial colapso del comunismo, y el retorno de Rusia y Europa del Este bajo el dominio comunista al mundo occidental, europeo, la unidad original, espiritual, histórica, de una nueva conciencia geopolítica y una nueva conciencia histórica del espacio gran-continental euroasiático se encontrará, por primera vez en doce milenios o más, una vez reconstituida, o lista para ser reconstituida, revolucionariamente. Como en sus comienzos, la unidad original se reconstituye, se rehace en María, Virgen de los comienzos, *nondum orant abyssi et ego concepta eram*.

En los orígenes anteriores del gran ciclo cósmico, que ya casi ha terminado, sólo había una sangre sagrada, sólo una raza polar y solar, surya vamça, sólo una conciencia de la predestinación sobrehumana, providencial de ésta, divina, sólo una religión viva y actuante, sólo una historia abierta, heroica, trágicamente extendida hacia adelante:Al final de este mismo ciclo y más allá de este final, la unidad de los orígenes anteriores de lo que fuimos, de lo que somos ontológicamente, en la parte oculta y abismal, actualmente custodiada y ocultada por la inmemoria, de nuestra identidad inmutable, pero crucificada y desgarrada en la rueda, volverá a encontrarse como antes, reconstituida, prometida al misterio ardiente de su asunción final, presumida como eterna.

La nueva conciencia geopolítica revolucionaria que hoy es la de la próxima unidad imperial del Gran Continente Euroasiático, y de lo que algunos llaman ya el Gran Imperio Euroasiático del Fin, no hace sino traducir en un nivel histórico y político inmediato y directo la más profunda conciencia trascendental de la recuperación final de la unidad anterior, de la unidad originaria del mundo y de la conciencia occidental del mundo y de la historia.

Toda conciencia de la realización final del mundo y de la historia del mundo va, conduce, termina en el Occidente consumado de la conciencia y, por ello mismo, en la conciencia occidental del fin, de todos los fines: la conciencia absoluta no es más que el Occidente absoluto de la conciencia realizada por sus nupcias últimas consigo misma, y por su elevación asuntiva y su coronación secreta como unión amorosa con el supremo misterio mariano, con su *Fu/gens Corona.*

Hoy, en Europa Occidental, Europa Oriental y todas las Rusias vuelven a ser una. Y esta nueva unidad geopolítica, que es gran europea en su fundamento, se identifica también, dentro de la nueva conciencia euroasiática final de la historia, que ya es nuestra, con la espacialidad norteasiática de la Gran Siberia, y también con la India y Japón, así como con las tierras sagradas de Asia Central, polarizadas por su fortaleza interior del Tíbet. Así se verificará la antigua y todavía muy secreta visión grandcontinental euroasiática del emperador Nicolás II de Rusia, apodado proféticamente, por el emperador Guillermo II de Alemania, que sabía mucho más de lo que se sabía de él, "el emperador del Pacífico". Del Atlántico al Pacífico, una vez más y finalmente, una misma unidad imperial, viva, polar, radiante. Ahora lo sabemos, vuelven los Grandes Tiempos y el Gran Verano.

No hay Nuevo Imperio sin una religión renovada

Sin embargo, lo que funda todo nuevo establecimiento imperial en la historia es el advenimiento previo de una nueva religión, de un nuevo surgimiento de lo sagrado que toma sus bases vivas y se encarna en el propio devenir de la historia así comenzada de nuevo: el Imperio, *el Imperium Novum*, es cada vez una nueva religión en ciernes, o renovada desde sus últimas profundidades, que exigirá su advenimiento, la *Religio Novissima*. Y el nuevo advenimiento del ser implicado por esta nueva natividad y su oculta concepción inmaculada llevará siempre los signos inspiradores de la *Religio Novísima* que, por ese mismo hecho, se convierten también, y cada vez, en los signos decisionales del *Imperium Novum*.

Hoy, el surgimiento de una nueva conciencia geopolítica imperial del destino, de dimensiones grandiosas-continentales y euroasiáticas, debe parecernos sobre todo un signo de la muy secreta natividad religiosa en curso, del advenimiento, todavía sólo implícito, de un nuevo estado religioso y espiritual del mundo y de la historia reclamada por el aliento abisal de lo sagrado, Y esto es precisamente lo que nuestro santo Papa Pío XII previó tan proféticamente en forma de esta Renovación, de este Renacimiento, cuya irresistible inminencia salvífica anunció, y que hemos identificado como el hecho de los tiempos apocalípticos a los que llama la realeza ontológica y cósmica final de María, "Nuestra Reina y Nuestra Señora" (Pío XII).

Para nosotros, los del Renacimiento previsto por Pío XII, es la proclamación romana del dogma de la Coronación Cósmica de María la que deberá constituir los fundamentos ocultos y abismales del futuro gran Imperio Euroasiático del Fin.

El fracaso de Roma en Europa Occidental

Los plazos de los planes de la Divina Providencia no se inscriben en el tiempo, en los tiempos inmediatos de la expectativa humana, en los tiempos profanos e ilusorios, sino en la temporalidad impenetrable del Espíritu Santo, que está en movimiento, siguiendo la espiral de su ascenso sin fin, y que es el único que anima el Deseo Único: Lo que el gran pontificado profético de nuestro santo Papa Pío XII había permitido prever, vislumbrar a partir de los fundamentos dogmáticos a la vez nuevos y absolutamente decisivos que había sabido dar en el cumplimiento de su propia misión, el pontificado revolucionario de nuestro gran Juan Pablo II estará destinado a realizarlo en la historia imponiendo el formidable advenimiento del hecho sobre la bisagra ardiente de dos milenios, uno aún no terminado y el otro no comenzado, bisagra que aparece, al mismo tiempo, como la línea de desgarro interior y de afirmación exterior de nuestra propia generación. Una generación trágica, si alguna vez hubo una. Porque ahora sabemos que el Tercer Milenio debe ser el del *Regnum Dei*, y que nos corresponde asegurar su llegada de forma revolucionaria, con las armas en la mano.

Juan Pablo II, que tomó como lema pontificio el grito de guerra y el servicio mariano del *Totus Tuum*, empezó por conseguir lo inconcebible, al derrotar la conspiración planetaria y las dominaciones subversivas del comunismo por medios exclusivamente sobrenaturales, de orden exclusivamente espiritual y místico. En efecto, es logrando consagrar -y esto a pesar de la obstinación diversa y criminal de la mayor parte del episcopado católico mundial bajo influencia masónica y marxista, ferozmente opuesto al voto mariano de Fátima y al imperialismo cósmico del Corazón Inmaculado de María- consagrar, Digo, por una especie de toma de poder velada, para consagrar a Rusia al Corazón

Inmaculado de María que, milagrosamente, Juan Pablo II redujo el comunismo a la derrota desde dentro, "como por sí mismo", en Rusia y en toda la Europa del Este bajo la dominación soviética.

Por otra parte, cuando, a finales de los años ochenta, Juan Pablo II intentó trasladar a Europa occidental lo que había tenido un éxito tan decisivo en Europa oriental, la resistencia local de la subversión episcopal y de las terroríficas zonas de necrosis instaladas más o menos clandestinamente en el cuerpo mismo del pueblo católico occidental, resistencia que fue asertiva, La iniciativa pontificia de una "nueva evangelización de Europa" quedó truncada y las acciones contraestratégicas del Sínodo Continental Este-Oeste fueron aniquiladas antes de que pudieran manifestarse realmente. Aquí, obviamente, la prueba de fuerza entre Juan Pablo II y la Iglesia amiga de las tinieblas que actuaba contra él y los suyos desde dentro de su propia Iglesia, iba a resultar en una derrota total y significativa para las posiciones romanas, y que, además, casi le costó la vida (y esto, se sepa o no, ya en varias ocasiones; como personalmente me siento en el deber de mostrar más adelante). Además, Juan Pablo II sólo se resignó a suspender su gran proyecto de "nueva evangelización de Europa Occidental" ante la amenaza de una ruptura declarada con la Iglesia de Europa Occidental, o más bien con sus Conferencias Episcopales, que ya decían -de forma apenas confidencial- que estaban dispuestas a ponerse en estado de rebelión, de insubordinación abierta hacia el Sumo Pontífice, hacia Roma.

Es difícil imaginar una decepción más significativamente intolerable para un Pontífice que reina desde Roma que la de la ostentosa negativa, tan feroz como desdeñosa, del llamado episcopado católico romano de la Iglesia de Europa Occidental -del "mundo occidental"- a aceptar el deseo claramente expresado y definido de Juan Pablo II de proceder a la recuperación tradicional del catolicismo occidental, devastada desde dentro por dos siglos de apostasía, incluyendo un siglo de infiltraciones, retrocesos e infiltraciones marxistas, empujadas en profundidad, en las jerarquías católicas que se habían convertido en el objetivo prioritario de los aparatos especiales comunistas en toda Europa.

Sin embargo, destaquemos que Juan Pablo II supo perfectamente reconocer el golpe, dar la vuelta a una situación fundamentalmente negativa para darle otra dirección de captación dialéctica, otro sentido de compromiso final, y éste planteado, desde el principio, más allá de la aceptación de facto de la decepción sufrida, y asumida. Aceptación de una derrota que, integrada como tal en otro proyecto de acción, se integraba así dialécticamente, se reasumía positivamente, para convertirse en el fulcro mismo de su propia superación presente y futura, de su reanudación, de su recuperación ya en marcha y, en un nivel poderosamente ampliado, aprehendido en sus límites finales.

Subversivamente abortado, por tanto, por los mismos que deberían haber apoyado con heroísmo y fervor la inmensa carga contraestratégica sobre el terreno, el proyecto así aplazado de la tradicional toma de posesión católica de Europa Occidental respondiendo al retorno de Europa del Este a la lucha contra el cristianismo tras el providencial derrumbe del comunismo y sus apoyos aún más negros en la sombra, Juan Pablo II suspendió temporalmente su ejecución, de modo que, sin más demora y como en un mismo movimiento, inició el paso hacia la realización de su "gran plan final", de su superproyecto planetario, del que Roma se ha convertido en el polo metaestratégico subterráneo ya en acción, a saber, el superproyecto de integración planetaria -de acercamiento- a trabajar, por parte de Roma, de todo el frente de la espiritualidad humana actual, y ello en el horizonte trascendental del paso al Tercer Milenio

El paso al tercer milenio debe considerarse, de antemano, como una apertura trascendental al mundo y a la historia, a través de la puesta en marcha de este superproyecto católico romano que vamos a denominar, a partir de ahora, precisamente con el nombre convencional de Proyecto Tercer Milenio, y que, por su parte, Roma designa actualmente como Proyecto Sinaí, o Proyecto Monte Sinaí.

Ahora bien, si es bien cierto que, por el momento, Roma se niega claramente a tomar cualquier posición, a hacer cualquier declaración exhaustiva o verdaderamente reveladora sobre el verdadero contenido final del Proyecto del Monte Sinaí, no es menos cierto que, al mismo tiempo, el rumor crece y crece con la insistencia que, viniendo, siempre, de Roma, intenta ya explicar el sentido general.

Esto propondría, pues, en el horizonte del tercer milenio, un encuentro fundacional que tendría sus primeros cimientos en el Monte Sinaí, en Palestina, un encuentro que concerniría, en principio y sobre todo, a las actuales religiones de origen abrahámico en sus grandes componentes, católica, ortodoxa, judía y musulmana, a las que se añadiría, tal vez, el budismo mahayano, con el fin de realizar una convergencia tradicional -incluso tradicionalista- de las grandes espiritualidades que movilizan a la humanidad en un momento en el que proféticamente, y a la luz del nuevo milenio, sería posible reunir a las grandes religiones del mundo, Este encuentro implicaría, en principio y sobre todo, a las actuales religiones abrahámicas en sus principales componentes, la católica, la ortodoxa, la judía y la musulmana, a las que tal vez se añadiría el budismo mahayano, con el fin de realizar una convergencia tradicional -en realidad, tradicionalista- de las grandes espiritualidades que movilizan a la humanidad en un momento en el que, proféticamente, y de forma ya implícitamente apocalíptica, se anuncian los inmensos cambios que conocemos e intuimos en los destinos visibles e invisibles del género humano.

Cambios desde arriba, cuyo surgimiento habíamos previsto hace tiempo, y que ahora se hace cada vez más imperioso e irresistible. Y del que acabamos de hablar largo y tendido aquí, a la inmensa sombra de María.

Las dos normas: tradición y antitradición

En realidad, se trata de reunir las fuerzas vivas de la Tradición, en el sentido guenoniano y sempiterno del término, frente a los planes de toma criminal y de dominio total del mundo y de su historia presente y futura por parte de los poderes ya activos y casi victoriosos de la Anti-Tradición y del Misterio de la

Iniquidad que se encuentra detrás de ella. Este previsible e inminente enfrentamiento de la Tradición y la Antitradición -ya hace medio siglo, Pío XII había llegado a exclamar que el conflicto entre Cristo y el Anticristo está tomando formas gigantescas- deberá decidir, pues, el sentido último, la forma definitiva de la relación del género humano con su propio devenir, con el desenlace irrevocable de éste: El superhombre, cristológicamente divinizado con la línea tradicional, católica y polar de la Tradición, o el subhombre bestializado con la línea infernal de la Anti-Tradición. Así, encontramos la figura activa de la meditación apocalíptica fundamental de San Ignacio de Loyola, que tanto ha fascinado a nuestro pueblo, la figura de la meditación de las Dos Banderas.

Ya, con el anunciado fin de las ideologías, la historia -la "gran historia"- pasaba a la jurisdicción providencial de la teología activa, y la propia historia se convertía ya en teología con el nacimiento, en su seno, del movimiento de las profundidades que quería dar a la teología -me refiero al catolicismo- las misiones de un supremo interventor en el curso final de la historia, La propia aceleración de este movimiento, en su carrera hacia una especie de conclusión aún inconcebible pero ya presagiada, reveló a quienes pudieron ver la inminencia de lo que ahora se nos pide a riesgo de algo más que la vida, a riesgo de la propia condición sobrenatural de la humanidad salvada por el sacrificio sangriento de su único Dios.

Así, tras la nueva perspectiva metahistórica que hoy nos abren los primeros anuncios del Proyecto del Tercer Milenio, muchas iniciativas católicas del pasado bastante reciente adquieren un significado revelador, pleno, inmediatamente decisivo, que se aclara desde dentro.

Seamos claros. El Movimiento por un Mundo Mejor (MMM) de Pío XII, que había querido hacer del catolicismo, se movilizó abiertamente en la vanguardia de la historia, como otra Orden del Temple, una fuerza de combate supranatural contra el frente de la interferencia devastadora del Poder Oscuro secretamente en primera línea al final de la guerra planetaria de 1939-1945 y manteniendo en su poder el gigantesco aparato criminal de las masas comunistas y sus jerarquías de supervisión y guerra clandestina; así como el extraordinario conjunto de enseñanzas escatológicas -de hecho, apocalípticas- muy inspiradas que el mismo Pío XII supo movilizar y proclamar en la hora más oscura, para que sirvieran para reforzar y armar lo que él mismo llamó, en su momento, el misterio de la próxima Renovación interior, resurreccional y cósmica de la Iglesia, y la llegada a término de este misterioso Despertar que debía encontrar en él su inmediata realización suprahistórica, y su Reinado; al igual que, más tarde, bajo otros pontificados, las profundas convulsiones que precedieron al vertiginoso acontecimiento del Concilio Vaticano II - lamentablemente desviado de sus objetivos primarios y sobrenaturales, e incluso en su misma identidad, por las fuerzas infernales que actúan negativamente de la Anti-Iglesia en el seno de la propia Iglesia- y de lo que el Concilio Vaticano II podría haber sido si hubiera sido posible salvar lo que no se podía salvar. Todas estas iniciativas, y muchas otras, mejor disimuladas sin duda, fueron, como podemos entender ahora, y entenderlo activamente, otros tantos intentos preliminares, otras tantas aproximaciones sucesivas a la obra subterránea realizada continuamente por el Espíritu Santo con el fin de hacer emerger al final, culminante y deslumbrante, la figura apocalíptica de la misión directa de la Iglesia en la historia. Porque en este final, que está casi más allá de todo final, la Iglesia -me refiero a la Iglesia como tal- tendrá que actuar, imponer su propia voluntad revolucionaria y sus propias revelaciones, su propia dialéctica de derrocamiento total, dentro de la historia del mundo como tal, al final de la historia de este mundo como tal. Aquí estamos, ha llegado el momento.

Sin embargo, y precisamente por todo ello, se hace más necesario que nunca un formidable trabajo de vigilancia y de control espiritual y contraestratégico directo, en todo momento, una cuestión de vida y muerte, una cuestión de vida eterna y muerte eterna, por parte de las fuerzas vivas invitadas a responder a la movilización incondicional que exige ya una empresa tradicionalista de dimensiones planetarias, inmediatamente metahistóricas, como es la del Proyecto Tercer Milenio. Y éste atrae todo hacia sí.

Pues ya se está poniendo en marcha una vasta estructura de desinformación que busca sus marcas de distracción y de cerco acelerado en relación con las posiciones preanunciadas del Proyecto Tercer Milenio.

Paradójicamente, la primera línea de ataque contra el Proyecto Tercer Milenio procede de ciertos círculos fundamentalistas -en el sentido fundamentalista de la palabra- que trabajan con argumentos, esencialmente "denuncias" fundamentalistas, que ponen en marcha círculos, organizaciones y organismos de influencia abiertamente fundamentalista. Así, la afirmación, puesta en circulación a través de ciertas agencias más o menos especializadas, y más aún dando rienda suelta a sucesivas oleadas de rumores orientados, de que el Proyecto Tercer Milenio está siendo utilizado por Juan Pablo II para provocar clandestinamente la abdicación definitiva del catolicismo tradicional sin retorno, sin retorno, del catolicismo tradicional en las aguas oscuras de un ecumenismo irremisible, pretendiendo desviar, disolver el depósito católico de nuestra Fe por el vitriolo de un globalismo de manipulación masónica superior, o algo más.

Fingiendo no entender -o realmente cegados por quien, en este caso, los ciega, los manipula descaradamente y sin piedad, "los lleva al matadero'- los defensores de esta tesis desinformativa confunden, o pretenden confundir a propósito, una operación de puesta en convergencia de las aspiraciones metahistóricas activas de las fuerzas espirituales actualmente investidas en el mundo -entre las cuales el catolicismo- invitadas, y muy precisamente por el catolicismo, para enfrentarse, juntos, a un desafío apocalíptico final, al desafío supremo del poder de las tinieblas, y a no sé qué operación de sometimiento, de no sé qué proyecto de alienación, de disolución del catolicismo en un estado de ecumenismo larvado que, en todo caso, representaría una liquidación fraudulenta, irremisible.

Esta amalgama es esencialmente criminal, y debe ser tratada como tal, sin la menor complacencia suscitada por las pretensiones tradicionalistas de sus vendedores ambulantes, aunque estén enmascaradas por las ambiguas necesidades de su causa, que, además, oculta otra más oscura.

En lo que a nosotros respecta, las cosas no pueden estar más claras. Lo que Roma quiere conseguir a través de su Proyecto del Tercer Milenio -o Proyecto del Monte Sinaí-, de acuerdo con la dialéctica de lucha de los Dos Estandartes, es que se elabore urgentemente un inventario trascendental de los que, en la hora venidera, estarán bajo el Estandarte Blanco, el estandarte del Campo de Roma.

Identificaciones de la misma fe

Ciertamente, el Espíritu Santo, que es Dios, puede hacerlo todo. La convergencia espiritual hasta el punto de la identificación total de ciertos cuerpos religiosos, para que al final se conviertan en uno, es siempre posible, pero cualquier proceso de identificación que tenga que llegar hasta el final sólo puede traer a una presencia unificadora -o reunificadora- partes que ya estaban unificadas de antemano, e idénticos y secretamente unidos por el misterio de su pertenencia preontológica, y cuyas separaciones en el siglo fueron ordenadas sólo desde el exterior y para el exterior, por las maniobras de los agentes secretos del siglo y de las decadencias del siglo que, en sí mismo, no es más que una ilusión mentirosa e impotente, nada frente a la verdad que habita en los habitantes de la verdad.

Así pues, la Ortodoxia, de la que actualmente da testimonio un hombre de la extraordinaria talla providencial del Obispo Ioannos, Metropolitano de San Petersburgo y Ladoga, puede y debe encontrarse a toda costa, sin más demora, y encontrarse en términos de reunificación nupcial, de gran retorno, con la fe viva y activa que es actualmente la de Roma bajo el liderazgo de Juan Pablo II. Y esta será la parte de la fruición milagrosa que se dará por añadidura al misterio profundo que, sea como sea, está inmutablemente en la base de las convergencias ya en marcha, de las que se encarga el Proyecto Tercer Milenio.

A partir de ahora, como podemos ver, sólo al borde del abismo, y qué abismo, se reencuentran los que parecían haber perdido el rumbo, y es, en efecto, al borde del abismo donde yo mismo retomaré, hoy, aquí, para hacer nuestro pan espiritual, las afirmaciones del obispo Ioannos sobre la lucha que nos es común: "Dios nos ha destinado a ser contemporáneos de los "últimos tiempos". El Anticristo, como posibilidad política real de nuestro tiempo, *ya* no está en duda".

Y lo que es cierto para el Tradicionalismo Ortodoxo, con lo que me refiero a la parte espiritualmente intacta del mismo, o más bien a la parte que aún no ha sido oscurecida, como en Grecia, Serbia y otros lugares, por las infiltraciones nocturnas del anticatolicismo masónico, puede ser igualmente cierto para otras instancias de la Tradición Viva que aún están en acción. Pues es la hora de la batalla de la Tradición contra el frente planetario de las fuerzas de la Anti-Tradición exasperadas, en lo invisible, por la conjuración de Acuario, frente en el que se integran todos los fundamentalismos portadores de la Corteza Muerta, y ellos mismos reducidos al estado de Klipphoth, sea cual sea el bando en el que supuestamente estaban. Y esto es tanto más cierto cuanto que la gran ola actual de fundamentalismos ha sido creada deliberadamente sólo para oponerlos, llegado el momento, a las posiciones de la Tradición Viva. Momento que, entre otras cosas, representa también para nosotros la terrible revancha final de la enseñanza de René Guénon, que ha sido rechazada, despreciada y denigrada, sobre todo por los miserables fundamentalismos católicos o asimilados, que nunca han sido más que lúgubres imposturas sometidas, como todos los fundamentalistas, al negro horror de la Letra Muerta.

En cualquier caso, este siglo de inconcebible depravación espiritual y de terroríficas y oscuras pruebas para la Fe, la Esperanza y la Caridad, se habrá beneficiado también del carisma verdaderamente providencial de la serie de tres soberanos Pontífices de compromiso visionario y escatológico, Pío X, Pío XII y Juan Pablo II, sin duda, en la medida misma del gran peligro que nos sobrevuela, el más santo, el más despierto de toda la historia de la Iglesia.

Y también sabemos que el Papa escatológico y combatiente, el Papa militar que es nuestro Juan Pablo II, dio su vida por adelantado como un alto sacrificio expiatorio y fundacional para que el Proyecto del Tercer Milenio se realizara perfectamente y dentro del tiempo previsto. Un juramento y un sacrificio que debemos tomar como aceptado por el Cielo.

El juramento de Juan Pablo II

Por eso, Juan Pablo II se ha comprometido, se ha ofrecido como holocausto para que el Proyecto del Tercer Milenio tenga éxito, y para que pueda ver este éxito con sus propios ojos después de habernos conducido él mismo hasta allí, a través de la oscuridad, de batalla en batalla.

Y, sin embargo, ¿logrará Juan Pablo II permanecer, inconmovible, despierto, al frente de las huestes de sus fieles durante los doce años, más o menos, que serían necesarios para la plena realización de este programa escatológico final de la Iglesia? El estado actual de su salud, ya tan gravemente puesto a prueba por los escollos que conocemos y ni siquiera sospechamos - pues el atentado de la plaza de San Pedro habría sido, en última instancia, sólo la punta del iceberg-, hace que esto pueda parecer ciertamente difícil de prever sin la intervención directa del poder divino.

Entre tanto, mientras se preparaba para anunciar la apertura del próximo Año Santo del 2000 con un escrito apostólico titulado *Tertium Millenium Adveniente, un* texto que debería constituir también su "testamento espiritual", Juan Pablo II ha dejado traslucir repetidamente la certeza, inspirado místicamente por su fe visionaria, pero también por las confirmaciones del otro mundo, sobre el aplazamiento personal de la vida que le sería concedido por el cielo para que pudiera esperar poder llevar a cabo su misión relativa a la entrada de la Iglesia en el Tercer Milenio.

El 29 de mayo de 1994, al salir del hospital, Juan Pablo II hizo unas declaraciones muy avanzadas: "En estos días, he encontrado a mi lado la gran figura del primado Wyszynski, fallecido hace trece años. Al principio de mi pontificado, me dijo: 'Si el Señor te ha llamado, debes conducir a la Iglesia al Tercer Milenio'. Ahora entiendo que este camino es de sufrimiento. "

Además, las confidencias romanas, de cuya validez espiritual no se puede dudar, se refieren también, recientemente y con insistencia, a una extraordinaria aparición -sin duda mariana- destinada a reforzar la seguridad de Juan Pablo II sobre la gracia segura que le ha sido concedida para que el Proyecto del Tercer Milenio -el Proyecto del Monte Sinaí- se complete, y su visión imperial planetaria se cumpla, en el plazo previsto.

¿Pero no es el Misterio de la Fe el que, de todos los misterios cristológicos que actúan en la historia de hoy y más allá, sigue siendo el más grande? Así, las nuevas empresas cristológicas y marianas de las que hemos de responsabilizarnos activamente serán todas operativas a través del Misterio de la Fe, sobre todo. Lo que creemos que será.

Somos la Iglesia del Fin

Como ya se ha dicho, se están preparando nuevos y vastos encuentros políticos y de poder, revolucionarios, a nivel planetario, encuentros que se justificarán cada vez más por las profesiones religiosas de fe.

A través del Proyecto Tercer Milenio, Roma se compromete a construir, al más alto nivel del acercamiento que pueden prever las nuevas convergencias metahistóricas en curso, lo que deberá ser su propio campo, el campo de la Libertad del Espíritu. Allí se hará una gran luz, nueva, soleada, virginal, la luz de María, la misma que, proyectándose sobre el fondo rojo y feroz de los cielos, combatirá y abatirá a la Entidad Negativa, la envoltura de las tinieblas del Misterio de la iniquidad. La luz de María será la portadora de la nueva salvación imperial de los cielos y del mundo, e iluminará desde dentro la conciencia apocalíptica de nuestro pueblo. Nuestras conciencias serán cambiadas de acuerdo a los cambios de Arriba. En el seno de la propia Iglesia, las elecciones y la reunión activista de los que irán a la salvación y sus combates de liberación espiritual final bajo el estandarte blanco de María se harán en adelante sobre el criterio apocalíptico de la santidad, de la Fe ardiente de los que habrán sabido hacer el sacrificio heroico de sí mismos por adelantado.

Somos la Iglesia del fin, la Iglesia del *Regnum Mariae*. En la temporalidad propia de la historia después del fin de la historia, que es la temporalidad límpida y ardiente del *Regnum* Mariae, estaremos llamados a vivir, con el Imperium, en el siglo de todas nuestras luchas de santidad por venir, y, con el *Regnum Mariae*, *fuera* del siglo: el matrimonio del Reino y del Imperio viviremos extasiados en nosotros mismos, pues todo misterio de poder y de vida es un misterio que concierne al Reino Interior, el Reino del Sagrado Corazón ardiente de Jesús, cuya figura Marguerite-Marie Alacoque pidió con razón que se colocara en los Estandartes de Francia, que es a su vez el Reino Interior.

Dicho todo esto, no es menos cierto que es el compromiso político inmediato y directo que nos corresponde en la actualidad lo que más nos interesa identificar en la perspectiva de la visión imperial planetaria del Proyecto Monte Sinaí. Porque hay una política de la eternidad, cuyos objetivos apuntan a la instalación del Imperio del Fin, hacia el que se mueve actualmente la historia del mundo, en las sombras, y nuestra tarea es precisamente la de asegurar que la dirección que va a tomar la historia de este mundo en su actual gran punto de inflexión apocalíptico sea la del horizonte imperial escatológico final que nos ha sido dado providencialmente intuir, vislumbrar ante nosotros. Sabemos a dónde debemos ir, nuestra decisión viene a nosotros desde más allá de este mundo. Este es el último secreto de nuestra generación, una generación predestinada si alguna vez hubo una. Aunque sólo quedemos unos pocos, los *últimos*.

MISIONES DE RUSIA EN EL CONTINENTE EUROPEO

Karl Haushofer
Subha Chandra Bose
in memoriam

El eje franco-alemán es una revolución mundial

En los círculos geopolíticos del gaullismo, quiero decir dentro de sus "grupos geopolíticos" altamente confidenciales, cuya acción, se diga lo que se diga, continúa en la sombra, se está más convencido que nunca de la necesidad vital, ontológica, de una gran política continental franco-alemana.

En efecto, manteniendo un perfil muy bajo en relación con los compromisos que el movimiento gaullista oficial ha contraído, actualmente en Francia, a través del experimento gubernamental llevado a cabo por Edouard Balladur y Charles Pasqua, los "grupos geopolíticos" siguen sin embargo de cerca la evolución cada vez más preocupante de la situación política general en Europa.

Ahora bien, para el "gaullismo del fin", para el gaullismo en proceso de realización final, que es sólo nuestro, cuanto más se encuentre la política europea en dificultades, tanto en relación consigo misma como en sus frentes externos, planetarios, de afirmación, más es necesario que el acercamiento franco-alemán se intensifique, y que incluso acabe resolviéndose en una integración federal decisiva, llegando hasta la identificación total. Una identificación final destinada a cambiar, como por reverberación sísmica, desde dentro y de forma irreversible, toda la situación política continental.

El gaullismo, el mayor gaullismo, fue, es, diga lo que diga y haga lo contrario, y tendrá que ser visionario hasta el final, un concepto geopolítico centrado en la integración de todo el continente euroasiático a partir del núcleo central revolucionario franco-alemán. Para el General de Gaulle, la instauración inmediata de una comunidad de destino franco-alemana era, tanto en su devenir como en su realización final, una Revolución Mundial. Esta conciencia unitaria fundadora, esta inteligencia superior y agónica del problema franco-alemán tiene su origen en los años trágicos, ardientes y caóticos del final de la última guerra civil europea, en el fatídico invierno de 1944.

Recordemos que, en sus *Memorias*, el general de Gaulle cita, sin ningún comentario pero de forma exhaustiva, la carta personal que le había llegado en 1945, por canales especiales, de Heinrich Himmler, cuando éste ya estaba siendo atrapado en la oscuridad. En esta carta, Heinrich Himmler hizo un llamamiento profético para la constitución de una futura comunidad de destino franco-alemana, para la que invitó encarecidamente al General de Gaulle a asumir una responsabilidad política inmediata y activa. En verdad, el único camino que puede llevar a su pueblo a la grandeza y la independencia es el del acuerdo con la Alemania derrotada. ¡Proclámenlo de inmediato! Póngase en contacto, sin demora, con los hombres del Reich que todavía tienen el poder de facto y que quieren dirigir su país en una nueva dirección. Están preparados para ello. Si superas el espíritu de venganza, si aprovechas la oportunidad que la historia te ofrece hoy, serás el hombre más grande de todos los tiempos", escribió una vez Heinrich Himmler.

Ahora bien, ya en 1945, la primera y fundamental preocupación del general De Gaulle había sido distinguir y luego movilizar, en el seno de una Alemania devastada, aniquilada política y socialmente, los recursos de la vida que aún no habían sido dañados, la "parte última", misteriosamente conservada contra todo pronóstico, para que otro comienzo de la historia pudiera encontrar sus fundamentos, la apertura inmediata de todos sus desarrollos futuros, una apertura que, por otra parte, estaba prevista de antemano. Lo que el General de Gaulle iba a pedir a Alemania era, dijo, que reconstruyera, con Francia, "nuestra Europa y nuestro Occidente".

Hablando de este dramático punto de inflexión en la nueva historia europea - que resurge de sus propias cenizas - el General de Gaulle señaló en *sus Memorias*:

Friburgo, en la Selva Negra, agrupa para recibir a De Gaulle a todos los representantes de las regiones que ocupamos en la orilla derecha del Rin. El 4 de octubre, el Dr. Wohleb me presentó a las personalidades de Baden. En la mañana del día 5, el Sr. Carlo Schmitt presentó a los de Württemberg. El arzobispo de Friburgo, Mons. Grœber, así como Mons. Fisher, de la diócesis de Rotthausen, se encuentran entre los visitantes. Entonces, estos hombres de calidad, temblando de buena voluntad, se reunieron para oírme evocar "los vínculos que un día unieron a los franceses y a los alemanes del Sur y que ahora deben reaparecer para servir a la construcción de nuestra Europa y de nuestro Occidente".

A propósito de esta voluntad visionaria del general de Gaulle, deseoso de recomenzar, apenas terminada la guerra, la historia occidental interrumpida, para construir, hacia adelante, la más grande historia europea por venir fundándola sobre el eje ontológico franco-alemán, Dominique de Roux escribió, en su libro revolucionario sobre el general de Gaulle, estas líneas que quedarán, *definitivamente*

Es en este sentido en el que hay que entender ciertamente la afirmación del general De Gaulle, hablando del acercamiento franco-alemán, cuando dijo en junio de 1963, en la región de Charentes, que "después de inmensas desgracias, habiendo concluido la paz entre ellos y habiéndose unido para un destino común, Alemania y Francia han realizado, juntas, una Revolución Mundial".

Benditos sean los pacíficos

Sin embargo, no es menos evidente que el "Eje franco-alemán" no podría tener ninguna realidad política e histórica directa y activa si no se apoyara en su duplicación geopolítica en el Este, en lo que, en 1994, el ministro de Asuntos Exteriores de Moscú, Andrei Kozyrev, no dudó en llamar el "Eje germano-ruso".

Vemos cómo el destino suprahistórico de la comunidad política euroasiática gran-continental de los años venideros se identifica revolucionariamente con el destino político actual del eje gran-europeo París-Berlín-Moscú, la razón de ser ya en acción, el fundamento de la gran Europa en la que nuestra generación está llamada a encontrar su destino y la prueba decisiva del mismo, su prueba suprema. Por ahora, "todo vuelve a estar en la zona de atención suprema".

Así, se hace más que urgente, así se hace vital que recordemos, hoy, el hecho de que la tesis gran-continental del eje París-Berlín-Moscú -en la actualidad, repitámoslo, una tesis contra-estratégica fundamental de los "grupos geopolíticos" que actúan en el seno del movimiento gaullista en marcha- parece tener un origen mucho más lejano que el de los primeros intentos de proyectarla, para que se inscriba directamente en el curso de la "gran historia" que el general De Gaulle, entonces en el poder en París como Presidente de la República, había emprendido de forma más o menos subterránea en los años sesenta, y que había fracasado entonces sólo por la muy sospechosa -más que sospechosa- incomprensión del gobierno de Bonn.

La tesis del eje grancontinental París-Berlín-Moscú no era, en efecto, originalmente, como se estaría tentado de creer hoy, de génesis exclusivamente gaullista, sino que procedía de ciertos ajustes ideológico-doctrinales franceses realizados, durante los últimos años de la guerra, en París, al conjunto de posiciones geopolíticas avanzadas apoyadas, reforzadas doctrinalmente por la visión de Karl Haushofer del *Bloque Kontinental*, del "Bloque Continental". Se trataba entonces de un trabajo de desarrollo doctrinal que se originaba en el seno de ciertos grupos secretos de influencia y penetración que actuaban en París bajo la responsabilidad de Georges Soulès -más conocido, posteriormente, como el "Bloque Continental". Más tarde conocido como el novelista Raymond Abellio- dentro, y desde dentro, de las altas esferas del Mouvement Social Révolutionnaire (MSR), al tiempo que mantenía estrechas relaciones -no sin el apoyo, en la sombra, de ciertos servicios políticos superiores alemanes- con cierta fracción de la resistencia político-militar gaullista a las órdenes, en la clandestinidad, del futuro general de Bénouville.

En su primera novela, *Heureux les Pacifiques*, publicada en París en 1950, Raymond Abellio levanta una esquina del velo haciendo que uno de sus personajes -uno de sus dobles- hable del hecho, hasta ahora mantenido en secreto, de que había "socialistas por todas partes", socialistas nacional-revolucionarios, en todos los campos enfrentados en aquellos años, e incluso hasta el paroxismo de los últimos años de la guerra, después de 1942, porque también hay -hubo, y habrá más y más en el futuro- una internacional clandestina del socialismo revolucionario nacional e imperial, un socialismo gran-continental, "euroasiático". Raymond Abellio: "Hay -dice- socialistas en todas partes: querrían ver la creación de un bloque franco-alemán-ruso, un eje París-Berlín-Moscú que liberara a Occidente de la tutela y las contradicciones de la economía anglosajona".

Para *los que saben*, las fuerzas primarias ontológicamente presentes en la historia en curso seguirán siendo siempre las mismas, absolutamente inalteradas. Ayer como hoy, había, hay un solo enemigo de aquello que vuelve sin cesar al ataque para imponer el orden cósmico de su propia identidad polar de los orígenes, el Imperium fuera del alcance de aquellos que, "desde las estrellas" a través de la Juntura de Venus, habían establecido en la tierra la primera estación hiperbórea de los altos comienzos, y controló todas las estaciones de transmigración posteriores y sus sucesivos descensos ontológicos cada vez más lejos del ser -lo que Heidegger llama el "ser del ser"- y, por tanto, cada vez más oscurecido, nocturno, ajeno a toda anterioridad, más cerca del abismo del Sur Último. Pero, en cualquier caso, una vez que se haya alcanzado el Sur Último, provocará -quiero decir, provocará- como por sí mismo el Enderezamiento Final, la "Gran Reversión", lo que los videntes de los tiempos védicos habían llamado *Paravrtti*.

Ahora, en el momento actual, el campo polar del socialismo nacional-revolucionario europeo de apertura grandecontinental se moviliza de nuevo directamente en las barricadas de la lucha por la reconstitución política e histórica inmediata del eje París-Berlín-Moscú. Es allí, y sólo allí, donde se libran ahora todas las luchas de vanguardia, es allí donde se produce tectónicamente la renovación interior y abismal de la "gran historia".

En el centro de Europa, desafiada así por su nuevo destino, Alemania se encontrará desgarrada por la doble atracción y por la doble petición de encuentro que contradice esta atracción a la vez que la hace realidad, atracción que se ejerce sobre ella, Francia y Alemania, el Oeste y el Este del Gran Continente Euroasiático, atrapados ya en el vertiginoso vórtice final de la gran reintegración continental en curso bajo los ardientes y polares auspicios del *Imperium Ultimum*.

Inmensos poderes negativos, ocultos

Esta es precisamente la razón por la que inmensas potencias negativas secretas, ocultas, se oponen hoy a la integración definitiva de Francia y Alemania, al igual que inmensas potencias negativas secretas se opondrán, también, y al mismo tiempo, a la integración definitiva de Alemania y Rusia: sin embargo, en ambos casos, estas potencias negativas, ocultas y siempre sujetas al no-ser y al caos original en su persistencia nocturna y oculta, resultarán ser las mismas. Si así hemos permanecido igual, el enemigo ontológico de todo lo que somos y hemos sido, de todo lo que volveremos a ser, también ha permanecido igual, incondicionalmente idéntico a sí mismo y a sus misiones ordenadas por la "oscuridad exterior".

También hay que invocar el peligro, y ahí con la mayor claridad, de las poderosas maniobras de retraso, de "bloqueo antifascista", de desestabilización permanente que la Internacional Socialista y quienes la predeterminan, silenciosamente, ocultos en el fondo nocturno de nuestra propia historia en curso, persiguen contra nosotros, tanto a plena luz del día como completamente en la sombra. Se trata, pues, de denunciar con fuerza el socialismo marxista y cosmopolita, antinacional y antieuropeo, que transmiten los partidos socialistas de Portugal, España, Francia, Italia, Bélgica, Alemania, refugios y bases activistas endurecidas de los partidos comunistas aparentemente autoneutralizados, que han pasado a la fase táctica de "presupuestos previos". El caso del PDS italiano sigue siendo el más flagrante, que con sus masas electorales, sus cuadros, sus organizaciones paralelas y sus dirigentes, encabezados por Achille Occhetto, no es otra cosa que el PCI reforzado por los lodos de aluvión de un "frente popular" diseñado de otro modo, y tanto más peligroso.

Por otra parte, la situación sigue siendo especialmente crítica en Alemania, donde la posible llegada al poder en las próximas elecciones legislativas del PSD, reforzado por la candidatura izquierdista de Rudolf Scharping, cuyo sombrío pensamiento político y relaciones subversivas con formaciones alternativas clandestinas son notorios, provocaría una catástrofe política de dimensiones europeas, y probablemente mucho más. Habrá que impedirlo por todos los medios, incluso, como dijo el otro, "por los medios más legales".

Por lo tanto, nos pondremos inmediata e incondicionalmente al lado del Canciller Helmut Kohl, el héroe de la reunificación completa de Alemania y del reencuentro definitivo de Alemania consigo misma, así como del nuevo comienzo de la Gran Europa, que se deriva directamente de ello. Que el Canciller Helmut Kohl cuente con nosotros, que, por nuestra parte, siempre sabremos quién es quién.

Así, como podemos ver, todas las fuerzas en confrontación, en lo visible y en lo invisible, están ya en estado de máxima alerta, alineadas en sus lugares preestablecidos, listas para todo.

Se acerca el momento del gran terremoto, que volverá a sacudirlo todo. Así que voy a citar esta terrible palabra profética del Canciller Helmut Kohl, una palabra profética cuya actualidad se acelera, y que debemos entender en su doble nivel: *Lo que sembramos en mayo*, lo *cosecharemos en octubre*.

Los movimientos de la Tierra Media

Los cambios se producen en todas partes, y todos van en la misma dirección, en la dirección de la renovación total que se avecina, y cuya línea tumultuosa nos corresponderá dominar algún día.

Pero la situación también se aclara ahora en el fondo.

Si, en relación con el "Reino Medio" alemán, en relación con las "Tierras Inmutables" de la centralidad polar, fuera de alcance, encarnada, en estos tiempos del fin, por Alemania, Francia, por su parte, representa, hoy, y lleva a ella -pues tal es su misión predestinada- todo el campo occidental de la Gran Europa, Por lo tanto, el Occidente del Gran Continente Euroasiático y, más visiblemente, la base imperial occidental Madrid-Roma-Bruselas, Rusia, en lo que a ella respecta, representa, y trae consigo, principalmente, el Oriente del Gran Continente Euroasiático, incluyendo "la Gran India" y "el Gran Japón".

Sin embargo, como ya tuve ocasión de mostrar en mi estudio sobre "los fundamentos de la geopolítica secreta del gaullismo", el concepto de *"heartland"*, de "tierra media", equivalente geopolítico fundamental de las "Tierras Inmutables" del taoísmo, concepto de *"heartland"* ya definido en términos de geopolítica activa por Sir Halford Mackinder, y que Karl Haushofer también había suscrito plenamente en su obra, es un concepto destinado a moverse en el espacio central que constituye su propio ámbito continental de presencia y acción, sus movimientos siguen la espiral que impulsa y manifiesta el gran ciclo cósmico en curso.

Así, quien posee el secreto de los caminos previstos de antemano, inscritos de antemano en la espiral que gobierna los desplazamientos del *corazón* del Gran Continente Euroasiático, posee también, por este mismo hecho, el secreto del devenir del poder interior del *Imperium*, y de la historiai visible de éste en la historia en marcha hacia su conclusión última, hacia este *Imperium Ultimum* donde la historia será llamada a identificarse asuntivamente con el más allá de la historia.

El proyecto contraestratégico fundamental nuestro, en vísperas de nuestras mayores batallas suprahistóricas y revolucionarias del final, debe pues saber encontrar la audacia necesaria para salir al encuentro de lo que se nos presenta como el secreto ya en acción del futuro desplazamiento ontológico del centro de gravedad geopolítico del Gran Continente, de su próxima recentrificación imperial y polar. Debemos saber hacer de la propia inevitabilidad de la historia nuestra arma suprahistórica decisiva, la corriente que lleva nuestro mayor poder de intervención histórica y política en el futuro.

Para nuestro pueblo, y en este momento más que nunca, las opciones profundas del destino están, de antemano, como "inscritas en las estrellas".

Así es que si, durante la temporada de nuestros actuales preliminares al establecimiento conceptual y de principios del Gran Imperio Euroasiático del Fin, la ubicación ontológica de la "tierra media" se sitúa todavía en Alemania, una vez que el proceso imperial gran-continental se ha iniciado revolucionariamente en el nivel de la acción histórica y política directa, y se ha inscrito directamente en la historia en curso, el *corazón*, el *principium de* las Tierras Medias, deberá trasladarse -como estaba previsto- a Rusia, para alcanzar su lugar, previsto desde siempre, y previsto también para durar *hasta el final*, durante todo el milenio -o los diez milenios de nuestra leyenda anterior- de la próxima proyección temporal, inmediatamente histórica, que será la del *Imperium Ultimum*.

Además, cualquiera cuya mirada esté acostumbrada -o más bien tenga derecho- a captar la esencia del devenir histórico bajo el aparente, oscuro y atribulado curso de sus propias contingencias en marcha, debe haber comprendido ya, como por sí mismo, que el centro de gravedad de la nueva historia occidental del mundo se desplaza actualmente hacia Rusia, cuya atracción es cada vez más irresistible, y cuyo corazón más profundo ha comenzado ya, sin duda, a latir -a latir de nuevo- *en alguna parte*. Así, el "ascenso polar" de Rusia, territorio predestinado de la próxima aparición de las "Tierras Medias", está teniendo lugar, y continúa.

Por otra parte, nadie puede ignorar el hecho de que Rusia, en la actualidad, está atrapada en una situación aparentemente desesperada, en las garras de dificultades extraordinarias y bastante oscuras, desestabilizadoras, en una situación aún más oscura que la de Alemania en 1945, porque el desastre de Alemania en 1945 no podía dejar de encontrar en sí mismo algo que iniciara el proceso de una futura recuperación, mientras que el sospechoso vértigo en el que parece hundirse Rusia en estos momentos está diseñado para autointensificarse y ser incapaz de salir de la fatalidad de la muerte que se ha invertido en ella a propósito. Porque hay un vasto diseño en marcha para impedir que Rusia salga por sí misma de la trampa de la aniquilación que la rodea por todas partes y trata de asfixiarla, que la mantiene crucificada en la inconcebible vergüenza de su actual reducción ontológica a la miseria, al desmantelamiento económico y social, sin mayor ayuda, y esta conspiración concebida, desde fuera *y desde dentro*, de forma preventiva, para robarle su milagrosa liberación del comunismo y prohibirle que se incorpore al nuevo destino trascendental y suprahistórico, polar, que ahora es el suyo, a pesar de todo.

La comparación de la situación de desamparo total que es actualmente la de Rusia del interregno, de la transición postcomunista, y la de la catástrofe histórica de Alemania en 1945 se refiere sólo a la cara visible, externa e inmediata de las cosas.

Porque si Alemania fue derrotada en 1945, Rusia no lo fue. Al contrario. Rusia se ha *salvado*. Sea cual sea la situación actual de Rusia, ésta ha resucitado. Y esta resurrección, ahora, nos dice su camino presente, y su camino futuro.

El horizonte mariano de la Nueva Rusia

Ahora, milagrosamente liberada, sin guerra civil interna ni derrota militar externa, de la sangrienta e indefectible pesadilla de setenta años de oscuridad y vergüenza, de impotencia total ante el dominio comunista y de lo que se escondía detrás del comunismo, Rusia sólo fue liberada por obra del Corazón Inmaculado de María, Hoy, como acabo de decir, Rusia es un país que ha resucitado de entre los muertos y que lleva en su propio ser, y para siempre, los estigmas de un milagro inconcebible, como tantas incisiones eucarísticas, abrasadas de vida, ya radiantes, salvíficas, inextinguibles.

Así pues, Rusia debe encontrar ahora, sobre todo, la forma más adecuada de dar las gracias, de agradecer a su Divino Salvador la inaudita y altísima victoria, la intervención abismal que tan bien conoce su Inmaculado Corazón, como en un sueño, como si nada hubiera ocurrido en el medio.

Recordamos la predicción de San Maximiliano Kolbe, el místico que fue torturado en Auschwitz: que llegará el día, dijo, en que la estatua de María sustituirá al torbellino infernal de la "Estrella Roja" en lo alto del Kremlin. Así que todo debe ponerse en marcha, y de inmediato, para que este cambio simbólico se produzca de manera formal y nupcial. Antes de eso, no se hará nada de lo que debe hacerse para la promoción imperial de la Nueva Rusia llamada a la vanguardia trascendental para las batallas finales de nuestro *Imperium Ultimum*.

Y, en esta circunstancia, me es imposible no reproducir aquí, porque así debe hacerse, las conclusiones de mi reciente entrevista católica y mariana con Eric Vatré, entrevista que ha sido publicada posteriormente en una obra colectiva titulada *La droite du Père*.

Así que he comenzado la última parte de esta larga entrevista con una cita de Pío XII. Un fragmento del discurso extraordinario que Pío XII pronunció en Roma en la Navidad de 1942. En el corazón mismo del invierno supremamente decisivo, justo en el momento en que todo estaba a punto de volcarse en la oscuridad del extravío y la derrota, y durante tanto tiempo y desde entonces sin tregua.

¿No será más bien -dijo Pío XII- que sobre las ruinas de un orden público que ha dado tan trágicas pruebas de su incapacidad para asegurar el bien de los pueblos, todos los corazones rectos y magnánimos se unan en el voto solemne de no darse descanso hasta en todos los pueblos y todas las naciones de la tierra? ¿se convierte en legión la compañía de quienes, decididos a reconducir la sociedad al centro de gravedad inconmovible de la ley divina, aspiran a dedicarse a la salvación de la persona humana y de su comunidad ennoblecida en Dios?

La humanidad debe este voto a los innumerables muertos enterrados en los campos de batalla; el sacrificio de sus vidas en el cumplimiento de su deber es el holocausto ofrecido por el nuevo orden social que vendrá, que será diferente".

Y yo mismo añadí este comentario, que retomaba, y actualizaba, la línea de lucha de Pío XII: "Habiendo puesto los cimientos visibles e invisibles en la sangre, en el sacrificio heroico y místico de los que dieron su vida por el futuro y el honor trágico de su fe, la nueva unidad continental deseada por Roma está en marcha, y nada la detendrá. El sol de Roma vuelve a salir en el Occidente del mundo; Europa, llevada a las dimensiones del Gran Continente Euroasiático, vuelve a ser una idea trascendental". Y luego: "Mi mensaje se dirigirá exclusivamente a quienes ya están comprometidos, o lo estarán, en la terrible conspiración espiritual y nupcial del misterio del *Incendium Amoris*.

¿Cómo opera la conspiración *Incendium Amoris*, cuáles son sus objetivos últimos y el horizonte final de su conflagración? La respuesta a esta pregunta nos concierne de la manera más directa: "Más allá de sus futuras encarnaciones históricas y de lo que supondrá en ellas, así, procesionalmente, en los tiempos llevados hacia la asunción final del *Regnum Sanctum,* del *Imperium Sanctum,* los grandes acontecimientos que se avecinan y que tendrán todos, en su totalidad, a Roma como su centro polar y a la luz metahistórica de Roma como su horizonte de retorno, llaman también, en lo sucesivo, y con una violencia cada vez más apasionada, a una encarnación final, decisiva, coronaria, mariana". Y de manera aún más precisa, y por tanto más peligrosa: "María debe asegurar con su venida testimonial y amorosa el retorno de Europa -de la gran Europa- al ser de la fe católica renovada, así como es a través de la proclamación del dogma de la Coronación de María que Roma debe armar sobrenaturalmente su actual ofensiva contraestratégica final para la recuperación católica del Gran Continente Euroasiático". Y por último, muy peligrosamente, y muy deliberadamente, el Libro de Baruc, III 38, diciendo, al hablar de la Sabiduría: *Entonces ella apareció en la tierra, y vivió entre los hombres.*

¿Se cerrará el círculo de los supuestos geopolíticos continentales sobre la petición coronaria de un supuesto de elevación solar, de un ascenso espiritual comunitario "al sol", confirmado cósmicamente por la propia venida de la Esposa vestida de sol, la virginalísima *Sponsa Soli*?

Actuando sobre la historia, actuamos también sobre el más allá de la historia, toda visión geopolítica importante, fundacional, decisiva, implica también su propia coronación geoteológica -incluso geoteológica-, pues, como escribió Möller van den Bruck, "sólo hay un Reich como sólo hay una Iglesia".

En la escala de los horizontes últimos de la historia de Occidente en el camino hacia el cumplimiento de su predestinación más oculta, ontológicamente oculta, la meta de la "gran geopolítica", de lo que algunos, y en primer lugar yo mismo, hemos pasado a llamar, entre nosotros, "geopolítica trascendental", no es otra cosa que lo que habrá que encarnar -que ya está amorosamente encarnado en el dogma cósmico de la Coronación de María.

Sin embargo, por el momento, el orden de las emergencias sobre el terreno parece ser diferente.

Las tareas de las misiones que nos corresponden, en la actualidad, desafían la parte más visible y trágica de la historia inmediata, redescubren las dimensiones políticas y activistas de nuestras luchas y se comprometen en ellas con toda la intensidad, con toda la violencia de quienes, en el propio devenir de las contingencias, interceptan, desde dentro, la luz viva de la llamada perpetua, en su interior, de la base polar anterior.

El orden de las emergencias

Por el momento, el orden de las urgencias contraestratégicas sobre el terreno exige que se haga todo lo necesario para que Alemania -la Alemania del eje germano-ruso deseado por Andrei Kozyrev- pueda proporcionar a Rusia, a su debido tiempo, el apoyo necesario para su restauración y su mantenimiento político y económico-industrial al nivel de una superpotencia planetaria, un nivel que, en principio, no puede ser en absoluto el suyo.

En la lucha final por la gran Europa continental euroasiática, sólo nos preocupa Rusia en su identidad de superpotencia planetaria disponible para las exigencias de su predestinación imperial suprahistórica.

Sin embargo, a partir de ahora, la única superpotencia continental planetaria capaz de enfrentarse a los Estados Unidos y a las conspiraciones oceánicas y de otro tipo del *Imperium* de facto mantenido por los Estados Unidos a nivel de sus propias pretensiones y contingencias globales, parece ser la Gran Europa, gobernada por el eje París-Berlín-Moscú y que ya se prepara para elevarse por sí misma al nivel del futuro gran Imperio Euroasiático del Fin, de nuestro *Imperium Ultimum*.

Sostenemos que el momento político mundial es, por tanto, el más propicio para que se establezca un entramado operativo inmanente a nuestros propósitos, produciendo tesis contraestratégicas y, posteriormente, en una segunda etapa, estratégicas y defensivas, destinadas a movilizar, en función del calendario de un primer montaje imperial global grancontinental, las estructuras doctrinales y de acción directa de que dispone el eje fundamental París-Berlín-Moscú y los proyectos revolucionarios básicos que persigue.

Así pues, nuestros últimos análisis de la situación en el cargo en su nivel imperial grancontinental general nos llevan a responder a los desafíos que surgen de esta misma situación con una parrilla inmanente de siete tesis operativas, cuatro tesis contraestratégicas de compromiso continental directo y tres tesis estratégicas ofensivas a nivel revolucionario planetario. Sin embargo, las batallas dentro y fuera *del Bloque Kontinental* constituyen un solo frente. Un frente, un mando.

Contraofensiva en el interior, ofensiva en el exterior del *Bloque Kontinental* de Karl Haushofer, el Bloque Continental en el que se ejercen las influencias polares, los poderes superiores de lo que servimos, soldados de un único Concepto Absoluto.

Así pues, este entramado inmanente de siete tesis operativas básicas destinadas a promover el eje geopolítico fundamental París-Berlín-Moscú sobre el terreno en su nivel de vanguardia imperial, en su nivel grandcontinental euroasiático, nos parece, en el momento actual y a la vista de nuestra profunda situación, ciertamente definible de la siguiente manera, y que hacemos enteramente nuestra:

(1) Es en el fondo de sí misma, de su historia concebida y querida, comprometida en su totalidad activa, de su predestinación espiritual más oculta, que Rusia -esa nueva Rusia que es la nuestra- debe tratar de asumir hacia sí misma el esfuerzo sobrehumano de encontrar -de volver a- su propio centro polar de gravedad, su propio polo de unidad trascendental viva, Pues es a partir de este momento de conflagración eucarística interior, y sólo a partir de este momento, que Rusia, renovada en sí misma desde su mismo centro solar, podrá concebirse a sí misma como realmente en estado de asumir las tareas imperiales suprahistóricas que le son propias, desde todos los tiempos y hasta el fin de todo, apocalípticamente.

(2) Porque, a lo que la Gran Europa, actualmente desafiada por su eje de movilización París-Berlín-Moscú, puede y debe hacer urgentemente para el restablecimiento político y económico-industrial de la Nueva Rusia, Rusia, la Nueva Rusia, debe ser capaz de responder implementando, bajo su propia responsabilidad, la renovación revolucionaria espiritual y carismática que debe levantar, incendiar en conciencia e irracionalmente, a toda Europa y al Gran Continente: Es de Rusia, como ya no ignoramos, de donde debe venir ahora el *nuevo Incendium Amoris*, que lo cambiará todo.

(3) Para el eje contraestratégico París-Berlín-Moscú, el objetivo económico e industrial absolutamente prioritario a escala europea grancontinental sigue siendo, en estos momentos, y antes que cualquier otra opción de combate, la que sea la de iniciar los proyectos confidenciales relativos al desarrollo revolucionario conjunto de Siberia, a todos los niveles disponibles, con el pleno apoyo de Japón y excluyendo de antemano cualquier participación o derecho de revisión por parte de potencias extracontinentales como los Estados Unidos o el movimiento al amparo del cual los Estados Unidos siguen.

Por otra parte, cada vez está más claro que la participación inmediata, directa y plena de Japón en el Gran Proyecto Continental Siberiano (GSCP) constituirá, de hecho, el acto fundacional, el deseo original de la entrada -de la reentrada- del "Gran Japón" en el campo de la integración continental avanzada del futuro Imperio Euroasiático del Fin, y que el resto vendrá después. Una voluntad audaz, una voluntad a la vez abrupta y nueva, encontrará sus caminos, y todos sus caminos, incluidos los, proféticos y sagrados, del "paso al Oeste".

A través de sus compromisos con el Proyecto Continental de la Gran Siberia (GCP), Japón está girando hacia el oeste, uniéndose al *Bloque Kontinental*.

Cuando Karl Haushofer dice que entiende a los chinos como una raza del norte que migra hacia el sur y a los japoneses como una raza del sur que migra hacia el norte, también define el ciclón demográfico del que Japón sólo puede liberarse cambiando el peso negativo de China en su entorno oceánico inmediato por el contrapeso positivo del *bloque kontinental* sin su gran entorno global. La integración de Japón en el *Kontinentalhlock*, su reorientación hacia Occidente, representa, para Japón, su adhesión a lo que el taoísmo llama "el paso de Occidente".

Pero "el paso de Occidente" -tal habrá sido, en definitiva, el "gran secreto" del taoísmo- representa, en realidad, el paso obligado, la única "vía de paso" hacia el Norte, el camino mismo de la Unión de Venus. Para la unión de Venus, véase de nuevo, desde su ángulo operativo más secreto, *La estrella del Imperio Invisible*.

Ahora es la Nueva Rusia la que se espera que guíe a Japón por los peligrosos caminos del "Paso del Oeste", en su regreso final al Norte y a la "zona de atención suprema" de sus más ocultas gratificaciones polares, en los altos caminos glaciares del "Acero Polar".

Pues es en relación con la puesta en marcha del Proyecto Continental de la Gran Siberia (PCG) donde el nuevo eje germano-ruso previsto por Andrei Kozyrev podrá dar toda su medida, siendo Alemania, en este caso preciso y bastante decisivo, el principal contratista y la potencia movilizadora central del gran conjunto continental llamado a participar en este proyecto, el primer "gran proyecto continental" de la superpotencia planetaria representada por la Gran Europa. En cierto sentido, todo tendrá que ocurrir, a partir de ahora, en el entorno operativo del Proyecto Continental de la Gran Siberia (GCP), y las implicaciones superiores de su aplicación.

(4) En definitiva, ¿qué otra cosa somos, en estos tiempos de vértigo y decisión secreta, sino la conciencia visionaria de nuestra propia acción revolucionaria en el campo, la acción presente y, sobre todo, la acción por venir?

En otras circunstancias, ya hemos escrito: "Llevando los poderes del ser y del cambio revolucionario que le son propios, la conciencia visionaria del futuro próximo y más lejano de la Gran Europa y de sus destinos imperiales euroasiáticos se acerca ya, y cada vez más, a la historia inmediata, y esta marcha que se aproxima es en sí misma ya cada vez más organizativa, en el sentido profundo, fractal y cosmogónico del término. ¿La interpelación organizativa de la historia cambia su curso? ". Esta última cuestión justifica y fundamenta subversivamente toda nuestra acción presente y futura, y nos da derecho a reclamar un poder trascendental de control sobre la historia más grande, un poder de control que tendremos que arrebatar a los que hoy tienen las llaves ocultas. Claves que no son, por otra parte, las de la historia, sino las de la oscura antihistoria que, por poco tiempo, les servirá de historia, de simulacro de historia.

Así, "habrá que crear una primera asamblea consultiva geopolítica continental de gran envergadura que reúna, con vistas a las consultas posteriores, que ya se pueden prever en sus grandes líneas, a los representantes de todos los países o regiones significativas del continente euroasiático, desde Japón hasta Islandia, estando llamado a surgir después un Gobierno Continental Provisional (GCP). Y, también, un presidente vitalicio surgido de la Entidad Imperial del Fin, elegido de forma idéntica a la que todavía decide la Devolución Romana, y con los plenos poderes ontológicos propios del estado de su secreta predestinación imperial, pero que se manifestarán en su momento, *datos firmados*. Un presidente *vitalicio* de la Entidad Imperial Euroasiática del Fin elevado por la irracionalidad dogmática al estado y los títulos de un concepto absoluto, y siendo este "concepto absoluto" en sí mismo, pues, sólo el último estado de la irracionalidad dogmática en acción.

(5) La primera tarea estratégica ofensiva, la primera "tarea externa" del eje París-Berlín-Moscú será entonces la de prever el establecimiento -el restablecimiento- de estados de identidad ontológica, de ser y de destino, con las tierras altas de América Latina, un puesto de avanzada del combate planetario contra el imperialismo global de la usina subversiva norteamericana y los que la manipulan ocultamente, y, al mismo tiempo, un espacio de renovación cósmica en relación directa con el próximo retorno a la fuerza de las Pléyades. A cubierto, el legado horbigeriano en los Andes sigue vigente. Volveremos a ella, según nuestros planes. Así hemos tomado nota, entretanto, y con la mayor atención activista, del artículo de combate planetario del Dr.

Carlos A. Dissandro, de La Plata, en los Estados Unidos. Dissandro, de La Plata, Bolivia, *Invasión global y defensa cultural, étnica, telúrica, publicado en Ciudad de los Césares*, Viña del Mar, Chile, marzo-abril de 1993.

(6) El eje continental París-Berlín-Moscú deberá también asumir-reasumir, reactivar y volver a desplegar, por encima de todas las tareas político-estratégicas sobre el terreno, todas las misiones de intervención revolucionaria ofensiva que ya habían sido las del "gran gaullismo", del gaullismo de los años 60 -con el general De Gaulle en el poder- hacia Quebec, Canadá y esa parte de los Estados Unidos que, en las fronteras de Luisiana, aún conserva la memoria subterránea de sus orígenes europeos y franceses, una cabeza de puente cultural y político-estratégica para nuestras futuras acciones de liberación y recuperación de nuestras antiguas Tierras del Norte, de "América del Norte".

(7) La integración final de todas las corrientes de espiritualidad superior surgidas en el espacio gran-continental de las primeras procesiones hiperbóreas vendrá a constituirse bajo la protección activa de la reunión geopolítica imperial que marca el fin del presente ciclo cósmico, El Imperio euroasiático del Fin será así llevado a ser, para las cristologías mariana y paraclética del Fin, lo que Roma ya había sido, en su día, para el conjunto histórico del cristianismo naciente, para la "nueva religión" llamada a surgir en Occidente.

Y así será en los espacios polares de la última Tierra Media, en Rusia y en lo que entonces será la Nueva Rusia, donde se reunirán los descendientes dispersos de la gran Luz Anterior, cuya Última Roma no hará sino completar el proceso suprahistórico de reunión interior y de Identidad Divina última, "María del Fin".

Y, por qué no decirlo, el alto trabajo de recopilación, de dotación de recursos polares que actualmente está llevando a cabo desde Moscú Aleksandr Dugin y los grupos de vigilantes cercanos a él que ya están trabajando allí, están manteniendo, in situ, los preliminares ya iniciados confidencialmente de lo que, más tarde, conducirá al Gran Retorno.

Ahora bien, así como la reintegración del campo gran-continental del futuro Imperio Euroasiático del Fin deberá hacerse, para Japón, para el "gran Japón", mediante su participación fundamental, ontológica, en el Gran Proyecto Continental Siberiano (GSCP), la India, la "gran India", se incorporará al mismo espacio metahistórico imperial aportando al nuestro, como desde dentro, lo que, aunque sea de forma abismalmente oculta, en las profundidades de la espiritualidad hindú y tibetana, no puede dejar de subsistir desde la inmensa Luz Anterior, desde la "luz brillante" de los tiempos védicos e hiperbóreos, polares, incluso antes de los tiempos védicos.

Así, la doble misión de la Nueva Rusia al Este del Gran Continente Euroasiático se pondrá pronto en marcha, una doble misión que concierne y compromete, como ya hemos visto, el reencuentro ontológico, profundo, del eje geopolítico fundamental París-Berlín-Moscú, y de todo el Gran Continente movilizado por este eje, con la "Más Grande India" y con el "Más Grande Japón". Raymond Abellio, *habrá entonces matrimonios sin precedentes.*

Pues lo que en ese momento deberá reunirse, constituyendo el Este del Gran Continente y de su supremo Proyecto Imperial, se reunirá por medio de la Nueva Rusia, concebida metahistóricamente para que reciba, al mismo tiempo y como por el mismo movimiento, al Oeste del mismo Bloque Continental movilizado por el eje fundamental París-Berlín-Moscú.

Al final del ciclo, y aquí estamos, el *Bloque Kontinental* de Karl Raushofer tendrá su centro polar de afirmación geopolítica imperial en algún lugar de los espacios que actualmente son de Rusia, y es en el corazón mismo de nuestra Nueva Rusia donde las nuevas "Tierras Medias" y sus inaccesibles espacios interiores de virginidad imperial se ponen amorosa y nupcialmente al servicio de la María Última y *del Imperium Ultimum* que la rodeará en lo invisible y, también, en lo visible. Porque, en este momento predestinado y secretísimo, recordemos, como debemos, la palabra profética fundamental, el *verbum novissimum* de Baruc, *entonces ella apareció en la tierra, y vivió entre los hombres.*

Este me parece el orden de urgencia que ordena la línea fundamental de nuestras luchas actuales y la parrilla inmanente de las tesis operativas destinadas a promover su despliegue sobre el terreno, el *paso a la acción directa.*

LA ESTRATEGIA CONTRAMUNDIALISTA DEL EJE PARÍS-BERLÍN-MOSCÚ

En su rotundo discurso del 12 de mayo de 2000 en la Universidad Humboldt de Berlín, Joschka Fischer, actual Ministro de Asuntos Exteriores de Alemania, abogó por una Europa federal basada en el núcleo franco-alemán, en el "polo carolingio" de una unión federal de Francia y Alemania, que deberían constituir así, conjuntamente, el marco interior, la isla central de apoyo y movilización permanente de una Europa políticamente ampliada, de lo que será sin duda la futura "Gran Europa". La vuelta de Joschka Fischer al federalismo del núcleo franco-alemán representa, sin duda, un gran intento de revivir el concepto político de una "Gran Europa", que se perfila en el horizonte abierto de los próximos años del nuevo milenio.

Wolfgang Schauble, ex presidente de la CDU, la Democracia Cristiana alemana, y Hans Dietrich Genscher, predecesor de Fischer al frente del Ministerio de Asuntos Exteriores alemán, se apresuraron a declararse totalmente de acuerdo con las propuestas federales europeas que el actual ministro de Asuntos Exteriores alemán acababa de hacer en Berlín. Así, parece estar surgiendo en Alemania un profundo consenso, que abarca todo el arco de la realidad política alemana actual, a favor de las tesis federalistas de la gran Europa planteadas por Joschka Fischer. Y lo que esto significaría a largo plazo.

Así, en una entrevista concedida a *Le Figaro*, el 20 de mayo de 2000, Hans Dietrich Genscher enmarcó perfectamente la suma de problemas que plantean las declaraciones de Joschka Fischer:

(1) "La intención de Fischer es ahora reforzar la Unión Europea con vistas a su ampliación. El objetivo es convertirla en un actor eficaz en el nuevo orden mundial".

(2) "El mundo bipolar de la Guerra Fría ha sido sustituido por un mundo multipolar. Estados Unidos, Rusia, China y, a cierta distancia, Japón, ya han ocupado su lugar. India está a punto de unirse al club. Europa no debe quedarse atrás. El nuevo gobierno alemán había dejado el campo de la política exterior algo intacto al principio. Este plan Fischer le da un rostro europeo en el contexto de la globalización. Fisher tiene una visión a largo plazo. Tendrá adversarios, pero está en el buen camino.

Por supuesto, que el actual Ministro de Asuntos Exteriores alemán ha sentido con fuerza, y por una vez ha sido capaz de decir claramente y en voz alta, la necesidad de reforzar significativamente los vínculos políticos que ya unen a Francia y Alemania en el seno de Europa, Este fortalecimiento pretende llegar hasta el establecimiento inmediato de una relación federal entre los dos países, una relación federal especial, destinada a servir de incentivo, de polo de atracción y de sitio abierto para otros países europeos disponibles en la carrera de la integración política, ¿qué puede ser más normal?

Pero lo que parece completamente anormal al mismo tiempo es la inconcebible omisión de Rusia en la propuesta de Joschka Fischer de una "isla central" federalista que se convierta en el corazón de la futura Gran Europa. Porque, ¿qué es ahora la Europa mutilada de Rusia? Nada, una vaga ficción, un señuelo socialdemócrata más, destinado a bloquear preventivamente los caminos del proyecto revolucionario del eje París-Berlín-Moscú, el único que puede asegurar una realidad político-histórica decisiva para la gran Europa, para el "Gran Continente" euroasiático suprahistóricamente unificado, pero *reunificado*. Porque, en efecto, lo que está en juego es una *reunificación suprahistórica final*, y si no se ha entendido esto, no se ha entendido nada.

¿Es posible, entonces, la ceguera política -sin duda, además, bastante voluntaria- de la socialdemocracia alemana respecto a la verdadera situación político-histórica de la Europa actual, que sufre violentamente la permanente agresión político-estratégica de la conspiración globalista liderada por la "Superpotencia Planetaria de los Estados Unidos"? así como con respecto a la nueva misión imperial de Rusia en relación con la Europa de hoy y, sobre todo, de mañana, puede alcanzar tales dimensiones de peligrosa inconsecuencia, rica ya en qué futuros desastres?

En la actual coyuntura política europea, cuya característica decisiva es la de la instalación preventiva sobre el terreno de una vasta conspiración socialdemócrata por doquier en el poder en el actual espacio político europeo, una conspiración socialdemócrata subversivamente puesta en marcha y dirigida, en la sombra, por la "Superpotencia planetaria de los Estados Unidos", las luchas por la liberación de Europa no pueden ser hoy más que luchas clandestinas, las luchas desesperadas de una resistencia clandestina. Porque existe un frente clandestino para la liberación de Europa, que sigue siendo, en la actualidad, la última oportunidad para una nueva libertad político-histórica europea frente a la conspiración globalista que quiere su fin, *que lucha* por el fin de Europa, y de su libertad geopolítica imperial y suprahistórica.

El hecho mismo de que los dirigentes políticos de la Europa socialdemócrata actual ignoren o pretendan ignorar la existencia, la gran predestinación de Rusia, mientras que ahora es gracias exclusivamente a Rusia que Europa, la Gran Europa, la Europa grancontinental euroasiática, puede ya reivindicar su existencia futura, da la justa medida de la traición ideológica y, finalmente, de la inmensa traición política e histórica de la socialdemocracia europea al servicio no de la libertad de conciencia de Europa y mucho menos de sus luchas clandestinas de liberación, Por último, la inmensa traición política e histórica de la socialdemocracia europea al servicio no de la libertad de conciencia de Europa y menos aún de sus luchas de liberación, clandestinas, desesperadas, sino de su sometimiento subversivo a los intereses, a los objetivos de control imperialista de la conspiración globalista en acción. Todos los regímenes socialdemócratas actualmente en el poder en Europa -y, para el caso, en todo el mundo- no son más que regímenes auxiliares, regímenes harki a disposición de la fuerza de ocupación globalista estadounidense que actúa en la sombra.

Europa Occidental, la "cabeza de puente" geoestratégica de Estados Unidos en Eurasia, titula Alexandre del Valle un capítulo de su libro *Guerres contre l'Europe. Bosnia-Kosovo-Tchétchénie*, publicado por Pierre Guillaume de Roux en Éditions des Syrtes, París, 2000.

Una obra fundamental, una obra visionaria, una obra de uso contraestratégico inmediato si es que alguna vez lo hubo. Y proporciona las claves confidenciales de los planes de batalla para el cerco ontológico de Europa, para la conspiración globalista que sólo puede alcanzar sus objetivos planetarios últimos impidiendo la creación de una Gran Europa imperial euroasiática. A través de su agresión político-militar contra Serbia, la conspiración globalista estadounidense ha atacado directamente a Europa, *la guerra intercontinental del fin ha comenzado*.

Cito el libro de Alexandre del Valle, *Guerres contre l'Europe. Bosnia-Kosovo-chechenia*, que confirma plenamente nuestras propias tesis.

(1) "Conscientes de que una Europa fuerte e independiente podría superar a Estados Unidos en *todos los* ámbitos de poder, sobre todo en el económico, los estrategas norteamericanos quieren *a toda costa* impedir el más mínimo despertar, cortar de raíz el más mínimo atisbo de autonomía europea, en el caso de que líderes clarividentes decidan crear una Gran Europa Continental, reconciliando sus "dos pulmones", el ortodoxo y el occidental. De ahí el deseo de Estados Unidos de debilitar y diluir el continente europeo incluyendo -en nombre de la OTAN- a Turquía en la Unión Europea y distanciándola, por consiguiente, un poco más de Rusia, de modo que la constitución de una Gran Europa continental independiente y fuerte, susceptible de competir con Estados Unidos -pero así imposibilitada- nunca vería la luz.

(2) "Con respecto a Europa del Este, Estados Unidos persigue así una doble política que consiste en: por un lado, *extender la OTAN hasta las puertas de Rusia*, integrando en el "mundo occidental" a las naciones antirrusas del antiguo bloque soviético en proceso de industrialización, de cultura católica-protestante (Hungría, Polonia, antigua Checoslovaquia, etc.) y de cultura islámica (Turquía, repúblicas musulmanas de Asia Central, Bosnia, Albania-Kosovo, etc.); por otro lado, debilitar a Rusia, "empujándola" hacia Occidente.En segundo lugar, *debilitar a* Rusia, "hacerla retroceder" hacia Asia y aislarla de Europa Occidental. El objetivo es *dividir* el continente europeo en dos, reactivando una "nueva Guerra Fría" entre un Oriente ex-soviético-comunista post-bizantino y un Occidente americanizado, un nuevo "choque geo-civilizatorio" entre las "dos Europas" enfrentadas en torno a los escollos estratégicos islámico-occidental y socio-económico.

(3) "La doctrina estratégica "global" de los Estados Unidos se refleja claramente en el nuevo concepto estadounidense de "estrategia de seguridad nacional", cuyo contenido fue revelado al público en general cuando se publicó en *el New York Times*, el 8 de marzo de 1992, una versión de la *Guía de Planificación de la Defensa del* Pentágono, elaborada conjuntamente con el Consejo de Seguridad Nacional (NSA), la máxima autoridad estadounidense en materia de seguridad y política internacional. Afirma que los Estados Unidos de América deben hacer todo lo posible para "disuadir a los posibles rivales entre los países avanzados e industrializados de que desafíen nuestro dominio, aunque sólo sea para aspirar a un mayor papel global o regional (...) La misión de los Estados Unidos será garantizar que no se permita la aparición de ninguna potencia rival en Europa Occidental, Asia o el territorio de la CEI". En resumen, se trata nada menos que de impedir que Europa y Japón, "aliados" relativamente dóciles, así como la debilitada pero aún formidable Rusia, levanten la cabeza y hagan sombra a la "hegemonía benévola" de Washington, de hecho a la formidable maquinaria económica y comercial estadounidense. La política exterior de EE.UU. debe tener como objetivo convencer a los posibles rivales de que no necesitan desempeñar un gran papel. Nuestro estatus de superpotencia única debe perpetuarse con una fuerza militar suficiente para disuadir a cualquier nación o grupo de naciones de desafiar la supremacía de EEUU, y de intentar socavar el orden económico y político establecido... Debemos evitar la aparición de un sistema de seguridad exclusivamente europeo que pueda desestabilizar a la OTAN. En Extremo Oriente, debemos permanecer atentos a los riesgos de desestabilización que supondría un mayor protagonismo de nuestros aliados, en particular de Japón", explica la *Guía de Planificación de la Defensa*. (Páginas 10, 11, 161, 162).

Estos documentos, de hecho, hacen innecesario cualquier comentario, ya que ellos mismos arrojan una luz singularmente preocupante sobre los tiempos de los próximos enfrentamientos americano-europeos, que ya son fatales.

En otras palabras, hay que reconocer que, en la actualidad, la guerra político-subversiva total está declarada en secreto entre la conspiración globalista gobernada por la "Superpotencia Planetaria de los Estados Unidos", y Europa -Europa Occidental, y Europa Oriental, ya juntas en el frente- que busca sus propias vías de autoliberación revolucionaria. La *grieta salvífica*.

En cuanto al cerco, *el cerco* -la estrategia de la anaconda, que Karl Haushofer identificó como la estrategia natural, inconsciente e instintiva de Estados Unidos- que está llevando a cabo actualmente la conspiración globalista hacia Europa, que está más o menos ya a la defensiva, es definitivamente cierto que todo el trabajo político-estratégico que han llevado a cabo subversivamente los servicios secretos de Washington durante los últimos diez años en Europa y contra Europa tenía, como acabamos de ver, un único objetivo final, el de la implantación totalitaria de los regímenes socialdemócratas a su servicio, para impedir la aparición de una nueva Europa, durante los últimos diez años, en Europa y contra Europa, sólo tenían, como acabamos de ver, un objetivo final, el de la implantación totalitaria de los regímenes socialdemócratas a su servicio, para impedir, así, cualquier retorno de Europa a su antigua identidad, al ser de su propia libertad histórica total. Sin embargo, por su parte, las fuerzas vivas y ocultas de la resistencia europea, habiendo optado por la clandestinidad, sólo tienen el compromiso incondicional hacia delante de una contraestrategia revolucionaria de dimensiones ya continentales para sobrevivir a la tarea. A la actual agresión interna y externa de la que es objeto por parte de la conspiración globalista en marcha, Europa sólo puede oponer, de espaldas a la pared, su inspirada voluntad de una integración imperial con un objetivo suprahistórico, trascendental, escatológico, la integración euroasiática gran-continental del fin. Jugando todo lo que vale la pena, y todo a la vez.

En el estado actual de las cosas, la integración euroasiática gran-continental de Europa debe tomar imperativamente el paso obligado del eje París-Berlín-Moscú, que representa, en efecto, la *línea de falla salvadora* para la nuestra.

Esto equivale a exigir la doble movilización de nuestros pueblos, por una parte, para acabar, por todos los medios, con el dominio subversivo de la socialdemocracia y sus conspiraciones en todas partes en el poder en Europa y, por otra parte, para lograr una implantación revolucionaria decisiva en la conciencia colectiva europea de una representación sobreactivada de la necesidad absoluta e inmediata de la integración grancontinental, cuya primera fase operativa deberá ser la de la puesta en marcha política del eje París-Berlín-Moscú. La batalla final por la liberación de Europa será, pues, una batalla que deberá librarse en términos de conciencia, la batalla por su conciencia final de sí misma y de su gran predestinación polar de los orígenes.

Así, la doble prueba del desmantelamiento en vigor del dominio socialdemócrata sobre el conjunto del poder político europeo actual, y al mismo tiempo de la adhesión de Europa en su conjunto a la conciencia revolucionaria de su propia unidad preontológica, de su predisposición imperial euroasiática, constituye *la línea misma de paso* de la Europa actualmente en estado de no-ser a la Europa de nuevo capaz de dominar revolucionariamente sus propios destinos político-históricos, de nuevo consciente de su misión suprahistórica final.

La historia, sin embargo, nunca da regalos, todos los objetivos que pertenecen a la definición activa de las grandes predestinaciones político-históricas a realizar deben ser ganados, siempre, con gran lucha, trágicamente, heroicamente. Esta, pues, parece ser la tarea de nuestra generación, la generación dedicada a la decisiva misión revolucionaria de salvación y liberación de la Gran Europa de su actual sometimiento a la conspiración globalista gobernada por la "Superpotencia Planetaria de los Estados Unidos".

Ahora bien, es el propio devenir circunstancial de la presente historia mundial, en la hora fatal del cumplimiento de un destino secreto ya ineludiblemente en marcha, lo que hace que nos encontremos hoy convocados ante un mandamiento de acción inmediata y total: es *ahora o nunca* que debemos actuar, y que actuando ganamos la partida.

Como se ha repetido una y otra vez, el paso a la acción revolucionaria directa de la Europa clandestina, de la Europa ya comprometida clandestinamente en la lucha por su liberación, sólo puede y debe hacerse desde la estela político-histórica del eje París-Berlín-Moscú.

Desgraciadamente, ni Francia ni Alemania están actualmente en condiciones de tomar la iniciativa política sobre el eje París-Berlín-Moscú.

Sólo Rusia podría hacerlo, pero sería necesario que apareciera de antemano el "hombre providencial", el "hombre del mayor destino", el único que podría encargarse de comprometer a Rusia en la gran aventura imperial euroasiática presupuesta como necesariamente consecutiva al establecimiento del eje París-Berlín-Moscú, que no es más que el pivote original, el búnker ontológico del comienzo.

Porque, en cualquier caso, Europa será eurocontinental, o no lo será.

De hecho, el núcleo federal franco-alemán propuesto hoy por Joschka Fischer ya no representa nada: la Europa que reclama no es Europa, sino una especie de aparición espectral y ectoplasmática de la misma. La verdadera Gran Europa es *el Imperio* que surgirá en torno al eje París-Berlín-Moscú, una vez que éste se haya convertido en el eje Madrid-París-Roma-Berlín-Moscú-Nueva Delhi-Tokio.

Así, el único interés del proyecto federal de Joschka Fischer radica en que, al proponer un núcleo federal franco-alemán duro, al que luego se sumarían los demás países europeos previstos y también se federalizarían, estaba sobrepasando las prohibiciones más formales de la conspiración globalista estadounidense, que no tolerará en absoluto la aparición de una Europa Federal, aunque se reduzca a su expresión reducida y mutilada, aunque sea de orientación socialdemócrata, en el espacio europeo bajo su control. ¿Qué significa exactamente este intento de Joschka Fischer? ¿Piensa Alemania finalmente embarcarse en una maniobra política paralela, asumiendo riesgos considerables? ¿Se está embarcando así Berlín en quién sabe qué chantaje político, quién sabe qué oscuro enfrentamiento con Washington, o están jugando juntos Berlín y Washington un juego aún indescifrable, impulsando una nueva fase del juego secreto estadounidense de la socialdemocracia de turno?

En cuanto a nosotros, ya podemos aventurarnos a decir que la batalla política decisiva para la puesta en marcha del proyecto del eje París-Berlín-Moscú ya ha comenzado, y que es en el propio Moscú donde hemos elegido establecer el centro operativo para su inmediata puesta en marcha.

Si le corresponde a Moscú tomar la iniciativa, es en Moscú donde tendremos que empezar a presionar, tratando de crear la gran oleada de entusiasmo revolucionario hacia la representación supramental colectiva del proyecto del eje París-Berlín-Moscú. Es Moscú quien, como se dice, tendrá que dar la señal de salida, un misterioso ritual lo requiere.

Por lo tanto, debemos concentrar toda nuestra capacidad de agitación, de influencia y de intervención para incandescente *el interés abismal de* nuestras estructuras ideológico-revolucionarias de presencia y supervisión que actúan sobre el terreno, en Moscú, para que cuando llegue el momento, puedan determinar, desde las profundidades, la entrada en acción de los medios de comunicación y de los grandes grupos de influencia política, cultural e incluso religiosa, así como, por último, de las instancias gubernamentales activas, para promover, exigir una iniciativa política decisiva de Moscú a favor del proyecto del eje París-Berlín-Moscú. Una iniciativa de Moscú con la que nos comprometemos a obtener las respuestas esperadas de París y Berlín.

Será necesario, pues, que al mismo tiempo emprendamos urgentemente un doble movimiento análogo de despertar, de exacerbación, en París y en Berlín, poniendo a prueba de manera extremadamente intensa los "grupos geopolíticos" que tenemos, in situ, en este momento, para que la figura movilizadora del proyecto del eje París-Berlín-Moscú esté presente allí, y actúe según nuestros planes.

Esto implica -nos veremos obligados a hacerlo- que los "grupos geopolíticos" saldrán de su semiclandestinidad para actuar a la vista, una nueva situación que seguramente entrañará peligros bastante graves. Pero no es menos cierto que, por este mismo hecho, el control político de la llamada socialdemocracia sobre el conjunto del poder político vigente será violentamente cuestionado y que, en todo caso, habrá que ir a la prueba de fuerza.

Y ni siquiera es imposible que la prueba de fuerza entre la socialdemocracia en el poder y las fuerzas de la protesta que se alzarán entonces contra el *estado de cosas adquiera* inmediatamente la apariencia de una guerra civil, Todavía no han declarado abiertamente su existencia, y por lo tanto no muestran ninguna relación con lo que se llama, sin duda por burla, la "oposición nacional" -llamada "gaullista", y otras formaciones de la misma fanfarronería, que son vergonzosamente cómplices de la imitación del poder de turno- "oposición nacional", cuyos puestos prometen abiertamente lealtad a las consignas de la conspiración globalista, que está presente en la sombra.

Por otra parte, también será necesario que el inicio de la campaña en Moscú a favor del proyecto de eje París-Berlín-Moscú coincida de alguna manera con la súbita aparición y asunción del poder presidencial por parte del "hombre providencial", por "el que estamos esperando", para que podamos estar seguros de la actitud del gobierno ruso al respecto. De hecho, el gobierno de Moscú debería aprovechar la actual petición del proyecto del eje París-Berlín-Moscú para convertirlo en su propio caballo de batalla, a nivel de "gran política". En última instancia, el asunto debería tratarse de Estado a Estado entre Rusia, Francia y Alemania.

Además, si el "hombre providencial" que deberá asumir el poder presidencial en Moscú es idéntico a la figura visionaria y profética de "aquel que esperamos", deberá haber pensado ya, por sí mismo, en el problema revolucionario fundamental del eje París-Berlín-Moscú, que es el problema absolutamente prioritario del "nuevo poder" en Moscú, sea quien sea.

El proyecto del eje París-Berlín-Moscú estará listo para activarse inmediatamente en el momento en que las potencias nacionales revolucionarias de las élites y las masas francesas, alemanas y rusas, sobreactivadas por nuestro cuidado, se reúnan y abracen, en su mismo ascenso, la triple voluntad del Estado de Francia, Alemania y Rusia, porque es, en efecto, esta reunión la que está llamada a fundar, a renovar abismalmente la gran historia europea.

Y no es en absoluto que se intente ocultar, ahora, lo que en ese momento no puede ser sino la feroz oposición de la conspiración globalista americana a la aparición, en Europa, del eje París-Berlín-Moscú - la liberación de Europa habrá sido entonces ya aceptada, el cerco político y todas las prohibiciones político-estratégicas opuestas por la conspiración globalista estadounidense a la emergente Gran Europa aplastadas, barridas, aniquiladas por el levantamiento de las fuerzas nacionales europeas de liberación revolucionaria.

En efecto, en el estado actual de las cosas, es imposible que el eje París-Berlín-Moscú se instale antes de que se declare la liberación política total de Europa, y es precisamente la declaración de la instalación, de la puesta en marcha del eje París-Berlín-Moscú, lo que marcará el advenimiento de la Gran Europa en marcha, el arranque revolucionario de esta Europa de las garras subyugadoras de la "superpotencia planetaria de los Estados Unidos".

La guerra ideológica del eje París-Berlín-Moscú se librará con las grandes batallas de la conciencia que se avecinan, y somos nosotros los que entonces tendremos el mando supremo de estas batallas. La inversión fundamental del frente interno de la batalla decisiva por la liberación de la conciencia europea significará que la conspiración globalista estadounidense quedará reducida a la defensiva, y que seremos nosotros los que dirigiremos la ofensiva del desmantelamiento y la afirmación final de nuestras propias grandes posiciones europeas, que habrán ganado.

En una reciente reunión de grupo, alguien hizo la acertada observación de que el proyecto del eje París-Berlín-Moscú trae consigo una poderosa *presencia chamánica* ancestral y sagrada. Ahora bien, no hay nada inesperado aquí, nada muy sorprendente: el cambio profundo en la historia de una vasta agrupación de poblaciones esencialmente idénticas en cuanto a su ser oculto, pero diferentes en la superficie, siempre debe poner en marcha secretamente colosales poderes espirituales subterráneos, cuya puesta en práctica proviene sin duda de ciertas identidades ocultas e inconfesables de orden trascendental. Identidades sobrenaturales, sin rostro.

Nos guste o no, es probable que este punto de vista acabe imponiéndose. Mágicamente. Y más aún porque este mismo punto de vista representa una constante profunda del espíritu europeo en su intemporalidad subterránea.

Concluyamos este breve artículo de combate sobre el proyecto contraestratégico, actualmente en curso, del eje París-Berlín-Moscú, citando lo que Ernst Robert Curtius llamó, en su monumental *Balzac* de 1933, la "alusión" del autor de la *Conspiración de los Trece* a una cierta "Europa como misterio", a esta *gran familia continental, cuyo esfuerzo tiende a algún misterio de civilización.*

Ahora bien, esta gran familia continental de la que Balzac tuvo en su tiempo la presciencia visionaria es, de hecho, precisamente la de esta conspiración permanente que, de siglo en siglo, perpetúa subterráneamente la voluntad de integración imperial final del "Gran Continente" euroasiático y la realización de sus objetivos escatológicos ocultos, conspiración que constituye lo que Balzac llamaba, de manera tan genial, un *misterio de civilización*. Una marcha imponente que nada puede detener, porque "es la voluntad de Dios la que se lleva a cabo, es su pensamiento el que se realiza", decía (citado por Ernst Robert Curtius en su *Balzac).*

Así, vemos que la obsesión euroasiática gran-continental de cierta conciencia revolucionaria europea secretamente imperial no es nueva, que existe en continuidad desde tiempos inmemoriales; que esta obsesión constituye un verdadero "misterio de civilización".

Lejos de representar una simple emergencia político-histórica circunstancial, el proyecto del eje París-Berlín-Moscú por el que ya luchamos aparece como la cara inmediatamente visible de una profunda actualidad supratemporal de la conciencia europea, de esa "gran familia continental" prevista por Balzac considerada en su última dimensión euroasiática, imperial y revolucionaria.

La conspiración globalista puede ciertamente pretender, en el momento actual, estar en condiciones de bloquear todo, de neutralizar cualquier vestigio de resistencia europea, planteándose esta pretensión en los propios términos de la dialéctica ofensiva de sus propios intereses globales, de sus propios designios, a partir de ahora abiertos, de dominación planetaria. La conspiración globalista *ya se cree que está ahí*.

Pero la historia no es en absoluto la suma de sus circunstancias: al contrario, es la historia la que decide, inventa e impone irracionalmente las circunstancias de su propia marcha hacia adelante. Las circunstancias históricas nunca son más que los efectos de una causa abismal, la causa misma de ese "misterio de la civilización" del que hablaba Balzac y que es la clave oculta de toda "gran política" en la Europa continental y en Eurasia.

Los actuales defensores de la conspiración globalista dominan los efectos circunstanciales de la historia visible. Nosotros, que estamos del lado de "Europa como misterio", mandamos a las causas, porque son las causas las que nos mandan, directamente. Las causas invisibles, abismales, escatológicas y providenciales, las "primeras causas". Al terror de la razón democrática totalitaria, oponemos la primera línea de la irracionalidad dogmática de la propia historia.

Así es que a pesar del estado de la actual garra incondicional de la conspiración globalista sobre el conjunto de las estructuras políticas de la socialdemocracia, la historia, por sí misma, avanza forzando su propia espiral de decisiones, sus propios cambios sustantivos y sus propias formas de renovación por encima de las circunstancias de hecho y de los designios hegemónicos del imperialismo democrático norteamericano que actúa subversivamente en el espacio de su objetivo europeo permanente: misteriosamente, se están haciendo cosas que no deberían hacerse, cosas que son a la vez irrevocables y secretamente fundamentales. Es como si la historia se escapara constantemente de las garras de la subversión globalista en la Europa emergente, de todos los tejemanejes en la sombra. Como hemos visto, el objetivo último de la actual y futura gran estrategia política de la conspiración globalista es y será impedir por todos los medios **la** emergencia imperial de la Gran Europa: a pesar de ello, por el propio movimiento interno de la historia en marcha, la Gran Europa no deja de avanzar, ineludiblemente. Y es en el seno del poder socialdemócrata europeo donde surgen las iniciativas relativas a esta marcha adelante de Europa, como la de Joschka Fischer, mientras que el poder socialdemócrata sólo está para impedir su afirmación, su aplicación efectiva. La asombrosa actuación europea de Jacques Chirac el 27 de junio de 2000 en Berlín, ante el Reichstag lleno, pertenece al mismo tipo de operación impuesta inconscientemente por la propia marcha de la historia,

historia que sigue los mandatos de su propia irracionalidad dogmática. Hagan lo que hagan, sólo se hará lo que deba hacerse.

Porque la historia que se revela en sus propias opciones siempre será más fuerte que la historia que revela las opciones que intentamos imponerle.

Las fuerzas históricas irracionales luchan en la clandestinidad, apoyando nuestra propia lucha por el eje París-Berlín-Moscú. Las apariencias objetivas de la situación están en nuestra contra. Pero al final, sólo cuentan las certezas contra-objetivas que emanan de la propia marcha de la historia, la *parte abismal*.

EL MISTERIOSO ASCENSO DE VLADIMIR PUTIN

(1) Vladimir Putin, el fin de un ciclo

L o sabíamos, pero lo más importante es que continúa, sin interrupción, hasta ahora: Rusia, por su propia naturaleza, por su predestinación histórica original, por su propio devenir es, y sigue siendo, un misterio. Y la indescifrable personalidad de su nuevo presidente, Vladimir Putin, no hace sino confirmar esta certeza de hecho. En su libro *La mystérieuse ascension de Vladimir Poutine*, Pierre Lorrain escribe: "La personalidad de este hombre con el atractivo prestado, el físico apagado y la apariencia reservada de un funcionario sin estatura contrasta tanto con su meteórico ascenso a la cumbre del poder, que es difícil no concebir la sospecha de un gran misterio, inmediatamente corroborado por su pasado sulfuroso como agente secreto".

Aunque el libro de Pierre Lorrain no contiene grandes revelaciones sobre Vladimir Putin, sí reconstruye, en cambio, de manera exhaustiva y muy precisa, la corriente subterránea que, en el seno de las disposiciones ocultas del poder soviético en vigor, había preparado el ascenso al poder de Vladimir Putin, un acontecimiento a la vez prefabricado en la sombra e inscrito en el destino mismo de las fuerzas activamente implicadas. Fuerzas que eran secretamente divergentes y a menudo incluso antagónicas. Pero el resultado no podía dejar de ajustarse a lo que estaba inscrito dialécticamente en él desde el principio del gran ciclo histórico en curso.

El horizonte espectral, oscuro y atormentado, trágico, en el que pasamos de Stalin a Kruschev, de Kruschev a Brezhnev, de Brezhnev a Andropov, de Andropov a Gorbachev y de Gorbachev a Yeltsin, es, en efecto, claramente deconspirado por Pierre Lorrain, reducido a la dialéctica del paso del poder en el seno de un dispositivo mantenido tal cual, inmutable a través de la propia serie de cambios que lo han atravesado históricamente pero que nunca lo han deshecho.

La ruptura ontológicamente definitiva con la estructura ideológico-política establecida por Stalin sólo tuvo lugar con la llegada al poder de Vladimir Putin, y en esta perspectiva, todo el desarrollo político de Rusia, desde Stalin hasta Boris Yeltsin, fue de hecho un largo camino secreto que condujo y ha conducido a Vladimir Putin. Que representa el retorno a lo que había sido tan trágicamente interrumpido por el "Octubre Rojo" de 1917, la masacre de Nicolás II y toda la familia imperial, y por el nacimiento de la URSS. Y se preveía dialécticamente el advenimiento de Vladimir Putin al poder final, que iba a marcar la conclusión del ciclo, el *reinicio* y, por tanto, la superación de lo que había terminado en sangre, la violencia alucinante del curso soviético, y la construcción de la URSS sobre esa sangre y esa violencia, inexpresables, pero al mismo tiempo fundacionales.

Pierre Lorrain muestra perfectamente que la aparición de la corriente política oculta que, a través de la acción de desmantelamiento y desarticulación emprendida por Gorbachov desde el interior del aparato de poder soviético, tuvo su origen en la acción global puesta en marcha en la clandestinidad por Andropov, desde su acceso a la dirección del KGB y, posteriormente, a la secretaría general del partido. No en vano, Vladimir Putin, nada más llegar al Kremlin, hizo colocar una placa dorada en homenaje a la memoria de Yuri Andropov, *el hombre que lo empezó todo*.

No fue el poder acumulado de Andropov como jefe del KGB, escribe Pierre Lorrain, lo que le abrió el camino a la Secretaría General, sino su lugar en la jerarquía. Cuando Souslov murió, Andrei Kjrilenko, cercano a Brezhnev, ya estaba en semidesgracia. El equilibrio de poder requería un líder en la posición de número dos que pudiera contrarrestar a los Brezhnev. Andropov era esa persona. En el pleno del Comité Central de mayo de 1982, fue nombrado Secretario de Ideología, lo que implicaba renunciar a la presidencia del KGB. Así que abandonó la plaza Lubyanka y se trasladó a quinientos metros de distancia a la oficina de Souslov en la sede del Comité Central en la Plaza Vieja.

Por lo tanto, fue en calidad de número dos que se convirtió en Secretario General el 12 de noviembre, al final de un "cónclave" que sorprendió a todos por su brevedad. De hecho, la colegialidad impuso el nombramiento de Andropov, aunque algunos miembros del aparato hubieran preferido a Konstantin Chernenko. Las mismas reglas no escritas convirtieron a Chernenko, heredero de Brezhnev y rival de Andropov, en el nuevo Secretario de Ideología, lo que le convirtió *ipso facto en* la segunda persona más importante de la jerarquía. Al mismo tiempo, una de las personalidades más cercanas a Andropov, Mijaíl Gorbachov, ascendía en el escalafón hasta convertirse en el número tres. Rápidamente formó un clan embrionario basado en los antiguos protegidos de Kirilenko que habían quedado "huérfanos" por su despido y que se habían hecho cercanos a Andropov. Este grupo de especialistas en industria pesada y planificación, todos ellos procedentes de la región de Sverdlovsk, en los Urales, incluía a Nikolai Ryjkov, futuro primer ministro, y a un tal Boris Yeltsin, que más tarde se haría muy famoso.

Así, en unas pocas líneas, Pierre Lorrain dibuja la figura prehistórica del nudo de fuerzas en movimiento que constituye el origen del cambio sísmico final, que conducirá a la desaparición de la URSS y al advenimiento al poder de Vladimir Putin, por el que lo que ya no iba a poder volver a empezar, la nueva emergencia de la "Rusia Anterior" asumiendo sin embargo la dramática herencia de la URSS. Más allá del Imperio de los Romanov y del imperialismo de la "revolución comunista mundial", la Tercera Rusia, la "Nueva Rusia", portadora del gran diseño imperial euroasiático de Vladimir Putin y de la corriente imperial geopolítica de la que es representante. Pero Pierre Lorrain se abstiene de hablar de todo esto, al menos por el momento.

(2) Los servicios secretos en el poder

La historia subterránea de los últimos cincuenta años en Rusia es, de hecho, la historia del "cambio de poder" del "poder político total del partido" al "poder político-administrativo total de los servicios especiales". Este "paso del poder" culminó con el advenimiento del presidente Vladimir Putin, que representa el grado supremo de la asunción cualitativa de los "servicios especiales", la encarnación cumbre de su propia evolución histórica.

Así que la inversión revolucionaria total de la historia actual de Rusia desde el estado totalitario imperialista de Stalin al estado imperial ortodoxo "trascendental" de Vladimir Putin es en realidad sólo la proyección externa de la "revolución interna" de los servicios especiales rusos en su marcha oculta hacia el poder final, hacia el poder total.

En una conversación privada con Pierre Lorrain, el ex primer ministro Sergei Stepashin dijo: "En la época soviética, el KGB reunía a la élite del país: licenciados universitarios, con una buena educación y un "certificado de buena conducta", como solían decir. Muchos intelectuales.

Este es, de hecho, el verdadero gran secreto del colapso de la URSS y del comunismo de tipo soviético en toda Europa del Este. Pues fue la sobreconcentración de las élites activas de los países comunistas movilizadas en el seno de los servicios políticos especiales, en primera línea, lo que había provocado, asegurado la puesta en marcha de la gran conspiración anticomunista final que emanaba de sus propios servicios de seguridad. Para quienes la elevación de la conciencia de sus cuadros superiores y de los elementos activos dirigentes era fatal para la ideología primaria, anticivilizadora y antiespiritual de la aberración marxista y del materialismo dialéctico, para la insoportable camisa de fuerza estalinista y post-estalinista que en principio les imponía el partido. La conciencia de las élites operativas de los regímenes comunistas de línea soviética fue finalmente fatal para los propios regímenes, ya que la conciencia de la conciencia ganó, al final, a la alienación marxista de la conciencia: la libertad es el fundamento del ser, y la conciencia del ser ganará, al final, contra todas las conspiraciones del no-ser. La prueba es lo que ocurrió en la URSS, y en toda Europa del Este bajo el dominio soviético. Al final, tuvimos que ceder *a la realidad.*

Pero, ¿cuál es el *sentido último* que hay que dar a este supuesto derrocamiento de los servicios políticos especiales de Rusia y Europa del Este, en qué *perspectiva última* hay que situar lo ocurrido? Digamos que para responder a esta doble pregunta hay que recurrir a una explicación escatológica, lo que no es posible en un artículo como éste, en el que el espacio es extremadamente limitado. Lo dejaré para otra ocasión.

(3) Vladimir Putin, el predestinado

Sin embargo, en lo que respecta al propio Vladimir Putin, Pierre Lorrain aportará una información que considero bastante considerable. La familia de

Vladimir Putin", escribe Pierre Lorrain, "procede de Pokrovskoie, en el oeste de Siberia, una oscura aldea a orillas del río Tobol, entre Tiumén y Tobolsk, cuyo principal reclamo para la fama es haber sido el lugar de nacimiento de una de las figuras más controvertidas del país, Grigori Rasputín, el infame *starets* ("hombre santo") cuya influencia sobre la emperatriz Alexandra Feodorovna contribuyó al descrédito del zar Nicolás II y de la monarquía en vísperas de la revolución de 1917. Según nuestra fuente, algunos miembros de la familia, deseosos de distanciarse de un pariente tan problemático políticamente, abreviaron su apellido, suprimiendo la primera sílaba. Hay que decir que este no (que puede traducirse como "Debauched") no es muy fácil de soportar, aunque el escritor nacionalista Vadim Rasputin, campeón de Siberia y apóstol de la vida rural, le haya dado cierta credibilidad a los ojos de los rusos. ¿Es el Sr. Putin el sobrino-nieto o un primo lejano de los *starets*? ". Y Pierre Lorrain añade: "Un vínculo familiar, aunque sea tenue, entre el Sr. Putin y Rasputín explicaría el curioso parecido físico, sin la barba, que se observa entre el actual presidente y el hombre que fue apodado el "monje loco" en el extranjero, aunque no era ni monje ni estaba loco.

Pierre Lorrain también nos proporciona otras informaciones especialmente sustanciosas sobre la estancia de Vladimir Putin en Alemania del Este, en Dresde, sobre su biografía lejana y más reciente, sobre las etapas y giros de su carrera conocida. Pero el hombre sigue siendo esquivo, distante, fundamentalmente secreto. Como si perteneciera a otra realidad, a otro mundo. Lo cual, por cierto, parece ser precisamente el caso.

(4) Puntos de vista geopolíticos

Queda por abordar -desvelar, incluso se podría decir- lo que debe llamarse la geopolítica imperial del Gran Continente Euroasiático de Vladimir Putin, tal y como se desprende actualmente de las doctrinas planteadas por los grupos geopolíticos de Moscú que le rodean, protegen y exaltan estrechamente, que prevén la integración imperial del "Gran Continente" euroasiático -Europa Occidental, Europa Oriental, Rusia y la Gran Siberia, el Tíbet, la India y Japón- en un "Imperio Euroasiático del Fin", el último estado de las doctrinas geopolíticas de Karl Haushofer y su concepto operativo fundamental de *Kontinetalblock*.

Y sabiendo que no hay nuevo Imperio sin una gran religión imperial renovada, Vladimir Putin, él mismo un profundo y místico creyente, se pone fundamentalmente del lado de la ortodoxia, mientras cuenta, a largo plazo, con una reunión continental entre la ortodoxia y el catolicismo que implique un retorno suprahistórico a la "religión anterior", de "antes de la separación".

También es gracias al compromiso ortodoxo de Vladimir Putin que se ha producido la canonización del emperador mártir Nicolás II y su familia, testigos de la sangre, masacrados por orden de Lenin, y que la "Gran Ortodoxia" se ha convertido prácticamente en la religión de Estado de la "Nueva Rusia". La reunión secreta de Vladimir Putin en Roma con Juan Pablo

II tiene un significado profético, cuyo sentido decisivo sólo nos puede decir el futuro.

En su libro, Pierre Lorrain trata de advertirnos contra lo que llama las modas "milenaristas y mesiánicas" de Vladimir Putin. Pero al hacerlo, se equivoca dramáticamente, porque es ahí, de hecho, donde reside la grandeza de Putin, su identidad profética oculta y su predestinación final, que aún podemos considerar imprevisible pero que ya sabemos que es la de una elección secreta, manipulada desde arriba, desde lo invisible. Una elección *decisiva* en todos los sentidos.

En esta hora espectral en la que la historia del mundo está a punto de alcanzar el momento de la ruptura interior del que no hay vuelta atrás, y mucho menos una posible marcha hacia adelante, y en la que lo que la tradición hindú llama el *Paravrtti*, la "Gran Reversión" puede desencadenarse en cualquier momento, el problema de la historia actual del Gran Continente Euroasiático viene a plantearse en los términos muy precisos de la elección que se ofrece a Rusia de ver o no ver la aparición en su seno del "hombre providencial", del "hombre del mayor destino". Porque, una vez más y en cualquier caso, es en Rusia donde -obviamente, dada la actual configuración político-histórica final del Gran Continente- se decidirán hoy los futuros destinos de la última gran historia europea del mundo.

Hace veinticuatro años, publiqué un artículo en *"Correspondance Européenne"* que, en su momento, causó un gran revuelo, y que desde entonces se ha citado a menudo. Incluso R.V. Nikolski lo había mencionado en su manuscrito clandestino, del que he hablado extensamente en otro lugar en términos muy aprobatorios. Un artículo que trataba de la duplicación secreta - y más que secreta- de la Unión Soviética por parte de una cierta Contrarreforma que actuaba en la clandestinidad, en la sombra, en todos los niveles del aparato político-administrativo del Estado soviético, incluso -y quizás especialmente- en los "niveles internos" del propio Partido, y en el que escribía, como conclusión, esto:

La historia, la gran historia, nunca es lo que piensan los que la sufren, cegados por sus líderes ocultos. El secreto activo de la historia hay que buscarlo en las razones vivas de los que la hacen y deshacen, en el silencio y la oscuridad de los bajos fondos, lejos de la mirada y la atención de las masas, y ellos saben que la historia avanza o retrocede, que se ilumina o se oscurece, cada vez, según el funcionamiento interno de una voluntad que se mantiene más allá del curso de la historia, una voluntad transhistórica". -Se trata de una perspectiva poco convencional sobre la marcha de la historia, lo que Julius Evola llamó la "cuarta dimensión" de la historia. Y, en el mismo artículo, continuaba: "Es a la luz de esta concepción interiorizadora de la historia que hay que saber -*saber de antemano*, todo está ahí- quién, en la Unión Soviética, acabará ganando, en el momento deseado, al otro bando, de forma implacable, para comprometerse inmediatamente a cambiar -en una u otra dirección- el rumbo e incluso la propia faz de la historia mundial. Hoy, como en el pasado, este es el único propósito: cambiar la cara del mundo.

Sin embargo, en la perspectiva del *objetivo único*, ¿cuál de los dos bandos prevalecerá sobre el otro? El que será capaz de dejar aparecer en su interior la voluntad de destino del hombre providencial, que será también el hombre de la última batalla. ¿Cuándo vendrá? Inevitablemente, a la hora señalada" (*"Correspondance Européenne"*, febrero de 1977).

Ahora bien, somos unos cuantos los que ya hemos comprendido que, en las circunstancias actuales y, desde ahora, definitivamente, porque, tanto en lo visible como en lo invisible, estas *circunstancias actuales* son también *circunstancias finales*, este hombre que se espera, el "hombre providencial", el hombre "del mayor destino y de la batalla final", no puede ser otro que el actual presidente de Rusia, Vladimir Putin.

Una intuición profunda e inspirada, así como una certeza absolutamente evidente cuando sabemos lo que sabemos, Vladimir Putin es ya, para algunos de nosotros, el hombre de la gran recuperación revolucionaria, "imperial" y "escatológica" de la "Nueva Rusia", y, por lo tanto, en quien se basa también en el momento decisivo la lucha por la recuperación y asunción definitiva de Europa y del conjunto geopolítico y suprahistórico del "Gran Continente" euroasiático en sus dimensiones finales.

El visionario secreto, el "hombre de la última batalla" que está llamado a dirigir, histórica y suprahistóricamente, la marcha hacia adelante de la "Nueva Rusia", tierra, desde tiempos inmemoriales, de grandes visiones mesiánicas, "escatológicas", Apareció precisamente donde tenía que aparecer porque el destino más grande tenía que hablar, y así habló, aunque todavía no haya sido escuchado por los "pocos" vigilantes de la vanguardia revolucionaria, los "cosechadores de medianoche". Pero lo que había que hacer se hizo, "ineludiblemente, a la hora señalada".

Por supuesto, no ignoro las trágicas responsabilidades político-revolucionarias que nos incumben a quienes hemos comprendido que, en última instancia, sólo hay una salida a esta formidable crisis político-histórica final que es la actual crisis de Europa ante la total ofensiva contraestratégica de la conspiración globalista en marcha: A saber, la urgente puesta en marcha -de la máxima urgencia- del proceso de integración imperial grancontinental euroasiático, del que el presidente Vladimir Putin es en la actualidad el único líder político europeo que no sólo comprende todo lo que está en juego de forma trágica, sino que ya está plenamente comprometida con la "última batalla" del "mayor destino" que parece ser, en la actualidad, ya para nosotros y para la gran Europa, la batalla por el establecimiento revolucionario del "Imperio Euroasiático del Fin".

El "Imperio Euroasiático del Fin" -como seguimos diciendo- consistirá en la integración política federal total de Europa Occidental y Oriental, Rusia y la Gran Siberia, el Tíbet, la India y Japón, el último estado del concepto geopolítico fundamental de Karl Haushofer, el concepto *de bloque kontinental*.

Habiendo pensado que debía aportar algunos detalles adicionales al libro de Pierre Lorrain, *El misterioso ascenso de Vladimir Putin*, del que de hecho sólo nos había dado un retrato más bien externo y demasiado convencional, no sé si al mismo tiempo no fui, quizás, demasiado lejos en mis revelaciones sobre los compromisos implícitos y las opciones político-estratégicas de vanguardia del actual anfitrión del Kremlin. Esto es particularmente cierto con respecto a lo que Pierre Lorrain llama las "infatuaciones milenaristas y mesiánicas" del Presidente de Rusia, en quien, por lo que a nosotros respecta, no ocultamos que hemos reconocido al "hombre de la última batalla" y del "mayor destino" de Europa y, por consiguiente, del "Gran Continente" euroasiático.

Sin embargo, tratar de mostrar al presidente Vladimir Putin a la luz verdadera, a la luz más nítida de su más alta identidad política, presente y futura, no puede sino reforzar, me parece, la conciencia de ruptura que se puede, que se debe tener a partir de ahora, en Europa occidental, y más particularmente en Francia, de la misión, de la predestinación suprahistórica, religiosa y escatológica, de la que debe ser acreditado. Porque, si sólo apoyándose en Francia, el presidente Vladimir Putin podrá influir y cambiar el rumbo final de la nueva historia europea del mundo, es cierto que una muy misteriosa falta de influencia, una muy flagrante falta de interés por él, se manifiesta hoy en Francia, con una extraña obstinación mantenida en la sombra por núcleos ocultos de acción especial, sobreactivados.

Por lo tanto, ya es hora de denunciar, con la mayor violencia, la empresa subversiva que se está llevando a cabo en Francia con respecto a la figura militante de Vladimir Putin, empresa que es el producto directo de una maquinación concertada destinada a impedir que se le reconozca como *lo que realmente es*. Una maquinación dirigida por las mismas fuerzas nocturnas, innombrables y, sobre todo, por el momento *innombrables*, que ponen en práctica constantemente la alienación cada vez más avanzada del ser más íntimo de Francia, de su propia historia y de lo que Francia significa más allá de la historia.

A través de nuestra lucha política inmediata y visible, es en realidad el poder de las tinieblas el que combatimos, hoy como ayer, *hasta el final*.

LO QUE EUROPA ESPERA DE VLADIMIR PUTIN LOS DESTINOS ESCATOLÓGICOS DE LA NUEVA RUSIA

(1) El séptimo sello

Los años decisivos están volviendo. El vertiginoso torbellino de una inversión final de dimensiones abismales de la historia mundial en curso se impone ahora sobre el oscuro estancamiento de los tiempos de resignada decadencia de los que estamos saliendo y en los que ya casi nos habíamos perdido. Todo entra ahora en la zona de atención suprema".

Pues así es: en el mismo momento en que Vladimir Putin había asumido el poder presidencial en Moscú, se estaba produciendo un inmenso retroceso en las bambalinas invisibles de la "gran historia mundial" en curso. No sólo el interregno de un siglo de la sangrienta dictadura de las tinieblas del marxismo-leninismo llegaba realmente a su fin, sino que el propio sentido de la historia que lo había permitido se invertía, dando paso a la reanudación revolucionaria de una identidad diferente de la realidad histórica rusa, al resurgimiento de la predestinación escatológica de la "Rusia anterior", de Rusia como "concepto absoluto" de la historia mundial concebido como el desarrollo controlado de un "gran designio" secreto de la Divina Providencia.

Así, en la visión cristológica del mundo y de su historia, el terrible sacrificio sangriento de la crucifixión de Rusia y de sus pueblos cautivos en la conspiración mundial del comunismo soviético no habrá sido en vano: pues sólo a través de los caminos litúrgicos del misterio de la Cruz pasa el camino oculto y final del misterio supremo y activo de la Resurrección.

Ahora bien, a pesar de estos primeros tiempos equívocos y desgarradores que marcan la vuelta a la vida tras el largo descenso procesional por los negros abismos de la muerte, es efectivamente la mañana luminosa de la Resurrección lo que Rusia, la "Nueva Rusia" de Vladimir Putin, está llamada a vivir hoy, aunque quizá no sea todavía plenamente consciente de su nuevo estado, que es esencialmente un estado de gracia.

Pues una cierta contracorriente de impedimento, de torpeza ontológica y de ralentización, marca, subterráneamente, en la actualidad, todo lo que en Rusia y en el mundo entero atestigua el retorno al ser, ya incipiente, todo lo que comparte el actual empuje resurreccional incipiente: lo que ya no está, no es sustituido todavía por lo que no está del todo.

Por tanto, no nos dejemos engañar por las apariencias engañosas, trucadas a propósito: este espantoso letargo general, esta impotencia hipnótica cada vez más insoportable, esta ralentización de todo, que parece haberse apoderado de todo lo que quiere avanzar en los últimos años, es, a pesar de todo, y debe ser -para los que realmente saben ver, más allá del simple hecho de ver- el signo de la puesta en marcha, difícil, muy difícil por el momento, pero absolutamente ineludible a largo plazo de un cambio en el estado ontológico del mundo y de su historia actual, el signo mismo de la "gran inversión" que se ha producido, que está en proceso de producirse en su "línea de paso" hacia el Tercer Milenio.

Así que ya no es tanto el hecho de que, por el propio curso de las cosas, debamos liberarnos constantemente del peso muerto del pasado lo que nos obliga a avanzar a pesar de todo, sino ya la llamada irracional dentro de nosotros de un nuevo e irresistible impulso revolucionario, de una renovación diferente, que implica el salto hacia adelante sobre los precipicios de su fin del régimen anterior de las cosas, el *salto sobre el vacío:* porque, efectivamente, hemos llegado a este punto, y no hay vuelta atrás.

Mientras tanto, tenemos que enfrentarnos cada día al misterio de lo que se nos sigue escapando constantemente, de lo que parece no poder encontrar nunca su realización, de lo que se hunde indefinidamente en el barro vago y sucio, muy sucio por cierto, de su propia imposibilidad de ser: Esta invasión de lo que surge de las profundidades más nocturnas de los abismos a la hora de la suspensión verdaderamente definitiva del aliento del ser, es en efecto la parte que nos corresponde hoy en un mundo golpeado por la prohibición de significarse subversivamente a todas las fuerzas de la vida, de la renovación, del recomienzo. Pero sepamos también que todo esto sólo puede ser, en realidad, *esencialmente temporal.* Y cuando el Cordero abrió el séptimo sello, hubo silencio en el cielo durante una media hora", leemos en el Apocalipsis de San Juan. Estos son, pues, los tiempos de las ambigüedades extremas del no-ser en el poder y de la degradación temporal de los poderes del ser, los tiempos oscuros de la exaltación última de la abyección, los tiempos del interregno final del gobierno ilegal de lo abyecto.

Esta es la razón por la que la doble subversión de socialdemócratas y liberal-demócratas -que siempre serán los regímenes del equívoco, de la distracción alienante y del paso encubierto al enemigo- ha prevalecido, y todavía se aferra ilegalmente al poder en los tres principales países de Europa occidental, Gran Bretaña, Francia y Alemania, en el corazón mismo del campo de batalla donde todo va a suceder. Y esto, hasta que la renovación en las profundidades llegue a desbordar revolucionariamente, a cruzar el "cruce de la línea" para imponer revolucionariamente, con Vladimir Putin y con lo que simbólicamente significa Vladimir Putin en la actualidad, su ley del cambio total, irreversible, la ley de la gran "Reversión Final", del *Paravrtti.*

En sí mismo, el interregno nunca es otra cosa que la garantía de la salida del interregno.

(2) El "gran diseño" imperial escatológico de Vladimir Putin

Entonces, ¿cuáles son las líneas de fuerza magnéticas que podrían llamarse, si no la doctrina gubernamental de Vladimir Putin, al menos su proyecto fundamental de acción político-estratégica en el futuro próximo y más lejano?

En primer lugar, devolver a Rusia a sí misma, de forma revolucionaria, total e incondicional. Volver a conectar inmediatamente con la gran predestinación suprahistórica de Rusia, una predestinación escatológica que hay que redescubrir, que hay que retomar precisamente allí donde la revolución soviética la interrumpió, en el marco de una conspiración suprahistórica oculta cuyas dimensiones exceden con mucho el destino de Rusia sola.

Precisamente porque, continuando la obra de sus predecesores, Nicolás II, a quien su primo el káiser Guillermo II había llamado el "Emperador del Pacífico", estaba a punto de convertir a Rusia en la superpotencia mundial "desde el Atlántico hasta el Pacífico", poniendo así finalmente en marcha el "designio secreto" de su propia predestinación imperial y continental suprahistórica.

Porque fue para evitar que Rusia impusiera su propia voluntad imperial escatológica en la historia mundial actual "desde el Atlántico hasta el Pacífico" que Rusia fue masacrada, desalojada por la fuerza de la historia que había elegido llevar adelante hasta su trascendental desenlace final, que habría sido el de su transfiguración cristológica imperial. Desarrollar, pues, las concepciones de la Santa Alianza hasta sus últimas dimensiones planetarias e históricas, hasta la realización de su decisiva identidad suprahistórica.

Esto es lo que los poderes nocturnos que representan, en las bambalinas prohibidas de la "gran historia", la abismal identidad oculta de lo que la doctrina cristológica tradicional llama el "Misterio de la Iniquidad" en acción hasta la "Segunda Venida", no podían permitir que se cumpliera. De ahí la conspiración mundial de los poderes de las tinieblas para desmantelar el Imperio Ruso en su identidad escatológica, que entonces ya estaba secretamente activada y a punto de entrar en la corriente de la historia, mediante complicidades internas y externas que siguen siendo desconocidas e *irreconocibles hasta* hoy.

Pero, en la actualidad, es este mismo designio imperial escatológico de Rusia el que vuelve a estar en la agenda de Vladimir Putin, que pretende devolver a Rusia a sí misma, apoyándose para ello en su "Nueva Rusia" y en la "gran ortodoxia rusa y de Europa del Este". Pero al mismo tiempo, a pesar y más allá de la resistencia de la ortodoxia, y sea cual sea su intransigencia y su negativa concertada a aceptar, también se apoyará en Roma y en el catolicismo romano tradicional. Y esto, como había mostrado -y demostrado- en su primer viaje al extranjero como Presidente recién elegido de Rusia, cuando insistió de forma muy significativa en que se realizara en Italia, y con Juan Pablo II, con quien mantuvo la larga entrevista confidencial que conocemos. Más adelante hablaremos de la especial relación de Vladimir Putin con Roma y el catolicismo romano, siendo Vladimir Putin un ferviente lector de Vladimir Soloviev. Esto aclara muchas cosas.

Por lo tanto, parece bastante obvio que para que esto ocurra realmente, Vladimir Putin debe, en primer lugar, lograr forjar la herramienta político-estratégica de acción revolucionaria planetaria que realmente pueda dar curso a sus designios visionarios, es decir, un Estado ruso con el peso de una superpotencia planetaria, y que lidere el bloque de una concentración política imperial grancontinental europea de identidad trascendental y polar. Y ésta también se volcó en sus últimas instancias revolucionarias, hacia la movilización transcontinental de América Latina, también continente católico, así como de los propios Estados Unidos, librados de sus enemigos, de su sujeción nocturna a la subversión iluminista protestante y, sobre todo, a la que, desde el principio, se oculta espectralmente detrás de ella, y cuyo nombre no nos atrevemos a decir ni a intentar desvelar su rostro de oscuridad.

La lucha fundamental de Vladimir Putin será, en estas condiciones, la de la liberación interna de Rusia de las formidables cargas negativas que siguen lastrando -todavía- el milagro de su resurrección política, y la puesta en marcha de su renovación administrativa, económica y militar, que debería llevarla a recuperar, a su debido tiempo, su estatus -ya dos veces perdido- de superpotencia imperial planetaria (estatus perdido, primero, en 1917, y luego con la liquidación de la Unión Soviética). Lo que aparece en perspectiva, por tanto, es la figura renovada de una Tercera Rusia, que debería querer ser también, finalmente, una Tercera Roma.

La verdadera liberación interna de Rusia incluye, en el actual estado de urgencia de la situación, una parrilla de prioridades que deben ser resueltas de forma dramática, a cualquier precio, de forma inmediata y completa, cada una por su parte y todas a la vez. Y ello a partir de medios efectivamente irrisorios, el más seguro de los cuales parece ser, en este caso, el del acceso de Vladimir Putin al poder presidencial supremo. Tenemos que lidiar con ello.

A Vladimir Putin le espera una serie de tareas de recuperación en un destino infinitamente peligroso, un destino peligroso al que, además del carisma personal de Vladimir Putin, reconocido en gran medida por la actual comunidad nacional rusa, sólo se puede oponer, de hecho, su propia calma gélida, su decisión inquebrantable, y la confianza activa en sus predisposiciones visionarias, su confianza en su "estrella secreta". ¿Es poco? Es mucho, el futuro lo decidirá. Pero algunos de nosotros ya estamos convencidos de que el futuro ya está del lado de Vladimir Putin, que el futuro ya pertenece a Vladimir Putin.

Y sobre todo su conciencia de tener a su lado las estructuras sanas y vivas de la nación. *Estoy cerca del Ejército, estoy cerca de la Flota, estoy cerca de la gente",* declaró durante los dramáticos acontecimientos que siguieron al fatal accidente del submarino nuclear *Kursk.*

(3) ¿Qué tareas de recuperación?

Por lo tanto, los partidos parecen, como mínimo, ajustados. Las dramáticas "tareas de recuperación" a las que Vladimir Putin debe enfrentarse urgentemente parecen ser, en su totalidad, las siguientes.

(1) La liquidación de las estructuras de mando oligárquicas y económico-social-políticas, de injerencia y chantaje, heredadas de la situación inventada por el régimen caótico, podrido y putrefacto de la "familia" de Boris Yeltsin, feudalidades vigentes con un peso exorbitante, que deben ser derribadas a cualquier precio y con la mayor urgencia. La arrogancia escandalosamente cosmopolita de Boris Berezovsky, Vladimir Gusinsky, y toda su smalia interlopera de hienas antirrusas, debe ser castigada severamente, y debemos recurrir una vez más a la limpieza con el vacío. Porque es un hecho: el saqueo desvergonzado y bastante criminal de los bienes nacionales rusos durante las grandes desnacionalizaciones del final de la URSS equivale, de hecho, a un verdadero cataclismo económico para Rusia, a una gigantesca operación concertada conspirativamente de la apropiación fraudulenta de toda la "gran economía" rusa por parte de esos grupos oligárquicos de dudosa procedencia, objetivos e identidad, por decir lo menos, habiendo actuado con medios más que sospechosos, que ahora parecen haber sido los de una ofensiva antirrusa dirigida secretamente desde el exterior. Mientras no se elimine la mancha continua de la actual conspiración oligárquica y sus pululantes metástasis subversivas, la economía nacional de la "Nueva Rusia" no podrá tener un comienzo verdaderamente decisivo.

(2) Devolver a las Fuerzas Armadas, sin más demora, los medios de su poder -de su poder superestratégico de dimensiones continentales y planetarias, así como la superficie de afirmación político-social decisiva que debe ser imperativamente suya en el proceso de renovación fundamental -refundación- del Estado. La reestructuración revolucionaria del Estado debe pasar necesariamente por la militarización del trabajo, la educación y la organización social, cultural y religiosa de toda la nación. Una organización totalmente orientada a un único objetivo salvador de autoprivación trascendental, suprahistórica y "religiosa". Se trata de un proceso global en el que el papel impulsor, pedagógico y de supervisión en profundidad de las Fuerzas Armadas resultará ser la columna vertebral de la vida de la nación, como ya lo fue bajo los zares: Rusia nunca será otra cosa que lo que sus Fuerzas Armadas hagan de ella, y Vladimir Putin es, sobre todo, el hombre de las Fuerzas Armadas. Porque, al igual que el Imperio Romano, Rusia es fundamentalmente una nación imperial, por su propia naturaleza, por su predestinación secreta. Toda su historia anterior lo demuestra.

En última instancia y fundamentalmente, la "Nueva Rusia" de Vladimir Putin sólo podrá alcanzar su objetivo de renovación salvífica de la historia rusa actual si la conciencia nacional-revolucionaria de sus Fuerzas Armadas puede asumir realmente el control total del proceso de renovación ya en marcha, y conducirlo en última instancia a su objetivo. El destino de la "Nueva Rusia" de

Vladimir Putin y, por lo tanto, el destino mismo de la emergente Gran Europa Nacional-Revolucionaria depende, por lo tanto, de manera estrechamente decisiva, en las actuales circunstancias, del actual despertar, de la actual evolución de la conciencia revolucionaria de las Fuerzas Armadas rusas y de su papel en el despertar, en la conciencia europea gran-continental de Rusia, es decir, del retorno de Rusia a su anterior predestinación escatológica. El mapa de Vladimir Putin es el mapa de las Fuerzas Armadas. Así, las doctrinas del mariscal Nicolai Ogarkov se han impuesto finalmente. Porque el proceso nacional-revolucionario en el que está inmerso Vladimir Putin no es nuevo, tiene una larga historia clandestina detrás.

(**3**) La creación de un nuevo aparato político-estratégico secreto de protección ideológica, de inteligencia y de intervención especial sobreactuado, con amplios poderes, destinado a garantizar la seguridad interna del conjunto de las empresas revolucionarias imperiales de Rusia y del bloque del Gran Continente Euroasiático de su movimiento activo en el exterior.

Este es el aparato revolucionario de vanguardia contraestratégica que se encargará de erigir una barrera permanente de impedimento a los intentos de injerencia enemiga negativa desde el exterior, y a los fallos internos del campo grancontinental euroasiático en su conjunto. Se podría hablar mucho de esto, pero ciertamente no aquí.

(**4**) Así como la definición de una doctrina estatal metafísica, geopolítica y teológica coherente, total y completa y, precisemos, de una nueva teología cristológica imperial gran europea, ortodoxa y católica. Vladimir Putin sabe que no hay un nuevo surgimiento imperial sin la aparición de una nueva religión imperial, y también debe ser consciente de las palabras proféticamente decisivas de Möller van den Bruck según las cuales *sólo hay un Reich como sólo hay una Iglesia*.

La "Gran Ortodoxia" resucitada por Vladimir Putin y el catolicismo romano tradicional tendrán que reunirse, juntos, por la propia fuerza de acción del Imperio, del *"Imperium Ultimum"*, en el movimiento que los devuelva a su propia y antigua unidad, y así llevarlos hacia el Tercer Estado de la religión imperial gran-continental europea reunificada.

(**5**) Restablecer, revivir el tejido conectivo íntimo y vital, la profunda unidad radiante de la sociedad rusa en su conjunto, que debe ser capaz de recuperar la fe en sí misma, y en sus propios destinos nacionales y supranacionales, que son naturalmente suyos, su propia predestinación fundacional, sus propios orígenes arcaicos y abismales ; de sus misiones imperiales escatológicas, de sus tareas revolucionarias inmediatas, del formidable esfuerzo de autodeterminación ontológica y político-histórica que le exige, en la actualidad, la propia marcha de la historia mundial que está llegando a un giro trágicamente irreversible.

(**6**) También le corresponde a Moscú apoyar muy eficazmente los esfuerzos de las "agrupaciones geopolíticas" que están surgiendo actualmente en toda Europa, de hecho en todo el mundo, y que siguen la línea política euroasiática gran-continental del concepto geopolítico fundamental de Karl Haushofer, el concepto *de bloque kontinental*.

Pues Moscú debe convertirse en el centro sobreactivado de todas las redes contraestratégicas que se movilizan ahora en la vanguardia del movimiento de concentración revolucionario que lucha por la Gran Europa Continental, por el "Gran Imperio Euroasiático del Fin".

(7) El control y contra-control definitivo de la administración política de las regiones internas de Rusia, que se encontraban casi en su conjunto en una peligrosa espiral centrífuga, tendente al autocontrol, a la "autosuficiencia", situación implícitamente opuesta al principio centralizador de Moscú, y que en cualquier momento podía ser aprovechada por injerencias clandestinas del exterior, por manipulaciones pertenecientes al campo de la subversión globalista en acción Sustituir a los gobernantes exquisitamente elegidos por militares seguros.

(8) Destruir todas las estructuras de la delincuencia organizada, la subversión social de las mafias existentes y la insoportable inseguridad permanente de la actual sociedad rusa, que está alcanzando límites peligrosamente críticos y que también puede ser aprovechada por la injerencia exterior con fines de desestabilización e intentos de apropiación clandestina de determinados sectores de la sociedad civil más expuestos que otros a este tipo de maniobras encubiertas

(9) **Además** de la obligación de hacerse cargo, por su parte, con todos los medios a su alcance, de la promoción sobreactuada del Polo Carolingio franco-alemán, base fundacional de la Gran Europa Continental Euroasiática, Hay que recordar que el general De Gaulle afirmó que constituía, por sí sola, una "revolución mundial", Rusia debe asumir también la tarea de abrir el continente europeo hacia la India, eje revolucionario de la presencia y la acción europeas en Asia. ¿No dijo Alexander Dugin que *Rusia es el puente de Europa a la India, y a través de la India a la Gran Asia*? La visita del presidente Vladimir Putin a la India el año pasado y el lanzamiento de un vasto plan contraestratégico ruso-indio deben, por tanto, situarse en esta perspectiva. La verdadera importancia de la reciente visita del Presidente Vladimir Putin a Japón, donde se sentaron las bases confidenciales de ciertos acuerdos de línea común en esa ocasión, debe situarse en la misma perspectiva euroasiática y de la Gran Europa. Al igual que Rusia, Francia también está atenta al acercamiento absolutamente decisivo de la Gran Europa a la India y a Japón, que parece ser una convergencia franco-rusa de lo más significativa, un signo *secreto* del destino.

(10) Deliberadamente he querido tratar en último lugar el problema de la desestabilización islamista revolucionaria de Chechenia y el absceso de subversión antirrusa y antieuropea que mantienen artificialmente en estado de crisis aguda en la región los organismos que están detrás de la actual ofensiva globalista.

Para la Rusia actual, apagar el fuego wahabí en Chechenia es una cuestión de vida o muerte: Si el fuego no se apaga a tiempo, todo el flanco sur del Gran Continente Euroasiático arderá a corto plazo, desde Pakistán hasta la cadena de repúblicas islámicas de la antigua URSS, pasando por el sureste del continente europeo, donde Bosnia y Albania, incluido Kosovo, sirven de relevo tanto para el Islam revolucionario in situ como para las maniobras subversivas y clandestinas de los servicios especiales de Washington, que mantienen intensamente el terrorismo islamista revolucionario importado allí, con el objetivo de desestabilizar a Europa, a la emergente Gran Europa y a la "línea geopolítica europea" que se afirma actualmente a nivel de su nueva historia emergente, una nueva historia euroasiática gran-continental.

¿Durará mucho más el contrafuego encendido por el Presidente Putin en la reunión del "Grupo de Shanghai" en julio de 2000 en Dushanbe (Rusia, China, Tayikistán, Kirguistán, Kazajistán) ante el irresistible empuje de las milicias islamistas? A través de la intermediación de Turquía e Israel en la clandestinidad, la conspiración globalista de Estados Unidos -y lo que está detrás de ella, en las sombras- está avivando las llamas del islamismo fundamentalista, mientras instala los hitos político-estratégicos de su futura toma de posesión de la línea geopolítica subversiva transcontinental Tirana-Sarajevo-Grozny-Kabul-Islamabad.

Rusia y el sudeste de Europa están ahora de nuevo en primera línea de la ofensiva revolucionaria del islamismo fundamentalista, y hay que tener en cuenta que se trata de una larga tradición de resistencia sacrificada, ya que Rusia y el sudeste de Europa han tenido que bloquear la ofensiva islamista hacia el centro de Europa durante siglos. El Islam es utilizado por la conspiración globalista estadounidense como fuerza estratégica de distracción y bloqueo en su guerra clandestina contra Europa, y como tal el Islam goza de un considerable apoyo secreto, política y estratégicamente, convirtiéndose así en una amenaza cada vez más extrema para la emergente Gran Europa, tanto externa como internamente, con la emigración islamista a Europa actuando como una cabeza de puente avanzada en las líneas de resistencia europeas.

Chechenia es el cerrojo del frente sur de Europa, y en Chechenia es en nombre de Europa donde Vladimir Putin ha entablado con Rusia una batalla decisiva.

Cualquier movimiento contra la participación de Rusia en Chechenia es un acto de alta traición contra la unidad y la libertad de la emergente Gran Europa.

(4) El eje París-Berlín-Moscú

Parece que París, Berlín y Moscú -pero, en las circunstancias actuales, sobre todo Moscú- deberían entender que la integración europea a gran escala requiere inevitablemente el establecimiento previo de un eje París-Berlín-Moscú.

Actualmente, la iniciativa del Eje París-Berlín-Moscú sólo puede venir de Moscú.

En efecto, si Berlín se mantiene un tanto indeciso, receloso y cauto ante este proyecto, París, en cambio, y por incomprensible que parezca si se tienen en cuenta las posiciones adoptadas anteriormente por el gobierno gaullista sobre este mismo tema, frena e impide -por no decir que sabotea- con una obstinación morosa e inconfesable, cualquier iniciativa que vaya en la dirección de este proyecto de eje europeo transcontinental.

Es que en París, las presiones negativas extremas que se mantienen y exacerban constantemente, en relación con el concepto de la Gran Europa Continental Euroasiática, y aún más actualmente en relación con el proyecto del Eje París-Berlín, ciertas influencias ocultas subversivamente en acción al servicio de la conspiración globalista, acaban de alcanzar un estado de paroxismo verdaderamente último, absolutamente intolerable, y quizás ya imparable, para algunos al menos, que conocemos demasiado bien. Esto exige una contra-reacción urgente, tan dura como exhaustiva, por parte de las fuerzas aún sanas de la nación, reducidas por la conspiración en marcha a un estado final de parálisis y aturdimiento, de impotencia cada vez más trágica; donde se pretende que Francia, finalmente, sea expulsada de Europa, que se cancele la herencia de la visión revolucionaria de Europa del General de Gaulle. Pero no saben lo que les espera. El contragolpe que vendrá será, en efecto, absolutamente aterrador.

Puesto que las cosas son ahora como se han puesto, corresponde a Moscú asumir el inicio de los preliminares de la puesta en práctica del proyecto del Eje París-Berlín-Moscú, apoyándose también, y quizás sobre todo, en este caso, en la labor de agitación y penetración de los "grupos geopolíticos", que están dispuestos a lanzarse a la batalla ideológica y político-estratégica de la creación de amplias y profundas corrientes de apoyo a este proyecto europeo fundamental.

Esto será una oportunidad para que Moscú actúe directamente en el frente político europeo, en el nivel inmediato de la nueva conciencia europea que se está afirmando revolucionariamente.

(5) Serbia, y el sureste de Europa

Los servicios de inteligencia de Yugoslavia sabían desde hace tiempo que la subversión islámica kosovar planeaba atacar también a Macedonia. En octubre de 2000, el Presidente de Yugoslavia convocó una conferencia general en Skopje, Macedonia, a la que invitó a los jefes de Estado y de Gobierno de Albania, Bulgaria, Grecia, Macedonia, Bosnia, Rumanía y Croacia. Con el pretexto de la puesta en marcha de un "pacto de estabilidad" para el conjunto de los Balcanes, el Presidente Vojislav Kostunica planeaba de hecho elaborar y apoyar personalmente un proyecto, todavía muy confidencial, relativo a la integración política y económica a corto plazo de todos los Estados del sudeste de Europa, con el objetivo de poder hacer un frente común en el diálogo con la Unión Europea, ante la cual Europa del Este, aún desestabilizada por las secuelas del comunismo, se encuentra actualmente en una situación de inferioridad difícil de aceptar. Había que poner remedio a esta situación.

Ciertamente, la presencia europea de Rusia debe apoyarse fundamentalmente en Serbia -en primer lugar- y en los demás Estados ortodoxos de Europa del Este, ya que Serbia ya está comprometida junto a

Rusia en la actual batalla contraestratégica de esta última contra el terrorismo revolucionario islámico. Al mismo tiempo, Serbia es también el primer Estado europeo que ha sufrido directamente la agresión anticontinental de la conspiración globalista gobernada por la "superpotencia planetaria de los Estados Unidos": la movilización total de toda la nación serbia ante la agresión político-militar de la OTAN la convierte hoy en el país de Europa con la conciencia política más despierta respecto a los tejemanejes conspirativos de la OTAN y a la actual ofensiva globalista.

En cualquier caso, el Sudeste de Europa sigue siendo la zona crítica donde se mantiene la inversión desde el continente europeo por parte de la avanzada político-militar de la OTAN comprometida al servicio de la conspiración globalista de la "Superpotencia Planetaria de los EEUU" y, como tal, el Sudeste de Europa debe movilizar permanentemente la atención contraofensiva del conjunto grancontinental europeo, y ello por encima del hecho de que el actual poder social-demócrata liberal-demócrata en el continente europeo sigue en el poder, El sudeste de Europa debe movilizar permanentemente la atención contraofensiva de toda la Europa continental, y esto por encima del hecho de que el actual poder socialdemócrata liberal-demócrata en el poder en toda Europa occidental participa en las exacciones político-militares de las fuerzas de ocupación antieuropeas de la OTAN. Pero no es la traición superficial lo que cuenta: son las opciones profundas de las naciones cautivas, subversivamente silenciadas, amordazadas, víctimas de la alienación extranjera de las mismas, naciones como muertos vivientes, naciones convertidas en zombis por los especialistas del vudú mediático. Y una cierta degeneración de las masas también tiene mucho que ver.

(6) Las cuatro invitaciones cristológicas

Las tareas presidenciales de Vladimir Putin surgen dialécticamente del encuentro -el matrimonio, se podría decir incluso- entre el concepto fundamental de la predestinación imperial suprahistórica y escatológica de Rusia, de la "Nueva Rusia" de hoy y de la Rusia de todos los tiempos, y las condiciones reales, tal como son, de la situación política, social, económica y administrativa actual de Rusia. En otras palabras: hay que hacer algo, y sin duda se hará, en las condiciones que existen realmente en el momento en que esta obligación debe cumplirse, darse, proyectarse en la corriente de la historia en curso. Y lo que debe hacerse de esta manera es ahora la tarea histórica del Presidente Vladimir Putin.

Ahora bien, si acabamos de tratar de revisar lo que constituye, precisamente, las condiciones reales para la recuperación de la situación actual de Rusia, nos queda por determinar el contenido real del reverso trascendental de la situación, lo que debe hacerse ahora para restablecer, también, la identidad escatológica predestinada de Rusia, su propia misión suprahistórica, que le ha sido impuesta desde el principio de su historia, e incluso antes.

Así, de la situación actual en Rusia se desprenden cuatro invitaciones a la acción cristológica inmediata

(**1**) Conseguir la elevación a los altares, la canonización oficial de Nicolás II y de toda la familia imperial, así como de un número simbólicamente significativo de testigos de la Fe caídos durante las persecuciones, las sangrientas masacres de los años del terror leninista y estalinista, durante los "años de oscuridad".

Este es el acto fundamental de la *inversión de los tiempos*, y este acto fundamental acaba de ser realizado efectivamente por el Patriarca de Moscú Alexy II, en presencia y en las disposiciones personales especiales del Presidente Vladimir Putin.

(**2**) **Es** bien sabido que la liberación de Rusia de la dominación de las sangrientas tinieblas del comunismo sólo fue posible por la directa intervención sobrenatural de la Inmaculada Concepción, liberación que tuvo lugar desde el momento en que, siguiendo su propio voto sacramental formulado en 1917, Rusia fue consagrada a su Inmaculado Corazón por el Pontífice reinante, en profunda comunión con toda la Iglesia, Siguiendo su propio voto sacramental formulado ya en 1917, Rusia se encontró consagrada a su Inmaculado Corazón por el Sumo Pontífice reinante, en profunda comunión con todo el cuerpo episcopal del mundo.

Ahora existe una visión profética de San Maximiliano Kolbe, el héroe católico de Auschwitz, según la cual la estrella roja del comunismo será sustituida un día en el Kremlin por la estatua de la Inmaculada Concepción, y que ese día comenzará una nueva etapa en la historia de Rusia, la etapa final y decisiva de toda su historia y de su secreta misión suprahistórica.

Hay que recordar que en la iglesia católica de la Inmaculada Concepción de Moscú, en la calle Malala Grouzinskaia, hay una estatua de la Inmaculada Concepción que se considera precisamente la que debería estar presente y radiante en la cima del Kremlin: Sólo queda ordenar su colocación en la cúspide del Kremlin, en lugar de la Estrella Roja, y eso es lo que debe hacer ahora el presidente Vladimir Putin, porque *no* tiene otra opción.

Las grandes disposiciones de la Divina Providencia nunca son significativas en la escala de la apreciación humana. Un simple hecho como la erección de la estatua de la Inmaculada Concepción en la cima del Kremlin puede tener repercusiones incalculables, inmensas consecuencias políticas e históricas. Del mismo modo, la no ejecución de estas mismas disposiciones puede provocar impedimentos imprevisibles y definitivos o incluso catástrofes.

El estatus de la elevación de la estatua de la Inmaculada Concepción en la cima del Kremlin es el de una petición providencial de la misma naturaleza que la que Santa Margarita María Alacoque había hecho llegar a Luis XIV en nombre del cielo, a saber, que marcara todos los estandartes del Reino con las armas del Sagrado Corazón de Jesús. Luis XIV, al no haber creído necesario dar curso a la invitación que le hizo el cielo, hizo que Francia contrajera una deuda negativa que aún está lejos de haber terminado de pagar.

Por lo tanto, debemos asegurarnos de que no se produzca el mismo trágico percance con respecto a la orden de arriba sobre la ubicación de la estatua de la Inmaculada Concepción en la cima del Kremlin. Que no haya malentendidos.

(3) Como ya se ha dicho aquí, si Rusia ha de participar plenamente en el advenimiento histórico y suprahistórico de un "Gran Imperio Euroasiático del Fin", que comprenda Europa Occidental, Europa Oriental, Rusia y la Gran Siberia, el Tíbet, la India y Japón, y puesto que no puede haber un nuevo Imperio sin una renovación de la propia religión del Imperio, corresponde por tanto al presidente Vladimir Putin llevar a cabo la reintegración de la "Gran Ortodoxia" rusa y de Europa Oriental y del catolicismo romano tradicional en un "tercer Estado", Por lo tanto, corresponde al presidente Vladimir Putin lograr la reintegración de la "Gran Ortodoxia" rusa y de Europa del Este y del catolicismo romano tradicional en un "tercer estado" de facto, en el que las dos grandes religiones europeas recuperarían su unidad original, renovada por su integración dentro de la recién establecida identidad imperial "del Atlántico al Pacífico".

Vladimir Putin debe arriesgarse a jugar contra la "Gran Ortodoxia" por sí misma, sabiendo imponer las opciones necesarias, todas las opciones necesarias, en nombre del mayor destino imperial de Rusia. Fortaleza intransigente de la "gran ortodoxia", sólo Vladimir Putin puede hoy maniobrar para devolverla a la razón de la historia cambiante.

(4) El único gesto fundamental que puede marcar el momento en que la historia europea gran-continental se impondrá a su propia anti-historia, el momento de la *inversión de los tiempos,* es el de la liberación político-histórica y religiosa de la basílica imperial de Santa Sofía en Constantinopla y su gloriosa restauración al culto de la época anterior al colapso del Imperio de Oriente sumergido por la irresistible y caótica marea del Islam. Pues el fin del luto abismal de la historia del mundo occidental debe coincidir sobrenaturalmente con la liberación del santuario de la basílica de Santa Sofía, cuya indigencia había marcado precisamente el comienzo del luto de la nuestra, y de toda nuestra historia desde entonces.

Así, el mito movilizador de la vanguardia del nuevo ascenso revolucionario de la Gran Europa Continental de dimensiones euroasiáticas, que hoy representa la tarea escatológica predestinada de la "Nueva Rusia" de Vladimir Putin, no puede ser otro que el de la liberación de Santa Sofía, el voto y juramento fundamental del nuevo comienzo de la historia de Rusia, liberada de las tinieblas del comunismo y devuelta así a su propio destino anterior, a su propia identidad arcaica y abismal de los orígenes.

La liberación de Santa Sofía, la tarea simbólica suprema del renacimiento imperial de la historia rusa marcado por el ascenso providencial de Vladimir Putin al poder, la tarea simbólica suprema, también, del propio destino de Vladimir Putin.

La confrontación de Rusia con el Islam no es, por tanto, una instancia de crisis en el actual desarrollo histórico de la Gran Europa, una mera instancia de crisis, sino la propia sustancia ontológica de lo que Rusia está llamada a hacer en el curso final de su propia historia, donde *todo se está decidiendo ahora.*

En este sentido, la guerra político-estratégica que actualmente libra Rusia en Chechenia contra el terrorismo revolucionario del islamismo fundamentalista no es en realidad más que una instancia dialéctica de la gran batalla simbólica final por la liberación de Santa Sofía.

En febrero de 2001, en Múnich, el Secretario del Consejo de Seguridad de la Federación Rusa, Sergei Ivanov, declaró: *Rusia está en primera línea de la lucha contra el terrorismo internacional para salvar al mundo civilizado de la misma manera que salvó a Europa de la invasión tártaro-mongola en el* ᵉ*siglo XIII, a costa de inmensos sufrimientos y sacrificios.* Sergei Ivanov hizo estas declaraciones en relación directa con la lucha político-estratégica de Rusia en Chechenia, que fue el trasfondo de su discurso.

(7) "El Espíritu nace y crece"

Se nos presenta así un doble objetivo: no dejar de recordar a las élites revolucionarias de la "Nueva Rusia" la urgencia de sus propias misiones en relación con el futuro actual de la nueva historia imperial europea, grancontinental, euroasiática, y revelar, hacer comprender a las élites revolucionarias europeas de Occidente el sentido y la realidad actuante del actual giro escatológico imperial que está tomando la evolución histórica en curso de la "Nueva Rusia" del presidente Vladimir Putin.

En efecto, es a partir de este doble movimiento de recuerdo visionario permanente con respecto a la "Nueva Rusia", y de revelación doctrinal activa en Europa Occidental, que se constituye la nueva historia revolucionaria europea gran-continental actualmente en curso. Y es a través de nosotros que se está haciendo la historia de la Gran Europa Continental con horizonte euroasiático, exclusivamente a través de nosotros.

Porque nuestros objetivos de la guerra ideológica total son ahora sobre todo los objetivos de la nueva conciencia revolucionaria de una generación predestinada, que está en proceso de constituirse como tal y de acceder a su propia nueva conciencia revolucionaria. Y lo que nosotros mismos hemos comprendido y lo que estamos haciendo comprender a nuestro pueblo es la extraordinaria importancia histórica y suprahistórica de la emergencia actual del "concepto absoluto" Vladimir Putin en Rusia y, por tanto, en el corazón mismo de la nueva historia europea gran-continental del mundo, que se afirma ahora en términos de conciencia revolucionaria inmediata y en términos de acción revolucionaria inmediata.

Hoy, somos unos pocos los portadores de esta nueva conciencia revolucionaria, y no debemos dejar de darla a conocer a todos los que sabemos que están entre nosotros. Esto es lo que Raymond Abellio -que entonces todavía se llamaba Georges Soulès- ya había comprendido en 1943, cuando escribió, en su libro profético fundamental, *El fin del nihilismo,* que el "Espíritu nace, y se desarrolla". Porque, en efecto, ¿qué puede ser la nueva historia revolucionaria del mundo sino la historia secreta del desarrollo del Nuevo Espíritu, ya en acción? ¿Es la historia otra cosa que el lugar de la manifestación visible e invisible del Espíritu Santo? ¿Y qué somos, en definitiva, sino los agentes secretos del Espíritu Santo en acción en la historia en curso, los agentes secretos de la conspiración revolucionaria del Espíritu Santo?

Sabemos lo que está en juego hoy: si la última civilización europea sobrevivirá o perecerá. Y que esto ahora depende exclusivamente de nosotros, también lo sabemos. El hecho de que el centro de gravedad geopolítico de la actual historia europea grancontinental se haya desplazado hacia el este, hacia la "Nueva Rusia" de Vladimir Putin, hacia el sureste de Europa bajo la influencia ideológico-política de Vojislav Kostunica, representa hoy un cambio histórico tan imprevisto como absolutamente decisivo, tan profundo como fundamentalmente comprometido con la renovación del destino final que en adelante será inevitablemente nuestro.

Para la decisión revolucionaria final, el "salto al precipicio" al que conduce inevitablemente el fin de la historia del mundo, que es también, nos guste o no, nuestra historia y nuestro mundo. ¿Estamos a la altura de la situación? Eso es lo que veremos.

En cualquier caso, somos los pocos que debemos asumir la responsabilidad de facto del actual giro revolucionario de la nueva historia europea grancontinental que emerge a la luz del día, y ya nos conocemos, todos, desde Moscú a Dublín, desde el "Atlántico al Pacífico", cada uno donde estamos ahora. La "primera línea" la mantenemos sin interrupción.

Todo está ya en su sitio. Lo que esperamos es la señal que nos lleve al asalto revolucionario de nuestra propia historia comprometida en la batalla contra las posiciones de su propia antihistoria actualmente en el poder en toda Europa Occidental: la guerra de liberación de debajo de la actual dominación de la antihistoria occidental dominante será la guerra final de liberación del eterno Occidente del mundo, del que representamos hoy la conciencia suprahistóricamente activa, la conciencia revolucionaria de primera línea.

VLADIMIR PUTIN Y EL "IMPERIO EUROASIÁTICO DEL FIN"

No obstante, nos encontramos ahora en la línea divisoria de la "gran historia", repentinamente cerca de su fin: algo está llegando a su fin definitivo, y algo más está a punto de suceder, abismalmente, algo absolutamente nuevo.

El terror solapado y degradante ejercido, a escala planetaria, por la subversión sobreactivada de la conspiración globalista, que arma, justifica y no deja de imponer su doctrina de la llamada "corrección política" democrática, alcanza, en la actualidad, los límites últimos de lo insoportable, de la pesadilla permanente y total. Llegados, pues, a estos extremos, a este paroxismo final de la afirmación activa, de las imposiciones subversivas y totalitarias de la conspiración globalista en marcha y de su terror democrático incapacitante, la historia del mundo parece haberse detenido momentáneamente en su marcha, como si se autoinmovilizara a la espera del momento fatal en que tendrá que volcarse, ineluctablemente, en un estado absolutamente contrario al de su actual bloqueo negativo total, para cambiar totalmente de dirección.

Porque ahora ha aparecido una nueva forma específica de cambio en el devenir visible de la historia mundial, una nueva forma ontológica de acción directa en el curso inmediato de la historia, que implica y decide, a la larga, cuando *llegue el momento*, la autodestrucción total e instantánea, sin la menor intervención externa, de cualquier situación de poder fundamentalmente constituida, políticamente afirmada y aparentemente inexpugnable en sus fundamentos del momento: Lo que parecía durar indefinidamente desaparecerá luego de forma misteriosa y repentina, sin dejar rastro, borrado para siempre de la corriente de la historia; como si nada hubiera ocurrido.

Y es que, en el momento de sus grandes cambios, en el momento de sus grandes, decisivos, imprevisibles y repentinos puntos de inflexión, la historia se ve obligada a cambiar, a transformarse por el propio misterio de sus profundidades irracionales, un misterio en acción que sólo es conducido, desde lo invisible, por las ocultas decisiones revolucionarias de la Divina Providencia, que siempre está ahí, siempre oculta tras los acontecimientos inmediatamente visibles. Comprender la historia en su marcha no es penetrar en sus razones objetivas, que nunca son más que apariencias arregladas, sino no ignorar la identidad abismal de lo que realmente la impulsa y la hace avanzar, desde abajo, según un plan providencialmente concebido y conducido desde fuera del tiempo.

Así fue con el abrupto fin del comunismo soviético y todas sus conspiraciones subversivas de dimensiones planetarias: sin ninguna intervención visible del exterior lo que estaba ocurriendo en el momento decisivo, sin ninguna razón objetiva, a la hora señalada y que nadie esperaba, porque era una hora oculta, hora suprahistórica- fue como un súbito colapso total, desde su interior, como un repentino rayo negro, anulando todo, y el mayor poder político-militar del mundo dejó de existir, fue absorbido por la nada que secretamente llevaba dentro, instantáneamente. Y definitivamente, sin pausa ni recurso.

Ahora, esta misma nueva estructura ontológica de autodestrucción instantánea, misteriosa en sus apariencias, ha golpeado también el conjunto de la situación política europea actual. Las todopoderosas democracias cristianas italiana y alemana han desaparecido en la nada de su propia autodestrucción, al igual que el gran sueño imperial europeo del "gaullismo de hojalata" parece haberse desvanecido, y también en Francia, el vasto movimiento de movilización popular que el Frente Nacional había puesto en marcha, así como el propio Partido Comunista, se fragmentó en piezas dispares desde dentro. Mientras que, bajo las mismas apariencias de su poder, todavía incondicionalmente en vigor por el momento -en Francia, en Alemania, en Italia-, la socialdemocracia, subcontratista local de la conspiración mundialista, instalada por todas partes en Europa, así como en Gran Bretaña, se encuentra, a pesar de todo, a partir de ahora, a merced del súbito movimiento sísmico de las profundidades que va a devolverla, de un momento a otro, a su agujero negro de origen. Así, desde Bucarest hasta Lisboa, un inmenso desierto vacío, carbonizado, apagado, inmóvil, "rezumando un mal secreto e imprevisible", se extiende en el colmo de la desolación, en el colmo de la impotencia. La historia democrática de Europa está muerta y se está convirtiendo en su propia fosa común.

Pero es por encima de esta fosa común en descomposición donde el inmenso torbellino de fuego de la gran empresa revolucionaria europea de salvación y liberación tendrá que levantarse pronto, y de qué manera inesperada, para poner en marcha, política e históricamente, lo que ya se llama el Imperio Euroasiático del Fin.

Porque si, a partir de ahora, en estos tiempos de interregno, sin tiempo ni esperanza ni ninguna expectativa legítima, cuando la evidencia de la abdicación política de Europa funciona como campo de dispersión final, sólo queda el riesgo de la ontología de la autodestrucción instantánea de este conjunto político en situación terminal, como ya se vio con la autodestrucción política de la Unión Soviética, o con el misterioso desvanecimiento de las democracias cristianas europeas-, no es menos cierto que el movimiento dialécticamente opuesto, el de una ontología de la inversión total y de la reconstitución abismal, de un súbito ascenso paroxístico del ser original, de una emergencia de la inversión absoluta y de la reanudación absoluta de una situación aparentemente cerrada sin recurso, también puede tener lugar en cualquier momento. Y poner todo patas arriba, de golpe.

Hoy, en todas partes, en el espacio interior de la Gran Europa, de Europa como vanguardia revolucionaria del Gran Continente Euroasiático, el fuego de la vuelta al ser, de la recuperación política revolucionaria de todo el continente, arde en el subsuelo, y se mantiene clandestinamente disponible contra viento y marea, a la espera de ese "surgimiento del derrocamiento absoluto y del comienzo absoluto de nuevo" que debe marcar el próximo vuelco de la actual situación política europea hacia su propio contrario. Esta es la dialéctica activa de la nueva forma de intervención ontológica en la historia que la exige, a través de su doble mandato de autodestrucción del pasado, de las formas condenadas que ya han pasado, y de la movilización abismal de lo que de pronto será llamado a dar un nuevo rostro al futuro que ya está, secretamente, en marcha.

Como conclusión de un trabajo de investigación político-revolucionaria que publiqué en 1976 bajo el título *La línea geopolítica de la URSS* y el "proyecto oceánico fundamental" del almirante *G. S.* Gorshkov, había colocado proféticamente las siguientes líneas, cuya actualidad me parece bastante llamativa, más que nunca inmediatamente operativa:

Es a la luz de esta concepción interiorizadora de la historia que será necesario saber -conocer de antemano- todo lo que, en la Unión Soviética, acabará por imponerse, en el momento deseado, a la otra parte, implacablemente, para comprometerse inmediatamente a cambiar -en una u otra dirección- el rumbo e incluso la faz misma de la historia mundial. Hoy, como en el pasado, este es el único objetivo: cambiar la cara del mundo. Sin embargo, en la perspectiva del *objetivo único*, ¿cuál de los dos bandos ganará sobre el otro? El que será capaz de dejar aparecer en su interior la voluntad del hombre providencial, que será también el hombre de la última batalla. ¿Cuándo vendrá? Inevitablemente, a la hora señalada.

Ahora es precisamente la aparición -el advenimiento- de lo que llamé, en su momento, el "hombre providencial" lo que, ahora que los tiempos están preparados, tendrá que provocar la inclinación final de la actualidad política europea inmediata en la dirección de su retorno revolucionario al ser, para dar -más allá de su desastre actual- su forma ontológica decisiva a otro reinicio total de la historia y la conciencia política europeas, de sus propias estructuras de afirmación y presencia activa, renovadas desde sus redescubiertas profundidades originales.

Porque es un hecho: la explosión revolucionaria final está ahora lista para estallar. En toda Europa, los "grupos geopolíticos" de conciencia e intervención política imperial clandestina en la Gran Europa, que ya operan en las dimensiones continentales euroasiáticas, están al acecho del inminente cambio de la historia cerca de su final, un cambio que empieza a producirse en el subsuelo y del que estos "grupos geopolíticos" movilizados sobre el terreno constituyen la masa explosiva, a la que la aparición del "hombre providencial", el nuevo "concepto absoluto" de la historia que alcanza su punto crítico supremo, proporcionará el detonante predestinado.

La definición ideológico-doctrinal de este cambio anunciado se encuentra, exhaustivamente definida, en un reciente documento emanado de uno de los centros operativos que trabajan, de forma semilibre, de este vasto movimiento político subterráneo, del que éste representa una de las actuales instancias decisivas de afirmación revolucionaria inmediata. De esta definición ideológico-doctrinal, he aquí el documento que enuncia su proyecto operativo básico, un documento conocido más o menos confidencialmente bajo el título de "Pacto Imperial Euroasiático". Cito textualmente.

Un documento fundacional, "El Pacto Imperial Euroasiático"

Es de la confrontación de nuestras doctrinas imperiales y católicas con la realidad actual, directa, político-histórica, a la que se dirigen revolucionariamente, *de* donde resultará dialécticamente el surgimiento final del Gran Imperio Católico, que constituye nuestro objetivo último, *el Imperium Ultimum*, del *Regnum Sanctum*.

La primera de estas tres etapas operativas, la del acto mismo de poner en marcha el proyecto imperial definitivo, se referirá a la creación del eje París-Berlín-Moscú, el futuro polo imperial europeo grancontinental. Al no suponer la integración política de Francia, Alemania y Rusia, el eje París-Berlín-Moscú sólo tendrá una primera función de hacer converger de forma definitiva y total la comunión de destino -de predestinación- de los tres países del gran polo fundacional continental movilizados hacia adelante por la misma visión imperial irrevocable, por la decisión del Pacto Fundamental.

La segunda de las tres etapas operativas *del Imperium Ultimum* verá la realización efectiva del Imperio Euroasiático del Fin, constituido por la total integración político-histórica de Europa Occidental y Oriental, Rusia y la Gran Siberia, India y Japón.

En cuanto a la tercera etapa operativa de la construcción revolucionaria imperial católica de este mundo y de su historia final, deberá incluir también, tras la reducción definitiva de la conspiración globalista democrática dirigida por la "Superpotencia Planetaria de los Estados Unidos" y su liberación revolucionaria, la doble instancia geopolítica integrada de las dos Américas, Sudamérica y Norteamérica. La tercera etapa imperial de la historia mundial final será la aparición del Archipiélago Planetario unificado, una entidad suprahistórica y trascendental, colocada bajo la luz reveladora y parusina del *Regnum Sanctum*.

Así, la conspiración globalista de la Superpotencia Planetaria de los Estados Unidos tendrá que llegar a su fin autodestruyéndose, en los términos de una guerra civil continental que será una repetición a la inversa de la Guerra Civil Americana, de su propio acto fundacional original (1861-1865).

En esta segunda Guerra Civil, será la mayoría nacional oprimida de la Superpotencia Planetaria de los Estados Unidos, su mayoría "sureña", tradicional y espiritualista, católica, de herencia europea en continuidad, la que tendrá que imponerse, irreversiblemente, sobre la parte "norteña", antitradicional, izquierdista y materialista del continente norteamericano.

Y será la misión predestinada de América del Sur, que mientras tanto, bajo el impulso revolucionario de Argentina y Chile, ya habrá podido realizar su propia integración continental, apoyar política y estratégicamente el esfuerzo de la mayoría nacional "sureña" de los Estados Unidos en su empresa de limpieza revolucionaria final del continente norteamericano durante su segunda guerra civil.

Y así, al final de la presente historia de este mundo y más allá, el Archipiélago Planetario en su totalidad geopolíticamente integral se encontrará identificado, de manera trascendental, suprahistórica, con el concepto actuante del Gran Imperio Católico del Fin, con el *Regnum Sanctum*. También en esto reconocemos, y afirmamos en voz alta, la misión, la trascendental predestinación revolucionaria de nuestra propia generación elegida para asumir la tarea de realizar el cambio apocalíptico de este mundo, según un diseño concebido en lo invisible.

El "signo de partida": la aparición de un nuevo "concepto absoluto", un nuevo "hombre providencial"

Son, pues, los "grupos geopolíticos" del conjunto revolucionario subterráneo de la Gran Europa los que constituyen, en la actualidad, el dispositivo de emergencia, ya en marcha, del futuro movimiento sísmico de basculación, de la futura inversión ontológica del sentido de la historia actual en su término final. Una inversión que marcará el nuevo comienzo revolucionario de la nueva historia mundial que está a punto de hacer su repentina aparición. Este último, para *aparecer*, sólo espera el "pistoletazo de salida" de su nuevo destino, *el acontecimiento fundamental que* será el advenimiento del "concepto absoluto", del "hombre providencial", en el que se le pide que se encarne para que pueda actuar en el plano de la historia visible, para que cristalice de golpe, para que polarice de forma sobreactuada su nueva identidad revolucionaria que ha de venir, o mejor dicho, que ya está viniendo.

Ahora, con el acceso de Vladimir Putin a la suprema magistratura política de la "Nueva Rusia", el "concepto absoluto" de la nueva historia mundial ya subterráneamente en marcha, el "hombre providencial" del recomienzo abismal de la misma, acaba de aparecer misteriosamente a la luz del día, y por este mismo hecho, todo se ve súbitamente lanzado hacia esta *Weltrevolución Total* de la que todos esperamos secretamente, desde hace tanto tiempo, la llegada definitiva, la "afirmación polar del fin".

Pero, ¿quién es, en realidad, Vladimir Putin? Vladimir Putin es ante todo y muy esencialmente la emanación directa de los consejos secretos revolucionarios permanentes de las Fuerzas Armadas de la Unión Soviética, que se buscaban a sí mismos, y que esperaban la oportunidad de salir a la superficie, para cruzar la línea hacia la historia visible y activa, desde los años 1948-1952, cuando se produjeron las primeras manifestaciones significativas de su acción, de su presencia combativa, de su voluntad de afirmarse políticamente, no contra el Estado soviético, sino confidencialmente dentro de sus propias estructuras de poder. Desde entonces se puede hablar de una doctrina nacional revolucionaria inmanente de las Fuerzas Armadas de la Unión Soviética, doctrina que se hizo cada vez más precisa y decisiva a partir de los años sesenta, y cuyas tesis geopolíticas básicas fueron apoyadas confidencialmente por L.I. Brejnev y, posteriormente, abiertamente -o casi- por Y.V. Andropov.

Se considera que dos personalidades militares de primer rango han sido, y siguen siendo, representantes emblemáticos de la doctrina político-militar inmanente de las Fuerzas Armadas soviéticas, una doctrina global, semiclandestina, o más bien implícita, pero, en su momento, cada vez más activa y sobreactuada allí donde conseguía actuar, y que, hoy, está en vías de convertirse, efectivamente, y de forma bastante abierta esta vez, en la doctrina geopolítica oficial de la "Nueva Rusia". Estas dos personalidades militares soviéticas son el antiguo jefe del GRU y, más tarde, del Estado Mayor de las Fuerzas Armadas de la URSS, así como el posterior comandante en jefe de las fuerzas del Pacto de Varsovia, el general coronel S.M. Chtemenko, y el mariscal N.V. Ogarkov, que, al igual que el general coronel S.M. Chtemenko, se convertiría en jefe del Estado Mayor de las Fuerzas Armadas soviéticas unos años más tarde. Fue como jefe del Estado Mayor de las Fuerzas Armadas de la URSS que el mariscal N.V. Ogarkov había intentado, y casi conseguido, hacerse con el control total de la dirección política de la URSS por parte de las Fuerzas Armadas, lo que finalmente fracasó debido a la contra-conspiración rival, que fue llevar a Mijaíl Gorbachov al poder a través de la Secretaría General del Partido Comunista, lo que condujo, en última instancia, a la autodestrucción política irreversible de la antigua Unión Soviética.

En su libro capital, que definitivamente contó para toda una generación de investigadores, *GRU, le plus secret des services soviétiques, 1918-1988*, Stock, París, 1988, Pierre de Villemarest calificó al General-Coronel S.M. Chtemenko como "uno de los primeros geopolíticos de la URSS, quizás incluso el primero de todos". Además, sobre el general coronel S.M. Chtemenko, Pierre de Villemarest escribió que "pertenece a un clan de oficiales superiores, ciertamente "soviético", pero sobre todo de espíritu gran ruso, y perfectamente expansionista". Y también: "Para esta casta, la URSS es un imperio destinado a dominar el continente euroasiático, no sólo desde los Urales hasta Brest, sino desde los Urales hasta Mongolia, desde Asia Central hasta el Mediterráneo". Y luego: "En este último punto, Chtemenko es, en efecto, el hombre que inventó, de 1948 a 1952, no la eventual invasión de Afganistán, sino su lenta absorción mediante la continua interpenetración económica, con la subversión que la acompaña. Y, al mismo tiempo, la irrupción de la URSS en las capitales árabes, en Beirut, Damasco, El Cairo y Argel. A finales de 1948, ya explicó que, en la intersección de Oriente y Asia, Afganistán ofrecía un medio estratégico para cubrir las flotas que el almirante Serge Gorschkov -uno de sus amigos personales- estaba empezando a desarrollar para llegar al Mediterráneo desde el Mar Negro. El poder visionario de la geopolítica de vanguardia del general-coronel S.M. Chtemenko sigue alimentando, hoy en día, el planteamiento activo de las posiciones geopolíticas que arman las bases ideológicas revolucionarias de la "Nueva Rusia" de la que Vladimir Putin encarna, y asume los destinos, del proyecto imperial gran-continental euroasiático y la misión escatológica final.

Así, yendo al meollo de la cuestión, se puede argumentar que, más allá del estado de facto del régimen soviético vigente, y sin embargo desde su interior, la doctrina político-militar inmanente de las Fuerzas Armadas de la URSS incluía una doble perspectiva operativa interna, tanto geopolítica como trascendental. Su doctrina geopolítica incluía el proyecto fundamental de una integración política final, "total", "imperial", del gran continente euroasiático en su conjunto, mientras que su doctrina trascendental se limitaba a reiterar y renovar los grandes objetivos suprahistóricos del zarismo y de una cierta concepción escatológica, "polar", visionaria, de la predestinación espiritual final, "apocalíptica", salvadora, de la Gran Rusia.

Así, cuando, a finales de los años sesenta, el mariscal N.V. Ogarkov, entonces jefe del Estado Mayor de la URSS, lanzó el llamamiento e intentó imponer la doctrina de la "militarización integral" y la "militarización total" en la Unión Soviética. Ogarkov, a la sazón jefe del Estado Mayor de la URSS, lanzó el llamamiento y trató de imponer la doctrina de la "militarización integral" y la "movilización general y permanente" del aparato de producción industrial y de la economía soviética en su conjunto, y confidencialmente en la URSS, así como en Europa Oriental y Occidental- no habían dejado de comprender que el "Orden Secreto" estaba a punto de pasar a la ofensiva final y decisiva, el "Orden Secreto" de la gran conspiración inmanente de las Fuerzas Armadas soviéticas en su lugar, actuando en el corazón mismo del poder soviético, que pretendían cambiar desde dentro. De ahí, entonces, casi en el acto, la destitución del mariscal N.V. Ogarkov, que temporalmente -pero no deberíamos decir más bien subversivamente- volvió a las sombras, a la espera de lo que sucedería después. Porque todavía no había llegado el momento, hay que creerlo, de esta "ofensiva final" ni, sobre todo, de lo que habría implicado y, en consecuencia, hecho irreversible en el plan aún intacto de las grandes estrategias político-militares soviéticas renovadas por la reanudación abierta de la línea grancontinental euroasiática.

Ahora bien, si todo esto no se pudo hacer en su momento, es muy seguro que ahora habrá que hacerlo, por todo lo que supone la toma del poder en Moscú por parte de Vladimir Putin y el gran derrocamiento revolucionario que esto implica desde las profundidades.

Esta prueba es fundamental para lo que realmente está en juego aquí: la tesis inmediatamente operativa de la movilización total, la "movilización revolucionaria" de las estructuras político-administrativas, sociales y culturales, incluso religiosas, de Rusia con vistas a un "gran diseño" suprahistórico, constituyó el núcleo central de la doctrina revolucionaria inmanente de las Fuerzas Armadas rusas de ayer y de hoy, redescubriendo así los principios superactivadores del Imperio ruso de los orígenes, según su identidad misionera, "romana, imperial", de sus primeros inicios en las armas, según su identidad "abisal, oculta", "polar".

Es, en efecto, esta visión político-histórica visionaria y sus grandes tesis geopolíticas y operativas trascendentales, de las que Vladimir Putin es, hoy, el heredero, el portador directo, el "hombre providencial" llamado a una tarea predestinada, que le corresponderá llevar a cabo hasta el final.

Y es a la luz revolucionaria de esta visión que debemos situar ahora el verdadero significado, todo el sentido de las recientes declaraciones de Vladimir Putin sobre la misión predestinada de las Fuerzas Armadas rusas en la obra de recuperación y salvación revolucionaria de Rusia y, por tanto, de todo el gran continente euroasiático como Imperio Euroasiático del Fin, que él, Vladimir Putin, sabe que debe asumir, de forma inspirada, y sin más demora. Porque las puertas del destino se han cerrado para él, y tendrá que hacer lo que debe hacer ahora. Sin la menor duda.

En efecto, Vladimir Putin, el "De Gaulle ruso", ha declarado recientemente que la recuperación de la sociedad rusa, "actualmente al borde del abismo", requiere, para él, una reorganización general y profunda del país en su conjunto, centrada en la prioridad urgente que se otorga a las Fuerzas Armadas y a su modelo de organización y funcionamiento estructural, que debe convertirse en la columna vertebral organizativa de la renovación revolucionaria de la "Nueva Rusia", en el núcleo activo del propio nacimiento de los "nuevos tiempos", estando la expresión "nuevos tiempos" en proceso de aparecer como un estribillo obsesivo de las convulsiones en curso o por venir, la nueva contraseña. Y esto hasta tal punto que la futura recuperación industrial de Rusia tendrá que apoyarse, en primer lugar, en la explotación sostenida e intensiva del fondo de "tecnologías especiales de vanguardia" de que disponen actualmente las Fuerzas Armadas. Así, la sombra protectora de las Fuerzas Armadas vuelve a extenderse sobre el conjunto de la sociedad rusa: los "nuevos tiempos" de Vladimir Putin acaban de traer de vuelta la obligación formal de la formación militar en la escuela, seguida de cerca por los nombramientos masivos de militares en puestos clave, en puestos estratégicos para la renovación y la reorganización de la situación político-administrativa, social, económica e industrial de Rusia, que se ve así empujada a la era del cambio acelerado, hacia su abrupta "normalización". Reconstituir el Estado, reconstruir e imponer una continuidad, una voluntad, una concepción altiva y "romana" del Estado, tal parece ser el objetivo principal e inmediato de Vladimir Putin, quien, además, mantiene el culto al secreto, a no revelar sus planes de acción *(un culto al secreto* que revela un viejo hábito imperial ruso, retomado en continuidad por el poder soviético)

Por otra parte, no ignoramos la influencia directa y profunda que ejerce en los círculos próximos al grupo de mando político-militar personal de Vladimir Putin el "manual de geopolítica imperial" de Alexander Dugin, Gran Europeo, Euroasiático y "trascendental", "polar", asesor político del Presidente de la Asamblea Nacional de Rusia, encargado de la gestión activa de la "célula geopolítica" de ésta, entidad responsable de la definición de las grandes líneas de fuerza geopolíticas actuales y futuras de esta "Rusia naciente" cuyo nuevo destino revolucionario pretende forjar Vladimir Putin.

Por lo tanto, la importancia que Aleksandr Dugin y sus concepciones geopolíticas imperiales euroasiáticas están adquiriendo actualmente entre el grupo de mando político-militar de Vladimir Putin parece ser extremadamente significativa, llena de promesas futuras, porque el pensamiento de nuestro camarada Aleksandr Dugin es el mismo que el de nuestros "grupos geopolíticos" actualmente en acción, precisamente, del conjunto de nuestros "grupos geopolíticos" actualmente en acción, las posiciones de combate y las tesis operativas de Alexander Dugin las mismas que las avanzadas por el "Pacto Imperial Euroasiático" ya citadas en el presente artículo. Aquí se cierra un círculo que marcará profundamente los futuros destinos político-espirituales del continente euroasiático, y más concretamente de la Gran Europa.

También es cierto que si Vladimir Putin optó por centrar su propio poder político en el problema de una solución completa y definitiva del conflicto de Chechenia, comprendió perfectamente que ceder en Chechenia significaría tener que ceder después, frente a la conspiración permanente creada por la conspiración globalista, a través de Turquía y tras los tejemanejes del islamismo fundamentalista, en el flanco sur del continente euroasiático, a lo largo de la cadena de inestabilidad de las repúblicas islámicas de la antigua Unión Soviética. *En mi corazón decidí que mi misión, mi misión histórica, sería resolver el problema del Cáucaso Norte",* dijo Vladimir Putin en una entrevista con la revista moscovita Kommersant.

Ahora bien, si, como sigue diciendo, para Vladimir Putin la guerra de Chechenia, una guerra de desestabilización y de infiltración con objetivos esencialmente subversivos, representa la línea de oposición entre el Islam y el Cristianismo, no podía dejar de comprender que, en una guerra de religiones, se trata de la confrontación irreductible de dos religiones que sólo puede terminar con la abdicación de una de estas religiones ante la otra, y por consiguiente de una *guerra total*.

Pero esta no es ciertamente la única razón por la que Vladimir Putin sigue insistiendo en la necesidad de la plena integración de la Ortodoxia en el bloque actual de la herencia revolucionaria de la "Nueva Rusia": sabe al mismo tiempo que no hay Imperio sin una religión del Imperio, que el acto fundacional de la creación -o renovación- de un Imperio sólo puede ser de naturaleza exclusivamente religiosa. Y que la gran misión escatológica final de la "Nueva Rusia" debe ser, en última instancia, una misión religiosa.

En la citada entrevista con la revista *Kommersant*, Vladimir Putin también declaró que, unos años después de la muerte de su madre, que le había hecho bautizar en secreto en la religión ortodoxa, le había regalado su cruz de bautismo para que, durante un viaje que tenía que hacer a Israel, pudiera hacerla bendecir "en la tumba de Cristo". Y, añade, "para no perderlo, me lo pongo al cuello". Y desde entonces lo mantengo allí".

En cualquier caso, la "Nueva Rusia" debe recordar siempre que debe el inconcebible milagro de su súbita liberación del comunismo, "como por arte de magia", al hecho de que, en comunión con todos los obispos del mundo, el Papa Juan Pablo II consagró Rusia al Corazón Inmaculado de María, siguiendo el voto y la promesa condicional que hizo la Virgen María en su aparición de Fátima, Portugal, en 1917, el mismo año en que Rusia se hundía en la pesadilla alucinante de setenta años de terror comunista.

Pero hay más. Según la profecía de San Maximiliano Kolbe, el mártir de la caridad en Auschwitz, para que la "Nueva Rusia" esté realmente a punto de reunirse con su mayor destino futuro, la Estrella Roja de la torre más alta del Kremlin debe ser sustituida por una estatua votiva de la Virgen María, símbolo que anuncia el *Regnum Mariae.* Es sólo un símbolo, pero es indudable que de él depende por completo el futuro escatológico de Rusia y, por tanto, del conjunto imperial del gran continente euroasiático. No sé si Vladimir Putin lo sabe. Pero hay que hacérselo saber.

Por el momento, el máximo esfuerzo que deben desplegar los "grupos geopolíticos", y las formaciones políticas europeas en las que podrían influir, debe referirse a la puesta en marcha del eje París-Berlín-Moscú. Al mismo tiempo, si la Gran Europa es ahora, a causa de Rusia, tanto católica como ortodoxa, será necesario acelerar la reintegración de las dos religiones, católica y ortodoxa, volviendo a los tiempos en que su separación no se había consumado. Lo que ahora parece imposible, lo hará una voluntad trascendental, apoyada por ciertos poderes ocultos en funcionamiento, y por *la santidad.*

¿CUÁL ES EL "GRAN SECRETO" QUE VINCULA A VLADIMIR PUTIN CON JUAN PABLO II?

Al largo discurso político-ideológico pronunciado por Vladimir Putin en Berlín, el 24 de septiembre de 2001, ante el Bundestag en pleno, sirvió en primer lugar para definir la naturaleza de las actuales relaciones políticas e históricas entre Rusia y Alemania, tal y como se encuentran en la actualidad. En concreto, según Vladimir Putin, Alemania es tanto el país europeo con el que Rusia se siente actualmente más cercana en profundidad como a través del cual Rusia está estableciendo su apertura a Europa Occidental. De este modo, se ha establecido una preferencia de hecho, y se ha afirmado como tal, de forma clara y aparentemente irreversible. Sin embargo, detrás de esta elección del destino -o incluso de la predestinación- parece persistir, para los verdaderamente despiertos y bien informados, que Francia ha llegado a encontrarse finalmente excluida de las preferencias vitales de Rusia y de su gran política exterior, y esta exclusión no es en absoluto por parte de Rusia, al contrario, que podría incluso reconocerse como perdedora. Pero por parte de Francia, todavía y siempre prisionera de su fatídico deslizamiento hacia el poder de los poderes oscuros, de las alienaciones negativas al servicio de la regresión y de la oscuridad del no-ser, de las que parece que ya no puede liberarse. Estos son los poderes oscuros que trabajan en la clandestinidad para imponer a Francia su incomprensible rechazo a la Rusia actual, dictándole su actitud suicida con respecto a sus propios intereses políticos y los de toda Europa. Y tal vez le corresponda a la futura Gran Europa asumir la tarea de luchar, hasta el final, por la liberación de esta parte fundamental de su propia identidad geopolítica, espiritual y cultural, que es Francia, tan misteriosamente decadente hoy en día, sometida a las manipulaciones de los poderes ocultos que actúan tanto desde el exterior, como desde su propio interior. Porque Francia está sometida a la fuerza al poder de las tinieblas, como sabemos.

La inclinación romana de Vladimir Putin

El nuevo giro en la política exterior rusa se define ahora por su acercamiento y su decisiva disponibilidad hacia Alemania, y no es menos cierto que otra opción, quizá no menos significativa, aunque de forma diferente y, en todo caso, mucho más confidencial, parece haber marcado la orientación personal de Vladimir Putin, y sigue afirmándose en la continuidad posterior.

De hecho, es bien sabido que Vladimir Putin quería que su primera visita al extranjero como presidente recién elegido de Rusia fuera a Italia, y también es bien sabido que está excepcionalmente interesado en la nueva política italiana, especialmente desde la abrupta liquidación por parte de Silvia Berlusconi de la conspiración socialista-comunista que había existido anteriormente en Roma.

Para Vladimir Putin, comprometido como está en este momento con las posiciones todavía más o menos confidenciales, pero cada vez menos confidenciales, de su vasto proyecto imperial euroasiático que debería conducir, a largo plazo, a la creación de lo que ya se llama el "Imperio euroasiático del fin", Italia -y Roma- representan, todavía y siempre, aunque sólo sea como símbolo del futuro, a la puesta en marcha de lo que ya se ha convenido en llamar el "Imperio euroasiático del fin", Italia -y Roma- representan, todavía y siempre -aunque sólo sea simbólicamente-, la supervivencia de este *Imperium Romanum del* que se alimentan sus propias visiones imperiales euroasiáticas grandiosas.

Ahora bien, como se habrá notado, la visita de Vladimir Putin a Roma fue en cierto modo exaltada por su doble recepción en el Vaticano por parte de Juan Pablo II, que le recibió dos veces. Una primera recepción oficial, seguida de un segundo encuentro, a título personal, si se quiere. Posteriormente se supo que durante este segundo encuentro entre Juan Pablo II y Vladimir Putin se discutieron problemas y se tomaron decisiones que atañen directamente al destino histórico y religioso final de la gran Europa venidera.

Para Vladimir Putin, Juan Pablo II es, sobre todo, como Pontífice romano, el heredero en continuación directa, simbólica, pero también real, *del Imperium Romanum*, sobreviviendo a sí mismo, así como por encima y fuera de la historia en curso. Y que, al mismo tiempo y en la actualidad, Juan Pablo II es también el líder supremo de una de las dos grandes religiones continentales europeas, el catolicismo, siendo la ortodoxia la segunda. Y del que, como presidente de Rusia, Vladimir Putin se considera el delegado político. La doctrina pontificia de Juan Pablo II sobre los "dos pulmones de la Iglesia" -de una misma Iglesia- que en Europa son el catolicismo y la ortodoxia, encuentra su respuesta perfecta en la doctrina imperial de Vladimir Putin sobre las "dos grandes religiones continentales europeas", cuyos destinos deben volver a unirse. Porque si Vladimir Putin sabe que no hay Nuevo Imperio sin Nueva Iglesia, también sabe que sin Nueva Iglesia no puede haber Nuevo Imperio. Así, Juan Pablo II y Vladimir Putin están unidos en posiciones idénticas respecto a la necesidad de una unificación -reunificación, de hecho- de las dos religiones continentales europeas, el catolicismo y la ortodoxia, en una Tercera Iglesia, que sería de hecho la Primera Iglesia, la anterior a la separación del catolicismo y la ortodoxia, *la Ecclesia Una* de los primeros inicios de la actual historia europea.

¿Cómo puede lograrse esta reunificación final del catolicismo y la ortodoxia?

Así, la reunificación de estas "dos grandes religiones continentales europeas" aparece como una instancia fundamental -y al mismo tiempo fundacional- de la actual evolución federal grancontinental europea, que ya está en marcha y a la que, al final, nada podrá resistirse.

La cuestión que se plantea ahora es cómo lograr esta reunificación definitiva de las "dos religiones continentales europeas".

La respuesta es que hay tres estructuras operativas que pueden movilizarse al mismo tiempo y que ya se han movilizado en tres niveles de acción diferentes, y que por el momento también deben permanecer secretas o al menos confidenciales. Estos tendrán que ser, como parece, los siguientes.

(1) La acción básica, en primer lugar, de las "ardientes cumbres espirituales", de esos focos ocultos de fe y de conciencia amorosamente activos, de alta previsión teológica también, inspirados, que, tanto en el seno del catolicismo como en el de la ortodoxia, trabajan hoy en orden disperso. Y cuyo diálogo secretamente nupcial y transreligioso deberá constituir el tejido conectivo de la nueva realidad católico-ortodoxa en el surgimiento de la reunificación, a largo plazo, de las "dos grandes religiones continentales europeas" en una única instancia de vida sobrenaturalmente sostenida por el misterio del Fuego Eucarístico.

La reunión secreta de las "dos grandes religiones continentales europeas" debe, por tanto, proseguirse a nivel de las élites de la cumbre que ya están trabajando, a ambos lados de la barricada invisible que se ha levantado y mantenido subversivamente, esta barricada de la oscuridad, para impedir que se junten, para mantenerlas separadas una y otra vez, pero que finalmente debemos superar. Y en esto trabajan ahora nuestras "ardientes cumbres espirituales". Además, todo lo que se puede revelar sobre éstas, sobre las "cumbres espirituales ardientes" que actúan tanto en el seno del catolicismo actual como en el de la ortodoxia, ya lo he dicho en un capítulo anterior de este mismo libro, "Ortodoxia y catolicismo, ¿el gran comienzo? ".

(2) **La** segunda de las tres estructuras que actúan en apoyo del proceso de reunificación en curso de las "dos grandes religiones continentales europeas" parece ser precisamente la del camino de trabajo que están siguiendo actualmente Juan Pablo II y Vladimir Putin, cada uno por su lado y ambos juntos. También se enfrentan a la feroz resistencia a la labor de reunificación que ya ha comenzado por parte de las altas jerarquías eclesiásticas de ambas partes (las altas jerarquías eclesiásticas del Vaticano y del catolicismo, así como las altas jerarquías eclesiásticas de la Iglesia de Rusia, que actualmente se encuentra bajo la dirección singularmente negativa del Patriarca de Moscú, Alexis II).

Si, en lo que respecta a la Ortodoxia, la actual resistencia, aparentemente insuperable, de las altas jerarquías eclesiásticas al proceso de reunificación de las "dos grandes religiones continentales europeas" se explica por el recelo ante una posible expropiación de sus privilegios adquiridos, A esto podría añadirse la petrificación en la oscuridad, el auto-asfixia de un auto-encierro de siglos, mientras que el rechazo del catolicismo al mismo proceso sería el resultado de una incoherencia de la Iglesia Católica, La negativa del catolicismo a aceptar el mismo proceso sería el resultado de un orgullo inconmensurable, a la medida de las apariencias y de las certezas adquiridas, tanto en lo que respecta a la fe como al reconocimiento social, y de una no menos inconmensurable indiferencia hacia la realidad viva de la espiritualidad ortodoxa, también quedaría, por supuesto, que en ambos casos la base de este doble rechazo es en todo caso la obra subterránea del propio Poder de las Tinieblas. Y esto debo atreverme a afirmarlo, a pesar de las extremas dificultades que habría, en el estado actual de la conciencia europea, para hacerlo oír por alguien que no sea de los que ya son iniciáticamente conscientes de todo ello.

Por lo tanto, será contra su propio campo que Juan Pablo II y Vladimir Putin tendrán que luchar, en primer lugar, para completar la obra en curso de la reunificación definitiva de las "dos grandes religiones continentales europeas". Esta situación es, de hecho, un signo de los tiempos muy revelador.

Esto significaría que tanto Juan Pablo II como Vladimir Putin están ya, en este momento, bajo la urgente obligación de establecer confidencialmente aparatos de acción estratégica directa destinados, por un lado, a frenar y luego neutralizar completamente el frente de reacciones negativas de sus propios clérigos subversivos y, por otro lado, a prever la creación acelerada y más completa de corrientes favorables, de instancias de apoyo espiritual, místico e intelectual, incluso político, para la marcha ofensiva de la nueva teología imperial, por otra parte, para prever la creación acelerada y cada vez más completa de corrientes favorables, de instancias de apoyo espiritual, místico e intelectual, e incluso político, a la marcha ofensiva de la nueva teología imperial destinada a la reunificación definitiva de las dos religiones continentales europeas. Para darse las armas de su propia lucha.

En cuanto a dar más detalles aquí sobre la situación de estos aparatos contraestratégicos semiclandestinos destinados a entrar en acción en las actuales batallas por la reunificación de las dos religiones europeas, creo que no puedo aventurarme a hacerlo sin poner en riesgo previsible su acción ya en curso. Riesgos graves.

Las masas actuales de creyentes, tanto católicos como ortodoxos, estarían sin duda dispuestas a seguir a Juan Pablo II y Vladimir Putin en sus exhortaciones visionarias sobre la reunificación final de las dos religiones europeas. Sin embargo, son las jerarquías eclesiásticas intermedias las que se resisten, sabotean e impiden que esto ocurra. Se trata, pues, de crear estructuras absolutamente nuevas en primera línea, que permitan un intercambio inmediato entre las cúpulas de las jerarquías católica y ortodoxa interesadas, por encima de estas jerarquías, y quienes deben seguirlas en la tarea revolucionaria de reunificación de las dos religiones europeas. Se trataría de una vuelta a las estructuras de combate dialéctico ya utilizadas por la "revolución cultural" maoísta. Nos dirigimos inevitablemente hacia una "revolución cultural" general de las religiones europeas en su lucha permanente por la reunificación, que sólo puede ser una reunificación imperial.

(3) Finalmente, es obvio que no podemos dejar de contar, al mismo tiempo, y como más allá de los esfuerzos realizados por los nuestros, sean los que sean, con la dimensión exclusivamente sobrenatural que debemos introducir en los datos de la batalla visible e invisible en curso, quiero decir con la acción, tanto directa como oculta, de la propia Divina Providencia, trabajando para que las "dos grandes religiones continentales europeas" se encuentren finalmente reunidas en la identidad imperial de una misma Iglesia, la "Iglesia Única del Fin", que será la misma Iglesia Única de los inicios del actual ciclo histórico de nuestra civilización en crisis terminal. Nuestros esfuerzos pueden fracasar, pero la Divina Providencia no. De ahí la extrema actualidad del grito de Juan Pablo II: "¡No tengáis miedo!".

Los desastres actuales de la Iglesia Católica

Sin embargo, también hay que señalar que no es sólo la resistencia subversiva de la mayor parte de las altas jerarquías católicas a la voluntad pontificia de reunificar las dos religiones continentales europeas lo que dificulta tanto su actuación sobre el terreno en la actualidad, sino también el inconcebible estado de decadencia de la fe y de la unidad interna de la propia Iglesia católica y del catolicismo en Europa. Es el resultado de dos siglos de asedio externo e interno por parte de poderes nocturnos, antiespirituales y anticatólicos que trabajan en la clandestinidad según los lineamientos de un plan de acción predeterminado, con el objetivo de pudrir y alienar, de desmantelar a la Iglesia viva, de acabar con sus pretensiones de permanecer idéntica a sí misma más allá del tiempo, por encima de la marcha misma de la historia.

El estado actual, *el estado final de* esta putrefacción ya consumada de la Iglesia y la religión católica europea, fue proféticamente anunciado a mediados del siglo XIXᵉ por la voz de la propia Virgen María en La Salette, y de nuevo a principios del ᵉsiglo XX por la Virgen María en Fátima. La gravedad sin precedentes de lo que la Virgen María había dicho sobre lo que iba a suceder a la Iglesia católica obligó incluso a ésta a tratar de ocultar el mensaje mariano relativo a las oscuras alienaciones de su desastre final, e incluso, recientemente, a desviar engañosamente su contenido.

Y lo que había logrado mantenerse más o menos en pie, el Concilio Vaticano II terminó por derribarlo por completo. Las conferencias episcopales nacionales permanecen en un estado de insubordinación permanente al Sumo Pontífice, algunos obispos han llegado a dudar abiertamente de la divinidad de Cristo, de su Resurrección y de su Presencia Real en la Eucaristía, la misa ha sido desmantelada, y como si fuera sustituida por el abyecto kyri de los "arrepentidos".

Lo que aún permanece en las profundidades es la fe simple y antigua del pueblo, de la gente pequeña, y las islas irreductibles de ciertas órdenes religiosas -o de ciertas partes de ciertas órdenes- aún conformes con la Regla. La santidad se ha convertido en algo oculto, al igual que la verdadera religión. Los últimos católicos están volviendo al camino primitivo de las catacumbas, al menos a nivel social. El cielo parece haberse cerrado sobre nosotros. Sin la intervención directa de la Divina Providencia, ahora es imposible volver a subir la cuesta. Pero esta prueba final, supremamente nocturna, pasará, porque Cristo ha dicho que "las puertas del infierno no prevalecerán contra su Iglesia".

Pero, al mismo tiempo, el problema de la autodevaluación interna de la Iglesia sigue siendo totalmente desconocido en Europa del Este, como si los largos años bajo el terror sangriento del comunismo soviético sólo hubieran preservado y fortalecido secretamente la Fe, a través de la experiencia directa del martirio, del derramamiento de sangre en abundancia y de la aparente omnipotencia de las tinieblas.

Ahora bien, el abismo demasiado evidente de esta disconformidad de los actuales estados ontológicos de las dos grandes religiones continentales europeas también obrará en contra de la marcha de lo que podría llamarse la conspiración imperial de Juan Pablo II y Vladimir Putin para la reunificación de éstas en una Misma Iglesia del Fin, habiendo recuperado la unidad de sus propios estados anteriores. Esto hace que la obra emprendida y proseguida en esta dirección por aquellos que la Divina Providencia ha elegido para hacerla, y para llevarla a cabo hasta el final, sea aún más sobrenaturalmente heroica. Contra viento y marea.

Sin embargo, hay que creer que Juan Pablo II fue capaz de colocar a algunos de sus hombres de mayor confianza en Rusia en el frente del campo de batalla. Al mismo tiempo, hay que dar por sentado que Vladimir Putin no se tragará la amarga afrenta que le infligió el Patriarca de Moscú, Alexy II, que se negó a aceptar que Juan Pablo II hiciera una visita oficial a Rusia. Y al hacerlo, suspendiendo la invitación oficial que le había hecho personalmente a Juan Pablo II el propio Vladimir Putin, durante su encuentro privado con éste en el Vaticano, y manteniendo luego tercamente esa misma negativa, sin tener en cuenta las presiones confidenciales a las que había sido sometido por el Presidente de Rusia; que no acostumbra a no ceder a su voluntad.

Pero debemos confiar en Vladimir Putin: Al igual que supo imponerse, en el momento oportuno, a la línea fortificada y supuestamente inexpugnable de las oligarquías apátridas que actúan, desde dentro, contra el nuevo poder nacional ruso, contra la "Nueva Rusia", cuando llegue el momento encontrará la dialéctica de fuerza irresistible que le permitirá imponer finalmente su punto de vista sobre el problema escatológico de la reunificación final de las dos religiones europeas, aparentemente antagónicas por el momento. La voluntad presidencial, hoy, en Rusia, es ya, secretamente, una voluntad imperial.

Si la Iglesia, más allá del alcance de su identidad supratemporal y divina, es confiada en el siglo al cuidado del Imperio, es obvio que *éste* tiene el *deber* sobrenatural de volver a poner a la Iglesia en el buen camino cuando se extravía.

Así, en una sociedad humana -o incluso sobrehumana- sobrenatural, como es la sociedad del Orden, el orden parece ser la presencia real de Dios: el Orden es para el Imperio lo que la Eucaristía es para la Iglesia.

Ahora, en la "Nueva Rusia" de Vladimir Putin, todo gira en torno al restablecimiento del orden original, "arcaico", el restablecimiento del orden anterior, que es al mismo tiempo el orden revolucionario por venir, un orden que Heidegger habría llamado, con uno de sus conceptos más misteriosos, "imprevisible", *unvordenklich*.

El deber de una generación predestinada

Nosotros, por lo tanto, que hemos asumido la tarea sobrehumana de rectificar brutalmente, en términos de la más aguda violencia, un ciclo histórico moribundo, sabemos claramente a qué atenernos en lo que respecta a nuestra misión secreta de inversión político-estratégica subterránea de las estructuras aún intactas o menos irremediablemente dañadas de una sociedad cuyo orden interno ha sido arrastrado a lo lejos en el desorden en el espacio de sólo dos generaciones, hasta el actual anti-orden caótico terminal, que tendremos que empezar por devastar, destruir y destrozar totalmente, En el espacio de sólo dos generaciones, el orden interno ha *sido* arrastrado al desorden hasta el caótico antiorden terminal actual, que habrá que empezar por devastar totalmente, destruyendo hasta que, como decía Dostoyevski, "no quede ni una piedra de él".

El tercer milenio será el de las grandes batallas planetarias C: la religión, y de las razas portadoras de estas religiones, las batallas de la reaparición de Dios. Porque, como decía Martin Heidegger, "sólo un Dios nos salvará", un *Dios* que no deja de insinuar su próximo advenimiento, que marcará también el próximo y nuevo advenimiento del ser, o más bien el "retorno del ser".

Es dentro de esta conflagración espiritual y religiosa final donde las actuales luchas por la reunificación final de las "dos grandes religiones continentales europeas", el catolicismo y la ortodoxia1 , adquieren todo su significado apocalíptico, sacando a la luz el "gran secreto" que une a Juan Pablo II y Vladimir Putin, un secreto cuya dialéctica interna y afirmación suprahistórica revolucionaria conocemos ahora.

Las dos mitades de Europa, que la historia, en su marcha aparentemente irracional, había separado, se preparan ahora para reencontrarse en el *eschaton de* su doble exaltación imperial, que será también un supuesto unificador de aquello de lo que siguen siendo el símbolo sacrificial.

El regreso de los grandes tiempos

A nivel humano, la inmensa y casi inconfesable tarea que se han propuesto Juan Pablo II y Vladimir Putin parece inalcanzable, hay que reconocerlo. Pero no es en el plano humano donde se plantea realmente el problema de esta tarea, que sólo adquiere su verdadero lugar en una perspectiva exclusivamente providencial, donde todo es posible, incluso, y especialmente, lo inconcebible. ¿Qué queremos, cuál es el secreto fundacional de esta revolucionaria empresa suprahistórica? Ahora conocemos la respuesta a esta pregunta, como hemos visto: el secreto de una gran conspiración salvadora. Y, en cierto sentido, el secreto en acción de esta conspiración es la inminencia de la salvación y la liberación político-histórica final del continente europeo, el advenimiento -el retorno, se podría decir incluso- de la unidad imperial y trascendental de la "Gran Isla" euroasiática.

Y hay algo más que también es cierto. Si la religión, el contacto invisible pero vivo y permanente con lo "sagrado supremo", constituye la infraestructura de toda civilización realizada, la batalla actual por la reunificación final de las "dos grandes religiones continentales europeas" se verá como la del retorno, aunque algo oculto, al horizonte de su origen común, que será entonces también el de su última realización suprahistórica, el "Retorno de los Grandes Tiempos", el "Retorno de los Días Sagrados", el "Retorno de las Grandes Culturas", el del retorno al horizonte de su origen común, que será entonces también el de su último logro suprahistórico, el "Retorno de los Grandes Tiempos", el súbito advenimiento allí del fascinante *wieder* heideggeriano, el "nuevo absoluto" redistribuyendo la dialéctica de su omnipotencia recobrada, definitivamente.

Y aquí, supongo, cabe preguntarse por qué me he empeñado en citar tantas veces en el curso de este capítulo al maestro de la filosofía velada, al pensador de los "caminos a ninguna parte". La respuesta es sencilla. Pero hay que encontrarlo.

Al igual que la respuesta al implacable obstruccionismo que Alexis II, el Patriarca de Moscú, levanta constantemente contra la prevista visita de Juan Pablo II a Moscú. Porque es un hecho. No hay razón para dudar de que Vladimir Putin logrará reducir por la fuerza la resistencia a sus planes personales del Patriarca de Moscú. El problema ya está resuelto.

Por otra parte, no es menos cierto que en el caso de una súbita desaparición de Juan Pablo II, es difícilmente concebible que Vladimir Putin pueda encontrar un interlocutor pontificio romano en las mismas disposiciones providenciales que Juan Pablo II respecto a su actual "conspiración salvadora".

A este respecto, no deja de ser interesante conocer un rumor confidencial que circula en ciertos círculos de la gran aristocracia católica romana, según el cual, durante una *visión* particular *de la* Virgen María, Juan Pablo II recibió la promesa de que viviría hasta que su proyecto de reunificación de las "dos religiones continentales europeas" fuera efectivamente realizado, "hasta que pudiera ir abiertamente, en visita oficial, a Moscú y a Rusia". Pero, ¿no ha estado la vida de Juan Pablo II en suspenso desde el atentado de la Plaza de San Pedro del 3 de mayo de 1981? ¿No ha estado su vida en suspenso desde ese día?

La situación de los católicos en Rusia hoy en día la define así el padre Stanislas Opiéla, Secretario General de la Conferencia Episcopal Rusa: "En la ortodoxia, hay quienes están abiertos al diálogo con los católicos, pero son mal vistos por la jerarquía. Y los que se niegan a todo diálogo, alegando que la verdad del cristianismo sólo se encuentra en la ortodoxia".

En la actualidad, hay un centenar de parroquias católicas en Rusia, agrupadas en cuatro administraciones apostólicas en Moscú, Saratov, Irkutsk y Novosibirsk, cuyas dificultades son infinitas.

Pero no puedo concluir este capítulo sin mencionar la figura extraordinariamente significativa del administrador apostólico de Moscú, el arzobispo Tadeusz Kondrusiewicz, máxima autoridad jerárquica del catolicismo ruso, que representa el punto más avanzado del atormentado bloque de las expectativas más o menos inconfesables de Juan Pablo II sobre Rusia, la espina candente de su pontificado.

De hecho, es el obispo Tadeusz Kondrusiewicz quien tiene la tarea de velar por el progreso silencioso del proyecto de reunificación de las dos religiones, la "conspiración salvadora", cuyos fuegos debe mantener encendidos, cuyo aliento debe controlar, cuyos desarrollos aún secretos debe dirigir, cuyos choques, escollos y crisis debe evitar en sus caminos, que se ocultan del entorno hostil en el que tiene que moverse, y cuya afirmación debe realizar en la medida de lo posible. Una medida que sin duda debe considerarse más que pequeña. En el ámbito directamente afectado, todo descansa en Mons. Tadeusz Kondrusiewicz, que perpetúa clandestinamente la sombra activa de Roma.

Cuál fue exactamente la acción del obispo Tadeusz Kondrusiewicz en el lugar, la historia, la "gran historia", lo dirá más adelante. O se callará, como debería.

PARA UNA PRIMERA CONFERENCIA CONTINENTAL EUROASIÁTICA SOBRE EL "PROYECTO GRAN SIBERIA"

E s evidente que ha llegado el momento en que, más allá de ciertas apariencias todavía negativas, el problema de la construcción acelerada de una gran Europa continental con horizonte y dimensión euroasiáticos debe ser considerado por los responsables políticos en ejercicio de forma inmediatamente operativa.

Así, Europa Occidental y Oriental, Rusia, Tíbet, India y Japón deben, sin perder un solo momento, movilizar todos sus esfuerzos en profundidad para integrar, en torno a una Primera Conferencia Continental Euroasiática sobre el "Proyecto de la Gran Siberia", el conjunto sobreactuado de su actual, su futura disponibilidad político-histórica imperial euroasiática: Hay aquí un nudo de destino que acaba de constituirse en el nivel mismo de los hechos, cuya oportunidad política debemos aprovechar imperativamente y cuya dirección de marcha nos impone indicándola a la vista, sin ningún disimulo estratégico.

El Presidente Vladimir Putin por Rusia, el Canciller Gerhard Schröder por Europa, el Dalai Lama por el Tíbet, el Primer Ministro Atal Behari Vajpayee por la India y el nuevo Primer Ministro de Japón, Junichiro Koizurni, deben reunirse urgentemente, en algún lugar en el centro del "Gran Continente" -en Berlín o San Petersburgo- para una Primera Conferencia Euroasiática, en la que se deberían trazar las líneas de fuerza para el futuro desarrollo y la explotación conjunta del espacio geopolítico fundamental de la Gran Siberia. François Mitterrand: "Los territorios de la Gran Siberia albergan el 80% de las reservas energéticas del mundo", y eso lo dice todo, con bastante sobriedad.

El hecho de que Europa vaya a estar representada en esta Primera Conferencia Continental Euroasiática por el canciller Gerhard Schröder, jefe socialista de un Estado socialdemócrata, mientras que todos los regímenes socialdemócratas y liberales de Europa están siendo subyugados, y subversivamente subyugados, de forma total por las fuerzas motrices de la conspiración globalista dirigida por Estados Unidos, no puede dejar de ser un problema.

Pero puesto que las cosas son ahora sólo lo que han llegado a ser, ¿no deberíamos, a partir de ahora, atenernos exclusivamente a los hechos, y sólo a los hechos, que actualmente llevan un significado que va en una nueva dirección de la historia, que parece ser precisamente la de nuestros propios deseos confesados, e incluso los más inconfesables?

De hecho, el canciller Gerhard Schröder, que encarna hoy el retorno del poder político central alemán a Berlín, lleva a cabo una doble política hacia Europa -hacia la Gran Europa- cuyos dos elementos fundamentales son actualmente, por un lado, su proyecto personal de una Federación Europea definitiva y, por otro, su apoyo incondicional a la participación de Rusia, como participante de pleno derecho, en el actual proceso de construcción de la futura Gran Europa continental con horizonte euroasiático. Así, a propósito de la "Nueva Rusia" del Presidente Vladimir Putin, el Canciller Gerhard Schröder declaró en junio de 2000 en Berlín que "no habrá paz duradera en Europa sin Rusia", añadiendo inmediatamente después que "debemos integrar a Rusia en Europa a todos los niveles, tanto desde el punto de vista económico y político como de seguridad y defensa". A lo que el Presidente Vladimir Putin respondió, con una perspectiva definitiva y clara, que "Alemania es y seguirá siendo el socio más importante de Rusia, en Europa y en el mundo".

En Alemania, la geopolítica ha vuelto a imponerse -subterráneamente, pero con decisión- a la dialéctica subalterna de las opciones ideológicas, que no son más que la cara expuesta a propósito de las ocultas opciones suprahistóricas que están en juego en la abismal marcha de la historia mundial: en la historia, la geopolítica es la parte de la verdad misma, esta verdad desnuda, a la vez primaria y última, que, en la estela del pensamiento heideggeriano, representa la libertad fundamental del ser, lo que hace el ser y el no ser.

Sin embargo, no es menos cierto que, si nos atenemos a la perspectiva original del futuro político de la Europa actual, es efectivamente Francia -la Francia del "gran gaullismo"- la que debería haber representado a Europa en el seno de esta Primera Conferencia Continental Euroasiática sobre la Gran Siberia, que ya se estaba preparando de forma confidencial.

En efecto, el proyecto del Eje París-Berlín-Moscú -que está en el origen de la propia visión de la Gran Europa Continental- había sido, en sus inicios, una opción visionaria francesa, ya que había sido lanzado, en 1943, desde París, por Raymond Abellio y los órganos paralelos clandestinos del Mouvement Social Révolutionnaire (MSR), movimiento del que Raymond Abellio acababa de asumir la secretaría general, mientras que la actual visión geopolítica final de la Gran Europa Continental con horizonte euroasiático, definida en primer lugar por Karl Haushofer a través de su concepto político fundamental -o más bien fundador- del *Bloque Kontinental*, había sido retomada y llevada a su estado actual por el general De Gaulle que, al reinstalar en la historia de Europa Occidental el Polo Carolingio franco-alemán, al que reconocía, ya en 1946, el estatus, la importancia y el destino de una "Revolución Mundial", ponía los cimientos inmediatamente activados de nuestro futuro "Imperio Euroasiático del Fin". Porque, en cierto modo, todo estaba ya decidido en la inmediata posguerra, en los misteriosamente decisivos años 1945-1946. Aunque todo parecía perdido, en realidad las cosas no hacían más que empezar de nuevo en secreto.

Es en los términos de una figura altamente simbólica de la inversión final de las cosas, la obra providencial de la autogestión secreta de la historia, que se redime hoy la traición criminal del Bundestag que, en 1964, echó por tierra los acuerdos de Estado de Gaulle-Adenauer que preconizaban la puesta en marcha inmediata de la "unión política total" de Francia y Alemania, y la deuda del pasado vaciada de su sustancia negra por la elección revolucionaria de vanguardia mediante la cual el canciller Gerhard Schröder está forzando las puertas del destino, del gran destino de la Europa continental, al afirmar de manera políticamente decisiva el hecho de la presencia ontológica de Rusia en el seno de la Gran Europa, sentando así las bases de la futura federación grancontinental europea de dimensiones, horizonte y destino euroasiáticos. Así, la misma Alemania que, en 1964, bajo la influencia oculta de Washington, bloqueó el proyecto De Gaulle-Adenauer de "unión política total" de Francia y Alemania, impidiendo así la construcción de la Gran Europa, da hoy su oportunidad decisiva a la realización efectiva de la misma Gran Europa continental al incorporar a Rusia en su seno y, detrás de Rusia, a la India, el Tíbet y Japón. Porque ésta es, de hecho, la verdadera misión de Rusia, y su más profunda predestinación.

Y si Alemania está obligada a ocupar el lugar de Francia en la conducción de las altas maniobras políticas y suprahistóricas de la construcción de la Gran Europa Continental, es porque Francia es actualmente incapaz, desde dentro, de afrontar su propio destino original, Esto se debe a la catástrofe final de su realidad política actual, catástrofe a la que ha sido conducida, por un lado, por la acción criminal, subversivamente concertada y seguida por las fuerzas oscuras, subterráneamente actuantes en su seno desde 1968, y, por otro lado, por la autodestrucción político-histórica del movimiento nacional gaullista. Ningún país vivo puede resistir durante demasiado tiempo la inmensa metástasis del cáncer de las ideologías negativas.

La actual inversión del eje político de Europa

Sin embargo, al mismo tiempo, la subyugación incondicional de la socialdemocracia y el "liberalismo" occidentales a la inversión globalista de Europa quedó criminal y autosubversivamente expuesta -especialmente en Gran Bretaña, Francia y Alemania- en el curso de la agresión político-militar de la conspiración globalista estadounidense en el sureste de Europa, en Serbia, Francia y Alemania - derribando así las máscaras, y Europa Occidental en su conjunto apareciendo de repente como lo que es, un espacio de dominación colonialista estadounidense. Una dominación política disimulada pero total, unida a una dominación económica inquebrantable, que avanza.

Sin embargo, la gran reacción europea continental a la agresión de la conspiración globalista contra Serbia -y, por tanto, contra Europa en su conjunto- y, al mismo tiempo, al providencial despertar de la "Nueva Rusia" de Vladimir Putin, aún logró movilizarse, sobre las cabezas de los regímenes de alta traición anticontinental por doquier en el poder en Europa Occidental, el frente de la base aún sana de las naciones europeas reducidas a la merced de la conspiración para llevarlas a la impotencia, a la inconsciencia política total, a la esclavitud definitiva y a la alienación final de sus propios seres, de su identidad viva y autoafirmada. Por lo tanto, fue la agresión de la conspiración globalista de los Estados Unidos la que provocó su recuperación de las profundidades, y esta recuperación fue apoyada confidencialmente por el súbito despertar de Rusia, que estaba en proceso de redescubrirse a sí misma, gracias a la aparición de un hombre providencial, y que había reconocido inmediatamente como tal. Esto también era una forma de milagro.

Así, el hecho de que el centro de gravedad geopolítico de Europa se haya desplazado de Occidente a Oriente, de Europa Occidental a Rusia, y de Norte a Sur y Sureste del continente, a la aparición de la zona subversivamente desestabilizada del Sureste de Europa bajo dependencia exterior temporal, tiene su contrapartida en la actualidad, en Italia, Son hechos que deben aparecernos, fundamentalmente, como signos de los tiempos, como señales de un profundo movimiento sísmico en marcha, que anuncia una cadena de transformaciones por venir, o ya en marcha, de dimensiones suprahistóricas planetarias: el eje polar de la identidad política secreta de la tierra se está invirtiendo.

El actual eclipse de Francia en el seno de la pareja fundadora franco-alemana se compensa con el sobrefortalecimiento de Alemania, por lo que el daño sufrido por la "centralidad polar", por el "centro inmóvil" del polo carolingio franco-alemán, no tiene muchas consecuencias: El movimiento de profunda transformación política de Europa Occidental que seguirá al proceso de puesta en marcha del proyecto de la Gran Europa Continental con horizonte euroasiático no dejará de conducir a la liquidación definitiva del estrangulamiento subversivo que incapacita a Francia en los caminos de sus propios destinos interrumpidos, subversivamente suspendidos en su actual marcha político-histórica. Si Francia no salva a Europa, será Europa la que salve a Francia: esto es precisamente lo que le dijo el General de Gaulle a André Malraux en su visionario libro *"Les chênes que l'on abat"*.

Y esto, sin olvidar que los aparatos político-estratégicos del dispositivo de acción clandestina del movimiento gaullista -que, desde sus inicios, no ha dejado ni un solo momento de encontrarse duplicado por el contramovimiento clandestino del "gran gaullismo", del "gaullismo del fin'- pueden poner en marcha, en el momento deseado un súbito y definitivo derrumbe interno de los fundamentos políticos del régimen socialista-comunista actualmente en el poder en Francia, que sólo se mantiene gracias a ciertas circunstancias mantenidas ilegal y subversivamente, desde el exterior, por la conspiración globalista de Estados Unidos y de lo que se encuentra, en la sombra, detrás de Estados Unidos. Y estas circunstancias siendo, además, sólo la consecuencia de la infiltración en profundidad por parte de los servicios políticos especiales de Washington -y esto ya desde los años cincuenta- de todo el aparato sindicalista francés de línea no comunista.

Hacia la completa liberación de Europa Occidental

El hecho de que Italia, por su parte, providencialmente liberada el 13 de junio de su sometimiento a la conspiración socialista-comunista en el poder, en su lugar, de hecho -por encima de la democracia cristiana, o con la complicidad solapada de esta última- desde 1945, se apresura ahora a unirse a los caminos de su propio gran destino, Se trata de la primera conmoción decisiva en la sacudida ya en curso del statu quo político europeo, un statu quo constituido por la sumisión de facto de toda Europa occidental a los dispositivos de inversión político-estratégica de la conspiración globalista dirigida por Estados Unidos. Se ha producido la primera gran brecha.

A corto y medio plazo, Francia, y también Alemania, tendrán que liberarse, siguiendo el ejemplo sobreactuado de Italia, de la dictadura socialista-comunista esclavizada a la conspiración globalista vigente, y le seguirá Bélgica, y el resto.

Precisamente por eso parece haber llegado también el momento de la iniciativa -que podría ser rusa o italiana- de convocar una Primera Conferencia Continental Euroasiática sobre el "Proyecto de la Gran Siberia", para que todas las fuerzas ya emergentes de la nueva conciencia revolucionaria europea euroasiática se manifiesten y logren imponer su punto de vista, en vigor, sobre el futuro de la Gran Europa Continental que nos corresponde llevar a la pila bautismal de la historia futura.

Los "grupos de combatientes geopolíticos", que están presentes en toda Europa y en Rusia, tendrán ahora que levantar la cabeza y comprometerse en una empresa sostenida, inmediata y a largo plazo, para el asalto final al poder político total, Esta empresa encontraría su apoyo en profundidad en la situación del renacimiento nacional del cambio de régimen en Italia, que se está convirtiendo en el nuevo centro de incitación nacional revolucionaria en Europa y en el foco irradiador de la vasta renovación suprahistórica en proceso de autodefinición a nivel de la gran Europa.

La afirmación decisiva del renacimiento nacional-revolucionario en Italia, que, tras el derrumbe de la dictadura socialista-comunista, arde ahora bajo las cenizas, debe constituir así el horizonte en el que se declarará la futura conflagración nacional-revolucionaria de la Europa continental. Porque, a partir de ahora, todo debe ocurrir en Italia durante mucho tiempo.

Sin embargo, el formidable esfuerzo revolucionario inmediato que la gran historia en curso exige ya, en la actualidad, a la Gran Europa, a la "Nueva Europa", que se avecina, para que pueda hacer frente a

(1) a su nuevo destino grandioso-continental

(2) la liberación política de la dominación subversiva de la conspiración globalista que aún está vigente, y

(3) la construcción de la gran Europa continental "euroasiática" requiere el apoyo de una gigantesca infraestructura económica revolucionaria, que sólo puede ser asegurada por el Gran Proyecto Siberiano: de ahí la importancia capital, para el momento actual de su devenir, de la Primera Conferencia Continental Euroasiática para la construcción del "Gran Proyecto Siberiano", obra común fundamental de la futura gran economía continental imperial europea. Al igual que al principio del actual gran ciclo suprahistórico, es la Gran Siberia la que vuelve a convertirse en el corazón vivo de la "Isla Euroasiática", su último y secreto *corazón polar*, que Sir Halford Mackinder, el doble inglés de Karl Haushofer, había previsto.

El momento actual de la geopolítica continental

El arma ideológica y operativa fundamental en la actual lucha de Europa - de la gran Europa- contra el dominio de la conspiración globalista de Estados Unidos parece ser, pues, la geopolítica, la geopolítica activa. Porque, en definitiva, la geopolítica siempre será más fuerte que la historia: la geopolítica manda en la historia subterránea, y actualmente se opondrá a ella en la medida en que es a través de las ocultaciones subversivas de la historia occidental actual como la conspiración globalista de Estados Unidos sienta sus bases de apoyo en profundidad, y avanza sus posiciones de inversión ofensiva dentro del espacio político europeo.

Considerada desde este ángulo especial, ¿cuál es la situación geopolítica actual del gran continente europeo en proceso de encontrarse a sí mismo?

En su mitad oriental, la "Nueva Rusia" del presidente Vladimir Putin está comprometida con la línea política revolucionaria de la eventual constitución imperial de una federación euroasiática gran-continental de destinos abiertamente escatológicos, esforzándose por impulsar al máximo un diálogo propositivo básico con la India, el Tíbet y Japón, por un lado, y con Europa oriental y occidental, por otro. En este sentido, las opciones activas del presidente Vladimir Putin son tan claras como inexorables. Ya se ha puesto en marcha algo que no se detendrá.

En Europa, en el sur del continente, acaba de producirse el acontecimiento político absolutamente decisivo de la liberación nacional de Italia de las garras socialistas-comunistas, que, junto con España, Austria y Serbia, está ahora en condiciones de constituir el "cinturón azul" de una zona continental europea arrancada de las garras de la conspiración globalista de Estados Unidos, y dispuesta a dar el paso hacia la proyectada constitución de una federación europea grancontinental.

Al mismo tiempo, en el centro del continente, a pesar de su profundo sometimiento a su propio régimen socialdemócrata, que sigue vigente, Alemania, por su parte, parece ahora decidida -como ya se ha dicho- a participar plenamente en una gran federación continental europea basada en Rusia, El canciller Gerhard Schröder es a la vez el doctrinario y el artesano del campo, teniendo que enfrentarse, al menos por el momento, a la negativa de las demás democracias europeas reticentes, todavía bajo el pulgar de la conspiración globalista. Pero esta brecha alemana en el sistema globalista existente tiene, por tanto, una importancia considerable. Y esto es tanto más cierto cuanto que, por lo demás, las posiciones socialdemócratas subversivas del canciller Gerhard Schröder permanecen inalteradas, totalmente inaceptables, posiciones enemigas. Evidentemente, esto complica mucho las cosas.

El estado actual del control del frente globalista sobre Europa parece, pues, muy deficiente, ya que la "Nueva Rusia" de Vladimir Putin proporciona una superbase de apoyo político y estratégico revolucionario para todo el gran movimiento de liberación continental que está en proceso de afirmación, un movimiento dentro del cual los "grupos geopolíticos" que representan, especialmente en Europa Occidental, una base ofensiva que debe considerarse plenamente comprometida con la lucha, y que ahora podrá encontrar un espacio de apoyo político considerable en Italia, dentro del importante movimiento nacional revolucionario italiano en pleno auge.

Si. Como muestra un importante -muy importante- artículo del diario parisino de izquierdas *"Le Monde" del* 6 de junio, el presidente Vladimir Putin actúa actualmente como líder carismático providencial de la "Nueva Rusia", apoyándose para ello, en primer lugar, en las Fuerzas del Año y, en segundo lugar, en la sociedad civil y, sobre todo, en los defensores de la "línea geopolítica" rusa, entre los que se encuentra Alexander Dugin, en las principales posiciones geopolíticas, sobre la sociedad civil y, sobre todo, sobre los defensores de la "línea geopolítica" rusa, entre los que se encuentra, en posiciones geopolíticas avanzadas, Alexander Dugin, que es, de hecho, el doctrinario del nuevo régimen imperial euroasiático en vías de instalarse en Moscú, el "nuevo Lenin" de la "Nueva Rusia". Aleksandr Dugin, el "nuevo Lenin" que lucha por el Cristo Pantocrátor.

Con una continuidad inexorable en la acción que lleva a cabo, el presidente Vladimir Putin está en proceso de instalar, a través de sus visitas de Estado -y los acuerdos político-estratégicos que las siguen-, la infraestructura -Tokio, Nueva Delhi y sin duda, pronto, Teherán- del futuro imperio grancontinental euroasiático del que la "Nueva Rusia" quiere ser la punta de lanza. En la actualidad, la atención se centra en Nueva Delhi y Tokio. Es Rusia la que abrirá Asia a Europa.

Alexander Dugin, a su regreso de Tokio, donde había sido recibido oficialmente en el Ministerio de Asuntos Exteriores, así como por otras autoridades políticas de alto nivel, me habló de su profunda consternación al descubrir el extraordinario interés que mostraban actualmente las altas esferas políticas de Japón por el proyecto euroasiático, que este último estaba promoviendo. El aparato diplomático japonés también se prepara para lanzar una campaña en las capitales europeas a favor del proyecto del Eje París-Berlín-Moscú, que desea extender a Tokio. No en vano, el Programa del Movimiento Político-Social de Eurasia prevé explícitamente la integración final de Japón y Europa, los dobles espacios estratégicos costeros, Este y Oeste, "del Atlántico al Pacífico", de la "Isla Euroasiática", en el gran proyecto imperial continental euroasiático de la "Nueva Rusia" de Vladimir Putin. El pensamiento geopolítico original de Karl Haushofer sigue, pues, muy vivo.

Sin embargo, desde el 21 de abril, con la formación del movimiento político-social Eurasia en Moscú, con representaciones muy activas en diecisiete de las ciudades más importantes de Rusia, dirigido por Alexander Dugin, los partidarios de la "línea geopolítica" han podido actuar como partido de gobierno en Rusia, o al menos como apoyo paralelo a la acción gubernamental. Rusia tiene un futuro euroasiático, o ningún futuro, dice el Programa del Movimiento Político-Social Euroasiático. Vladimir Putin: "La nación rusa es fundamentalmente una nación euroasiática".

Que la aparición en la escena política rusa y europeo-planetaria del carismáticamente providencial Vladimir Putin pudiera tener lugar, y tener lugar en el momento mismo en que se suponía, sigue siendo, para muchos testigos de la emergencia actual de la "Nueva Rusia" de los destinos imperiales escatológicos, como una especie de milagro, lo cual es obviamente muy probable.

¿Y no es al mismo tiempo otro tipo de milagro que, siguiendo la estela de Vladimir Putin, Alexander Dugin, el "nuevo Lenin", haya podido, en el espacio de unos pocos años, construir el gigantesco aparato doctrinal e ideológico-estratégico de la "línea geopolítica" euroasiática de Rusia y del futuro "Imperio del Fin de Eurasia"? para poner en marcha el gigantesco aparato doctrinal e ideológico-estratégico de la "línea geopolítica" euroasiática de Rusia y del futuro "Imperio euroasiático del fin", un aparato doctrinal que ya está llamado a configurar la historia actual, la historia final del "Gran Continente"?

¿Y de dónde surge la extraordinaria suma de intelectuales revolucionarios y activistas políticos de la "línea geopolítica" que acaban de aparecer en las filas combatientes de la "Nueva Rusia", cabe preguntarse? ¿De dónde vienen? ¿Cómo han llegado hasta allí? ¿Qué significa en última instancia este increíble ascenso a la vanguardia? ¿Este inexplicable ascenso al poder de una generación ya formada, ya comprometida, ya heroicamente en las barricadas y ya dispuesta al sacrificio?

¿De dónde procede también la masa hiperactiva de intelectuales tradicionales que hoy en Italia constituye la columna vertebral del movimiento de renovación nacional en proceso de reafirmación revolucionaria directa y total? ¿Dónde estaban antes, dónde se escondían, y en los términos de qué misteriosa estrategia de espera secreta y profética de la hora necesaria?

¿De dónde proceden también los "grupos geopolíticos" que pululan en ardiente semiclandestinidad en Europa Occidental desde principios de los años 90? ¿Quién, o qué, está detrás de los continuos golpes revolucionarios de estos "grupos geopolíticos" llamados a forjar el futuro revolucionario de la "Gran Europa" del horizonte imperial euroasiático? ¿Quién los movilizó y organizó?

Es que ahora está aflorando un movimiento subterráneo muy profundo de la "gran historia" en curso, que se llevará todo por delante, una corriente imperial revolucionaria de orientación euroasiática, de compromiso escatológico final, de la que aún estamos lejos de poder comprender todas las implicaciones sísmicas, ni las terribles conflagraciones apocalípticas de las que es portadora.

En lo invisible, la "Gran Reversión", la *Paravrtti* de los hindúes, ya ha tenido lugar. El no-ser está siendo sustituido de nuevo, cósmicamente, por el ser, que está en proceso de acelerar la reapropiación de sus propias jerarquías.

Ahora esto también tendrá que reflejarse en lo visible. Lo que ya se ha logrado en principio se traducirá en acción más adelante, y ésta es también la explicación del repunte que se observa ahora en la política europea del continente, donde el control de la subversión globalista está de repente en condiciones de retroceder. Y este proceso de liberación -de autoliberación-

debe proseguirse ahora de forma cada vez más explícita. Ahora vienen otros tiempos", dijo en su momento Cornelius Codreanu.

El problema del momento, como hemos entendido, es el de pasar de la visión doctrinal, de la visión de principio, a la realización política sobre el terreno, y en este sentido la Primera Conferencia Continental Euroasiática sobre el "Proyecto de la Gran Siberia" va a ser una prueba extremadamente significativa, porque los jefes de gobierno a los que se ha recurrido para esta reunión decisiva -Vladimir Putin, Gerhard Schröder, el Dalai Lama, Atal Behari Vajpayee y Juinchiro Koizurni- pertenecen todos al mundo de la política visible, de primera línea, y, como tales, representan la parte de la política inmediata, a la realidad directa de la historia.

Así, la Primera Conferencia Continental Euroasiática sobre el "Proyecto de la Gran Siberia" está llamada a actuar, a imponerse a la manera de un absceso de fijación en relación con todas las grandes líneas de fuerza en acción, de las actuales convergencias geopolíticas iniciadas por el concepto revolucionario de la mayor Europa continental "euroasiática", cuya figura suprema ya confiesa ser la de un "Imperio euroasiático del fin", que comprende Europa occidental y oriental, Rusia y la Gran Siberia, el Tíbet, la India y Japón: La "isla euroasiática" ha encontrado así su unidad anterior, y su propio destino final.

SOBRE LA PREDESTINACIÓN FINAL DE LA AMÉRICA ROMANA

Todos sabemos que en su visión original de los destinos inmediatos y más lejanos de la geopolítica, Karl Haushofer siempre se negó a publicar un "manual fundamental de geopolítica", convencido de que las investigaciones emprendidas por él mismo personalmente o bajo su influencia directa no eran más que las "piedras de espera de un edificio doctrinal por venir", que sólo vería la luz del día con el advenimiento de esa historia imperial planetaria final cuyos caminos él mismo se empeñaba incansablemente en cavar, y en hacer cavar los caminos por delante. Hasta la proximidad inmediata de su conclusión imperial implícita, una conclusión que era necesariamente definitiva, la historia mundial obligó a la investigación geopolítica, por su propio curso, a permanecer trágicamente abierta al futuro, en el estado de una petición de principio indefinidamente puesta en cuestión a la *espera de su tiempo.*

Bausteine zur Geopolitik, "Piedra de construcción para la geopolítica", era el título de una colección de trabajos geopolíticos publicada en 1927 por Karl Haushofer en colaboración con Lautenbach, Maull y Obst, de Kurt Vowinkel, en Berlín, título que remite directamente a esta visión de la geopolítica en marcha, de una investigación abierta y permanente, que era esencialmente la de Karl Haushofer, una investigación cuya propia incompletud pretendía ser una garantía de la conclusión implícitamente suprahistórica del camino geopolítico y de sus misteriosas disposiciones de "bloques de construcción" constantemente movilizados a la tarea.

Ésta es también mi propia posición de principio, y ésta es precisamente la razón por la que pido que mi presente investigación sobre *La predestinación última de la América romana* sea considerada sólo como un montaje en curso de simples notas operativas que intentan definir los nuevos horizontes de la actual geopolítica planetaria captada en su revolucionario devenir vanguardista. Una "piedra de construcción", por tanto, una "piedra de espera", como habría dicho Karl Haushofer con otra de sus expresiones, una "piedra de espera" en la perspectiva de una próxima conclusión imperial de la historia planetaria que marcha ahora irremediablemente hacia su fin. Notas operativas, sin embargo, cuya intención secreta fundamental y activa es intervenir en la propia marcha de la historia en curso, para imponer una dirección preconcebida, un giro nuevo, brusco y total, correspondiente a un gran designio revolucionario final.

Se trata, pues, en todo caso, de una investigación comprometida con la acción y, por ese mismo hecho, condenada a ser constantemente superada por ella, y así dada, de antemano, por provisional en su marcha íntima, dispuesta en todo momento a ser atrapada en el vértigo irracional de la historia, en la corriente impetuosa e irresistible de la irracionalidad dogmática que actúa en los subterráneos abismales de la "gran historia". Aparecerán riesgos que tendremos que asumir por completo.

Sin embargo, ha llegado el momento, según parece, de que nosotros, poseedores clandestinos de una cierta conciencia revolucionaria de vanguardia de la geopolítica planetaria, entremos en la fase verdaderamente final de la historia del mundo, ha llegado el momento, digo, en que el problema de los destinos suprahistóricos -de la predestinación implícita, aún no revelada- de la América romana debe plantearse de manera inmediata y decisiva, conduciendo a una solución inmediata y decisiva del problema, donde el problema del destino suprahistórico -de la predestinación implícita, aún no revelada- de la América romana debe plantearse de manera inmediata y decisiva, conduciendo a una definición exhaustiva y al mismo tiempo plenamente comprometida con el futuro histórico actual. Una definición que conlleva un concepto geopolítico propio, definitivo, trascendental, la definición misma de la misión y el futuro de la América romana en un momento en que todo se decide a nivel de la próxima renovación ontológica de la historia mundial. Un concepto inmediatamente utilizable en la lucha suprahistórica secretamente ya en marcha por la dominación imperial de la historia del mundo, por el surgimiento de la identidad imperial final de la historia tras el próximo fin de la historia.

Así, en la lucha planetaria que ahora enfrenta a la "superpotencia continental" contra la "superpotencia oceánica", el Gran Continente Euroasiático, contra la voluntad hegemónica planetaria de los Estados Unidos y su mecanismo de dominación encubierto ya está en marcha, La América romana encontrará naturalmente su lugar como proyección reactivada -y constantemente a reactivar- de las fuerzas de intervención del Gran Continente Euroasiático virtualmente ya movilizado al sur del continente norteamericano, ofensivamente, cuya identidad geopolítica escinde por una contraidentidad político-estratégica de una presencia cercana, de una nueva afirmación histórica y de un destino propio, de otro destino: La América romana representa las posiciones transoceánicas más avanzadas de la gran superpotencia continental euroasiática en la vecindad geopolítica fundamental de la superpotencia oceánica imperialista de América del Norte.

Al mismo tiempo, es necesario argumentar que la definición geopolítica final de la superpotencia grancontinental euroasiática recoge hoy, ampliándola y reforzándola hasta sus últimos límites históricos y político-estratégicos, el concepto fundamental del *Bloque Kontinental* propuesto por Karl Haushofer, integrando así, en una única unidad imperial de destino Europa occidental, Europa oriental, Rusia y la Gran Siberia, la India y Japón, una unidad de destino redescubierta que debe conducir finalmente al establecimiento de lo que llamamos el Imperio Euroasiático del Fin, el punto de partida *del Imperium Ultimum,* de lo que, al final de la historia y más allá de la historia, debe ser el *Regnum Sanctum.*

Por lo tanto, es bastante cierto y obvio que la transición del Imperio Euroasiático del Fin a la etapa final del Imperio Último, a la etapa del Imperio

Último de dimensiones planetarias totales, requiere que la gran superpotencia continental euroasiática se imponga incondicionalmente a la superpotencia imperialista de los Estados Unidos, de modo que los océanos Atlántico y Pacífico alcancen el estatus de "mares internos" *del Imperio Último,* del "Imperio Total del Fin".

En la actualidad, es China la que, dentro del espacio geopolítico del Gran Continente Euroasiático, representa la decisiva cabeza de puente metaestratégica de la superpotencia oceánica imperialista estadounidense, La reciente visita del Presidente de los Estados Unidos, Bill Clinton, a Pekín acaba de aportar una confirmación tan irrevocable como destinada a evolucionar en el sentido de una intensificación cada vez más significativa, una confirmación abierta, indisimulada y asombrosa de la nueva alianza planetaria sino-americana llamada a definir la puesta en marcha de otra historia mundial que comienza.

Al igual que China, el Islam fundamentalista, un arma anticontinental de los Estados Unidos

Sin embargo, hay que señalar que el nuevo dispositivo de bloqueo político-estratégico puesto en marcha actualmente por Estados Unidos, a través de sus recientes acuerdos -confidenciales- con China, contra el Gran Continente europeo, se ve reforzado al mismo tiempo por el doble apoyo estadounidense y chino a la causa revolucionaria del fundamentalismo islámico, cuyo cinturón de subversión activa establecido por la línea político-estratégica Irán-Afganistán-Pakistán está ya a punto de rodear estratégicamente el flanco sur del Gran Continente euroasiático.

Que los actuales avances nucleares -abiertos o encubiertos- de Irán y Pakistán han sido posibles gracias al apoyo tecnológico esencial que les ha prestado -y sigue haciéndolo- de forma encubierta China, es ya un hecho que se considera indiscutible, al igual que el apoyo político subversivo de Estados Unidos a la causa del islamismo fundamentalista en sus empresas de implantación planetaria parece ser igualmente cierto, incluso en el Mediterráneo, donde el apoyo de Washington a las actividades ultracriminales, a las repetidas masacres y a la devastación indiscriminada de las organizaciones de combate clandestinas de los islamistas argelinos es ya un hecho conocido y más que probado.

Es ciertamente esencial que, en las circunstancias actuales, sepamos discernir las dos estrategias complementarias puestas en marcha por Washington, mediante el apoyo, y la exacerbación provocada y mantenida, en la sombra, del activismo revolucionario del Islam fundamentalista: Por un lado, esta vasta operación subversiva tiene por objeto bloquear, desestabilizar y mantener en un estado crítico permanente, y que no cesa de aumentar, para avanzar en la dirección de la irreparabilidad, el frente sur del Gran Continente Euroasiático y, por otro lado, pesa negativamente sobre las relaciones del bloque europeo grancontinental con el conjunto del mundo árabe, que no es religiosamente negativo, "laico", incluido, en primer lugar, Irak.

Esto explica también la aparentemente incomprensible implacabilidad de Washington contra Bagdad, ya que el régimen de resistencia nacional de Saddam Hussein representa la última corriente árabe perteneciente a la antigua "línea pro-árabe europea" que el general De Gaulle había puesto en marcha con una intención estratégicamente ofensiva contra las posiciones y las actividades estadounidenses en Oriente Medio, África y Asia, que estaban esencialmente comprometidas contra las posiciones francesas y europeas vigentes.

El antagonismo entre el islamismo fundamentalista y la "línea europea pro-árabe" de la Francia gaullista, línea que aún persiste, contra todo pronóstico, se acerca actualmente a la zona crítica de una ruptura extrema, tanto en Irak como en Argelia, Libia, Egipto y Palestina. La cuenta atrás ha comenzado, y no se detendrá sin una acción estratégica global, que Europa parece incapaz de prever, ni estratégica ni siquiera políticamente. Pero no debemos jurar por nada, ¿verdad? Hemos visto, en política, otros increíbles reveses de situaciones aparentemente más desesperadas.

Así, Estados Unidos juega ahora la carta del fundamentalismo islámico contra Europa y el bloque euroasiático de grandes continentes, al igual que juega la carta de China con el mismo objetivo, a un nivel metaestratégico superior. Todo ello conforma, de forma no exhaustiva, un conjunto unitario de acciones armadas, desde abajo, con una extraordinaria coherencia, con una lúcida e infalible voluntad, planteándose en los propios términos de una determinada concepción de la "guerra total" perteneciente a la dialéctica del imperialismo planetario de los Estados Unidos, que sabe más que nada actuar subterráneamente, en la sombra, al abrigo de sus supuestos principios democráticos.

A este respecto, señalo aquí que acaba de publicarse en París un libro de L'Âge d'Homme -*Islamisme et États-Unis Une alliance contre l'Europe,* de un joven funcionario francés, Alexandre del Valle- que constituye, en sí mismo, una formidable denuncia, bastante exhaustiva y que va muy al fondo, de la estrategia conspirativa planetaria de Estados Unidos en sus actuales manipulaciones del Islam fundamentalista.

La América romana, cabeza de puente y base metaestratégica avanzada del Gran Continente Euroasiático

Sin embargo, en el estado actual de las cosas, lo que China es dentro del espacio geopolítico del Gran Continente Euroasiático, la cabeza de puente y la base fundamental avanzada de la superpotencia oceánica imperialista de los Estados Unidos, la América romana debe ser también, en contrapartida, dentro del espacio geopolítico de la superpotencia oceánica planetaria de América del Norte: la cabeza de puente y la base metaestratégica avanzada del Gran Continente Euroasiático.

Es desde y a través de la América Romana que el Gran Continente Euroasiático podrá intervenir en el espacio interior de la superpotencia oceánica norteamericana, porque una parte de ella sigue siendo -como lo fue la América Romana- una proyección suprahistórica de la Europa anterior, del ethos y la civilización, de la predestinación final de una cierta Europa trascendental.

Porque una nueva guerra de secesión -una guerra de secesión a la inversa- tendrá que enfrentar a Estados Unidos consigo mismo a principios del próximo milenio, dentro de la cual el componente sureño de la identidad secretamente europea, la "Vinlandia original", se alzará para ganar contra el componente subversivo, antieuropeo, democrático y comunista, "izquierdista", que tuvo la ventaja en la primera confrontación interna, durante la primera guerra civil norteamericana, 1861-1865.

Así pues, si el componente interno de la sustancia, la identidad y el ethos europeos ha de prevalecer sobre el otro componente interno de los Estados Unidos, sobre su componente negativo, gobernado por la conspiración global subterránea del Poder Oscuro, por el Misterio de la Iniquidad y sus tenebrosos ejecutores, sólo será con el apoyo metaestratégico de la América romana. Con el apoyo de la América romana, constituida como base política contraestratégica avanzada, como plataforma ofensiva de la línea grancontinental euroasiática de orientación imperial y polar, tradicional, arcaica, original, "anterior".

También es evidente que en el futuro juego político-estratégico de América Latina dentro del espacio geopolítico de los Estados Unidos, la comunidad hispana, que ya cuenta con más de veinticinco millones de habitantes viviendo dentro de las fronteras de Norteamérica, también contará de manera singular.

En efecto, todo está preparado para que los tiempos cambien, para que los "grandes tiempos vuelvan". Ha llegado, pues, el momento en que, a la llamada de su predestinación más oculta, la América romana tendrá que despertar de su largo sueño dogmático, para sumarse a las primeras avanzadillas de la inmensa confrontación política y suprahistórica cuya línea divisoria romperá pronto en dos la historia de un mundo en su fin, para rehacer, después, su unidad más antigua, comenzada de nuevo, con la natividad virginal de un nuevo ciclo, por el momento todavía impensable.

Seis tesis geopolíticas operativas

Sin embargo, para que la América romana se convierta, se imponga y pueda actuar como un concepto con una doble identidad metahistórica y político-revolucionaria inmediata, parece absolutamente necesario un cierto número de condiciones de desarrollo, esencialmente las seis condiciones siguientes, que son todas ellas tesis geopolíticas operativas.

(1) Que la integración histórica, político-estratégica y económica de toda la América romana puede considerarse un hecho consumado, o en vías de serlo definitivamente.

(2) Y que la definitiva integración histórica y político-estratégica - reintegración- de la América Romana se haga fundamentalmente en términos de un retorno ontológico a sus propios orígenes anteriores, de una renovación auroral de su identidad imperial española y católica, gran europea, y, por tanto, una brusca y total emergencia revolucionaria debida a una nueva conciencia de su propio destino continental de alcance planetario e imperial, como instancia decisiva del conjunto imperial final que la sitúa en la línea de encuentro continental de los dos océanos, el Atlántico y el Pacífico, considerados como los "mares interiores" del *Imperium Ultimum.*

(3) Que una nueva y total conciencia revolucionaria e imperial aparezca así como el punto de partida y la conclusión sobreactuada y sobreactuante de la reintegración histórica y político-revolucionaria de toda la América Romana, una conciencia identitaria capaz de darse los medios organizativos de su propio establecimiento histórico, de su propia instalación política inmediata.

(4) Que se constituya así un primer núcleo de integración histórica y político-revolucionaria inmediata mediante la movilización de un bloque original de nuevos comienzos y nuevas fundaciones integrado por Argentina, Chile, Perú, Bolivia y Paraguay, núcleo a partir del cual se pueda iniciar el proceso final de integración continental total, puesto en marcha revolucionariamente, hasta el final.

(5) El proceso final de la reintegración continental revolucionaria de América Romana implica también una reconsideración ontológica total de la situación actual de España, pues es a través de ella que deberá manifestarse la participación predestinada de América Romana en el bloque grancontinental europeo: Para acceder a la nueva misión grancontinental europea que representa su propia predestinación final en dirección, una vez más, a la América romana, España tendrá que hacer su segunda revolución nacional, retomar a un nivel superior de conciencia, voluntad y destino revolucionario la ya superada experiencia de su primera revolución nacional nacida de la guerra civil de 1936-1939.

La gran revolución imperial continental de la América romana debe encontrar así sus fundamentos metahistóricos en el reinicio ontológico de una nueva historia interna de España que ha redescubierto en sí misma sus propios orígenes anteriores, el proyecto de una nueva historia española del mundo. Una tarea gigantesca, como todas las tareas político-revolucionarias que marcan los inicios históricos del tercer milenio.

(6) Sin embargo, el giro ontológico imperial de la América Romana hacia sus propios orígenes anteriores tendrá que ir, en última instancia, abismalmente más allá del nivel de la historia visible, para alcanzar -recuperar- los fundamentos subterráneos, metahistóricos, trascendentales de su identidad suprahistórica, oculta, principial, para alcanzar, por tanto, los precomienzos enterrados, del presente ciclo suprahistórico, tal y como estos inicios - precomienzos- son definidos por la cosmogonía visionaria de Horbiger, y aún más profundamente en los últimos estratos ontológicos de la inmemoria planetaria abisal, donde se sostiene el misterio preoriginal de lo que Miguel Serrano llama la "inversión de los polos".

La nostalgia secretamente tan ardiente de la América romana -Argentina, Chile- por el Polo Sur siendo, en realidad, la nostalgia abismal por el Polo Norte antes de la inversión preoriginal de los Polos: lo que atrae trascendentalmente a la América romana al Polo Sur revelando, a la mirada iniciática de la ciencia sagrada, la persistencia oculta de la inmemoria anterior del Norte Original.

Así, el verdadero rostro de la reintegración histórica y político-revolucionaria de la América Romana en su conjunto, en su más profunda totalidad actuante, aparece a la doble luz de las doctrinas cosmogónicas ocultas de Horbiger y Miguel Serrano.

La América romana en estado de autoderrota

En efecto, sólo cuando estas seis tesis geopolíticas operativas -estas seis condiciones resurreccionales- se reúnan en el marco de un frente metahistórico y político-revolucionario de coherencia inmediata, viva y activa, que tenga su propio centro de gravedad imperial en su seno, la América romana estará en condiciones de asumir su misión predestinada con respecto a América del Norte, en estado de poder intervenir de manera fundamentalmente decisiva en el proceso de conflagración revolucionaria interna de los Estados Unidos, que está llamado a forjar su nuevo destino secesionista, su "otro destino", previsto por el concepto trascendental final del Imperium *Ultimum*.

Sin olvidar, sin embargo, que el proceso de reencuentro de la América Romana con sus propios orígenes anteriores involucra también en su curso a España, que deberá seguir los caminos de un reacondicionamiento abismal similar antes de convertirse en el dispositivo de enclavamiento planificado de la América Romana en la marcha de los destinos suprahistóricos finales del bloque grandcontinental euroasiático: Una vez más, es a través de España que la América romana se verá comprometida en la convergencia de sus propios destinos -de su predestinación secreta- con el futuro revolucionario imperial del gran continente euroasiático.

Por ello, el secreto providencial de la "historia más grande" desafía actualmente el devenir histórico de la América romana en un nivel de autoderrota que debe considerarse heroico y trascendental, invitándola a que, desde las profundidades de su ser subterráneo, se produzca la emergencia resurreccional de la figura última, insospechada y no sospechada, de su identidad suprahistórica y escatológica, figura hasta ahora oculta. Porque las cifras del margen último de la historia deben quedar ocultas, siempre, hasta la última hora.

El "cruce de la línea" hacia el tercer milenio atrae hacia arriba, exalta todas las estructuras de acción que están comprometidas en la tarea, forzándolas a un estado de superación que constituye el signo mismo de lo que ya está sucediendo allí que es milagroso, que está secretamente predestinado por el más allá invisible de la historia.

Una generación decisiva

Así, la pregunta que se planteará muy necesariamente es la siguiente: a esta profunda y trágica interpelación final de la historia dirigida a la América romana, ¿corresponderá, en su momento, la respuesta y el advenimiento de una nueva generación revolucionaria, una generación predestinada, portadora de una conciencia metahistórica diferente y total? ¿Una generación de activistas capaz de responder a lo que este supremo punto de inflexión de la historia les exigirá, capaz de llevar a su último término la misión heroica y trascendental que hoy ya les corresponde, capaz de afrontar sin inmutarse, con toda lucidez y en los términos de una decisión decidida -la misteriosa *Entechlossenheit* de Heidegger- el formidable terremoto histórico del que les corresponde asegurar las responsabilidades e incluso la ejecución, *sobre el terreno*?

El futuro próximo lo dirá, y confirmará o negará nuestra visión de una situación de ruptura histórica final, de una situación esencialmente escatológica: el fin de un mundo está aquí, muy cerca, y el comienzo de otro mundo está sin duda aún más cerca.

La movilización de la generación decisiva, portadora de un nuevo destino imperial planetario, no se producirá por sí sola. Habrá que proseguir incansablemente un inmenso trabajo revolucionario de fondo, un trabajo de encuadramiento ideológico y organizativo que, a través de la acción local de los Grupos Geopolíticos, deberá conducir al surgimiento de la nueva conciencia continental metahistórica y revolucionaria de la América Romana, parte integrante del frente imperial gran-continental europeo-euroasiático, levantándose contra las pretensiones activas de la hegemonía imperialista planetaria de los Estados Unidos, de la "superpotencia oceánica" planetaria comprometida en los caminos de su gran designio de dominación subversiva.

Pues el trabajo revolucionario de los Grupos Geopolíticos, trabajo político-estratégico de vanguardia, debe ser el mismo, tanto en la América romana como en Europa, en la India y en Japón, e incluso dentro del propio espacio geopolítico de los EEUU, donde los Grupos Geopolíticos apoyarán el ascenso de la conciencia contraestratégica de las estructuras de afirmación pertenecientes a la línea insurreccional antisubversiva, recesiva, al campo de la "venganza del Sur" contra la "alienación político-social de la dominación del Norte".

Y al igual que dentro del frente revolucionario grancontinental euroasiático ya en acción, es el polo carolingio franco-alemán el que constituye el punto fuerte, la identidad polar fundacional del conjunto, al igual que Rusia constituye el doble puente grancontinental europeo en dirección a la India y, a través de la Gran Siberia, también en dirección a Japón, al igual que España constituye el paso del desarrollo y la reverberación imperial grancontinental europea en dirección a la América romana, La propia América Romana está llamada a duplicar geopolíticamente, desde el Sur, el continente norteamericano, dentro del cual deberá intervenir cuando llegue el momento decisivo, desempeñando el Polo Andino de Argentina y Chile el mismo papel fundacional dentro del espacio geopolítico propio de la América Romana que el Polo Carolingio franco-alemán dentro del espacio original de la Gran Europa.

La referencia histórica inmediatamente anterior al polo carolingio franco-alemán, núcleo originario y base superactivadora de toda la integración imperial gran-continental europea, sigue siendo el General de Gaulle, al igual que la referencia al polo andino, y más aún, al proyecto de integración total de la América Romana, que encuentra su columna vertebral en la figura carismática mayor del General Juan Domingo Perón.

En ambos casos, se trata de los representantes de las fuerzas armadas de sus respectivos países: son las fuerzas armadas las que, una y otra vez, deshacen y rehacen la historia en ciernes. ¿Veremos repetirse el mismo fenómeno una vez más, con las mismas consecuencias decisivas? La repetición, y el misterio del gran destino.

Recordemos el discurso del General Juan Domingo Perón en la Escuela Nacional de Guerra en noviembre de 1953:

Si subsisten los pequeñitos y débiles países, en un futuro no lejano podríamos ser territorio de conquista".

Es esa circunstancia la que ha inducido a nuestro gobernó a encarnar de frente la posibilidad de una unión real y efectiva de nuestros países, para encarnar una vida en común y para planear también una defensa en común.

Es indudable que desde el primer momento pensamos en esto, analizamos las circunstancias y observamos que, desde 1810 hasta nuestros días, nunca han faltado distintos intentos para agrupar esta zona del Continente en una unión de distintos tipos.

"Yo no quería pasar a la historia sin haber demostrado, por lo menos fehacientemente, que ponemos nuestra voluntad real, efectiva, al y sincera para que esta unión pueda realizarse en el Continente".

Pienso yo que el año 2000 nos va a sorprender o unidos o dominados.

Estás en un estado de guerra total, en lo visible y en lo invisible

Pero no debemos dejarnos engañar, ni bajar la guardia de la vigilancia analítica permanente, y siempre por delante de la afirmación de las circunstancias, de las solas circunstancias: De lo que se trata hoy es de la guerra, la *guerra total*, incondicional, profunda y final, la guerra por la dominación imperial del mundo y de su historia, que está llegando a su fin, la guerra entre dos ontologías absolutamente antagónicas, la guerra entre el ser y el no ser, representada por la figura de los "Dos Estandartes", instancia central de las "Meditaciones" de San Ignacio de Loyola, la guerra de la luz asediada por los poderes de las tinieblas, la guerra de liberación de la vida cercada por la conspiración subversiva de los poderes de la resignación y la muerte.

Pues la guerra final de liberación de la superpotencia planetaria continental de su asedio por la superpotencia planetaria oceánica no es en sí misma otra cosa que la guerra de liberación del ser del cerco del no-ser, la guerra total de las potencias de la luz contra la obra envolvente del poder de las tinieblas.

Desde el colapso de la URSS y la desaparición del comunismo, nos encontramos en un estado de guerra revolucionaria planetaria total contra la hegemonía imperialista de la "superpotencia oceánica" estadounidense y sus fuerzas de apoyo, contribución e interposición, principalmente Gran Bretaña.

Por otra parte, también debemos admitirlo, es imposible no hacerlo ahora: no ignoramos que detrás de la fachada visible del imperialismo planetario de los Estados Unidos hay una conspiración de dimensiones y alcance esencialmente suprahistóricos y ocultos, que no nos es posible, en el estado actual de las cosas, llamar por su verdadero nombre, pero de la que los propios Estados Unidos son un simple instrumento de penetración y dominación a plena luz del día. Y donde, por otra parte, la parte de lo invisible cuenta de manera singularmente decisiva, concertada, conducida y manipulada en los términos de un designio largamente guardado, y desarrollándose en continuidad hacia fines aún ocultos, pero el más importante de ellos -el fin primordial- sigue siendo el de acabar de una vez por todas con el catolicismo, de acabar de una vez por todas con esa "luz del ser" que siempre ha constituido el fundamento del ethos íntimo y de la civilización euroasiática en su propio devenir, y más allá de todo devenir, inmutable.

A este respecto, recuerdo lo que me dijo el almirante Carrero Blanco hace unos veinte años: Si nuestro principal enemigo sigue siendo el comunismo, no debemos olvidar ni por un momento que detrás del comunismo están el socialismo y el capitalismo, que detrás del socialismo y el capitalismo está, en la sombra, la masonería, que detrás de la masonería se encuentra una cierta conspiración mundial que tiene su epicentro secreto y no tan secreto en algún lugar de Oriente Medio y que se extiende clandestinamente por todo el mundo, y que detrás de ella, finalmente, se encuentra el propio Príncipe de este Mundo, rodeado de su propio "sanedrín oculto", que es el responsable de todo y que lo dirige todo. Porque esta es la verdad última de la situación.

Esto, lo que el almirante Carrero Blanco llamaba la *verdad última*, había que decirlo, como acabo de hacer. Pero no nos detengamos demasiado en ello, aunque sólo sea porque todo lo que tiene que ver con ello está contenido, exhaustivamente, en algunos de los escritos visionarios de Miguel Serrano, y ahí es donde hay que ir a buscarlo si realmente se está interesado en esa zona final de problemas prohibidos y peligrosos que de repente se abren a precipicios bastante oscuros.

Por otra parte, lo que creo que hay que repetir es el hecho de que en la actualidad estamos ya en un estado de guerra revolucionaria planetaria total contra el imperialismo de los Estados Unidos y lo que se oculta de la voluntad hegemónica exacerbada -voluntad hegemónica manifestada en el triple plano de la política, la economía y la cultura- de los Estados Unidos, centro activo de la subversión mundial. En este sentido, la guerra planetaria defensiva de la unidad imperial grand-continental europea contra las actividades subversivas de la "superpotencia oceánica" de los Estados Unidos no es más que una continuación de la última guerra mundial, con Rusia ahora en el lado grand-continental de la confrontación en curso. Por lo tanto, debemos asumir el peso del sacrificio de las innumerables víctimas civiles europeas de las incursiones terroristas de la aviación estadounidense, que sumieron en el luto al continente europeo desde Brest hasta Bucarest, sin olvidar las inauditas masacres de Tokio, Hiroshima y Nagasaki. Como un ritual de comunión secreta en la muerte, donde la futura identidad imperial del gran continente euroasiático se encuentra constituida de antemano en la oscuridad, a la espera del día, ya próximo, en que aparecerá a plena luz, finalmente victoriosa en la historia y más allá de la historia, en la muerte y más allá de la muerte.

Porque tenemos que afrontar los hechos: para nosotros, a partir de ahora, *haber comprendido la situación* es una cuestión de vida o muerte, de ser o no ser.

Estamos en la línea de paso entre nuestro propio destino, definido por el misterio de nuestra predestinación oculta, y la sumisión al antidestino, a la ausencia repentina de todo destino, estamos en la *línea de fuego.*

Ahora tenemos que elegir, sabiendo que es una elección absolutamente irrevocable, una elección definitiva.

Pero ¿cuáles serán nuestras tareas, suponiendo que elijamos -pero no lo hemos hecho ya- el partido del ser, el *partido de la supervivencia?*

Por el momento, bastará con comprender lo que está absolutamente en juego en nuestra lucha actual, en nuestra lucha por venir: el surgimiento de una nueva conciencia revolucionaria imperial, de una nueva conciencia continental y planetaria del ser, de la misma conciencia actuando en el conjunto del espacio geopolítico gran-continental euroasiático, así como en el espacio geopolítico final de la América romana. Esta es la condición fundamental para nuestra salvación, nuestra liberación y nuestro rescate. De aquí saldrá todo lo demás y se hará todo lo que haya que hacer.

Nos atrevemos a decir que nuestras estrategias de combate están completamente actualizadas. Sin embargo, no nos pronunciaremos aquí sobre este tema: sería hacer un regalo inesperado al enemigo ontológico, en la medida en que la presente investigación está destinada a un público no confidencial.

El secreto estratégico pertenece al combate.

Ciertamente, frente a los desarrollos planetarios omnipresentes que debemos atribuir actualmente a la "superpotencia oceánica" de Estados Unidos, nuestras propias posiciones políticas y estratégicas -las posiciones del campo grancontinental euroasiático en estado de cerco- pueden parecer trágicamente deficientes, y lo son. Pero, al mismo tiempo, esta no es en absoluto la forma de plantear el problema de las relaciones de fuerzas en presencia. Nuestra perspectiva revolucionaria lo cambia todo, porque se basa en la dialéctica del *derrocamiento revolucionario, una* dialéctica que es en sí misma este derrocamiento.

La dialéctica de esta misma inversión revolucionaria encierra también el secreto de la predestinación final de la América romana.

(Contribución personal al *II Encuentro de la América Románica de Política y Cu/tura alternativas,* Santiago de Chile, septiembre de 1998)

JUNICHIRO KOIZUMI Y EL "GRAN DESPERTAR" DE JAPÓN

L a formidable trampa planetaria tendida por la conspiración global de los Estados Unidos y lo que está detrás de ella en las sombras, atenazando a las naciones de Europa continental y América Latina en sus mandíbulas de acero, incluida la libertad viva, se ha cerrado así aparentemente sobre nosotros de una vez por todas, cuya libertad viva, destino escatológico e integración político-histórica final podría representar muy eficazmente un peligro absolutamente crítico, un *peligro mortal* para el "gran diseño" en curso del imperialismo hegemónico estadounidense, cuyos preliminares ya están oscureciendo el horizonte de la historia mundial del futuro próximo.

Sin embargo, mientras que las naciones todavía libres de Europa Occidental parecen haber dejado de luchar bajo el abrazo alienante y devastador de la conspiración globalista en marcha, las naciones continentales de Eurasia, como India y Japón, acaban de liberarse de ella, por sus propios medios, y se están dando -o están en proceso de darse- otro destino, basado en su propia libertad recuperada.

Pues lo que Atal Behari Vajpayee ha conseguido hacer en la India, Junichiro Koizumi está en proceso de hacerlo también en Japón: ambos, llevados democráticamente al poder por enormes oleadas de conciencia nacional revolucionaria, no dudaron ni un momento, una vez en el poder, en iniciar bruscamente el proceso de liberación de su país del control externo subversivo de la conspiración globalista.

Así es como, al igual que la "Nueva Rusia" de Vladimir Putin, la India de Atal Behari Vajpayee y el Japón de Junichiro Koizumi, están actualmente juntos en la primera línea de la abismal agitación sísmica que empuja al "Gran Continente" euroasiático a redescubrir su propio ser y su predestinación original, Esta agitación está despertando, movilizando, asegurando y afirmando las bases activas del movimiento de liberación imperial que está involucrando profundamente a todo el "Gran Continente" euroasiático, que está en proceso de despertar y que finalmente prevalecerá.

En un artículo muy importante titulado *Les relations récentes entre la Russie et l'Inde*, Gilles Troude, investigador del DESC de la Sorbona, escribe en *Géostratégiques* (París) en marzo de 2001

"... Frente a un mundo unipolar dominado por el poder abrumador de Estados Unidos, que ya no tiene rivales no sólo en la esfera económica, sino también en la militar y política, ¿no estamos avanzando lentamente hacia un triángulo estratégico India-China-Rusia, el único capaz de competir con la superpotencia que quiere ser la dueña del mundo? "

Este es el temor de los expertos en asuntos internacionales de EE.UU., que han visto signos de una mayor cooperación entre Rusia, China e India, y una creciente sensación en los tres países, especialmente después de la campaña de bombardeos de la OTAN en Yugoslavia en la primavera de 1999, de que el poder de EE.UU. debe mantenerse de alguna manera bajo control. Aunque estos tres países están todavía muy lejos de fusionarse en un Eje Euroasiático anti-OTAN, estos analistas están preocupados por la aparición de una amenaza potencialmente muy seria: una alianza de unos 2.500 millones de personas, un formidable poder militar y un impresionante arsenal de años nucleares -ya que la India es ahora oficialmente una potencia nuclear-, siendo el cemento de esta coalición contrarrestar el dominio global de Estados Unidos.

Sería un desastre para los Estados Unidos

Si este entramado de relaciones progresa", dijo Charles William Maynes, presidente de la Fundación Eurasia, un *centro de estudios* con sede en Washington, "entonces tienes el *corazón* continental - 2.000 millones de personas en China e India - combinado con el formidable poder tecnológico de Rusia". Eso sería un desastre para los Estados Unidos.

Y, sin embargo, Gilles Troude, al mismo tiempo que malinterpreta el *sentido final de la* situación política real de China, presente y futura, de su línea de destino preconcebida, que la excluye de antemano de la unidad, de la reintegración imperial euroasiática grancontinental, extrañamente no tiene en cuenta, en sus análisis, el "gran despertar nacional" de Japón que está teniendo lugar en la actualidad. El papel de Japón parece ser absolutamente decisivo en la movilización en curso de un gran frente continental euroasiático de total oposición político-estratégica a los designios de la conspiración globalista dirigida por Washington.

En realidad, es la extraordinaria fuerza vital innata, profunda y secreta del pueblo japonés la que hizo posible y pudo asegurar la llegada al poder, en el momento preciso en que había que hacerlo, del hombre providencial, del "concepto absoluto" que es Junichiro Koizumi, portador carismático del nuevo gran destino de Japón. Alguien tenía que venir, y la voluntad del pueblo japonés lo hizo venir.

Con Junichiro Koizumi se verifica una vez más la ley providencial que dice que los países siempre acaban encontrando los líderes predestinados que se merecen, y esto es totalmente cierto también para Vladimir Putin y su "Nueva Rusia", así como para Atal Behari Vajpayee y la "India Terminal" que actualmente emerge ante la historia. Por lo tanto, ya es hora de que en Europa entendamos por fin quién es realmente Junichiro Koizumi y qué gran destino revolucionario tiene.

Junichiro Koizumi, portador de un nuevo destino para Japón

Junichiro Koizumi es, en efecto, el hombre encargado por el destino -y por el 75% de los japoneses- del reencuentro definitivo del Japón actual con la historia anterior del "Gran Japón", el hombre encargado de volver a conectar con la identidad imperial intemporal de Japón, que tuvo que fingir su suspensión el 15 de agosto de 1945, el día de la "rendición".

Porque ya se sabe que Junichiro Koizumi afirma abiertamente ser totalmente fiel a la línea nacional, tradicional e imperial de su predecesor y maestro de pensamiento, el ex primer ministro, también miembro del PLD, Yasuhiro Nakasone (1982-1987), que fue el primero en atreverse a romper el tabú democrático relativo al templo sintoísta de Yasukuni, en Tokio, acudiendo allí en peregrinación el 15 de agosto de 1985. Esto provocó una ola de protestas violentas en varios países asiáticos que habían estado bajo la ocupación japonesa, dirigidas por los servicios políticos secretos de la China comunista. El templo sintoísta de Yasukuni, en Yokyo, es el santuario más alto de la memoria nacional japonesa, el símbolo supremo de su identidad profunda e intacta, que no tiene en cuenta la vasta campaña de desinformación montada por Estados Unidos tras el final de la última guerra sobre la "culpa" de Japón.

Por su parte, Junichiro Koizumi ya había manifestado en varias ocasiones su firme intención de acudir al templo de Yasukuni el 15 de agosto de 2001, aniversario de la "rendición" de Japón en 1945, para participar en las ceremonias religiosas "en homenaje a la memoria de los héroes caídos en la defensa de Japón". Un gesto cuyo significado simbólico parece ser evidente y *decisivo*. E irreversible.

Pero, de hecho, fue el 13 de agosto cuando acudió allí, tratando así de desinvertir relativamente de las crecientes protestas más o menos artificialmente suscitadas por su decisión. Las fuerzas combinadas de la reacción y el frente rojo habían aprovechado la oportunidad para lanzar una intensa andanada contra la decisión del primer ministro Junichiro Koizumi de realizar una peregrinación oficial al templo de Yasukuni. Pero nada ayudó. Al igual que nada pudo convencerle de que revocara su decreto que permitía -y alentaba- que los libros de texto escolares de historia adoptaran posiciones abiertamente "revisionistas" sobre las "responsabilidades" de Japón en la última guerra.

Situado en el centro de Tokio, cerca del Palacio Imperial, en la colina de Kudan, el templo sintoísta de Yasukuni está dedicado, de hecho, a la memoria de los 2,5 millones de combatientes japoneses que cayeron frente al enemigo, cuyas almas -incluidas las de los trece criminales de guerra- fueron ahorcadas por las fuerzas de ocupación estadounidenses, incluidos los de los trece criminales de guerra -o los llamados criminales de guerra- ahorcados por las fuerzas de ocupación estadounidenses, encabezadas por el general Hideki Tojo, primer ministro del emperador Hirohito, se reúnen allí, en lo invisible, en torno al espejo litúrgico supremamente sagrado que constituye su pivote cósmico. Yasukuni es, en lo invisible, un inmenso mar de almas en perpetua reverberación, velando por el Imperio.

Es muy cierto que una mayoría decisiva de japoneses cree que su país fue, durante la última guerra, víctima de un complot concertado, de dimensiones mundiales, dirigido por Estados Unidos, que pretendía prohibir la presencia efectiva de Japón en Asia y el Pacífico; frente a lo cual, Japón no hizo más que luchar por su supervivencia, al borde de la extinción, en los términos de una batalla que fue definitiva y total. La conclusión apocalíptica de Hiroshima y Nagasaki es bien conocida.

En las dependencias del templo de Yasukuni, un museo dedicado a la memoria nacional de Japón presenta actualmente una gran exposición oficial titulada "Cómo luchamos" (en inglés, "Japan's War and Soldiers"), una muestra cuyo testimonio fundamental se centra en la memoria de los miles de kamikazes que ofrecieron sus jóvenes vidas para salvar el Imperio. ¡Nos vemos en Yasukuni! lloraron mientras volaban hacia el último sacrificio. En la película que muestra sus hazañas heroicas y sobrehumanas -*divinizadoras*, en términos sintoístas- se afirma: "Mucha gente piensa que, en la guerra de hace cincuenta años, Japón estaba gravemente equivocado: esto es absolutamente falso. Por lo tanto, el Juicio de Tokio es nulo. El Comandante en Jefe de nuestras Fuerzas Armadas, el General Hideki Tojo, fue acusado de "crímenes contra la humanidad" y ahorcado por las Fuerzas de Ocupación, siendo Estados Unidos el único que exigió su condena a muerte. Es hora de que Japón despierte. Ya es hora de que Japón reconozca la verdadera realidad de su propia historia. ¡Japón, despierta!

Se sabe que la doctrina de gobierno de Junichiro Koizumi está muy cerca de la visión global de Shintaro Ishihara, elegido en 1999 como gobernador de Tokio con una mayoría aplastante, "por un voto casi plebiscitario", sobre posiciones ultranacionalistas y antiamericanas, abiertamente a favor de la transformación del "Cuerpo de Defensa" en un nuevo gran ejército japonés, y autor de un libro de gran éxito, "El Japón que sabe decir no", así como de una novela con tesis inconformistas, "La estación del sol" (*Tayô no kietsu*). También se sabe que el grupo de jóvenes ideólogos e intelectuales que actualmente apoya a Junichiro Koizumi está dirigido en la lucha por el profesor Fujiuka Nobukatsu de la Universidad de Tokio, cuyo pensamiento se orienta hacia una búsqueda renovada y revolucionaria de los fundamentos ocultos que constituyen la predestinación original de Japón, el "Gran Japón".

En cuanto al tren de reformas totalmente perturbadoras que el primer ministro Junichiro Koizumi pretende imponer en Japón con carácter de urgencia, la fórmula decisiva corresponde al profesor de la Universidad de Tokio Yoshiro Tanaka, quien recientemente declaró que lo que se espera de él es "hacer la 'Tercera Revolución', después de las de la era Meiji y la posguerra de 1945". Porque, como nos advierte Heizo Takenaka, ministro encargado de la política económica en el actual gobierno de Junichiro Koizumi, "...si emprendemos las reformas necesarias ahora, también tendremos que aceptar el dolor que vendrá después, que será grande; pero, si retrasamos estas reformas, puede llevarnos directamente a la muerte". Pues tal es la realidad inmediata y más profunda de la situación social y económica del Japón actual, que de hecho está al borde del colapso. En contra de las apariencias, y esto es lo que no debemos ignorar. Porque las viejas cargas ocultas han llegado a su fin y, cueste lo que cueste, debemos *afrontarlas*.

El uso de las Fuerzas Armadas para salvar vidas

Sin embargo, además de una serie de reformas que tendrán que poner patas arriba las actuales infraestructuras político-administrativas y económicas de Japón, lo que equivale, en efecto, a una ruptura interna como la que se produjo durante la era Meiji, Junichiro Koizumi alimenta también -y sin duda por encima de todo- el "gran designio" de devolver a las Fuerzas Armadas Nacionales el lugar que fundamentalmente debería ser el suyo, es decir, el primer lugar en la configuración político-histórica de un país que ha recuperado su propio centro de gravedad dentro de sí mismo, fuera de cualquier sometimiento, fuera de cualquier injerencia o dominación extranjera.

Aunque, para ello, Junichiro Koizumi tendría que conseguir revisar la actual Constitución japonesa, cuyo famoso "artículo 9" prohíbe que Japón tenga un "Ejército Nacional". Sin embargo, esto es lo que Junichiro Koizumi está muy firmemente decidido a conseguir con su acción política de gobierno, cuya piedra angular es precisamente el retorno de Japón a su anterior identidad político-militar, con todo lo que ello implica a nivel de la "gran historia", de las grandes decisiones históricas y políticas inmediatamente venideras, en Asia y en el Pacífico y, también, en el marco de las futuras opciones de Japón en relación con la emergente unidad grancontinental euroasiática.

En su regreso, que no está políticamente desprovisto de peligro en un principio, pero que pretende llevar a cabo de forma totalmente decidida, hacia la urgente reconstitución de las Fuerzas Armadas Nacionales de Japón, Junichiro Koizumi redescubre el movimiento fundamental de toda empresa revolucionaria de salvación y liberación nacional frente al dominio subversivo, conspiraciones alienantes, globalistas y socializadoras de la infraestructura trotskista -siempre "la reacción y el frente rojo"- que hoy detentan muy eficazmente el poder político, económico-social y cultural en todo el mundo. Al dirigirse, como lo está haciendo, a las Fuerzas Armadas Nacionales de Japón, Junichiro Koizumi está haciendo, a su vez, lo que Vladimir Putin hizo en Rusia, Atai Behari Vajpayee en la India y Vojislav Kostuniça en Serbia, lo que Silvio Berlusconi intenta hacer, en la clandestinidad, en la actualidad, en Italia: el recurso a las Fuerzas Armadas es, siempre, la última oportunidad de las persistentes instancias de sucumbir a las maniobras de cerco, penetración interna y aniquilación llevadas a cabo por las agencias de inversión y desapropiación del no-ser en el camino hacia la instauración final del antimundo y del Antiimperio de ultratumba.

Y así, la empresa revolucionaria de recuperación nacional de Junichiro Koizumi, ahora en marcha, pertenece ya, de hecho, al vasto frente estratégico euroasiático -y latinoamericano- de oposición ya irreversible a la acelerada empresa de subversión antihistórica llevada a cabo por la conspiración "globalista" planetaria al servicio de la "Superpotencia Planetaria" de Estados Unidos y lo que se esconde detrás de ella.

Porque, en cualquier caso, hay que entender que la vuelta de Junichiro Koizumi al uso de las Fuerzas Armadas representa también la decisión implícita -pero ya inevitable- de distanciarse y, eventualmente, romper el pacto implícito de sometimiento -tanto militar como económico e ideológico/cultural- de Japón hacia Estados Unidos y, por lo mismo, su nueva orientación fundamental, por un lado, hacia Asia y el Pacífico y, por otro, hacia Estados Unidos, Esto representa también la decisión implícita -pero ya inevitable- de distanciarse y eventualmente romper el pacto implícito de sometimiento militar, económico e ideológico-cultural de Japón a Estados Unidos, y por tanto su nueva orientación fundamental hacia Asia y el Pacífico por un lado, y hacia el "Gran Continente" euroasiático por otro, y hacia su futura pertenencia -ya decidida- al Gran Eje Continental París-Berlín-Moscú.

Debo mencionar también, a este respecto, las confidencias que Alexander Dugin acaba de hacerme tras su reciente viaje oficial de información a Japón, en el que ha podido constatar la atención tan excepcional con la que las altas autoridades políticas y administrativas del Ministerio de Asuntos Exteriores siguen hoy la marcha de ciertos proyectos europeos gran-continentales relativos a la creación, en primer lugar, del Eje París-Berlín-Moscú, proyectos a los que Japón estaría dispuesto a prestar un apoyo político y diplomático incondicional y sobreactuado: Para Japón, la extensión -y finalización- del eje grancontinental europeo París-Berlín-Moscú hasta Nueva Delhi y Tokio es ya una necesidad evidente, ineludible. En cualquier caso, por muy confidenciales que sean por el momento, la activa presencia económica y la asistencia político-militar de Japón en India es ya una realidad que no puede ignorarse de forma significativa. Allí, en el subsuelo, entre Tokio y Nueva Delhi, están ocurriendo cosas decisivas *cuyas* consecuencias no tardarán en *llegar*. Todo esto es sin duda a instigación, o al menos con el respaldo activo, de Moscú, con Vladimir Putin implicado personalmente en la continuación de esta empresa en la sombra: es la gran geopolítica, hay que entenderlo, que constituye los fundamentos ocultos de la historia en ciernes. Hoy como en el pasado.

El esquema místico de nuestras luchas futuras

Todo concurre, pues, a demostrar que el uso que Junichiro Koizumi pretende hacer del poder que acaba de confiarle democráticamente el pueblo japonés será el de una total recuperación político-histórica revolucionaria de los destinos profundos de éste, reconocidos abiertamente como tales o *mantenidos* sólo parcialmente *como secretos*. Pues existe una escatología oculta de la historia nacional japonesa, cuyos horizontes interiores se abren a una doble inteligencia, a la vez suprahistórica y cósmica, de este mundo en su fin y de su oculto más allá: Esto es lo que constituye la verdadera fuerza suprahistórica colectiva de Japón, y es también lo que hace que Japón se identifique, totalmente, con la conciencia trascendental común de todos los pueblos del "Gran Continente" de Eurasia, unidos en la certeza visionaria y preontológica de la dimensión fundamentalmente escatológica de la historia en su conjunto final. La conciencia arcaica común y abisal de los pueblos del

"Gran Continente" euroasiático considera la historia como el lugar mismo de la salvación suprahistórica del fin de más allá del fin, siendo la santidad suprema, para estos pueblos, la del heroísmo de los combatientes humanos y sobrehumanos que deben conducir a este fin y más allá de este fin.

Así, la reunificación política -la *reintegración*- *del* gran continente euroasiático que promueve actualmente el proyecto del eje contraestratégico París-Berlín-Moscú-Nueva Delhi-Tokio tendrá que ser duplicada, en profundidad, por una nueva conciencia común de la identidad de la predestinación espiritual y polar de todos los pueblos del espacio imperial euroasiático. El advenimiento de esta conciencia espiritual, tanto imperial como polar euroasiática, es lo que constituirá, a partir de ahora, la tarea de los luchadores ideológicos por la Gran Europa y de sus compromisos político-históricos de alto nivel. Ha nacido así una gran mística de lucha, que ahora está en proceso de desarrollo revolucionario, "destinada a cambiar la faz del mundo".

En esta evolución, el papel de los "grupos geopolíticos" será decisivo: En efecto, si hay una nueva conciencia civilizatoria de las dimensiones gran-continentales euroasiáticas, se deberá en primer lugar a los "grupos geopolíticos", a sus compromisos heroicos de la noche de la clandestinidad, a su trabajo de agitación, su trabajo de agitación, consolidación y afirmación revolucionaria hiperactiva que deberán entregar, ahora, a plena luz del día, una vez que la doctrina de la liberación gran-continental sea llamada abiertamente a convertirse en la voluntad activa del conjunto de los pueblos pertenecientes al espacio originario de una misma comunidad de ser polar y de destino escatológico final.

En la inmensa batalla revolucionaria que se avecina por una nueva conciencia histórica común del espacio interior euroasiático, los "grupos geopolíticos" serán así las células básicas de la marea ascendente del ethos vivo, de la conciencia en marcha hacia el cambio total, hacia la transfiguración final de una civilización con predestinación apocalíptica: La gran hora de los "grupos geopolíticos" habrá llegado cuando la unidad de ser del conjunto grancontinental euroasiático sea reconocida como el valor supremo de actuación de su propia historia terminal, al mismo tiempo que su propia *historia reiniciada.*

Por otra parte, de forma más concreta, más inmediatamente objetiva, es bastante seguro que, en el estado actual de las cosas, lo que más necesitaremos es un cierto número de centros de estudio, investigación y documentación (CERD) orientados a la profundidad y al mismo tiempo verdaderamente exhaustivos en cuanto a sus propios objetivos, un cierto número de "centros de influencia" al servicio de nuestro conocimiento activo, Hacia allí deben dirigirse todos nuestros esfuerzos de acercamiento, de actualización política e histórica y de reidentificación espiritual con estos pueblos que pertenecen a una misma comunidad de destino profundo.

Además, el problema de las relaciones entre Europa continental y Asia no es en absoluto nuevo. Ya en 1940, en su fundamental y decisivo ensayo geopolítico *El bloque continental Europa Central-Eurasia-Japón*, "impreso pero no distribuido", Karl Haushofer deploraba con fuerza la flagrante y catastrófica ausencia de centros de estudio e investigación europeos de alto nivel sobre India, Japón y Eurasia en general. Sin embargo, Haushofer podía felicitarse por la existencia y las actividades, en muchos aspectos ejemplares, del "Instituto para el Medio y Lejano Oriente" en la Italia de Mussolini, que funcionaba "bajo la dirección del senador Gentile, el archiduque Tucci, el duque de Avarna, hijo del antiguo embajador italiano en la corte vienesa".

En la especial situación de emergencia en la que nos encontramos hoy, deberían crearse urgentemente al menos seis institutos de este tipo para Oriente Medio y Extremo Oriente, dos en Francia, dos en Alemania, uno en Italia y uno en España. Por el momento, hay que considerar por separado a Rusia, donde ya existen varios institutos de este tipo, que deben ser reorganizados, reestructurados e intensificados de forma significativa.

Sin embargo, en general, el área de problemas que concierne a China debe estudiarse por separado, con una mentalidad ofensiva y preventiva de contraestrategia. Porque, situada en el espacio euroasiático del gran continente, China representa, sin embargo, geopolíticamente, una cabeza de puente del mundo "exterior", "oceánico". Con una vocación irreductiblemente egocéntrica, China está por tanto sometida a la "influencia externa" de Estados Unidos y a las conspiraciones globalistas anticontinentales y "oceánicas" para cercar e invertir ofensivamente en el "Gran Continente" euroasiático. China está comprometida preontológicamente con el campo enemigo del "Gran Continente", con el "campo oceánico" del Leviatán, del "no ser".

Por otra parte, el encuentro final entre los profundos destinos espirituales de Europa y ciertas predestinaciones aún ocultas de Asia, que permanecen en la sombra, ¿no encuentra un campo de unión específico a través de las convergencias vivas y ardientes que se imponen en materia de religión activada, de religión en marcha? ¿No es en lo invisible donde tienen lugar los grandes encuentros espirituales, y no se revela el Fuego del Espíritu de forma irracional en las visiones especiales de sus elegidos secretos?

Sabemos que San Maximiliano Kolbe, el mártir de Auschwitz, tuvo una previsión visionaria del doble camino de la India y Japón hacia el catolicismo. Habiendo visitado él mismo Japón, y en particular Hiroshima y Nagasaki -y así podemos entender mejor las razones de la elección de estas dos ciudades como objetivos del fuego nuclear en agosto de 1945, cuando sabemos que eran las dos ciudades católicas de Japón-, había adquirido efectivamente la certeza interior del gran futuro católico de Japón.

Al mismo tiempo, sin haber podido concretar su ardiente deseo de ir personalmente como misionero a la India, las relaciones personales de San Maximiliano Kolbe con ciertos partidarios del hinduismo iniciático le habían llevado a pensar lo mismo sobre la India: no en términos de un razonamiento concertado, sino desde la perspectiva fundamentalmente irracional de una visión espiritual propia, de una gracia de clarividencia al respecto, a la que había tenido acceso como portador de una misión especial, ulterior y *decisiva*. Una misión profética oculta.

Por lo que respecta a Japón, es cierto que el sintoísmo iniciático se presta a comparaciones doctrinales bastante flagrantes con el gran catolicismo místico. En la soleada figura de Amatarasu, ¿no podríamos distinguir una prefiguración cerrada de la Inmaculada Concepción? Al igual que los tres objetos del culto imperial sintoísta -el "espejo", la "daga" y la "joya"- también podrían encontrar correspondencias muy reveladoras en el catolicismo. Así, el "Espejo" -fundamentalmente presente en Yasukuni- recuerda al Espejo del Inmaculado Corazón de María, mientras que la "Daga" puede identificarse con la Espada de la Palabra Viva. Entonces se revelará el impío, y el Señor lo hará desaparecer con el soplo de su boca, y lo destruirá con la manifestación de su Venida", II Tes. II, 8. Y en cuanto a la "Joya", esta figura polar y central conduce al misterio nupcial supremo del *Aedificium Caritatis*. Hay que atreverse a *penetrar detrás del velo*.

Porque es en este último horizonte espiritual donde debemos situar el actual intento revolucionario emprendido y perseguido por Junichiro Koizumi en Japón, país secreto si los hay. Todas sus iniciativas políticas y administrativas implican una escisión espiritual oculta, una respuesta inmediata en el plano invisible. Es *el otro mundo* el que actúa ahora en Japón con fines muy elevados.

"Nuevas misiones"

Si, en la oscuridad interior de la historia, China se refleja en Japón, Japón no se refleja en China, y es precisamente esta situación la que hay que remediar ahora. Pues, al igual que con Rusia e India, la principal misión euroasiática de Japón en la actualidad se refiere a China, a la que hay que impedir a toda costa que acceda a la "gran historia", a la que se supone que desvía de su curso, para distorsionar la carrera que se avecina. Bloquear el ascenso de China es la "nueva misión" más urgente del Japón del "Gran Despertar", el Japón de Junichiro Koizumi.

Por lo tanto, la dialéctica del rearme urgente de Japón, que no sólo afectará a las Fuerzas Armadas, sino también a una profunda renovación de su conciencia nacional, tendrá que cambiar fundamentalmente la situación en Asia, porque Japón pretende implícitamente volver a sus antiguas posiciones de desafío y a sus propias misiones en Asia y el Pacífico. Misiones que ahora tendrá que cumplir en nombre de la comunidad imperial grancontinental euroasiática, y que la sitúan en primera línea contra China.

La inmensa fuerza gravitatoria de la nueva geopolítica ofensiva del nuevo Japón, el Japón del "Gran Despertar", podrá así influir en China dentro de sus propias fronteras. Al crear nuevas relaciones de poder y nuevas escisiones en el seno del poder político central chino, deberá hacer emerger un nuevo polo de afirmación político-histórica revolucionaria, el de la "China del Norte", Se trata de un nuevo polo de afirmación político-histórica revolucionaria, el de la "China del Norte", que agrupa todos los componentes urales-altaicos y manchúes de esta última, así como sus partes mongólicas, frente a la "China del Sur", que Guido Giannettini denomina "China Oceánica", perteneciente a la esfera de influencia de Insulindia y del Pacífico Sur. Esta secesión interna de China debería conducir a la integración de su parte septentrional, "europea", en el campo grancontinental euroasiático del nuevo movimiento imperial llevado a cabo revolucionariamente por Rusia y la emergente "Gran Europa".

Esto, en el mismo movimiento, hará que las relaciones político-históricas del Japón del "Gran Despertar" de Junichiro Koizumi y de la "Nueva Rusia" de Vladimir Putin alcancen un nivel paroxístico, cuyas repercusiones se harán sentir, en gran medida, en toda la comunidad imperial euroasiática. Así es como el desplazamiento del centro de gravedad geopolítico de la Gran Europa hacia el Este encontrará su máxima desviación, lo que provocará en Europa Occidental un estado de extremo debilitamiento político-histórico, incluso ontológico, cuyos primeros signos ya pueden sentirse.

Esto es lo que hará inevitable una reconsideración revolucionaria total de la situación actual en Occidente, que conducirá a la Reversión Final, *nuestro objetivo*.

PARA BLOQUEAR EL EJE EUROASIÁTICO PARÍS-BERLÍN-MOSCÚ-NUEVA DELHI-TOKIO: EEUU OCUPARÁ AFGANISTÁN Y PAKISTÁN

Es imposible no reconocer que la gran acción terrorista de Al Qaeda en Nueva York el 11 de septiembre ha cambiado por completo la identidad actual de la historia mundial, y no sólo en la superficie. Así, la nueva coyuntura político-estratégica mundial, al tiempo que sigue sosteniendo en su seno la oposición cada vez más activa de dos situaciones geopolíticas fundamentalmente antagónicas -a saber, la oposición de la conspiración globalista estadounidense, y la unidad actualmente emergente de la integración imperial grancontinental euroasiática-, se pone en juego al mismo tiempo, En la actualidad, también se está produciendo la peligrosa solicitud de una obligación de convergencia que pretende movilizar los dos antagonismos geopolíticos fundamentales enfrentados a nivel planetario, pero *neutralizados*, en un frente común contraestratégico llamado a cerrar el paso al terrorismo islámico.

Esto induce un voladizo terminal, ambiguo y catastrófico dentro de la historia mundial en curso. Un dispositivo de crisis avanzado. Creo que es importante hablar de todo esto. A partir de ahora, todo depende de ello.

Sin embargo, si el bloque establecido y políticamente sobreactivado de la conspiración globalista estadounidense se enfrenta y se opone, de manera encubierta, al bloque del espacio grancontinental euroasiático, la "isla euroasiática", éste, por el momento, sólo tiene una existencia efectiva en el plano doctrinal de la geopolítica revolucionaria que, si bien ha nacido y ya se está desarrollando, se muestra lejos de poder reivindicar un poder de movilización, un poder en acción realmente presente en primera línea según su propia disponibilidad final, mientras nace, y ya se desarrolla, se muestra lejos de poder reivindicar un poder de movilización, un poder en acción realmente presente en primera línea según su propia disponibilidad final, como es el caso, en la actualidad, del bloque globalista. Si la conspiración globalista se plantea en términos de poder político, la unidad imperial euroasiática a la que se enfrenta sólo puede definirse por el momento en términos de poder doctrinal, teniendo sólo una existencia dialéctica.

Y sin embargo, este enfrentamiento constituye, de hecho, los fundamentos mismos de la actual coyuntura político-estratégica planetaria en su conjunto, en su actual marcha hacia adelante.

Pero si el bloque globalista se opone así simétricamente al bloque continental euroasiático en la perspectiva de la lucha ya iniciada por el dominio final de la historia en su fin y del mundo, no es menos cierto que se manifiesta una profunda disimetría, al mismo tiempo, entre la autoconciencia de las dos instancias geopolíticas antagónicas que fundan la historia mundial actual.

Pues el bloque conspirativo globalista estadounidense resulta ser plenamente consciente -a través de sus órganos de mando central ocultos que todo lo controlan en Washington- de su propia identidad política, destino y voluntad de destino, de un destino hegemónico planetario en ciernes. Oculta tras sus estructuras de cobertura y distracción estratégica, la conspiración globalista avanza con pleno conocimiento de causa, siguiendo un frente de diseños proyectados a lo lejos.

Por otra parte, como resultado de un largo y profundo trabajo interno y externo de alienación contraidentitaria subversiva, el bloque continental europeo, por su parte -aparte de algunos focos semiclandestinos de conciencia y acción geopolítica- no tiene, en la actualidad El bloque continental europeo, por su parte -aparte de algunos focos semiclandestinos de conciencia y acción geopolítica- no tiene, en la actualidad, la más mínima conciencia colectiva de su propia identidad, de su abismal identidad o de su destino final, ni siquiera de su actual situación de subordinación e impedimento, de estar colocado subversivamente en inferioridad frente a la movilización total de la conciencia sobreactivada que es la de la conspiración globalista de los Estados Unidos.

Sin embargo, si los poderes ocultos de Washington están actuando, como parece ser cada vez más el caso, de acuerdo con una conciencia profunda y dramáticamente lograda de lo que está en juego en la conflagración actual para la dominación final de la historia y del mundo, y de acuerdo con planes político-estratégicos globales extremadamente concertados, la única barrera a sus designios hegemónicos planetarios sigue siendo, hoy en día, la presencia, en su camino, del "Gran Continente Euroasiático" en proceso de despertar a una conciencia revolucionaria de su propia identidad y de su secreta predestinación suprahistórica.

Pero, por su parte, el "Gran Continente" euroasiático sólo puede oponerse por el momento a los designios hegemónicos de la conspiración globalista en acción en virtud del único peso de la propia historia mundial, de la historia mundial en curso, cuyas realidades objetivas ineludibles -realidades nacionales, políticas, culturales, religiosas y económicas- siguen obstaculizando, frenando e impidiendo las operaciones político-estratégicas subterráneas, actualmente en situación de ofensiva encubierta, inevitable y no revelada, Las realidades objetivas ineludibles -realidades nacionales, político-culturales, religiosas y económicas- siguen obstaculizando, frenando e impidiendo las actividades político-estratégicas subterráneas de Estados Unidos y de sus tenebrosos patrocinadores, que actualmente están a la ofensiva, sin ser reconocidas ni admitidas como tales.

A lo que hay que añadir, por supuesto, como ya hemos dicho, como trabajando, a su vez, en esta *ralentización*, la acción cada vez más intensa de la gran "resistencia" europea de los "grupos geopolíticos" -los "grupos geopolíticos" de Robert Steuckers y sus allegados- y de las potencias que apoyan más o menos sus actuales luchas de vanguardia. Como ya ocurría en la época del gobierno del general De Gaulle en Francia, y como ocurre hoy en el caso de la Rusia de Vladimir Putin -la "Nueva Rusia"-, que sin duda está incorporando también a Alemania.

Es en esta misteriosa ralentización de los hechos, impuesta y mantenida - por el propio peso de la historia, y por quienes exacerban secretamente sus pretensiones- en la marcha hacia delante de los designios ofensivos de la conspiración globalista para su toma final de Europa Occidental, donde los europeos tenemos ahora nuestra *última oportunidad* de recomponernos antes de que sea realmente demasiado tarde. Ahora.

El este de la "isla euroasiática" ya está liberado. Pero todavía no es Occidente

Es un hecho, pues, que la conspiración globalista liderada por Estados Unidos, al menos en apariencia, es, en todo caso, en la actualidad, un bloque político-estratégico ofensivo plenamente consciente de su poder presente y futuro, y plenamente comprometido con un vasto diseño hegemónico planetario final.

Ahora bien, ¿cuál es la situación del bloque continental de la "isla euroasiática", que está llamado, en principio, a oponerse irreductiblemente a esta acción hegemónica planetaria en plena ofensiva, y que le concierne directamente?

En el campo atrincherado del gran continente euroasiático, sólo la "Nueva Rusia" de Vladimir Putin representa hoy una potencia -una superpotencia- que es geopolíticamente consciente de su propia identidad e historia, de su gran predestinación imperial euroasiática suprahistórica y de sus misiones escatológicas finales.

Al mismo tiempo, el Este del "Gran Continente" euroasiático experimenta, a través de la India de Atal Behari Vajpayee y el Japón de Junichiro Koizumi, una corriente de retorno a la libertad, que está en proceso de deshacerse por la fuerza de las restricciones totalitarias de la democracia globalista a la que estaba sometida, emergiendo así, una vez más, a la luz del día de la "gran historia" para unirse al campo de la "isla euroasiática" en el proceso de recuperación de su propio centro de gravedad político-histórico. Por lo tanto, podemos decir que el este de la "isla euroasiática" ya está liberado.

Mientras que la parte occidental de la "Isla Euroasiática" -Europa Occidental y Oriental- sigue bajo la dominación alienante de la conspiración globalista que, a través de los regímenes socialdemócratas que están en el poder en toda Europa Occidental, mantiene, en los términos del terror democrático en curso, la subyugación contraidentitaria permanente de las naciones europeas aún vivas, pero impedidas, por tanto, de alcanzar la conciencia revolucionaria de sus propios destinos históricos y de unirse, por la misma razón, a la parte de la Isla Euroasiática aún viva, el estado de subyugación contraidentitaria permanente de las naciones europeas aún vivas, a las que se les impide así alcanzar la conciencia revolucionaria de su propio destino histórico y unirse a la parte ya liberada de la "isla euroasiática", Rusia, India y Japón; El Tíbet sigue bajo ocupación china. Es, pues, en Europa donde deberán concentrarse los esfuerzos de la empresa político-estratégica de liberación, a partir de ahora, a cargo de todo el dispositivo subterráneo de contraofensiva del gran continente euroasiático movilizado, desde el interior, por su movimiento final de liberación suprahistórica. Por el movimiento de su autoapropiación revolucionaria de su propio destino, de su mayor destino último, "arcaico".

El hecho es que en la Europa actual, sólo los "grupos geopolíticos" pueden pretender tener una conciencia verdaderamente revolucionaria de la identidad y el destino final -escatológico, "apocalíptico"- de la Gran Europa. Los "grupos geopolíticos", y no otra formación, que, a través de la doctrina actualizada del gran eje continental euroasiático París-Berlín-Moscú-Nueva Delhi-Tokio, perpetúan la doctrina geopolítica fundamental de Karl Haushofer, la doctrina del *Kontinentalblock*, retomada, después de 1945, por el general de Gaulle y el diseño continental euroasiático del "gran gaullismo", del "gaullismo del fin". cuya partida de nacimiento político-histórica había sido constituida por el acercamiento acelerado de Francia y Alemania y la creación del "polo carolingio" franco-alemán -cuya aparición había marcado una verdadera "revolución mundial", según el general De Gaulle- la piedra de toque de la futura Gran Federación Europea, que nada puede impedir construir en los términos, precisamente, de una nueva revolución mundial. Porque esta es la tarea de nuestra generación predestinada.

Así, lo que ya no debe ignorarse es que la Gran Federación Europea constituida por la integración imperial definitiva de Europa Occidental y Oriental, Rusia y la Gran Siberia, el Tíbet, la India y Japón, representa un bloque de miles de millones de habitantes, con inmensos recursos religiosos, culturales y políticos, científicos, técnicos, industriales y económicos, cuya importancia geopolítica final relegaría objetivamente a los Estados Unidos y a todo el hemisferio de influencia inmediata al rango de potencia secundaria. Pero esto es precisamente lo que Estados Unidos se niega a aceptar, oponiéndose *por todos los medios a su alcance, incluidos los más arriesgados*. Esto puede llevarnos muy lejos, a una previsible catástrofe, y ya debemos saber interiorizar la amenaza y acostumbrarnos a ella. De hecho, es una cuestión de vida o muerte, de ser o no ser.

Sobre la vasta operación globalista de desviación estratégica en curso

Es cierto que debemos ser capaces de entenderlo inmediatamente: la actual operación de toma de control político-militar que lleva a cabo la conspiración globalista de Estados Unidos sobre Asia Central, una empresa de penetración y, a largo plazo, de ocupación de facto de Afganistán y Pakistán, tiene como objetivo bloquear el dispositivo político-estratégico euroasiático gran-continental del conjunto Rusia-India-Japón. En otras palabras, la misma operación -ampliada- que la toma de posesión del sureste de Europa por parte de Estados Unidos durante la agresión político-militar abierta contra Serbia: El Oeste y el Este del "Gran Continente" euroasiático serán así tomados por los Estados Unidos en los términos de una doble operación político-militar llevada a cabo bajo la cobertura de pretextos circunstanciales, pero que, en realidad, representa la primera fase de la futura guerra intercontinental -de hecho, ya iniciada- de los Estados Unidos contra la Gran Europa.

Incluso durante los dramáticos acontecimientos del 11 de septiembre en Nueva York, al igual que en la guerra de Cuba contra España, o en el estallido concertado de la Guerra Civil, o en el misterioso torpedeo del *Lusitania*, o en Pearl Harbour, o en las "masacres de Kosovo", Washington siempre ha sabido crear las condiciones necesarias para que la respuesta marque su injerencia subversiva en la historia en curso. Interferencias que el abismal preconcepto de la mentalidad estadounidense sólo puede concebir en términos de una provocación clandestina, realizada y controlada tras la fachada diversionista de una justificación defensiva y de una exigencia moral que hay que impulsar.

Esto, en última instancia, sólo esconde el escenario repetido de una especie de misterio original del sobrecondicionamiento colectivo estadounidense, y la predestinación político-histórica de una vocación singularmente entreverada, y por así decirlo, muy sucia.

Todo esto dicho, por supuesto, para que no nos engañemos, en ningún caso, sobre el verdadero sentido de la gigantesca manipulación, en varios relevos sucesivos, del atentado terrorista del pasado 11 de septiembre contra Nueva York, que sirvió de pretexto para los actuales despliegues político-militares planetarios de la conspiración globalista de los Estados Unidos: si hubo una conspiración, por supuesto, no es menos evidente que hubo, también, detrás de esta conspiración, una conspiración de la conspiración, e incluso una conspiración de la conspiración. Espero que se me escuche, al menos por aquellos que no pueden dejar de entenderme.

Que debemos, por otra parte y al mismo tiempo, estar de acuerdo -que todos debemos estar de acuerdo- en que efectivamente ha llegado el momento de acabar de una vez por todas con el movimiento -con todos los movimientos- del terrorismo islámico global, es una certeza que no podemos dejar de suscribir, por completo. Y sin ningún motivo oculto. Y ahora mismo. Toda Europa lo ha hecho. Y también lo ha hecho Rusia.

Pero no es menos cierto que no podemos aceptar que esto pueda ocultar de algún modo el estado de avance de la conflagración intercontinental ya iniciada, en la clandestinidad, por los partidarios ocultos de la conspiración globalista en plena ofensiva contra el bloque continental euroasiático. Que una operación conjunta llevada a cabo a plena luz del día pueda dar cobijo a una contraoperación llevada a cabo en la sombra entre los propios elementos que constituyen esta operación. Porque sabemos que hay un doble juego, y este doble juego nos obliga a rechazarlo incondicionalmente. Nos cueste lo que nos cueste. Y en los propios términos de la guerra política total y sin duda definitiva que se está librando contra nosotros.

Que Europa, que Rusia, que India y Japón, que la propia China puedan prestarse tácticamente al juego que está jugando, en este caso, el frente globalista en su actual empeño contra el terrorismo islámico global, puede representar, en efecto, un vasto movimiento contra-dialéctico de compromiso operativo. Planteando un objetivo de guerra político-religioso común. Pero en ningún caso puede servir para apoyar el engaño suicida de un compromiso a gran escala en la trampa encubierta tendida por Washington para el emergente Gran Continente Euroasiático.

Pues el "frente común de combate" no debe significar un desplazamiento controlado subversivamente hacia la neutralización y la esclavización de los que están comprometidos en él conjuntamente, y menos aún el compromiso subterráneo del poder que dirige el juego hacia otra forma de guerra política secreta dentro de su propio campo, dialécticamente más avanzada y metapolíticamente infinitamente más perversa y criminal, porque se dirige hacia coyunturas últimas, decisivas, sin salida. Esto es lo que está ocurriendo actualmente, y por eso pretendemos reaccionar con fuerza. Porque lo que está en juego es el hecho mismo de nuestra supervivencia en un futuro próximo.

Pero que no se piense que, por todo esto, podemos olvidar ni un solo momento el inmenso holocausto que se está produciendo desde hace años en Argelia, muy cerca de casa, por parte de los abominables cómplices locales de Osama Bin Laden, que al final tendrá que pagar por todo, él y su gente. Así como los que les apoyaron y siguen apoyando en la sombra. El extremismo fundamentalista islámico es intrínsecamente perverso. Perros rabiosos, que deben ser tratados despiadadamente como tales.

El doble posicionamiento actual de Europa

Tras los acontecimientos del 11 de septiembre en Nueva York, la "gran política planetaria" del bloque continental europeo deberá definirse, por tanto, dialécticamente, en un doble nivel de acción política y estratégica. Esta duplicación lleva la marca específica de la actual situación política planetaria, en la que todas las decisiones importantes se dividirán a partir de ahora contra sí mismas, confidencialmente. Por lo tanto, no habrá otra acción, decisión o conciencia que no sea dialéctica, y la propia historia del mundo se convertirá en dialéctica. Conciencia dialéctica de la historia, historia dialéctica de la conciencia europea ante las exigencias estratégicas actuales. Esta nueva confrontación dialéctica debe manifestarse en un doble nivel de la realidad político-histórica actual. Un primer nivel en el que, junto a los Estados Unidos, Europa se encontrará dispuesta, por la propia fuerza de las cosas, a participar plenamente en el esfuerzo de erradicación definitiva del terrorismo islámico mundial que está llevando a cabo Estados Unidos. Y un segundo nivel más interno, en el que, tras las opciones políticas coyunturales sobre sus actuales relaciones con Estados Unidos, relaciones puestas bajo la urgencia del compromiso común contra el terrorismo islámico, Europa no sabría en absoluto bajar la guardia, dejar de ser -o tener que ser- consciente de lo que fundamentalmente se opone a los designios hegemónicos planetarios de Estados Unidos, es decir, su propio diseño político-estratégico imperial gran-continental euroasiático.

Ahora bien, este doble posicionamiento de Europa con respecto a la conspiración globalista de Estados Unidos ha sido ilustrado recientemente por dos posiciones sucesivas del presidente Vladimir Putin, posiciones aparentemente contradictorias; pero que, en términos de política activa y operativa, no se contradicen, situadas como estarán, dialécticamente, en dos niveles diferentes de una misma coyuntura político-estratégica en curso.

Así, la importantísima actuación del Presidente Vladimir Putin el 24 de septiembre en Berlín, en presencia del Canciller Gerhard Schröder, del gobierno alemán y de todo el Bundestag, donde el hombre del Kremlin habló en alemán durante más de una hora, afirmando, y subrayando con fuerza, el carácter tan decisivo del profundo vínculo entre Rusia y Alemania. Rusia ve ahora a Alemania como su socio más importante en Europa y en el mundo", dijo. Y a partir de Alemania, Rusia reconoce una profunda comunidad de destino con Europa Occidental, en consonancia con la actual visión geopolítica grancontinental euroasiática que, en la proyección, por tanto, del proyecto del eje euroasiático París-Berlín-Moscú-Nueva Delhi-Tokio, es hoy la del presidente Vladimir Putin y su "Nueva Rusia" que avanza hacia su nuevo destino.

Putin incluso atacó, según informa el corresponsal de Le *Figaro* en Berlín, Jean-Paul Picaper, en una entrevista con el periódico de gran tirada *Bild*, a los intelectuales alemanes que se enfrascan en la autoacusación por el pasado de Hitler y recomiendan un perfil bajo para su país. *Ningún país puede sufrir eternamente por las faltas con las que se ha cargado en el curso de la historia"*, dijo.

En cuanto a Europa, Vladimir Putin también se expresó muy claramente en su discurso en Berlín. Creo", dijo, "que Europa sólo podrá afirmar, a largo plazo, su propia voluntad de constituir un centro de poder independiente en el marco de la actual política mundial, si unifica sus propios recursos con los de Rusia, con las personas, los espacios y los recursos naturales, con el potencial económico, cultural y de defensa de Rusia".

Por último, en cuanto a la segunda de estas posiciones dialécticamente vinculadas -opuestas- del Presidente Vladimir Putin, su contenido revelará la total convergencia de sus puntos de vista y los de George Bush manifestada en la Conferencia de la APEC -el "Foro de Cooperación Asia-Pacífico"- que tuvo lugar en Shangai el 21 de octubre y que reunió, principalmente, a Estados Unidos, Rusia y China. Convergencia de puntos de vista sobre las represalias y el cese definitivo de las actividades mundiales del terrorismo del Islam fundamentalista, y más concretamente de los talibanes en Afganistán.

Creo que la respuesta prevista por George Bush es comedida y adecuada a la amenaza a la que se enfrenta Estados Unidos", dijo Vladimir Putin en Shanghai. Y luego: "Si empezamos esta lucha, debemos saber cómo terminarla. De lo contrario, los terroristas podrían tener la impresión de que son invulnerables. Y en ese caso, su acción será más peligrosa, más insolente, y llevará a consecuencias aún peores". Una postura indefectiblemente firme.

Sería difícil imaginar un encuentro más estrecho de mentes, que George Bush no dejó de señalar de forma excepcionalmente cálida y agradecida. Recordaremos este acto de amistad", dijo George Bush.

Sin embargo, las declaraciones de Vladimir Putin en Berlín y Shanghái, respectivamente, manifiestan dos posiciones dialécticamente contradictorias. El punto de vista de la contraestrategia, la afirmación del conjunto y la defensa del espacio grancontinental euroasiático, actualmente amenazado por la conspiración globalista de Estados Unidos a la ofensiva, cuyo foco actual es el acercamiento Europa-Rusia. Al mismo tiempo, se opone al actual apoyo incondicional de Estados Unidos en su compromiso global contra el terrorismo islámico. Por lo tanto, estamos al mismo tiempo en contra y a favor de Estados Unidos en su doble ofensiva planetaria, la ofensiva de cerco e inversión del espacio geopolítico de la "isla euroasiática", y la ofensiva contra el terrorismo islámico. Por lo tanto, el actual compromiso de la "Isla Euroasiática" con la conspiración globalista de los Estados Unidos es un compromiso fundamental y activamente dialéctico, estamos plenamente comprometidos en una guerra planetaria final que es una guerra dialéctica. Han llegado los tiempos de la guerra dialéctica, los tiempos de la verdadera guerra total.

De Berlín a Shangai, ha aparecido así una inmensa brecha en el cielo incierto de la actual coyuntura político-estratégica planetaria, la brecha misma de la guerra dialéctica final ya en marcha.

Estados actuales de la guerra dialéctica

La actual actitud dual de Vladimir Putin hacia la conspiración globalista estadounidense representa la propia estructura dialéctica de la elección fundamental que todos nosotros, los "grupos geopolíticos" en su conjunto y todos los que siguen la "línea geopolítica" euroasiática gran-continental deben seguir. Esto significa: que al tiempo que nos mantenemos al lado de los Estados Unidos en sus actuales esfuerzos político-estratégicos planetarios contra el terrorismo islámico en acción, mantener intacta, sobreactivar constantemente nuestra vigilancia contraofensiva contra las maniobras subterráneas del bloque globalista estadounidense, actualmente en proceso de asalto a las posiciones del núcleo grancontinental euroasiático en Europa Occidental y Asia Central.

Por lo tanto, Vladimir Putin no se equivocó en absoluto cuando, al día siguiente de la Conferencia de Shangai, se dirigió al Cuartel General del Mando General ruso para Asia Central en Dushanbe, la capital de Tayikistán, y convocó una especie de contraconferencia -a la que también asistieron el general Sergei Ivanov, ministro de Defensa, y el general Nikolai Patrushev, jefe del FSB- para exponer sus propias posiciones personales contraestratégicas sobre el compromiso estadounidense en Afganistán. A saber:

(1) Que al intentar que una "fracción democrática" de los talibanes participe en el futuro proceso de paz en Kabul, Washington se estaba desviando imprudentemente de la lucha actual, porque no hay talibanes buenos y malos, sólo talibanes, que deben ser destruidos hasta el último hombre, o volver a perderlo todo. El terrorismo islamista siempre resurge de sus propias cenizas y sólo cede a la limpieza por el vacío. La debilidad de Washington con respecto al mito subversivo de los "talibanes buenos" no es más que el resultado de la labor subterránea de influencia negativa ejercida sobre el actual poder ejecutivo estadounidense por los mismos organismos nocturnos que obedecen a las mismas esferas de acción oculta que dieron origen al surgimiento original del terrorismo islamista bajo control y de los propios talibanes.

(2) El único camino a seguir, por tanto, es apoyar incondicionalmente a la Alianza del Norte, cuya victoria incondicional sobre los talibanes sería realmente el principio del fin de toda la conspiración planetaria del terrorismo islamista; Rusia, por su parte, se comprometería entonces a hacer el resto en Asia Central, a asumir la conclusión del trabajo.

No hay que olvidar que el pasado mes de marzo un Antonov 154 ruso trasladó en secreto al comandante Ahmed Shah Massoud desde Dushanbe a Moscú, donde fue alojado discretamente en la antigua residencia de Yuri Andropov en la capital. Durante cuatro días, el Comandante Ahmed Shah Massoud fue invitado a trabajar con altos funcionarios de los Ministerios de Defensa y organismos de seguridad de Rusia, Tayikistán, Uzbekistán, Irán e India sobre el tema de la "acción política y estratégica global contra el terrorismo islamista y el extremismo". Esta iniciativa parece, hoy, singularmente profética.

La eliminación del comandante Ahmed Shah Massoud privó bruscamente a Rusia de la pieza central de un comandante de campo con alto potencial carismático. Pero esto no ha neutralizado los planes de Moscú para la primacía político-estratégica de la Alianza del Norte, ni siquiera ha disminuido sus compromisos con ella. Al contrario, incluso se podría decir.

En cualquier caso, por su propia naturaleza, la guerra dialéctica implicará la primacía absoluta del arma de la inteligencia político-estratégica -también cultural y religiosa- sobre todas las demás armas: la guerra dialéctica es fundamentalmente una guerra de enseñanza. Esto la convierte en una guerra superior, una guerra de inteligencias inspiradas, que puede ser librada por pequeñas unidades ocultas de decisión y combate en la sombra, a cargo de una infraestructura de élites ultra-especializadas, "iniciáticas", de muy alto nivel de compromiso y competencia. Y que también exigirá un sacrificio personal llevado a sus últimos límites "místicos".

Así, la conspiración globalista estadounidense tendrá que enfrentarse en los próximos años a contra-conspiraciones cada vez más abstractas, conceptuales, encubiertas, penetrantes y escurridizas.

Sin que nadie se dé cuenta, el centro de gravedad del poder planetario habrá cambiado de lado.

Sin embargo, hay que reconocer que todos estos cambios provienen, de hecho, de la inesperada aparición de la "Nueva Rusia" de Vladimir Putin. Rusia no debe ser considerada como un estado más, sino como una civilización especial, como un continente original, como un continente estratégico, cultural y espiritual", declaró la *Plataforma Euroasiática* en 1999.

GEOPOLÍTICA DE UNA SITUACIÓN GLOBAL DEFINITIVA

India lleva mucho tiempo reclamando la hegemonía total en el sudeste asiático.
Jiang Zemin, Presidente de la República Popular China

C on las cinco pruebas nucleares que Pakistán acaba de realizar en el desierto de Baluchistán, el Sudeste Asiático se vuelca bruscamente en la "gran historia". La existencia político-histórica de las naciones se define ahora sólo por su cualificación para la disuasión nuclear metaestratégica.

Hasta ahora, la única potencia nuclear real en Asia ha sido China, y es en relación con China que ahora debemos tratar de estimar la importancia metacatégica continental de la India y no, como uno podría estar tentado de hacer, en relación con Pakistán.

El enfrentamiento nuclear continental, por el momento, se ha convertido implícitamente en el de India y China, ya que Pakistán no está desarrollando ni participando -a pesar de sus afirmaciones y de la continua vigilancia de sus esfuerzos tecnológicos militares- en otra cosa que no sea una misión adicional de distracción, reforzando -en principio- el campo anticontinental de China, al que posiblemente también se podría añadir, en continuidad, Corea del Norte.

Sin embargo, está bastante claro que en los próximos años, una explicación nuclear se convertiría con toda seguridad en una posibilidad entre India y Pakistán, en caso de una escalada paroxística de sus intereses contenciosos sobre Cachemira, o en caso de una serie de errores terroristas patrocinados por Pakistán, de acciones subversivas llevadas a cabo por el extremismo islamista dentro del territorio indio.

El hecho de que un conflicto nuclear entre India y Pakistán provocara diez millones de muertos en el acto no sería un factor importante: serían las consecuencias ecológicas globales las que resultarían catastróficas, quizá incluso irreparables.

Sin embargo, antes o después -pero la situación es cada vez más urgente-, la India debería conseguir resolver de una vez por todas el problema fundamentalmente crítico de Pakistán, que está directamente relacionado con la aterradora y escurridiza nebulosa del islamismo fundamentalista y sus fiebres en esa parte del mundo, en permanente resonancia con los doscientos millones de islamistas indonesios. Charles Tenet, jefe de la CIA: "Un vacío político en Indonesia podría crear un terreno fértil para los grupos terroristas internacionales y las actividades islamistas".

De hecho, nuestra geopolítica total del Gran Continente Euroasiático, una geopolítica revolucionaria de vanguardia, que plantea el concepto imperial definitivo de la integración de Europa Occidental, Europa Oriental, Rusia y la Gran Siberia, el Tíbet, India y Japón, en el campo de la misma predestinación original, excluye formalmente a China de la definición activa de la emergente unidad suprahistórica euroasiática gran-continental, que es la nuestra hoy. En cierto modo, la unidad del Gran Continente se está constituyendo en contra de China y, por lo tanto, ésta se está polarizando negativamente sobre sí misma. Así pues, China representa la segunda -después de Estados Unidos- amenaza, el segundo polo político-estratégico de oposición que se levanta ante la emergencia de la comunidad grancontinental euroasiática: China como polo negativo del Pacífico, Estados Unidos como polo negativo del Atlántico.

Esto significa que, frente a China, la India cuenta con el apoyo del potencial nuclear grancontinental de Francia e India, de Rusia también, e incluso, en principio, de Gran Bretaña. La gran unidad continental es una unidad dialéctica.

Por otra parte, el enfrentamiento nuclear chino-indio en el sudeste asiático implica, a más o menos largo plazo, la obligación imperativa para Japón de revisar su propia estrategia nuclear de forma tan completa como inexorable, lo que, una vez manifestado, se sumará al campo nuclear de la región polarizado por la India. Todo ello a pesar de la psicopatología nacional de Japón contra cualquier forma de armamento nuclear. Pero los tiempos cambian y las mentalidades evolucionan.

Por lo tanto, es como si la historia de la reunificación -como si la reintegración imperial- de la historia euroasiática que se avecina fuera la historia del cerco nuclear de China y de las potencias medias en su esfera de influencia directa en el sudeste asiático, un cerco asegurado por la comunidad de grandes potencias imperiales continentales pertenecientes a la línea geopolítica del eje París-Berlín-Moscú-Nueva Delhi-Tokio.

En cuanto a la actitud de Estados Unidos ante este estado de cosas, está inscrita desde el principio en los datos geopolíticos fundamentales de la actual coyuntura política planetaria: no sólo porque el enfrentamiento decisivo que se avecina -y que, además, puede considerarse ya bastante actual- entre el Gran Continente Euroasiático y los Estados Unidos corresponde a las líneas de fuerza del antagonismo ontológico entre la "potencia continental" y la "potencia oceánica", antagonismo fundamental de la geopolítica planetaria en su permanencia básica, pero también porque es ya una certeza que la construcción política de la Gran Europa con horizonte euroasiático -cualquiera que sean los permanentes obstáculos, retrasos e impedimentos que las potencias negativas que actúan en la sombra tratan de ponerle cada vez más- acabará, sin embargo, levantando una barrera infranqueable para la realización final y efectiva del "gran diseño" hegemónico planetario de los Estados Unidos.

Así, la penetración con toda su fuerza de la Gran Europa en el actual juego dialéctico final por la dominación imperial planetaria, como ya sabemos, tendrá como consecuencia ineludible la reducción del actual estatus primordial de los Estados Unidos -la "Superpotencia Planetaria de los Estados Unidos"- al de una potencia de segunda categoría, ya que los Estados Unidos no podrán hacer frente en absoluto al formidable potencial imperial de la "Isla Euroasiática", una vez que ésta haya llegado a ser ella misma, incondicionalmente. Sin duda, esto ocurrirá, pero nunca sin nosotros.

Por lo tanto, parece una necesidad muy obvia que Estados Unidos intente unir urgentemente, en un mismo frente ofensivo, sus propios esfuerzos por neutralizar políticamente a la Gran Europa y el deseo de China de resistir los intentos de cercarla por parte de las grandes potencias continentales, Rusia e India en primer lugar. Esto conducirá inevitablemente a una gran alianza Pekín-Washington, en la que China ofrecería a los Estados Unidos una importante cabeza de puente política y estratégica en el este del Gran Continente, que les permitiría hacer girar la Gran Europa por el este, y en la que los Estados Unidos asegurarían a China, si no una asociación, al menos una participación significativa en la apertura planetaria de su propio poder económico y político de dimensiones imperiales "oceánicas"

Al mismo tiempo, la permanente acción ofensiva anticontinental de los Estados Unidos encuentra, y no se abstiene de utilizar, dentro del propio espacio geopolítico del Gran Continente, un formidable dispositivo estratégico de conspiración y reverberación revolucionaria, que es la aparición con fuerza del islamismo fundamentalista. Ahora intenta apoderarse de todo el flanco sur del Gran Continente, a la vez que intensifica la acción de sus centros terroristas en Europa Occidental y Oriental. El revolucionario dispositivo estratégico del Islam Fundamentalista que Washington intenta acoplar ahora al foco de las emergencias anticontinentales de la fortaleza geopolítica de China, cuya formidable radiación negativa desestabiliza y bloquea desde dentro la zona límite crítica del Gran Continente frente a Japón, que se ve así obligado a cerrarse sobre sí mismo.

El reciente libro de un investigador francés, Alexandre Del Valle, *Islamisme et États-Unis. Une alliance contre l'Europe,* publicado por Éditions de l'Age d'Homme, París, 1998, dice todo lo que hay que decir actualmente sobre el problema de la utilización metaestratégica ofensiva del Islam fundamentalista por parte de Estados Unidos en su lucha permanente contra el renacimiento europeo grancontinental en el momento actual de afirmación y autodefinición imperial revolucionaria.

En esta última coyuntura planetaria, la misión particular de Francia -o más bien del Gran Polo Continental Carolingio instituido políticamente por Charles de Gaulle- sería la de la potencia predestinada que debe unir, polarizar, tanto ideológicamente como en términos de un único destino imperial revolucionario, el conjunto de los elementos geopolíticos del Gran Continente Euroasiático frente al desafío globalista de Estados Unidos y China, y también frente a la utilización subversiva que Estados Unidos hace actualmente del Islam Fundamentalista en su batalla abierta contra Europa Occidental, asediada desde sus propias fronteras. Porque debemos reconocer que la Gran Europa debe enfrentarse ahora, en dos frentes a la vez, a las empresas negativas de la "Superpotencia Planetaria de los Estados Unidos": el *frente interno,* y el *frente externo,* emprendido por los Estados Unidos y su actual conspiración globalista contra los grandes esfuerzos continentales de reintegración imperial revolucionaria. Con todo lo que la guerra en dos frentes implica de dramático, de arriesgado, de peligroso; de lúcido y desesperado desafío a un destino despiadado, donde todo se pone y se vuelve a poner en juego.

El polo planetario del Gran Continente Euroasiático, *con* su orientación e *inspiración* fundamentalmente espiritual, se opone así abiertamente a las posiciones materialistas del eje Washington-Pekín, así como a la influencia y los mandamientos -manifestados a la luz del día- o completamente ocultos, de la "globalización" propagada por los Estados Unidos. Bajo el disfraz más o menos fantasmático del progreso de su "supereconomía planetaria", aspiran, en realidad, a la conversión, a la transmutación materialista de la civilización ontológica del ser que es la nuestra, y al cambio final de la condición humana, de la propia conciencia humana, tal como la entienden las concepciones tradicionales europeas, hindúes y japonesas, fieles al "misterio del ser", a la "luz viva del ser".

Por otra parte, ante la actual penetración político-económica alienante de Estados Unidos a espaldas de la Gran Europa en África, Europa debe iniciar urgentemente una contraintervención ofensiva en América Latina, que, geopolíticamente, es para Estados Unidos lo que África es para Europa, un continente de duplicación y reverberación político-económica inmediata. Desde esta perspectiva operativa, podemos considerar que las posiciones europeas para la intervención político-revolucionaria en América Latina tienen ya asegurado su desarrollo futuro, en primer lugar en Argentina y Chile, los dos países desde los que parece ya inmediatamente concebible una iniciativa -aunque sea de origen europeo- para la integración -o autointegración- revolucionaria ofensiva del continente latinoamericano, y que, por tanto, se puede prever como operativa sin más demora.

Sin embargo, lo cierto es que, en última instancia, el problema de la próxima identidad planetaria de la historia mundial parece ser, en el momento actual y en el estado actual de las potencias mundiales abiertamente competidoras, el problema de la disposición de Francia a su propia predestinación oculta y abismal, que exige que Francia se encargue de dirigir la marcha hacia adelante de la integración metaestratégica gran-continental actualmente en curso, y que consiga llevarla a su conclusión imperial definitiva; que "lo que hay que hacer se hace".

Pero, para que esto ocurra, sería necesario que una nueva voluntad francesa, completamente nueva, no esperada, surgiera hoy en Francia, para que pudiera converger y sobreactivar las responsabilidades de la predestinación revolucionaria providencial más secreta de Francia, movilizándolas y polarizándolas en la dirección de una recuperación ofensiva total, de otro comienzo de la historia francesa de Europa y del Gran Continente Euroasiático en su conjunto. Es decir, que una cierta "Francia secreta" se levanta de repente -y como milagrosamente- ante la evidencia del desastre de su decadencia actual, para imponerse el aliento salvador de un nuevo acceso al ser, para que "todo vuelva a la zona de atención suprema". Nada más, en definitiva, que lo que hemos estado esperando, en secreto, desde el principio de los tiempos: el advenimiento del poder político-histórico final de esta misteriosa "Francia secreta" de la que se habla mientras no se habla de ella, "como en un sueño". Porque Francia nunca ha sido más que el sueño de otra Francia, "que ha sido y que volverá".

Un inmenso sacrificio místico y vital ha sido concebido, realizado y depositado, en secreto, muy en secreto, para que la Divina Providencia conceda a la Francia derrotada de hoy la gracia de un nuevo comienzo suprahistórico, de un nuevo comienzo de su más grande destino. Para que Francia vuelva a resurgir de sus cenizas, para que cumpla su última misión imperial grancontinental, para que se convierta en el instrumento providencial del nacimiento suprahistórico del *Regnum, del Imperium Ultimum. De* acuerdo con lo que ya se había dicho, durante mucho tiempo, tanto proféticamente como en los términos de una promesa vertiginosa.

Una relación abismal que ya está en vigor reúne a Francia y a la India en los términos de una misma misión escatológica oculta, de conclusión y reinicio, de paso de un ciclo a otro, en la que está incluida Rusia y que concierne directamente al futuro actual de la "isla euroasiática".

Porque la misión suprahistórica de Francia no es una misión de dominación, sino una misión de autosacrificio litúrgico fundacional. Una misión eucarística. Al igual que la India, cuyo ser propio de su ministerio es el sacrificio, Puja o Mahapuja. Sacrificio histórico, sacrificio cósmico. Sacrificio ontológico.

¿Acaba de declarar el Presidente de la República Popular China, Jiang Zemin, que *India tiene una antigua pretensión de hegemonía política total en el Sudeste Asiático?* El presidente Jiang Zemin tiene toda la razón. De hecho, India lleva mucho tiempo reclamando una hegemonía política total en el Sudeste Asiático. Sin embargo, la India no tiene esta pretensión en su propio nombre, sino en el de esta gran comunidad imperial continental, de la que es, en efecto, una cierta "Francia secreta" la que sostiene y mantiene hoy la llama viva, el soplo trascendental en marcha.

De hecho, es sabido que Rusia rechaza cualquier diálogo político en profundidad sólo con Francia, al igual que rechaza cualquier diálogo decisivo sólo con Alemania, mientras que se encuentra más que dispuesta a proseguir y reforzar cada vez más un diálogo político de carácter fundamental con el eje franco-alemán considerado como la expresión activa de Europa Occidental, Esta es también la actitud oficial de la India, con, además, la demanda confidencial de que Rusia se sume a su propio diálogo grancontinental con el eje franco-alemán.

El desplazamiento del centro de gravedad crítico de la actual geopolítica continental europea de Occidente a Oriente es hoy una de las características fundamentales de la actual evolución metacatégica confidencial, cuyo significado puede no ser evidente a primera vista, pero que, sin embargo, es absolutamente decisivo para cualquier intento de interpretar activamente esta nueva versión del *Drang nach Osten.*

En los restringidos círculos geopolíticos de "los que saben", se da por sentado que todo desplazamiento del gran centro de gravedad continental hacia el Este anuncia y establece, siempre que se produce, el inicio de un nuevo gran ciclo histórico, el "comienzo de un mundo". Y el hecho mismo de que la descalificación de Rusia, desgarrada por el naufragio alucinado y recalcitrante de su propia aventura marxista-leninista, haya llegado a su fin con el fin del milenio, ya casi terminado, ¿no debería aparecer como una señal importante? Como el *nuevo umbral* de los grandes pasajes por venir, de las inauditas metamorfosis que se deslizan hacia nosotros desde las profundidades abiertas de un futuro aún desconocido, pero que sabemos portador del misterio sobrenatural del *Regnum*?

¿Y no está también claro ahora que el gran destino futuro de la "Nueva Rusia" de Vladimir Putin concierne directamente a toda la evolución política e histórica del continente euroasiático y que, en cualquier caso, Rusia seguirá siendo, como dijo Alexander Dugin, "el puente de Europa a Asia"?

Por lo tanto, el compromiso grancontinental presente y futuro del polo carolingio franco-alemán con la India y Japón está obligado a pasar por Rusia -por la "Nueva Rusia" del presidente Vladimir Putin- porque la identidad geopolítica de Rusia está movilizada en su centro por el *corazón de* Sir Halford Mackinder, por el *corazón* final del "Gran Continente".

En los dos extremos del Gran Continente Euroasiático, la India en el Este y Francia en el Oeste, sufren juntos la atracción predestinada, la solicitud geopolítica permanente del Sur, la India en dirección al Océano Pacífico y Francia en relación con el Atlántico. Y más particularmente para Francia en dirección al Atlántico Sur, cuya llamada profundamente oculta que la moviliza se dirigirá siempre hacia América del Sur y la Antártida. Porque es en la Antártida, como algunos saben desde hace tiempo, donde deberá jugarse el más alto destino, el "destino final" del Gran Continente Euroasiático. Este es uno de los secretos cerrados y últimos de la geopolítica trascendental, un secreto con el que tendremos que lidiar inexorablemente en un futuro próximo, algunas de cuyas direcciones están todavía ocultas, "prohibidas".

Ha llegado, pues, el momento de que Francia se libere de una vez por todas de la fatídica persistencia de su historia convencional, para que pueda abrirse a su última y mayor predestinación oculta, que ya está en marcha.

Y esto es así, sin duda, porque la historia del mundo está llegando a uno de sus puntos de inflexión decisivos, un punto de inflexión de conclusión final y de reinicio muy elevado que, con el comienzo del tercer milenio, marcará su retorno a sus propios orígenes anteriores, un *punto de inflexión final: Por* primera vez en diez milenios, los pueblos del Gran Continente Euroasiático se encuentran en condiciones de pensar en reconstituir la unidad anterior de su identidad original de ser, de conciencia y de destino, desde Europa del Este hasta la India y Japón, para que la India vuelva a ser plenamente dueña de su propio destino. Un gran ciclo está en proceso de completarse, y en esta misma finalización recupera el misterio intacto de sus comienzos. Así, el fin de un mundo trae el comienzo de otro.

Más allá de las circunstancias políticas inmediatas, que sin duda pueden parecer de lo más decepcionantes, o incluso bastante catastróficas, la futura integración del Gran Continente Euroasiático en su conjunto ya está inscrita de forma trascendental en el desarrollo histórico en curso, y nada puede detenerla a partir de ahora.

Con su apropiación final de los dos Polos, los continentes Ártico y Antártico, el "Gran Continente" alcanzará el estado definitivo de su propia precisión: el dominio ontológico de la historia y del más allá trascendental de la historia, el Imperium *Ultimum*. Y todo esto está ya en ciernes en la geopolítica de la actual coyuntura planetaria final, de la que nosotros mismos estamos llamados a controlar los desarrollos futuros inmediatos. Todo es voluntad, todo es predestinación oculta, todo es lucha subterránea; todo es penetración visionaria, todo es sumisión heroica al misterio actuante del dogmatismo irracional. La batalla ha comenzado

Ahora todo esto acaba de quedar peligrosamente claro en cuanto a los hechos, y los "nueve días en China" de finales de junio del presidente de los Estados Unidos, Bill Clinton, consagran, de la manera más irrevocable, la convergencia de hecho, la disposición organizativa y la puesta en marcha operativa del contramecanismo de la ofensiva americana en Asia contra el frente grandcontinental europeo y contra sus actuales posiciones geopolíticas.

El anuncio, bastante abrupto, de las próximas maniobras navales combinadas sino-estadounidenses, así como de otros proyectos conjuntos más confidenciales, sitúan claramente la urgencia y el nivel de compromisos, de las actuales demandas político-estratégicas en curso entre Washington y Pekín, al tiempo que arrojan luz sobre el *significado oculto* -tras una tapadera más o menos desinformada de acuerdos económicos falsamente justificados, y más allá del turbio exhibicionismo democrático "doctrinal" relativo a los "derechos humanos" - de la reciente visita del presidente Clinton a Pekín, un punto de inflexión ya sustancial en el actual acercamiento sino-estadounidense, y los complementos operativos que ya está trabajando para ocultar, con las cláusulas secretas superando con creces lo dicho oficialmente. Porque, como siempre, todo vuelve a suceder en la sombra.

Los "nueve días en China" del presidente Bill Clinton pasarán a la historia secreta de la tenebrosa confrontación entre Estados Unidos y el Gran Continente Euroasiático como el elemento fundacional de la vasta empresa subversiva que están poniendo en marcha Washington y Pekín, y que deberá actuar -cuando esté lista- en los próximos tres o cuatro años: fue durante los "nueve días en China" del presidente Bill Clinton que todo se decidió en principio, conceptualmente.

Puede resultar difícil de creer, pero se trata, sin duda, de la operación terrorista político-estratégica clandestina más importante de la historia mundial reciente, en la que el protagonismo deberá recaer en el terrorismo revolucionario planetario del "fundamentalismo islámico", que ha sido creado desde cero, y por así decirlo virtualmente, para este mismo fin.

Múltiples servicios especiales paralelos, organizaciones secretas supranacionales con identidades dobles, triples e incluso cuádruples intercambiables, así como centros de mando políticos ocultos a veces opuestos entre sí, serán llamados a intervenir, directa o indirectamente, dentro de la historia mundial en curso: la hora de la "guerra terrorista planetaria" -al mismo tiempo total y totalmente anónima- pronto sonará. Y será el propio territorio de los Estados Unidos, y todas las líneas estratégicas de la presencia política de los Estados Unidos en el mundo, las que servirán de objetivo a la ofensiva terrorista en marcha, que no será, además, más que una gran campaña de agitación-provocación, de manipulación de doble o triple fase y con objetivos ocultos tras la propia acción terrorista (que, de hecho, no será más que otro señuelo de distracción, manipulado, sobremanipulado por los Estados Unidos escudándose en su situación de víctima de la ofensiva terrorista en marcha).

Y me parece que el centro operativo de todo este movimiento terrorista será Pakistán, cuyo eje será el servicio secreto político-militar pakistaní, el muy ambiguo ISI.

Al mismo tiempo, los servicios especiales globales ultrasecretos de cierta pequeña potencia particularmente ofensiva, que sería muy poco saludable mencionar aquí, serán contratados por Estados Unidos para subcontratar toda la operación, al menos en sus niveles más confidenciales; a no ser que, en un determinado nivel de la acción, *sea al revés,* que sean los Estados Unidos los que, inconscientemente, subcontraten para ello (lo que en definitiva no estaría del todo excluido; nada es imposible, y personalmente me inclinaría por esta segunda versión prospectiva).

En cuanto a los propios Estados Unidos, evidentemente no serán las instituciones tambaleantes, como la CIA, etc., las llamadas a actuar, sino un cierto número de estructuras operativas ultrasecretas, "inexistentes", que sólo obedecen a las disposiciones de un "centro enterrado", totalmente desconocido, "incognoscible". *Esto requeriría una administración republicana,* y posiciones de profundidad singularmente peligrosas, que exigen la movilización operativa de un cierto número de elementos de un nivel extremadamente alto (que habría que encontrar, motivar, instruir, organizar y comprometerse efectivamente en la tarea).

Es como si una conspiración terrorista de alcance desproporcionado tuviera que ser creada y manipulada por un "centro de poder oculto" sin nombre y sin rostro, una conspiración terrorista que será llamada a actuar dialécticamente como un vasto dispositivo de provocación-agitación destinado a desencadenar un "terremoto" geopolítico, para poner en marcha situaciones y acontecimientos revolucionarios preconcebidos por los propios Estados Unidos, víctimas en primer grado de la conspiración, pero de los que ellos mismos serán el líder oculto, con visiones de largo alcance e inconfesables, comprometidos con una dialéctica de dominación hegemónica planetaria final: Un único objetivo, crear las condiciones para la prevención efectiva de la integración imperial definitiva del gran continente euroasiático, del establecimiento de la "fortaleza euroasiática".

Sin embargo, sólo dentro de tres o incluso cuatro años estaremos realmente en condiciones de comprender lo que acabo de denunciar aquí, aunque sólo sea para poner una fecha. Así que no debemos insistir. Todavía no es el momento.

Podemos observar así que, en la actualidad, la historia en curso, la "gran historia", es cada vez más objeto de una separación, de una división interna muy marcada, de un doble cruce obligado: pues existe, por una parte, la historia visible y aceptable, convencional, declarable; y, por otra, la historia oculta, abismal, resueltamente prohibida a toda mirada imprudente, a todo acercamiento desinformado, que está en vías de imponerse totalmente a la otra.

En consecuencia, la "gran historia" es cada vez más una historia cerrada sobre sí misma, una historia incondicionalmente encriptada, más allá de la competencia de las masas imbecilizadas, y cuyo propio proceso se hace inteligible sólo para el conocimiento y el poder de una superélite de conciencia y poder extraordinariamente elevados, pero extraordinariamente pequeña en número. Los tiempos apocalípticos de los "muy pocos" ya están aquí, no cabe duda.

Viejas influencias negativas están resurgiendo al reenfocarse en Pakistán. Excitados desde el exterior, pretenden imponerse a la India, que representa, para ellos, la "conciencia despierta del ser". Sin embargo, el gran epicentro negativo reconstituido en Pakistán está a punto de ser respondido por el inmenso vértigo de la oscuridad que aguarda secretamente en el Pacífico, en Indonesia.

(Publicado, en español, bajo el título *Geopolítica de una conyuntura planetaria final*, en *Ciudad de los Césares*, Santiago de Chile, septiembre de 1998)

INDIA, EL FUTURO "CENTRO POLAR DEL ARCHIPIÉLAGO MUNDIAL"

Por el momento, parece que todo está ocurriendo en Asia. Tras el golpe militar en Pakistán, que sin duda tratará de poner a raya al extremismo islamista, China marca bruscamente la apertura de su nueva política continental europea con la visita a Inglaterra y Francia del jefe de Estado y del Partido Comunista chino Jiang Zemin. En Lyon, donde fue suntuosamente recibido por Jacques Chirac y Raymond Barre, ¿Jiang Zemin encontró la sombra tutelar de Zhou Enlai, el doctrinario de la "línea continental europea" de China?

Al mismo tiempo, la derecha nacional revolucionaria ganó por segunda vez las elecciones parlamentarias en la India y está a punto de iniciar el proceso de la gran Revolución Nacional Hindú, un proceso en el que las Fuerzas Armadas -la esperada venganza del antiguo Jefe del Estado Mayor de la Armada, el almirante Vishnu Bhagawat- están adquiriendo un peso cada vez más significativo, sobre todo porque es en las Fuerzas Armadas en las que se apoya el nuevo gobierno nacionalista hindú en la búsqueda acelerada de sus programas nucleares estratégicos.

En la perspectiva abierta por las nuevas posiciones de poder que nos revela la geopolítica trascendental, la emergencia planetaria de la India aparece como el gran acontecimiento revolucionario del Tercer Milenio. ¿Cuál es esta nueva perspectiva que revela la geopolítica trascendental, dentro de la cual la India está ganando revolucionariamente el lugar decisivo que ahora parece ser suyo, cambiando así el curso futuro de la historia mundial?

¿Y cuál es la propia "geopolítica trascendental", que define a la India según su predestinación como el "nuevo, último y supremo centro polar del futuro Archipiélago Planetario"?

Hablar de geopolítica trascendental es, ante todo, invocar el arma dialéctica decisiva de las grandes confrontaciones planetarias del Tercer Milenio, el arma llamada a decidir la dirección que tomará la futura historia del mundo, y el rostro mismo que tendrá el mundo por venir.

¿Qué es la geopolítica trascendental?

El enfoque geopolítico de lo que Nietzsche ya llamaba la "gran historia", al no ser racional, sino apasionado e inspirado, planteándose en los términos existenciales del irracionalismo dogmático, la geopolítica no debe considerarse en absoluto como una ciencia, como tenderían a hacerlo los no iniciados, desde fuera, sino como el despertar iniciático a un estado de conciencia activo, permanente y unitario: la conciencia visionaria de los enfrentamientos inmutables y de las grandes corrientes de los poderes político-históricos en marcha constante hacia el Imperio planetario final, hacia el *Imperium Ultimum.*

En cierto sentido, la geopolítica es también un materialismo dialéctico, en la medida en que considera, de manera implícita, que los fundamentos ocultos de la historia del mundo en su devenir están incesantemente constituidos, reactivados, por las configuraciones predispuestas de los territorios donde se ponen y vuelven a poner en juego sus apuestas, y que estas configuraciones deben aparecer así bajo la luz de una fatalidad preconcebida, inmutable, definitivamente allí. Son las configuraciones profundamente inmutables de los territorios de promoción de la "gran historia" las que deciden las orientaciones finales de ésta, como afirma la geopolítica.

Así, uno de los pensadores geopolíticos más importantes de la actualidad, Guido Giannettini, escribe en uno de sus recientes estudios, *Los imperios oceánicos de las estepas y los mares abiertos:* "El Imperio Otomano y, antes de él, el de los selyúcidas, han estado en contacto con territorios cuyo valor geopolítico es específico y significativo: la región danubio-anatólica y la región iraní. Estos territorios parecen exigir a sus amos que asuman la misma función que asumieron antes de ellos los pueblos que los habitaban. Especialmente en el caso iraní, que en cierto modo evocaba el mundo de sus orígenes.

La geopolítica convencional se planteará, pues, siempre en términos de una fatalidad, encargada de revelar, precisamente, las constantes de la inmutabilidad fundamental que rige el encuentro, el matrimonio de la historia en marcha y los territorios donde esta marcha se produce.

Así, predeterminada por la configuración de los territorios en los que está desarrollarse, la historia -la suma de los empujes históricos en acción que hacen la historia- no puede en modo alguno plantearse en términos de libertad, estando la historia encerrada en sí misma por las fatalidades predispuestas ante su marcha, vigilando su propia manifestación.

Aquí es donde entran en juego las nuevas concepciones de la geopolítica trascendental, introduciendo en la confrontación entre la historia y los desarrollos de su manifestación territorial el tercer término de la conciencia revolucionaria, que se supone capaz de establecer los cambios ordenados por una voluntad visionaria en estado de oposición a las fatalidades objetivas de los lugares, de las configuraciones preconcebidas dentro de los territorios solicitados por la marcha de la historia, y a su acción sobre el terreno, predestinada.

Emergiendo, a través de la acción en conciencia de la geopolítica trascendental, directamente en la historia, en el campo mismo de ejercicio donde se manifiesta la libertad de la conciencia de lo que es como debe ser, la voluntad revolucionaria hará que esta libertad pueda afirmarse y actuar incondicionalmente, según su propia ley, que es la ley misma del ser si, como descubre Martin Heidegger, "la libertad es el fundamento del ser".

La libertad revolucionaria que la geopolítica trascendental debe asegurar a la conciencia del ser en la historia no irá nunca, sin embargo, en contra de las configuraciones originarias que predeterminan su curso: la libertad fundacional del ser siendo exclusivamente lo que se es y no otra cosa, la voluntad revolucionaria sólo se ejercerá por tanto, a través de la geopolítica trascendental, para asegurar hacia adelante la libre afirmación del ser sin trabas.

Precisamente por eso, el ámbito propio del ejercicio de la geopolítica trascendental es el de las luchas por la liberación de la conciencia del ser, por la liberación revolucionaria del ser de las coacciones y la alienación estatal que le imponen las dominaciones subversivas del no-ser, cuando esto ocurre, como está ocurriendo ahora.

Así pues, como los tiempos actuales de la historia del mundo son los del abandono final del ser y de su oscurecimiento más extremo, de su oscura angustia ya sin tregua ni esperanza de ningún tipo, ha llegado por este mismo hecho la hora del advenimiento final de la geopolítica trascendental, cuya intervención revolucionaria total va al cambio total, a la inversión total de los términos actuales de la historia del mundo en su final.

La geopolítica trascendental aparece así como el arma contraestratégica fundamental de la liberación final del ser y de su proyección histórica actualmente bajo la dominación subversiva del no-ser. Hoy en día, las civilizaciones imperiales del ser se oponen históricamente a las contracivilizaciones globalistas del Antiimperio mercantil totalitario por medio de la geopolítica trascendental y sus unidades ocultas de protección contraofensiva ya en funcionamiento en el subsuelo.

Por lo tanto, la nueva conciencia de la libertad del ser llamada a intervenir, hoy, una vez más, en el curso de la historia a través de la interferencia revolucionaria de la geopolítica trascendental movilizada para dirigir la lucha por la liberación final del ser incondicionalmente sometido, como lo está ahora, a las dominaciones subversivas del no-ser, puede ser tenida ciertamente como la conciencia activa de la propia Divina Providencia, que vela por los destinos y el avance del ser en la historia.

Por lo tanto, debemos comprender que la geopolítica trascendental no es otra cosa que la aparición, a la vez oculta y no disimulada, de la Divina Providencia en la conciencia geopolítica revolucionaria actualmente comprometida, con nosotros, en la vanguardia de la lucha por la liberación del ser y de las civilizaciones decadentes que le dan cobijo.

India, futuro "centro polar" del Archipiélago Planetario

La proyección de la problemática general actual de la India en la perspectiva proporcionada por la geopolítica trascendental debe hacerse, ya que éste es el objetivo de nuestra presente investigación, según sus propias estructuras operativas, que se ordenan según un doble nivel de aproximaciones sucesivas, el nivel grancontinental, o del Gran Continente, que ya había explorado Karl Haushofer a través de su concepto central de *Kontinentalblock*, y el nivel del cierre imperial final de la historia, que es el del Archipiélago

Planetario, de la elevación global de la geopolítica a su último nivel planetario. Este doble nivel de aproximaciones sucesivas constituye también la dialéctica activa que instala y afirma los fundamentos actuales de la geopolítica trascendental.

Considerada, pues, en el primer nivel de la actual visión geopolítica trascendental, el de su apertura grancontinental, la problemática general de la India se integrará inmediatamente en ella, siguiendo la dialéctica de su presencia constitucional, ya adquirida, dentro de la futura unidad política imperial del Gran Continente, junto a Europa Occidental y Oriental, Rusia, la Gran Siberia y Japón: Tiene su parte, bastante decisiva, en esto, porque su misión contraestratégica fundamental parece ser la de bloquear activamente las posiciones continentales de China, posiciones bloqueadas, al mismo tiempo, pasivamente, en su retaguardia, por Japón.

La India, por tanto, está destinada a ser el contrapeso estratégico fundamentalde la unidad grancontinental frente a China y, como tal, la India es la clave del cierre imperial de la unidad grancontinental en su acción global frente a la inmensa brecha que representa la no integrabilidad de China, frente a las pretensiones imperialistas ofensivas, Esta última se limita a su proyecto de superpotencia predestinada a una carrera propia, con una dirección única, portadora de un "gran diseño", creadora, por cuenta propia, de una civilización planetaria y suprahistórica decisiva, final, total y totalitaria, portadora de la misteriosa *Pax Sinica* de los taoístas.

Al mismo tiempo, la India está llamada a cortar y neutralizar el cinturón político-histórico que se está formando en el flanco sur del Gran Continente por la actual conspiración del Islam Fundamentalista y sus puntos de apoyo de Turquía y las repúblicas islamistas del antiguo Imperio Soviético, a través de Afganistán y Pakistán, hasta Indonesia, que, con sus 200 millones de habitantes, sus posiciones estratégicas únicas y sus formidables reservas de materias primas, está ya a punto de inclinarse totalmente hacia el campo islámico.

Por otra parte, considerando el problema general actual de la India en la perspectiva del segundo nivel de aproximación propuesto por la geopolítica trascendental, el nivel de la elevación global de la geopolítica a su último nivel planetario, el nivel del Archipiélago Planetario, Habrá que entender que el subcontinente recoge sobre sí mismo, para proyectarlo en la zona oceánica del Hemisferio Sur, del que, en principio, posee así el control total, todas las líneas de fuerza geopolíticas del Gran Continente. Pues las concepciones vanguardistas que la geopolítica trascendental muestra hoy sobre el Archipiélago Planetario, cuya identidad oceánica prevalece sobre todas sus partes continentales, prevé que sea el dominio oceánico del Hemisferio Sur el que decida, en el futuro, el dominio planetario.

Sin embargo, debido a su posición en el borde delantero del Gran Continente en los espacios oceánicos del Hemisferio Sur, y su control tanto del continente como del océano, la India tiene la nueva identidad polar del mundo, la posesión del "centro del mundo" en su identidad final.

Cuando la India vuelva a entrar en la historia, se ha dicho, la historia del mundo estará cerca de su fin, y la Reversión Total del fin de la historia, el *Paravrtti* previsto por la tradición hindú original, tendrá lugar en los términos apocalípticos de un final catastrófico de la historia y del mundo.

Pues ésta es la tesis constitucional básica de la nueva geopolítica trascendental: que en el próximo fin de la historia y la gran Inversión Total, el *Paravrtti* previsto por la tradición hindú original, el eje del mundo se inclinará por completo, convirtiéndose así el actual Hemisferio Sur en el Hemisferio Boreal, y teniendo que ir el actual Hemisferio Boreal en el lugar del Hemisferio Sur elevado en su lugar.

Paradójicamente, el único problema geopolítico real al que se enfrenta India en la actualidad es el del territorio, es decir, el de la completa posesión y control político e histórico de las estribaciones tibetanas y del propio Tíbet, zonas que ahora están bajo dominio chino. En efecto, sólo apoyándose en la formidable fortaleza de las montañas tibetanas, corazón del enraizamiento fundacional del Gran Continente, el subcontinente indio podría asegurar su misión de llevar hasta la punta, lejos en los espacios oceánicos del hemisferio sur, la concentración de líneas de fuerza telúricas, invisibles, ideales, que recibe de los espacios continentales a los que da la espalda, todo el poder trascendental de los espacios constitucionales del Gran Continente.

Un estudio, incluso reducido a su parte más esencial, de la suma de las grandes corrientes de energía magnética continentales, de las que la India es el cuello de botella, la reunión y la concentración, así como la esclusa de reverberación dirigida hacia los espacios oceánicos del hemisferio sur, no es posible en el marco restringido de la presente investigación. Supongamos, sin embargo, que la corriente magnética transcontinental del Eje Mayor, que en Europa recorre el Danubio y la línea de los Alpes subterráneos, desde el Cáucaso hasta el Atlántico, atraviesa todo el Gran Continente hasta Asia Central, donde es aspirada y desviada por el polo magnético central del Tíbet y luego invertida sobre la India, forma parte de ella; como es la corriente vertical que separa, en la línea Báltico-Adriático, a Europa en dos partes, en principio antagónicas, del Oeste y del Este, al igual que las que atraviesan Siberia en haces, y las que recorren las costas del extremo oriental de China, desde el Sin-Kiang hasta el Sudeste Asiático, pasando por Manchuria.

Y así como la India está obligada a doblar y concentrar sobre sí misma la suma de todas las grandes corrientes continentales de poder magnético, así también la India está obligada a concentrar, atrayéndola al espacio interior de su propia autoconciencia y de su civilización espiritual y religiosa en la totalidad activa de sus profundidades, la suma de todas las corrientes de pensamiento y de experiencia interior que constituyen el campo unitario de la espiritualidad grancontinental euroasiática en su devenir histórico global. Todo lo que el gran pensamiento continental ha sido capaz de producir está resumido, prefigurado, en sus cepas originales, dentro del pensamiento indio.

Con el formidable peso de su pasado religioso y filosófico, que puede reactivarse en cualquier momento, con sus mil millones de habitantes en el horizonte del tercer milenio, con el actual progreso de sus conquistas tecnológicas -la concentración de Bangalore, armada desde dentro por *el Instituto Indio de Ciencias*, supera con creces cualquier logro similar en Estados Unidos y Europa Occidental-, con el irresistible ascenso de la ola del movimiento nacional-revolucionario indio, la India está ya en condiciones de asumir el reto que tiene ante sí, con el progreso actual de sus conquistas tecnológicas -la concentración en Bangalore, armada desde dentro por el Instituto Indio de la Ciencia, supera con creces cualquier logro similar en Estados Unidos y Europa Occidental-, con el ascenso irresistible de la ola del movimiento nacional-revolucionario indio, la India está ya en condiciones de asumir el reto que le plantean ahora las conclusiones de vanguardia de la geopolítica trascendental respecto a su predestinación imperial final, su predestinación como nuevo, último y supremo "centro polar" del futuro Archipiélago Planetario.

La revolución nacional de la India y sus apoyos externos

Sin embargo, para que las cosas se hagan a su debido tiempo, ahora se hace urgente y necesario que una nueva conciencia nacional, que la voluntad activa de un nuevo destino nacional indio surja y se afirme en los términos de una gran Revolución India, para tomar en sus manos la movilización política y cultural, económico-administrativa e industrial, poner en marcha la movilización revolucionaria total de toda la nación y sus disponibilidades aún no manifestadas, para construir el edificio suprahistórico del destino futuro de la Nueva India, conforme a las predisposiciones secretas de su identidad abismal, destinada a soportar el futuro "centro polar" del Archipiélago Planetario. Todo lo que hay que hacer.

En otras palabras, que la India invisible, supratemporal, encarnada en lo visible, descienda a la historia actual de la India para llevarla revolucionariamente a la identidad y a las dimensiones históricas requeridas por su predestinación final. Esto no puede hacerse nunca sin la intervención de las potencias de fuera de este mundo, de las "potencias de arriba", que deben entonces ser atraídas al nivel de la historia visible, para que trabajen por su renovación, su cambio revolucionario y la elección de otros caminos antes de su marcha hacia adelante.

En cuanto al problema de la recuperación en profundidad de la India actual, de su autorrecuperación revolucionaria en la dirección de su propia identidad, una identidad oculta, todavía y siempre prohibida hasta el día de la conciencia despierta, me parece que la primera gran opción a tomar sería la de apostar todo a un fortalecimiento acelerado y cada vez más significativo de los movimientos del renacimiento nacional revolucionario del hinduismo ya en acción, la formación clandestina de cuadros político-organizativos capaces de asumir la expansión ofensiva del frente de estas luchas hacia las clases medias y las masas nacionales del hinduismo, hacia la conquista decisiva de los círculos intelectuales en activo, de las jerarquías universitarias, de los periodistas y escritores, de los creadores de cultura activa.

Y es ahí donde el movimiento nacional-revolucionario europeo, en sus dimensiones y según su orientación gran-continental, podrá dar toda la medida de sus propias capacidades subversivas y rupturistas, de cambio total, porque se trata de que nosotros, militantes nacional-revolucionarios europeos, nos encarguemos de movilizar, de organizar urgentemente el apoyo exterior de aquello por lo que nuestra injerencia en el proceso revolucionario indio en curso podrá tomar la importancia absolutamente decisiva que debe ser, en este momento, imperativamente propia: Porque nos corresponde inculcarles la voluntad de cruzar la *línea de paso*, la frontera prohibida entre la acción considerada posible y lo que de antemano se considera imposible, entre el mero activismo nacional y la afirmación confiada, despierta e irrevocable en la elección de los caminos del destino más difícil. Toda empresa revolucionaria grande y decisiva debe ser inspirada secretamente desde el exterior, esta es la regla de hierro de la alta subversión activa. La inversión de los picos será siempre el resultado de un impulso externo, que viene como de arriba, "que viene de otra parte, que viene de fuera". Esta es la dialéctica activa, el planteamiento constitucional mismo de la geopolítica trascendental, que encuentra aquí su campo de aplicación original, pues ¿qué es esto sino el hecho de una intervención externa, de nivel trascendental, en la marcha inmediata de la historia, que eleva su curso y cambia revolucionariamente su orientación en el momento?

Las condiciones para una elevación revolucionaria total de la India actual

Suponiendo que una organización nacional-revolucionaria se acercara lo suficiente al poder central de la India como para considerar la posibilidad de asumir la tarea de definir las primeras medidas fundamentalmente necesarias para los profundos cambios de la sociedad y la historia indias actuales, medidas tendentes a establecer la unidad de las conciencias y las voluntades nacionales que son las únicas que podrían abrir el camino a esa gran Revolución India deseada por las conclusiones de la geopolítica trascendental y su visión del futuro Archipiélago Planetario, ¿cuáles serían esas *primeras medidas*?

Éstas serían dos: superar, mediante un tercer término revolucionario, las tensiones religiosas, en particular entre hindúes y musulmanes, que han desgarrado la historia de la India desde la noche de los tiempos, y superar también la incompatibilidad entre los supervivientes del tronco ario original y los restos actuales de las masas dravídicas históricas.

Esto sólo puede lograrse, de hecho, mediante la completa superación de las dos incompatibilidades en cuestión, la religiosa y la racial, por un tercer término revolucionario considerado superior a los antagonismos en curso. Por el tercer término de la conciencia superior y trascendental de la identidad y predestinación secreta de la India en su proyección imperial final como "centro polar" del Archipiélago Planetario. Y la India sigue siendo, sin embargo, lo que es, es decir, el proyecto de una elevación suprahistórica del hinduismo al concepto original de la Madre India, y el propio hinduismo puede entonces experimentar una evolución interior, implícitamente comprendida en los términos mismos de su tradición de los comienzos y de todos los tiempos, siempre que ésta se entienda bajo una luz esencialmente iniciática.

La tradición hindú, inmutable y sin cambios desde los tiempos védicos e incluso antes, identificándose con la tradición primordial en sus principios y en los desarrollos religiosos regulares de éstos, debe por este mismo hecho contener, y contiene, en sí misma, para dotar al catolicismo y a sí mismo de la última concepción sofística y mariana del mundo, cuyas conclusiones serán las de un catolicismo renovado desde dentro, que proclamará abierta y dogmáticamente la Soberanía Universal de la Virgen, Esposa del Dios Vivo y Única Señora del Cielo y de la Tierra, "María-Durga". Esto significa, por lo tanto, que la contribución teológica y metafísica del hinduismo al catolicismo y a la visión dogmática final de este último dará lugar -o más bien aparecerá- al matrimonio del catolicismo y el hinduismo, la nueva religión imperial de los tiempos del Archipiélago Planetario y de su *Imperium Ultimum*.

La obra y las revelaciones aún ocultas de San Maximiliano Kolbe van precisamente en esta línea, y también es importante señalar las opiniones del suplicante de Auschwitz sobre la conversión final del Japón y el futuro nacimiento en el País del Sol Naciente de un catolicismo solar, radiante e imperial, libre de las tinieblas del abandono y la muerte.

No me detendré en estas consideraciones especiales, cuyo interés para nuestra presente investigación radica, sin embargo, en que plantean, de manera muy explícita, una apertura hacia la liberación y los cambios definitivos de los actuales estorbos religiosos que obstruyen los caminos de la marcha india hacia sus nuevos destinos futuros.

No es menos cierto que un inmenso secreto se esconde en la revelación, todavía bastante oscura, de lo que será la futura boda teológica del hinduismo y el catolicismo, de su transubstanciación mariana al final.

Y, en todo caso, aparece como algo perfectamente cierto que los nuevos cambios que se producen hoy en la gran geopolítica de la India provienen de la interferencia, dentro de los últimos avances de ésta, de una cierta voluntad visionaria imperial, de una conciencia revolucionaria que debe estar ahí como el hecho mismo del paso a la geopolítica trascendental que se ha producido en la marcha de nuestros propios análisis actualmente en curso, como de las exigencias súbitamente paroxísticas de sus propios desarrollos al borde de la ruptura dialéctica: las huellas de la geopolítica trascendental en acción se encuentran como huellas de fuego, como huellas de un paso de más allá del mundo.

Si existe efectivamente una región de investigación en la que la injerencia de la geopolítica trascendental aparece inmediatamente como resultado de una necesidad activa, evidente e irresistible, es en efecto la de la geopolítica actual de la India: la India es hoy el dominio propio de la geopolítica trascendental, donde el ejercicio de esta geopolítica es ahora el único capaz de conducir al resultado salvífico previsto, cuyo tiempo se acerca inexorablemente.

Y también es comprensible, en relación con la injerencia de un cierto adelantamiento religioso previsto, y tal vez ya en marcha, el adelantamiento del hinduismo tradicional hacia un renovado y exaltado catolicismo mariano, injerencia manifestada en los propios términos de nuestra geopolítica trascendental de la India, que éstos puedan ser considerados como una emergencia de la Divina Providencia en acción allí, oculta tras nuestra propia conciencia renovada por los cambios que así se le encomienda llevar a término.

La geopolítica trascendental de la India sólo puede concebirse, por tanto, en sus estados actuales, como una manifestación de la Divina Providencia interviniendo subterráneamente en los últimos arreglos y expectativas de los procedimientos allí, en la India, en preparación para la llegada de los tiempos propios del Archipiélago Planetario, del *Imperium Ultimum*. Actividades ocultas y prohibidas, si es que las hay.

La intervención de los Poderes Negativos

Todo esto se hizo para anunciar que en la India se estaban produciendo acontecimientos considerables, que las antiguas autoridades que habían caído en el sueño dogmático de la retirada del ser estaban a punto de despertar, intactas, para actuar en el marco de una elevación del poder del Espíritu, prevista para los tiempos del Archipiélago Planetario y el establecimiento de la India como su "centro polar": Eso fue todo lo que se necesitó para que surgiera un vórtice de signo contrario, para que las Potencias Negativas al acecho intentaran intervenir para retrasar, para enajenar el trabajo de la renovación del Espíritu que estaba a punto de nacer allí.

Por lo tanto, se lanzó en su momento una campaña de desestabilización para tratar de crear la mayor confusión oscurantista posible, una campaña que -en un nivel subalterno, pero sin embargo extraordinariamente significativo de lo que hay detrás de todo esto- se utiliza para distorsionar las perspectivas históricas, para invertir el orden de las cosas que se han establecido desde hace mucho tiempo, y esto en favor de ciertos llamados "descubrimientos recientes": Niega la superioridad de las invasiones arias en la India sobre las etnias dravídicas locales, intentando hacer de estas últimas las poseedoras de una alta civilización, de las más altas concepciones espirituales, y de los arios las "tribus bárbaras y criminales que huyen de la región del Cáucaso". Así, el propio sánscrito y su escritura, así como los *Vedas*, serían obra de las tribus dravídicas locales, ya que los arios no sabían otra cosa que destruir, devastar las "civilizaciones superiores" que habrían "encontrado sobre el terreno" cuando llegaron allí.

Todo el aparato académico y mediático globalista al servicio del enemigo ontológico entró inmediatamente en acción, para transmitir con fuerza el conjunto sobreactuado de estas aberraciones indecentes y primarias, en un intento de socavar las "doctrinas hitlerianas" de la alta predestinación aria de la India original y, por lo tanto, los actuales intentos de apoyo externo para un retorno de la India a su propia identidad abismal, tal y como prevén activamente los defensores de las tesis vanguardistas revolucionarias de la geopolítica trascendental.

Pero esta intervención directa y un tanto precipitada de las Potencias Negativas no hace sino demostrar la importancia real y ahora decisiva de lo que está ocurriendo en la India en estos momentos en cuanto al resurgimiento de los valores polares suprahistóricos de la antigua India, a los que se suman los avances del extraordinario esfuerzo revolucionario, ya en pleno desarrollo, ante el próximo advenimiento de la Nueva India, a la que se invita a establecerse como "centro polar" del futuro Archipiélago Planetario. Es la propia intensidad y autenticidad del renacimiento tradicional que se está produciendo en la India, la prueba de su poder de despliegue revolucionario en profundidad, lo que ha determinado la puesta en marcha de la reacción negativa suscitada, de todas las reverberaciones que han surgido para impedir su refuerzo y propagación en la continuidad. Detrás de los cretinos y pésimos agentes provocadores de la clase del "lingüista indio", el Dr. Jha, o del Dr. Rajaram, "matemático que también trabaja para la NASA", detrás de los más que sospechosos tejemanejes de un François Gautier, corresponsal del *Figaro* en Nueva Delhi, acechan en la sombra fuerzas formidables para actuar, que habrá que neutralizar. Entre la guarnición de idiotas dañinos de turno, mencionaría también al "indianista americano" David Frawley; éste no tenía derecho a faltar. Es el más infame de todos.

Apoyando la Revolución India celebramos el regreso a las raíces de nuestra propia identidad

En definitiva, ¿qué otra cosa puede querer la geopolítica trascendental que la conspiración que la Divina Providencia mantiene, constantemente reactivada, en la historia en curso, y qué otra cosa pueden querer sus visionarios y sus vigilantes, sus investigadores y sus doctrinarios, que sus agentes secretos en acción en las perimidas fronteras del fin de un mundo?

Por lo tanto, nosotros, los agentes secretos de la geopolítica trascendental, hemos encontrado en el tratamiento actual del asunto indio el campo para el ejercicio de nuestras capacidades revolucionarias más avanzadas, porque es efectivamente la geopolítica trascendental la que está a cargo, hoy, de los destinos de la puesta en marcha del concepto de la nueva Revolución India, y al comprometernos de esta manera en sus barricadas no hacemos más que celebrar nuestro retorno a las fuentes originales de nuestra propia identidad anterior.

Al ir a apoyar, in situ, en los términos de nuestro propio compromiso al servicio de la geopolítica trascendental, la causa del despertar final de la India promovida por la nueva Revolución India en marcha, es el pasado más antiguo de lo que nosotros mismos somos el que nos encontramos reactivando, haciendo revolucionariamente presente de nuevo en la historia, que es también la historia final de nuestro propio devenir. Porque es allí, a orillas del Indo, donde se está forjando nuestro propio destino final y el del Imperio

Euroasiático del Fin, la base histórica para el próximo advenimiento del poder del Archipiélago Planetario y, más allá, del Imperium *Ultimum.*

Desde el punto de vista de nuestra doctrina imperial europea del Gran Continente, es la integración política definitiva de Europa Occidental, Europa Oriental y Rusia, de la Gran Siberia de la India y del Japón lo que constituye el horizonte de nuestra lucha actual. Una lucha que, en una etapa posterior, pasará a la visión de una meta de integración imperial planetaria, donde aparecerá el concepto de Archipiélago Planetario. Es en este punto donde aparecerá la predestinación decisiva de la América romana, encargada de la intervención revolucionaria en los Estados Unidos. Y será también en este segundo período imperial cuando la India alcance el nivel de su destino verdaderamente último, porque en ese momento, debido al desvelamiento de sus propias posiciones geopolíticas finales, será la India la llamada a instituir el "polo centralizador supremo" del Archipiélago Planetario.

Más allá de los abismos aún inexplorados de la historia del mundo en su futuro más lejano, a través de la suma misma de los despliegues en curso de las fuerzas antagónicas en juego de manera ininterrumpida, la India se deja así atrapar, en el presente, como el polo imantado de un poder siempre oculto y fuera de alcance, que parece destinado a extraer el formidable secreto de los logros de la historia desde más allá de la historia, que es el secreto mismo *del Imperium Ultimum.*

La particular relación de la India con la geopolítica trascendental es, como hemos llegado a comprender, un misterio del irracionalismo dogmático, el misterio mismo del sentido providencial de la historia: nosotros, aquellos cuyo honor se llama fidelidad, estamos hechos para hundirnos en él.

CHINA NO PERTENECE A LA COMUNIDAD GRANCONTINENTAL EUROASIÁTICA DE DESTINO

C onvocada por el presidente George Bush el 21 de noviembre de 2001 en Shangai con motivo del Foro de Cooperación Asia-Pacífico (APCF), la conferencia de los "Tres Grandes" -Estados Unidos, Rusia y China- se celebró para definir y acordar una "línea global antiterrorista" tras el atentado del 11 de septiembre de 2001 en Nueva York, Tras el atentado terrorista del 11 de septiembre de 2001 en Nueva York, se definió y acordó una "línea global antiterrorista" que reunió a los presidentes de Rusia y China con el de Estados Unidos.

Sin embargo, me parece bastante evidente que bajo las nuevas urgencias coyunturales relativas a la necesidad de un frente de combate antiterrorista planetario unificado, aunque sólo sea en apariencia, se esconden razones subterráneas, razones de interés particular para cada uno de los tres participantes, que llevaron a los "tres grandes" a manifestar, el 21 de noviembre de 2001, en Shangai, su identidad de visión operativa en relación con la acción conjunta en la que estaban así comprometidos a la llamada de George Bush.

A Rusia le interesa sobremanera estar presente en un frente común de acción, comprometida, desde ahora, sin ninguna reserva ni freno ideológico-democrático, en una lucha de dimensiones planetarias y de decisión decidida contra el Islam fundamentalista y sus estrategias terroristas revolucionarias, que le permita integrar su propia lucha en curso contra la sedición subversiva de Chechenia y las relaciones que ésta tiene con los actuales casos de terrorismo revolucionario islamista a nivel mundial. Así, el principal pretexto que la conspiración socializadora y comunista en el poder en Europa Occidental utiliza para justificar el proceso de cerco y aislamiento de Rusia, que es la "guerra antidemocrática" emprendida por Rusia en Chechenia, queda suspendido al mismo tiempo.

China, por su parte, lo ve como una forma de acallar, aunque sólo sea temporalmente, los intensos agravios que le lanzan constantemente desde el exterior por su desnacionalización forzada y su opresión política permanente en el Tíbet ocupado, y por la presión que mantiene contra Taiwán; así como su total libertad de acción contra las actividades separatistas de sus minorías islamistas revolucionarias uigures; por no hablar de la aceleración efectiva del proceso -que aún se prolonga- de su admisión en el círculo de apertura económica y comercio mundial de la OMC. Al acercarse a Estados Unidos y a Rusia, China está bloqueando las tensiones cada vez más hiperactivas que se manifiestan contra sus actuales posiciones exteriores, mientras que internamente las tensiones extremas responden a ellas, exacerbándose mutuamente; sin querer reconocerlo, está encontrando en ello una inesperada oportunidad para una tregua estratégica que le permita *recuperar el aliento*. Esto no es una hazaña en una situación de crisis grave y encubierta como la que se vive actualmente. China está ahora preparada para hacer cualquier cosa, y lo va a hacer.

Sin embargo, en lo que respecta a Estados Unidos, las cosas eran de hecho algo más complejas. Porque, si sabemos que el actual "gran diseño" presidencial de George Bus h apunta a la constitución en un futuro próximo de una triple articulación planetaria -Estados Unidos, Europa, Rusia- que justifique el predominio de facto de Estados Unidos sobre el conjunto del "campo occidental", Se trata de un punto de inflexión que habría que negociar en términos de una verdadera revolución ideológico-estratégica que cambiara todos los datos de la actualidad, pero no es menos cierto que otra opción geopolítica fundamental persiste en obsesionar a los círculos ocultos donde se toman las principales decisiones relativas al destino de Estados Unidos. A saber, la opción de un acercamiento entre China y Estados Unidos, que convertiría a China en la cabeza de puente político-estratégica con un profundo impacto en el interior de la "Gran Isla" euroasiática, dando acceso a Estados Unidos a sus flancos oriental, nororiental y suroriental. Esto neutraliza las posiciones fundamentales del gran continente euroasiático y del bloque imperial que debería constituir, a largo plazo, el marco político-estratégico operativo, es decir, el eje París-Berlín-Moscú-Nueva Delhi-Tokio, y hace que la aplicación del concepto político visionario de Karl Haushofer, retomado por el general De Gaulle y continuado por Vladimir Putin, el concepto geopolítico supremo del *bloque kontinental, sea* muy crítica.

El hecho de que Estados Unidos haya decidido ganar un punto de apoyo político y militar en Asia Central -en Afganistán, y en Pakistán- en su actual operación contra la organización terrorista global del islamismo revolucionario liderada por Osama Bin Laden, Al Qaeda, demuestra que los funcionarios supremos de Washington ya han tomado una importante decisión, una elección que parece ir en la dirección de la adopción definitiva de la línea del "Gran Pacífico", y que implica el acercamiento de Estados Unidos y China en una vasta empresa destinada a convertir la "Gran Isla" euroasiática en el este del continente asediado, al tiempo que se apodera de su centro (lo que ya está ocurriendo).

Sin embargo, China, atrapada en una pinza por Rusia, India y Japón, se encuentra en una situación extremadamente precaria desde el principio, sobre todo porque Vietnam y Mongolia, por no hablar del Tíbet, forman parte orgánica del continente euroasiático representado por Rusia en la actualidad.

Pero las verdaderas decisiones se toman en otras profundidades de la historia, más ocultas, fuera de la atención de los imprevistos, en profundidades trascendentales, "oceánicas".

¿Qué justificaciones suprahistóricas?

Dicho esto, y aunque las "razones subterráneas", las razones "ocultas por interés", por "intereses particulares", hayan empujado a Rusia y a China a convertirse en actores de la actual empresa antiterrorista planetaria emprendida por Estados Unidos para acabar con el islamismo fundamentalista y sus sangrientas conspiraciones, Aunque seamos más o menos conscientes de ello, también hay que tener en cuenta la dialéctica activa que duplica todo, en la sombra, en nombre de los poderes, en nombre de las instancias abismales de la mayor "historia". Se trata, en realidad, de instancias no humanas, suprahistóricas, "externas", "cósmicas", que determinan los giros impuestos, "irracionales", que rigen los cambios bruscos del régimen ontológico de la historia, según razones y justificaciones ocultas, "sobrecodificadas", cuyos secretos no estamos en absoluto capacitados para penetrar.

Como comprendió perfectamente Grasset d'Orcet, la historia visible no es, en realidad, más que la fachada de distracción de la "otra historia", que hace que todo lo que vive exista sólo de otras maneras.

Por ello, considero que es precisamente desde esta especial perspectiva que debemos considerar las razones -las verdaderas razones, que pueden no serlo- de los cambios bastante inesperados y profundos que acaban de producirse en la actual coyuntura político-histórica planetaria. Cambios que se supone que dicen *algo*, pero que *aún no podemos entender, algo distinto de lo que parecen decir a primera vista*. Y quizás incluso los propios participantes no sean conscientes de ello.

El compromiso político-estratégico conjunto de Estados Unidos, Rusia y China que se nos mostró el 21 de octubre de 2001 en Shanghai es, en realidad, algo muy distinto de lo que pretende ser: esto es lo que debemos saber, porque está en juego nuestro propio destino.

Estamos librando una batalla de doble identidad, que es el "reverso de la historia contemporánea" que Balzac había vislumbrado en su tiempo...

Las tesis geopolíticas de Guido Giannettini sobre China

En cualquier caso, hay un misterio constitucional de China, que siempre se ha mantenido encerrada en sí misma: no fue como una línea de defensa contra el mundo exterior que se erigió la Muralla China, sino para evitar que la propia China fuera atraída por el mundo exterior, para que se mantuviera exclusivamente orientada hacia el interior.

De hecho, China, tal y como la conocemos, o creemos conocerla, no existe, ni ha existido nunca.

China es sólo el avance, hacia el interior del "Gran Continente" euroasiático, del Pacífico, de Insulindia y de todas esas islas volcánicas, supervivientes de "algo más", nocturnas, sumidas en una sombra sospechosa, desgarradas, pertenecientes a otra temporalidad, Son el dominio original de otros tiempos y otros espacios, y por lo tanto no tienen nada en común con las razas europeas, mongolas o uralo-altaicas, que sabemos que siempre han sido las del "Gran Continente", y que también pueblan el norte de China.

Porque hay dos Chinas: la China del Norte mongólica y uralo-altaica y la China del Sur, que no es más que una colonización nocturna de Insulindia y lo que ésta representa real y simbólicamente. El norte de China no es más que una tierra europea uralo-altaica, una tierra imperial euroasiática.

En su libro *Pekino tra Washington e Mosca*, publicado en 1972 en Roma, Guido Giannettini escribió en el último capítulo, titulado *La conquista de la Tierra Media:*

Desde el punto de vista histórico, étnico y geopolítico, la verdadera China no va más allá del valle de HoangHo en el norte -con la excepción de algunos enclaves en el noreste- y de la región de Kansu-Setchouan en el oeste. Más allá de estos territorios, a pesar de las iniciativas chinas para desnacionalizarlos, siguen viviendo en ellos pueblos urales-altaicos, es decir, turcos, mongoles, tibetanos e incluso indoeuropeos.

Existe una profunda diferencia de raza, lengua, civilización, historia, costumbres y carácter entre los urales-altaicos y los chinos. En todos estos aspectos, los primeros están más cerca de los indoeuropeos, con los que a veces se han mezclado a lo largo de los milenios. Los chinos, en cambio, estuvieron vinculados desde el principio a los pueblos de Indochina-Insulindia y del Pacífico. El Estado chino nació históricamente de la conquista del país por parte de las razas urales-altaicas (y, por una vez, indoeuropeas)".

En apoyo de nuestras propias posiciones sobre la identidad oculta de China, cito a continuación las cinco tesis geopolíticas fundamentales de Guido Giannettini, que tomo prestadas del libro citado:

(1) "Desde el punto de vista histórico y geopolítico, los territorios habitados por los pueblos urales-altaicos, los tibetanos y el pequeño grupo ario representan la frontera entre el continente euroasiático y la zona del Pacífico". En realidad, la línea divisoria entre Europa y Asia situada en las modestas colinas de los Montes Urales es artificial y contradice tanto la historia como la geopolítica. Los Urales nunca han separado a Europa de Asia: desde la prehistoria hasta la Edad Media, los territorios de Asia Central han estado más cerca de Europa que de China (esto explica, al menos en parte, por qué los rusos, y no los chinos, están en Vladivostok).

(2) "Resumamos, pues, que la frontera entre el mundo occidental y el oriental no está en los Urales, sino en los montes Altai. Esto significa que es un error hablar de dos continentes, Europa y Asia: en realidad hay que considerar Eurasia y el subcontinente asiático. La primera no es la Eurasia teórica de los tratados de geografía, formada por la suma de Europa y Asia "oficial": y que no lo es se deduce fácilmente de lo demostrado hasta ahora.

En el subcontinente asiático se incluyen la India, Indochina, Indonesia, la China auténticamente "china" -véase lo dicho anteriormente- y también, de hecho, las islas grandes y pequeñas de Oceanía. El subcontinente asiático se proyecta sobre el gran océano primordial, el Pacífico, que lo conecta estrechamente con la franja occidental de América Latina, la franja de las antiguas culturas precolombinas, todavía habitada por fuertes grupos étnicos indios. La comunidad de los pueblos del Pacífico tiene una realidad histórica propia, que siempre recibe nuevas conformaciones de los estudios sobre el tema, así como una realidad política moderna en el empuje estadounidense hacia el Lejano Oeste, un empuje que ha influido en el acuerdo entre Washington y Pekín más de lo que se cree".

Ahora bien, si quisiéramos indicar un paseo fronterizo entre Eurasia y el subcontinente asiático, tendríamos que señalar los siguientes países: la península de Anatolia, las montañas del Kurdistán, la meseta esteparia de Jorasán, Sin-Kiang, Chinghai, Mongolia, Khingan, Japón. Estos países, enumerados de oeste a este, representan la "tierra media", la región de paso obligado de los antiguos contactos comerciales e invasiones entre el continente euroasiático y el mundo oceánico.

(3) "Hoy en día, la "Tierra Media" de Asia Central -que debe considerarse en esencia como el escalón oriental de un *Heartland* euroasiático más centralizado, en relación con la masa principal de masas terrestres, de lo que era el *Heartland* de Mackinder- se encuentra en una situación inestable, siendo en parte territorio ruso, en parte territorio chino, en parte independiente (Turquía, Irán, Afganistán, Japón). Por tanto, su parte central, la más importante, se la disputan rusos y chinos, y ésta es la causa más profunda de la disputa entre Moscú y Pekín. La lucha por la posesión de la "Tierra Media" se ha suspendido temporalmente debido a la intervención estadounidense, pero tarde o temprano tendrá que reavivarse. Esta lucha sólo puede terminar de dos maneras: con los chinos en el Volga, o con los rusos en la Gran Muralla, en el glacis oriental de la "Tierra Media".

(4) "Estados Unidos, que hasta 1968 había seguido una política de aislamiento y represión de China -enfrentando a Taipei con Pekín y viceversa-, desarrolló en 1968 una contraestrategia que, al apoyar a China, impidió la operación militar rusa en el Este. La contraestrategia estadounidense no sólo perjudicó a Rusia, sino que se volvió contra Japón, el enemigo económico y tecnológico número uno de Estados Unidos (incluso antes que Europa y Rusia)".

De esta evolución parecen surgir ahora dos grandes bloques con intereses opuestos: el bloque ruso-japonés y el bloque estadounidense. Estos dos bloques saben que su destino y el de todo el mundo dependerá del resultado de la lucha por la conquista de la "Tierra Media", una lucha que sólo se pospone en el tiempo, pero que es inevitable.

(5) "Frente a Eurasia, el corazón de la principal masa de tierra, se alza el gran océano primordial, el Pacífico, que hoy ha encontrado su eje no sólo geográfico, sino también político, en el paralelo 40' de Washington y Pekín. Disputado por dos mundos, el paseo fronterizo, la "tierra del medio". Y al igual que hace cuatro mil años, la posesión de la "tierra media" sigue interesando a los descendientes europeos del antiguo *"Reitervolker de* las estepas".

De hecho, si el Drang *nach Osten* de Hitler hubiera tenido éxito, Europa (pero, sobre todo, Eurasia) estaría hoy en primera línea en los montes Altai y en las fronteras del Sin-Kiang. Esto no ocurrió porque las mismas fuerzas ahora aliadas con China lograron impedir la unificación pacífica del continente euroasiático -que tanto Hitler como Stalin parecían perseguir- y luego el intento de unificación por las armas. Pero el fondo de las cosas no ha cambiado. Europa renacerá y no podrá escapar al fatal *Endkampf* por la conquista de la "Tierra Media", una lucha final que también decidirá su destino.

A continuación, Guido Giannettini cita un documento sumamente revelador para la profunda problemática de China, publicado en el número 6, de 1968, de la revista no oficial soviética *Mezdunarodnya Zhizn* :

La plataforma político-ideológica del grupo de Mao Tse-Tung en el ámbito de la política exterior puede entenderse a la luz de un hecho histórico: el grupo dirigente de la antigua China, a lo largo de muchos siglos, inculcó al pueblo la idea de la supremacía de todo lo chino, de China como centro de la civilización mundial, como la principal Potencia del mundo. Las contradicciones entre estas concepciones y la situación real, especialmente en el periodo en que China se había convertido en un país semicolonial, dieron lugar a una exacerbación extrema de los sentimientos nacionales, a la aspiración de reconstruir el antiguo poder de China a cualquier precio. En los últimos años, la doctrina de la política exterior china ha sido penetrada cada vez más por los maoístas con la idea de la supremacía de China sobre todos los pueblos en desarrollo. Para apuntalar sus tendencias hegemónicas, el grupo de Mao no desdeñó utilizar conceptos como el sinocentrismo, herencia de los feudales chinos y de la reacción de Chiang Kai-shek, y prejuicios propios del nacionalismo Han. La propaganda china revisa la historia del mundo, exagerando el papel de China y de la raza amarilla.

Europa debe reclamar la mitad norte de China

Que Hitler haya desaprovechado totalmente su oportunidad, no hay ciertamente nada de qué quejarse, pero, en cambio, que el General de Gaulle tampoco haya tenido éxito en la suya, eso es un verdadero desastre. Un desastre político e histórico fatal, por el que aún no hemos terminado de pagar.

Basta con saber mirar hacia atrás, para cuestionar los hechos de un pasado todavía relativamente reciente. En 1949, el General de Gaulle dijo: "Yo digo que Europa debe construirse sobre la base de un acuerdo entre los franceses y los alemanes. Una vez que Europa se construya sobre esta base, podremos dirigirnos a Rusia. Entonces podremos intentar, de una vez por todas, construir toda Europa también con Rusia, aunque cambie de régimen. Ese es el programa de los verdaderos europeos. Eso es mío.

Una vez más, fue en 1949 cuando el General de Gaulle hizo estas declaraciones, durante una conferencia de prensa bastante visionaria. El genio político del general De Gaulle, apoyado en una inspiración suprahistórica, trascendental, había visto así, con unos cincuenta años de antelación, y con una claridad y precisión asombrosas, cuál es el problema fundamental, el problema actual de la gran Europa continental euroasiática, y que es también, en la actualidad, el problema del destino final de una civilización que se enfrenta trágicamente al peligro de su desaparición en un futuro próximo. Es el problema de la reintegración federal total de Europa, incluida Rusia, de la reintegración imperial del Gran Continente Euroasiático y, por tanto, del advenimiento del *Imperium Ultimum*. *Una* reintegración imperial definitiva que, en las circunstancias visibles e invisibles de la actual coyuntura político-histórica planetaria, sólo puede lograrse contra Estados Unidos y China.

Sin embargo, la reincorporación de China a la actual situación de tensiones y sobresaltos mundiales, que supo negociar muy eficazmente durante la crisis abierta por la ofensiva de Estados Unidos contra el terrorismo islamista, pone de manifiesto de forma abrupta la urgente necesidad de un cambio significativo en la actitud de la Europa continental hacia China, que vuelve a ser relevante, movilizando nuestra atención e interviniendo en nuestra propia planificación política y estratégica del momento.

China nos obliga así a cambiar nuestra actitud que, en cualquier caso, no puede ser otra que la de tener en cuenta a la China del Norte -que entonces tendremos que jugar contra la China del Sur, contra la "China oceánica" según los términos de Guido Giannettini, mediante la gestión especial de nuestras propias posiciones geopolíticas. En otras palabras, añadiendo el norte de China al eje continental euroasiático fundamental París-Berlín-Moscú-Nueva Delhi-Tokio.

Esto es esencialmente una tarea para Rusia, que también tendrá que negociar, con la India y Japón, las potencias directamente interesadas en la zona, este giro parcial de nuestras propias grandes posiciones continentales, integrando el norte de China en el campo imperial euroasiático.

Y ello teniendo en cuenta la actitud de Estados Unidos ante este nuevo punto de inflexión, que marcará la apertura de una nueva era en Asia, la del retorno de cierta China -de la China no china- a su anterior comunidad de destino. Un símbolo formidable, si alguna vez lo hubo, para los partidarios del campo enemigo del nuestro, y enemigo, por lo mismo, del retorno de China a su propia identidad oculta.

Despertar operativamente, en el seno de la China actual, una conciencia revolucionaria completamente nueva de su identidad continental, "septentrional", opuesta, en términos de secesión a corto plazo, a su componente adúltera, meridional y "oceánica", ajena al ethos vivo y a los destinos específicos y diferentes de la China que ha hecho su gran retorno a sí misma, representa, sin embargo, una tarea considerable, de importancia y dimensiones verdaderamente sísmicas.

Al mismo tiempo, me parece evidente que surgirán innumerables problemas en relación con la implantación de la China del Norte, que tendrán que ser tratados por un mando político-estratégico central unificado, y que este mando tendrá que comenzar sus actividades acelerando la elaboración de una base doctrinal minuciosa y exhaustiva comprometida con la definición de las razones político-históricas e ideológicas de la lucha por la liberación de la "China no china", y su dialéctica activa. Debía crearse un mando unificado, inicialmente en Moscú, que incluyera, además de los cuadros político-administrativos rusos y su parte china, representantes de toda la comunidad imperial euroasiática. Una revolucionaria ola sísmica recorrerá entonces toda Asia, cambiando la tectónica de las fuerzas que actúan dentro y fuera de China.

Pero hay mucho más. Pues el movimiento identitario secesionista de China, que está llamado a reenfocar su interior no chino, acabará encontrando un movimiento secesionista análogo dentro de los propios Estados Unidos.

¿No exige el destino profundo de los Estados Unidos que se dividan -en términos de una última guerra civil contrasecesionista, reproduciendo a la inversa la Guerra Civil de 1861-1865- entre una parte nacional republicana sana, ontológicamente viva y salvable, y una parte democráticamente autodestructiva, irremediablemente alienada en posiciones cada vez más izquierdistas, socialmente podrida y, en términos de conciencia, totalmente depravada.

Ahora bien, así como el actual centro de decisión del gran continente euroasiático está ontológicamente obligado a intervenir en China en un futuro próximo, para hacer emerger revolucionariamente el polo interno de afirmación secesionista de la China del Norte, la comunidad imperial euroasiática está también obligada, ontológicamente, a intervenir en la guerra civil interna americana, en su guerra contrasecesionista, que no puede dejar de producirse, para apoyar con fuerza el polo revolucionario nacional republicano frente a la parte democrática democratizante y autodestructiva. Hay planes para que el continente sudamericano, liberado y movilizado en torno a un polo de integración continental revolucionario de orientación nacional, en estado de reverberación profunda y total con las posiciones imperiales euroasiáticas, preste apoyo de combate cercano a las fuerzas nacionales republicanas antineoplásicas estadounidenses en su enfrentamiento final con el enemigo interno subyugado a las potencias negativas existentes y, por el momento, todopoderosas (o que lo parecen). Los planes operativos existen, repito, pero también deben ser capaces de pasar la prueba de la acción sobre el terreno, que siempre implica un elemento de imprevisibilidad, a menudo equívoco, y decepcionante. Y, sin embargo, estoy convencido de que nunca hay que dejarse impresionar, nunca hay que dudar en seguir adelante, nunca hay que dudar en dar *el* paso.

La historia es una profecía

Se ha dicho que, tal y como están las cosas, "China no pertenece a la comunidad grancontinental euroasiática del destino". Pero, gracias a la avanzada investigación geopolítica de Guido Giannettini, hemos encontrado la respuesta a esta situación aparentemente definitiva de "no ganar".

Así pues, el nuevo giro que la investigación de Guido Giannettini impondrá a nuestras posiciones geopolíticas imperiales euroasiáticas exige que contribuyamos de forma decisiva, en nuestras elecciones, a la dimensión visionaria y profética de la marcha de la historia, que, para el resto de nosotros, siempre estará dirigida, en secreto, por los inspirados, por los agentes predestinados de la "gran historia" en curso. La historia es una profecía. En este sentido, tomamos el ejemplo del general De Gaulle que, como hemos visto, ya en 1949, concibió la Gran Europa Continental Euroasiática como la movilización de todos los países de Europa en torno al Polo Carolingio franco-alemán, incluyendo a Rusia como parte plenamente participante, "aunque ello suponga un cambio de régimen".

El problema geopolítico de China, correctamente planteado, nos concierne de manera "directa y total", proponiendo una nueva dirección de compromiso político-estratégico revolucionario en el marco de nuestra actual lucha imperial euroasiática en su conjunto. Una lucha que perturbará profundamente a toda la Gran Asia.

Es de manera profética, esencialmente profética, como hemos comprendido, que el destino de China nos concierne, nos compromete a actuar, a intervenir directamente en la historia. ¿Le parece que esta tarea que nos imponemos es imposible de realizar? No para nosotros, que actuamos en otras dimensiones de la historia. En la historia, más allá de la historia.

NECESITAMOS URGENTEMENTE ADOPTAR UNA POSICIÓN IDEOLÓGICA Y ESTRATÉGICA

La actual contraofensiva general de Estados Unidos contra la reunificación continental euroasiática

El espectro de un peligro mortal se cierne ahora sobre Estados Unidos: el espectro de la aparición, en un futuro próximo, de un gran imperio continental euroasiático movilizado en torno al eje imperial París-Berlín-Moscú-Nueva Delhi-Tokio.

Porque el problema así planteado parece ser a la vez de una importancia y una simplicidad prodigiosas: Si la "isla euroasiática" consiguió recuperar su anterior unidad polar, una unidad que debe considerarse en cierto modo supratemporal, para recuperar su predestinación imperial contenida implícitamente en los propios datos del problema, si este gran imperio euroasiático, que se extiende "de Tokio a Dublín", surgiera ofensivamente sobre la faz de la historia mundial actual, Estados Unidos dejaría de ser la única superpotencia planetaria total que es en la actualidad, y que quiere ser, hegemónicamente, en el futuro, para encontrarse degradada al rango de una potencia de segundo, si no de tercer orden.

Lo que, obviamente, los Estados Unidos, constituidos, en la actualidad, como la "primera superpotencia planetaria", no pueden resignarse a considerar. De ahí la constante, imperiosamente fundamental, de cualquier proyecto geopolítico americano de dimensiones decisivas, presente o futuro: impedir por todos los medios, incluso los más peligrosamente aventurados -incluido, en última instancia, el propio riesgo de una conflagración nuclear planetaria- que el gran continente euroasiático pueda recuperar en un futuro próximo su propia comunidad de destino histórico y suprahistórico, su unidad imperial definitiva.

Ahora, cuando el movimiento de reintegración imperial del continente euroasiático empieza a tomar cada vez más forma, los círculos de decisión ocultos de Washington que prevén confidencialmente la marcha hacia delante del destino político de los Estados Unidos acaban de darse cuenta de que tenían que tomar la iniciativa -que *había llegado el momento*- de anticiparse a lo que se está haciendo en Europa y, por tanto, en todo el "Gran Continente" euroasiático. Que pasen, por tanto, de forma repentina, y "como si se adelantaran a un movimiento", a una contraofensiva político-estratégica planetaria destinada a impedir la emergencia efectiva de una reintegración imperial gran-continental europea. Y esta contraofensiva estadounidense se está volviendo urgente, y más que urgente, debido a la toma de poder en Moscú por parte del presidente Vladimir Putin, que ya parece estar firmemente decidido a asumir, personalmente, la dirección política de esta reintegración imperial gran-continental europea, contra la que Estados Unidos está en estos momentos realmente dispuesto a jugárselo todo. Y ahora mismo.

Así, la intervención político-militar de Estados Unidos contra Serbia, en el sureste de Europa, con el falso pretexto de defender a las minorías islámicas bosnias y kosovares -cuando en realidad fueron ellos los agresores, y en todo caso Estados Unidos no tuvo nada que ver con este conflicto interno europeo- marca el inicio de la actual guerra planetaria que libra la conspiración globalista de Estados Unidos contra el continente europeo. La actual guerra planetaria es la continuación abierta de una guerra política librada secretamente por Estados Unidos contra la reunificación del continente europeo, y en particular contra Francia, desde el final de la Segunda Guerra Mundial, cuando el general De Gaulle había dado ya en 1949 la primera señal de alarma para la reunificación del continente europeo en el sentido de su total integración imperial.

De hecho, fue en 1949 cuando el general De Gaulle mencionó proféticamente por primera vez el concepto de una Gran Europa centrada en el Polo Carolingio franco-alemán en relación directa y fundamental con Rusia, durante una conferencia de prensa celebrada al respecto. Yo digo que hay que construir Europa", declaró el general De Gaulle en 1949, "sobre la base de un acuerdo entre franceses y alemanes. Una vez que Europa se haya construido sobre esta base, podremos dirigirnos a Rusia. Entonces podremos intentar, de una vez por todas, construir toda Europa también con Rusia, aunque cambie de régimen. Estos son los programas de los verdaderos europeos. Este es el mío.

En la actualidad, la empresa de guerra política total que lleva a cabo Estados Unidos contra la reintegración continental "euroasiática", una reintegración en proceso de surgimiento revolucionario, tiene cinco direcciones estratégicas ofensivas principales:

(**1**) el de la desestabilización política permanente de Europa,

(**2**) el del cerco estratégico-político de Rusia,

(**3**) el de las inversiones político-militares en el sureste de Europa y Asia Central,

(**4**) la de la empresa estratégico-diversionista que intenta oponer al bloque continental europeo el "bloque del Pacífico", que incluye, básicamente, a China, una base avanzada hacia el centro geopolítico del continente euroasiático constituida como cabeza de puente para los Estados Unidos, y

(**5**) la que prevé la inclusión de Europa y Rusia en una falsa Unidad "Atlántica" formada por EE.UU., Europa y China, donde EE.UU. ostentaría un poder hegemónico de bloqueo decisivo, con una orientación anticontinental y antiimperial europea. Aunque dialécticamente antagónicas, las direcciones estratégicas ofensivas (4) y (5) que actualmente explota EEUU, también están dialécticamente dentro del mismo frente de ataque estadounidense, un *frente de ataque dialéctico*. Porque se trata de una guerra dialéctica secreta que enfrenta actualmente a la conspiración globalista estadounidense con las potencias del gran continente euroasiático, ya estratégicamente activas, incluso sobreactuadas, que han aceptado el desafío que se les acaba de presentar.

Así, desde el Atlántico hasta el Pacífico, Estados Unidos está llevando a cabo su gran contraofensiva política y estratégica, destinada a bloquear y neutralizar el surgimiento del movimiento imperial de la Gran Europa.

Las cinco direcciones actuales de la contraofensiva estratégica estadounidense contra la Gran Europa

Las cinco principales direcciones ofensivas de la actual contraestrategia estadounidense para la eventual aparición de una reintegración imperial de la Europa continental y, por tanto, del "Gran Continente" euroasiático, parecen ser las siguientes, cada una de las cuales analizaré en función de su compromiso conceptual básico y de sus desarrollos político-estratégicos en acción:

(1) Con el fin de impedir que las naciones europeas recuperen finalmente su propia conciencia nacional, Washington ha estado tratando, durante los últimos cincuenta años, de imponer e instalar subversivamente, en toda Europa, regímenes "democráticos", ya sean liberales o socialdemócratas, social-comunistas o de izquierda (de hecho, trotskistas bajo la máscara de distracción del socialismo, como es el caso actual de Francia). Y esta estructura de situación se revela de manera bastante flagrante en Francia, dirección fundamental de ataque de la empresa de subversión antinacional de la conspiración globalista estadounidense que actúa en Europa.

En efecto, desde 1945, la historia interna de Francia es la historia de la lucha subterránea, solapada, implacable y constantemente renovada entre, por un lado, la acción subversiva de los servicios secretos de Washington encargados de perseguir la autodestrucción política de Francia, para impedir que los poderes nacionales franceses lleguen al poder, y, por otra parte, la voluntad -cada vez más debilitada, cada vez más alienada- de *volverse hacia el interior de* Francia y de sus fuerzas nacionales para volver a ser enteramente responsables de sus propios destinos político-históricos. En otras palabras, eliminar totalmente la intolerable y mortal mancha de las oscuras fuerzas antinacionales que se esconden detrás de la subversión socialista-comunista, "trotskista", que se mantuvo en el poder sólo a través del permanente engaño organizado de elecciones distorsionadas de antemano por la apropiación subversiva y el control subterráneo de la conciencia -y la inconsciencia- de las masas así totalmente manipuladas en la continuidad.

Así, la llegada al poder del general De Gaulle y la acción político-estratégica del gaullismo fueron siempre consideradas por Washington como un accidente que había que eliminar a toda costa y por todos los medios. De ahí la gran empresa llevada a cabo a través de la sublevación antinacional de 1968, que de todas formas acabaría superando al gaullismo. Y más tarde, toda la serie de huelgas insurreccionales controladas a distancia por Washington, en particular a través de la central sindical FO y de su dirigente, Marc Blondel, totalmente sometido a su entorno trotskista, cuando el primer ministro Alain Juppé había intentado enderezar de nuevo a Francia, mediante una reconsideración revolucionaria de sus estructuras políticas y administrativas, y enderezar, al mismo tiempo, el eje franco-alemán y la línea gaullista de la Gran Europa.

La autodestrucción político-histórica de Francia, perseguida sin descanso por Estados Unidos, se justificaba por el hecho de que a Francia le correspondía liderar la realización operativa de la Gran Europa -a través del polo carolingio franco-alemán y de su gran política de integración europea de Rusia- hacia el cumplimiento de su destino imperial gran-continental, "euroasiático". Si Francia se encuentra -como es el caso ahora- en un estado de autodestrucción avanzada, e incluso, quizás, de autodestrucción ya completada, todo el gran edificio imperial europeo en proceso de construcción se derrumba por ese mismo hecho. Y esto es precisamente lo que está ocurriendo en este momento. Y, desintegrado, el polo carolingio franco-alemán se desharía, Rusia se vería, por este mismo hecho, enfrentada en su revolucionario diálogo grancontinental con toda Europa occidental, y la India y Japón se verían reducidos a un diálogo truncado sólo con Rusia.

Por ello, en la actualidad, el canciller alemán Gerhard Schröder intenta mantener, sólo con Alemania, la línea de la Gran Europa del Polo Carolingio en un estado de diálogo permanente con Rusia. Ausente del corazón de Europa, al igual que ha terminado por ausentarse de sí misma, Francia está destronando todo el conjunto de lo que fue concebido como el pilar central, la entidad revolucionaria axial que debe asumir la responsabilidad visible de la reunión de las fuerzas imperiales que constituyen la Gran Europa.

Con Francia así destruida, toda Europa -de la Gran Europa- queda destruida por la actual ofensiva contraestratégica que persigue implacablemente Estados Unidos para bloquear el surgimiento de una comunidad de destino europea, "euroasiática", grancontinental. Así, la destitución político-histórica de Francia constituye el objetivo contraestratégico supremo de la actual gran política oculta de Washington, que tiene como prioridad absoluta la neutralización y el sometimiento político incondicional y permanente de Europa. De esta gran Europa continental que constituye, para hoy y para el futuro, el único peligro real para la seguridad exterior de los Estados Unidos. De la que la actual ofensiva antieuropea no es en realidad más que una defensa permanente y preventiva, disfrazada, operativamente oculta.

(2) Pero también se da el caso de que, de una manera bastante inesperada -como para compensar la autodestrucción en curso del polo carolingio franco-alemán debido a la deserción de Francia y a su actual desmantelamiento político- el centro de gravedad geopolítico de Europa se ha desplazado repentinamente de Europa Occidental a Europa Oriental, a Rusia. Rusia, con la llegada al poder de Vladimir Putin, parece haber decidido asumir como potencia predestinada a forzar, impulsar y controlar el surgimiento definitivo de la mayor Europa continental, "euroasiática", La "Nueva Rusia" de Vladimir Putin, retomando así la doctrina del "gaullismo del fin" -heredada del concepto geopolítico fundamental de *Kontinentalblock* forjado por Karl Haushofer- en relación con el eje transcontinental París-Berlín-Moscú-Nueva Delhi-Tokio.

Sin embargo, habiéndose liberado ya del comunismo, a Rusia le quedaba todavía un largo camino en la oscuridad antes de que Vladimir Putin llegara a tomar el poder presidencial, y recuperara el horizonte de salvación y liberación, verdaderamente *definitivo*, de la "Nueva Rusia" cuyo destino revolucionario tomó en sus manos inmediatamente después, así como su anterior identidad imperial reiniciada. Milagrosamente reiniciado, providencialmente intacto, vivo, inspirado, fundado en la santidad.

Ahora sabemos que la autodisolución de la Unión Soviética fue -al menos en el primer nivel político- el resultado de un largo y extraordinario trabajo - un largo y subterráneo trabajo político-estratégico- de Washington, que, habiendo convertido inicialmente al embajador de la Unión Soviética en Ottawa, en Canadá, Alexander Yakovlev, había logrado entonces colocarlo con Mijaíl Gorbachov, de modo que juntos procedieron a una operación de alta cosmética política, de reconsideración más o menos "democrática" de la Unión Soviética. Esta operación se había desviado -con la ayuda, en la sombra, de ciertos servicios estratégicos ultrasecretos de Bonn, especialmente movilizados para esta tarea- porque en lugar de la "democratización" aproximada deseada por las jerarquías soviéticas, que habían entrado en crisis, fue el propio fin de la Unión Soviética el que finalmente tuvo lugar, en una reunión conspirativa, presidida por Boris Yeltsin, en un "pabellón de caza en el bosque de Bialovej, cerca de la frontera con Polonia". El 8 de diciembre de 1991, y no sin algunos peligros inmediatos.

Sólo han pasado diez años desde entonces. Y sólo Helmut Kohl debería ser capaz de recordar a quién debemos dar las gracias -a qué funcionario alemán sin nombre y sin rostro a cargo de ciertos servicios especiales alemanes de alto secreto- por el "giro decisivo", por el "giro nacional" que pudo dar entonces Rusia, en plena transformación ontológica, la "Rusia poscomunista". Y agradecer de nuevo a Helmut Kohl la "aparición milagrosa" de Vladimir Putin que, como sabemos, tuvo que trabajar en Alemania durante mucho tiempo y que, desde su llegada al Kremlin, ha sido capaz de devolver a Rusia a su propio destino nacional y suprahistórico. Y Vladimir Putin, por su parte, sabiendo recordar, reconoce lo que la Rusia de hoy debe a Alemania, como demostró el 25 de septiembre de 2001 en Berlín, ante el canciller Gerhard Schröder y todo su gobierno, ante todo el Bundestag. Y más aún porque hablaba exclusivamente en alemán, con un acento perfecto y sin errores. ¿Y cómo no dejarse tentar por el mensaje confidencial de las señales?

Por lo tanto, es bastante obvio que Estados Unidos se moviliza ahora por un imperativo categórico para garantizar que el diseño imperial "euroasiático" y grancontinental de Vladimir Putin no pueda *realizarse, no pueda tomar forma*. Esto, por supuesto, teniendo cuidado de evitar la conflagración definitiva, *la prueba nuclear*.

De ahí la actual "Inversión Estratégica *Progresiva*" (IEP) de Washington en las zonas críticas y de control, las "zonas decisivas" del espacio geopolítico interior del continente euroasiático: impedir política y económicamente que Rusia no pueda recuperarse de forma significativa, "total y ofensiva", y tomar posiciones estratégicas -la doctrina de las "cabezas de puente continentales"-

en el espacio interior del gran continente euroasiático cerca del "núcleo central" -el *Heartland*- del conjunto imperial en proceso de reconstitución que representa hoy la "Nueva Rusia" de Vladimir Putin.

Esta es también la razón del establecimiento de cabezas de puente político-militares estadounidenses en el sureste de Europa, así como de la actual intervención de Estados Unidos en Asia Central, donde la eventual toma de posesión de Afganistán y Pakistán equivale a bloquear la cadena de repúblicas islámicas de la antigua Unión Soviética.

Esto también implica y ordena el bloqueo por interrupción de la continuidad en el espacio geopolítico interior euroasiático asegurada por el eje transcontinental París-Berlín-Moscú-Nueva Delhi-Tokio.

Por último, en lo que respecta a la situación política y económica interna de Rusia en la actualidad, la conspiración globalista estadounidense intenta constantemente recuperar de forma subversiva -a través de apoderados económicos con agendas ocultas- la influencia, si no el control, sobre el país que perdió con el ascenso al poder presidencial de Vladimir Putin. La hiperactiva labor de limpieza de las estructuras políticas y administrativas internas de Rusia es consecuencia directa de ello, como reconoció el propio Mijaíl Gorbachov en un sonado artículo que fue recogido por toda la prensa europea (*La Stampa, Le Monde*, etc.).

En efecto, para Washington, Rusia, apenas liberada del comunismo, debía convertirse, casi automáticamente, en una colonia de la explotación supercapitalista estadounidense, gobernada por el FMI y por las guarniciones proconsulares puestas con urgencia por los organismos operativos especiales "encargados del trabajo" bajo la supervisión de la CIA. Como ya se había empezado a hacer. Antes de la Gran Rusia, el fundamentalismo nacional logró imponerse a todo, a través del síndrome "gaullista" de Vladimir Putin y de la inversión total de la situación que logró llevar a cabo en cuanto llegó a la presidencia de Rusia. Vladimir Putin no dejó de poner en orden inmediatamente las estructuras político-administrativas internas, al tiempo que redefinía las nuevas -y muy antiguas- doctrinas geopolíticas de su predestinación euroasiática, imperial y escatológica, "apocalíptica". Así se recupera el ser nacional de Rusia, y el horizonte de su historia mayor comienza de nuevo. Esto, apoyándose, como también lo había hecho en su momento el general De Gaulle, tanto en la voluntad profunda del pueblo, en su vitalidad y en su fe secreta, como en las Fuerzas Armadas, las jerarquías político-administrativas intermedias así reducidas a no ser más que la herramienta de campo de la voluntad revolucionaria presidencial. Este fue un proceso que no pudo llevarse a cabo sin dificultad, ni sin terribles esfuerzos, a veces peligrosamente cercanos a un *colapso interno.*

(3) Como ya se ha mencionado, la conspiración globalista estadounidense ha cruzado recientemente la "línea fatal" de la acción estratégica directa al intervenir, a cielo abierto, en el plano político-militar, en el sureste del continente europeo, en Serbia y Kosovo, así como en Macedonia, y luego en Asia Central. Preparando nuevas agresiones en Somalia e Irak.

La intervención político-militar de Estados Unidos en el sureste de Europa representa un acto absolutamente inadmisible de injerencia directa en el espacio interno de Europa, al igual que su intervención en Asia Central, donde se repite el mismo proceso de injerencia político-militar a una escala infinitamente mayor. Bajo el pretexto más o menos falaz de una acción de represalia contra el terrorismo fundamentalista islámico, Estados Unidos se ha afianzado así en Afganistán y Pakistán, estableciendo su presencia estratégica y decisiva en el flanco sur de Rusia y, por tanto, de toda la "isla euroasiática".

Todas estas son acciones de guerra ocultas bajo la cobertura de las circunstancias, dirigidas al cerco estratégico de Rusia y de la Europa políticamente emergente del gran continente. Se trata de actos de guerra político-militares, que normalmente deberían ser respondidos con actos de guerra político-militares.

Al mismo tiempo, la denuncia unilateral por parte de Estados Unidos del tratado global de seguridad nuclear ABM marca la clara voluntad en Washington de ciertos círculos próximos al poder central de romper preventivamente el equilibrio de seguridad nuclear establecido, por el momento, entre Estados Unidos y Rusia, con las secuelas de la "Guerra Fría" que aún se desarrollan con fuerza entre bastidores (o que parecen hacerlo, con fines muy oscuros y, al fin y al cabo, no tan oscuros, sino todo lo contrario).

Lo que, en todo caso, demuestra la decisión irrevocablemente decidida de los Estados Unidos de perseguir y explotar al máximo su ventaja actual de manera urgente y temeraria, pero con plena conciencia de lo terrible que es lo que está en juego en estas batallas -ya definitivas- por el dominio político-económico planetario en los decisivos años venideros. Esta dominación política y económica, sin embargo, esconde otra, civilizacional y religiosa, dando razón a las tesis de Samuel Huntington. Por lo que está en juego, ya es hora de que no sólo lo entendamos, sino que lo afirmemos, en las actuales batallas finales, que parecen ser, en última instancia, fundamentalmente espirituales y religiosas.

(4) Y todo ello a la espera de que el empuje político-estratégico estadounidense en el Pacífico siente las bases de un "gran acuerdo" con China -lo que ahora se conoce en Washington como el *Proyecto Final*- que, comprometido con una alianza fundamental con Estados Unidos, le entregue así el corazón mismo del "Gran Continente" europeo. Y ello a pesar de la presencia, en la propia región, de India y Japón en las posiciones irreductiblemente antichinas que les corresponden actualmente en el marco de la plena participación que aseguran en el proyecto imperial euroasiático iniciado por el eje París-Berlín-Moscú-Nueva Delhi-Tokio.

Pero en cualquier caso, la opción de un próximo cambio en la geopolítica planetaria ofensiva de Estados Unidos hacia el Pacífico es en realidad sólo un señuelo, una trampa diseñada para atraer operativamente a China a la empresa ofensiva final de Estados Unidos contra la comunidad imperial euroasiática.

El acuerdo planetario de Estados Unidos con China y la inversión de toda la "gran política" estadounidense en dirección al Pacífico es, como sabemos, una constante obsesiva, un proyecto subterráneo permanente de cierta diplomacia estadounidense paralela, pero que siempre está al acecho de una oportunidad para manifestarse y que a veces incluso lo consigue. También podría ser el caso ahora.

(5) Sin embargo, además de la opción de un acercamiento y un acuerdo con China y de la reorientación de la "gran política" de Estados Unidos hacia el Pacífico, otra opción estratégica fundamental moviliza ahora los planes de la política global de Estados Unidos, que intenta, al mismo tiempo, lograr una "integración atlántica" de Estados Unidos junto a Europa y Rusia, George Bush acaba de hacer propuestas muy avanzadas en este sentido, pero hay que entender que sólo representa una contraestrategia complementaria de Estados Unidos en su empeño por desmantelar la Gran Europa de la línea "euroasiática". De hecho, al admitirse a sí mismo en la unidad continental de Europa y Rusia, Estados Unidos no hace más que intentar desbaratar la integración grancontinental euroasiática en una dirección contraria a sus propios objetivos. El proyecto de reintegración imperial de Europa -de la Gran Europa, incluida Rusia-, que se dirige fundamentalmente contra la dominación planetaria de Estados Unidos, se convertiría, si éste se uniera a él, en una herramienta más de su actual dominación planetaria.

Los Estados Unidos se juegan así, al mismo tiempo, dos opciones estratégicas fundamentales, en las que la "opción china", o la opción del Pacífico, se opone dialécticamente a la "opción europea", la *opción atlántica*, en el marco de una misma gran empresa contraestratégica destinada a desmantelar la unidad imperial euroasiática.

Mientras que es permaneciendo indefectiblemente idéntico a sí mismo, y apoyándose en el Tíbet, la India y el Japón, que la federación imperial euroasiática final se planteará como una voluntad total y una unidad de destino suprahistórica, logrando así imponer -según la brillante visión geopolítica de Guido Giannettini- la futura división secesionista de China en "China del Norte", de sustancia "mongólica y uraloalta", y "China del Sur", perteneciente al "espacio oceánico" del Pacífico y la Insulindia.

Y será, en ese momento, por un justo retorno de las cosas, al Tíbet haber recuperado su libertad, que le corresponderá gobernar, como en la época del "imperio tibetano de China", a la nueva -y muy antigua- comunidad mongola y urálica de la "China del Norte", llevada entonces a unirse con toda naturalidad a nuestra propia unidad de combate imperial euroasiática.

Los Estados Unidos juegan así tanto hacia un acuerdo fundamental con China, como hacia una integración atlántica de distracción de los Estados Unidos, Europa y Rusia: la duplicación estratégica de la acción planetaria actual de los Estados Unidos se dirige así tanto al Pacífico como al Atlántico, comprometiendo las dimensiones de una empresa de dominación planetaria integral, la de la hegemonía imperial final.

Esto es lo que nosotros, los defensores de la línea grandcontinental euroasiática, la línea haushoferiana del *bloque kontinental*, tratamos de evitar, en términos de una empresa contraestratégica con un horizonte suprahistórico, "trascendental". Pues la parte euroasiática de la historia del mundo en su final incluye fundamentalmente una contrapartida religiosa, escatológica, incluso apocalíptica, relativa a los destinos últimos del *Regnum Sanctum*, que se abre más allá de la historia.

Esto introduce en la actual competición planetaria de las potencias que luchan por el dominio final del mundo y de la historia un componente trascendental ajeno al mundo en el que se ejercen estas potencias y su propia historia, un componente fundamentalmente sobrenatural, procedente del "otro mundo". Y este es el "gran secreto" de la doctrina imperial escatológica de la ortodoxia intratable de Vladimir Putin y los objetivos ocultos de su acción global, tanto en lo que respecta a la liberación final de Rusia como a *la asunción de Europa*, como dijo Raymond Abellio, que será una asunción euroasiática.

En el interregno de la guerra dialéctica planetaria

Un ensayista ruso, Anatole Ivanov, escribió recientemente que la "acción terrorista del 11 de septiembre ha cambiado el rumbo de la historia mundial". Creo que Anatole Ivanov tiene toda la razón: ante la amenaza, ahora paroxística, del terrorismo islámico global, entró en juego un reflejo vital de unidad de acción concertada y político-estratégica dentro del campo asediado, que había alcanzado su punto más significativo en la declaración conjunta de Estados Unidos, Rusia y China en Shangai en septiembre de 2001, declaración que, en principio, sentó las bases de una comunidad antiterrorista global. La respuesta afirmativa de Vladimir Putin a la oferta de George Bush de crear una unidad de acción antiterrorista conjunta Estados Unidos-Europa-Rusia podría explicarse, por tanto, no como una especie de retirada rusa, sino simplemente como un compromiso dialéctico de Rusia, que, al entrar -o fingir entrar- en el juego de Estados Unidos, bloqueó momentáneamente su acción ofensiva anticontinental mientras ganaba tiempo para que la conspiración globalista estadounidense tomara forma. Que debe superar la emergencia político-histórica imperial de la unidad continental euroasiática, o perder, de antemano, la partida.

Pues, llegados a este punto, el tiempo se convierte en un factor absolutamente decisivo en la conducción operativa de la conflagración política larvada y encubierta en curso, la guerra planetaria entre los dos campos, el de la conspiración globalista estadounidense y el de la aplicación acelerada de la integración imperial grancontinental euroasiática emprendida, apoyada e impulsada por la "Nueva Rusia" de Vladimir Putin, convirtiéndose hoy en una guerra dialéctica, en la que los dos bandos enfrentados luchan entre sí mientras se acercan cada vez más mientras luchan entre sí, tratando cada bando, por su parte, de ganar tiempo con respecto al otro, y llegando para ello a suspender, juntos, sus hostilidades, para poder retomarlas mejor cuando llegue realmente el momento. Y cada bando aprovechando el tiempo ganado para asegurar mejor sus propias posiciones ofensivas, para colocar sus propios cuerpos de intervención lo más adelante posible, de manera más decisiva.

Esto requiere un extraordinario dominio del juego dialéctico de los poderes antagónicos en acción, al tiempo que define, por este mismo hecho, el "momento presente" de la conflagración planetaria en curso de una manera todavía relativamente oculta. Y cuyas definiciones de su propia actualidad no pueden dejar de ocultarse, pero cada vez menos.

Y las cosas se afirman ahora, muy abiertamente, como si la "línea ontológica de ruptura y separación" de los dos campos ya no pasara sólo entre ellos, entre los dos campos antagónicos enfrentados, sino también dentro de cada uno de estos dos campos mismos.

Esto es cierto tanto en el caso de China como en el de Estados Unidos, y también con respecto a la propia Europa, dividida en su identidad por los aterradores resultados de la labor de subversión llevada a cabo durante años por el liberalismo y la socialdemocracia al servicio de los poderes nocturnos que conocemos. O que ni siquiera sabemos.

La lucha dialéctica interna del campo europeo en crisis

Está claro que en lo que a nosotros respecta, los del campo grancontinental euroasiático, el problema al que nos enfrentamos ahora, de forma ineludible, es el de la toma de conciencia, el de la autorrevelación total de la situación a la que nos enfrentamos en el doble plano

(1) **nuestra** propia identidad en sus últimas posiciones suprahistóricas, nuestra *identidad dogmática,* y

(2) nuestra situación político-histórica general, nuestra *identidad del momento. De* hecho, como parte del ser, somos, en un nivel suprahistórico trascendental, ganadores por adelantado. Mientras que a nivel de nuestra situación histórica del momento, somos perdedores de antemano.

Así pues, se nos pide, en términos de una guerra revolucionaria de conciencia, una guerra dialéctica total, que movilicemos revolucionariamente la conciencia de todas las naciones actuales de la "isla euroasiática" sobre el concepto suprahistórico de la gran comunidad de destino -la predestinación escatológica- que es la nuestra, para hacernos comprender el secreto polar de la unidad abismal de nuestra civilización y de nuestro propio ser.

Se trata, pues, de una doble revolución ideológica y espiritual a desencadenar en nuestro propio campo, y de lograr su objetivo último: la constitución de un bloque monolítico de conciencia planetaria revolucionaria y suprahistórica, comprometida en una contra-conspiración opuesta a la conspiración globalista de los Estados Unidos y lo que se esconde detrás de ella. Y esta contra-conspiración nuestra debería llevar, con el tiempo, a la gran "isla euroasiática" a su situación final como superpotencia suprema del Tercer Milenio.

Porque ya tenemos todo lo que necesitamos ahora: para que nuestro mayor destino se cumpla finalmente, todo lo que necesitamos es una revolución dialéctica, el surgimiento y la afirmación revolucionaria directa de la nueva conciencia imperial euroasiática comprometida con su cumplimiento político-histórico inmediato.

Por lo tanto, se puede decir que *la Gran Europa no es más que nuestra propia conciencia de la Gran Europa.*

Todos nosotros tendremos que convertirnos en agentes secretos de influencia e intervención clandestina de esta nueva conciencia revolucionaria gran-continental, que es la conciencia misma de nuestra salvación y liberación, de la liberación final de Europa y de todo el "Gran Continente" euroasiático, según el misterioso concepto heideggeriano de *wieder,* de "una vez más".

Porque una vez más romperemos la historia.

Esto es lo que pondrá de manifiesto con toda su fuerza el papel fundamental del marco ideológico revolucionario que hay que poner en marcha urgentemente en nuestro propio campo, desde "Tokio a Dublín". Así como la doble intervención ideológica revolucionaria que tendremos que llevar a cabo a fondo, simultánea y encubiertamente, dentro de los campos antagónicos de China y Estados Unidos, que se oponen, cada uno por su lado, a nuestro campo, al tiempo que se oponen entre sí.

Porque es la misma ruptura ontológica, y dialécticamente secesionista, la que tendremos que poner en juego, cuando "llegue el momento", tanto dentro de China como de Estados Unidos: Al igual que China tendrá que separarse en sí misma, la "China del Norte" llevó -siguiendo las visionarias doctrinas geopolíticas de Guido Giannettini- a separarse de la "China del Sur", de la China "oceánica", centrada en el Pacífico, tendremos que provocar, también dentro de los Estados Unidos, una ruptura secesionista definitiva entre la fracción nacional republicana, todavía sana, del pueblo estadounidense y el componente negativo y degenerado de éste, su componente "progresista", "democrático".

Es previsible que, en este caso, tanto la "China del Norte" como la fracción sana, nacional republicana y secesionista de los Estados Unidos tengan que acabar poniéndose de nuestro lado en la conflagración final de los dos mundos en total oposición ontológica, el mundo del ser y el mundo del no-ser, el mundo del "Imperio del Fin" y el mundo del "Anti-Imperio" de la inexistencia y el vacío caótico.

Por lo tanto, no hay tarea, no hay "misión revolucionaria" que los demás debamos seguir más imperativamente que la de establecer las estructuras de instrucción ideológica, minuciosa y avanzada, comprometida con la realización de la supraconciencia ontológica de la contra-conspiración imperial euroasiática frente a la conspiración globalista estadounidense, que es la conspiración actuante del no-ser.

Una supraconciencia ontológica que será el fundamento revolucionario de la nueva historia occidental del mundo, y el nuevo Occidente de la historia al final.

Batallas inmediatas

En la actualidad, el eje transcontinental euroasiático París-Berlín-Moscú-Nueva Delhi-Tokio parece responder a una doble estructura constitucional interna: pues, si sus tres primeras instancias, situadas en el Este del "Gran Continente" euroasiático, Moscú, Nueva Delhi, Tokio, corresponden a países que han recuperado plenamente -a través de los regímenes nacionales de Vladimir Putin, Atal Behari Vajpayee y Junichiro Koizumi- su más profunda integridad nacional, su propio ser y su propio destino de dimensiones continentales y planetarias, por otro lado, sus dos instancias básicas europeas, París y Berlín, están sumidas en un estado de catástrofe política total, debido a los regímenes socialisto-trotskistas y socialdemócratas actualmente en el poder en Francia y Alemania.

Con, para Alemania, la "circunstancia atenuante" de las actuales, avanzadas, vitales y sobreactuadas relaciones del Canciller Gerhard Schröder con la "Nueva Rusia" de Vladimir Putin. Mientras que Francia mantiene obstinadamente una línea política esencialmente antirrusa, sin duda a causa de su actual gobierno, que bajo una máscara socialista es un gobierno trotskista, por un lado; y, por otro, a causa de las grandes opciones religiosas ortodoxas y "escatológicas" de Vladimir Putin, insostenibles para las infraestructuras fundamentalmente materialistas, antirreligiosas y secretamente "satanistas" del poder oculto que rige, en la sombra, el actual destino político de Francia. Los intratables resentimientos antirrusos de un gobierno trotskista apoyado por la hostilidad activa en la sombra de un todopoderoso superpoder oculto en marcha contra la "Nueva Rusia" que ha recuperado su antigua gran fe ortodoxa, constituyen una barrera infranqueable, eso sí; pero una barrera que hay que derribar, y que nosotros sabremos destruir.

Así, Francia, que por sus mismos orígenes, por su identidad secretamente "arcaica", por el carácter escatológico final de sus propias misiones históricas, debería haber sido en la continuación el pilar axial, el centro de poder sobreactivado y sobreactivador de la Gran Europa emergente, se encuentra hoy reducida a una situación desesperada, sin más salida que las de las "últimas opciones", las opciones de la acción revolucionaria directa, de la "guerra civil".

Afortunadamente, las elecciones legislativas de junio de 2002, que sin duda devolverán al actual gobierno socialista-trotskista a la nada de la que surgió, alejarán así el sangriento fantasma de la guerra civil, de la "guerra política total", como ocurrió durante la guerra de liberación nacional española de 1936-1939. Una cierta Francia clandestina podría entonces salir a la superficie. Pero el horizonte seguía siendo oscuro, muy oscuro.

Sin embargo, hay que señalar que ya está en marcha un proceso en cadena de liberación nacional-revolucionaria antisocialista-comunista a lo largo de las líneas europeas, con una serie de países europeos -España, Italia, Serbia, Austria, y más recientemente Dinamarca y Portugal- que han logrado liberarse democráticamente de los regímenes de alienación antinacional que les habían sido impuestos a propósito por las maquinaciones subversivas de la conspiración globalista estadounidense. En mayor o menor medida, pero el hecho está ahí, indiscutible, y su importancia no puede ser ignorada.

La creación y puesta en marcha inmediata de un "centro secreto" para la dirección y el control político-estratégico de todos los movimientos nacionales que actualmente han llegado al poder dentro del espacio geopolítico de la Gran Europa, la movilización, por nuestra parte, de una especie de "Comintern" nacional-revolucionaria, parece ser una necesidad operativa que debería marcar el gran giro político-histórico que parece estar a punto de producirse. Una necesidad operativa que implica que *demos* realmente *el paso*, y a la que ya no nos es posible no responder, y tanto más urgentemente cuanto que la tarea de instalar inmediatamente este "centro secreto" de los movimientos nacional-revolucionarios actualmente en línea en los países europeos ya liberados del social-comunismo nos concierne directamente, y nos corresponde por derecho, a "los de los últimos límites".

De hecho, todo apunta a que en el verano de 2002 se producirá el "gran punto de inflexión", para el que tendremos que estar plenamente preparados. En cierto sentido, es probable que ya no tengamos que tener en cuenta la situación política e histórica actual. Pues ya no serán los acontecimientos, cualesquiera que sean, ni sobre todo las relaciones de las fuerzas objetivamente presentes, los que, llegado el momento, tendrán que decidir lo que debe suceder misteriosamente: es el secreto abismal de la propia historia, de la "gran historia", el que tendrá que actuar allí, según una voluntad no humana, exterior a este mundo, fundamentalmente sobrenatural y que, por el momento, nos resulta inconcebible. Totalmente inconcebible. Y ya, ahora, estamos siendo arrastrados por un flujo oculto de la historia, que es impenetrable y al que nada puede resistirse.

Todo lo que necesitábamos saber, ideológica y estratégicamente, sobre el actual "momento político planetario" se ha dicho aquí, y lo único que queda es que tomemos profunda conciencia de ello, para poder *hacer* inmediatamente *lo que hay que hacer*. Nuestro camino está marcado, estamos al *mando*.

EL VERANO DE LA "INVERSIÓN FINAL"

Nadie puede negarlo ahora: mientras que Europa del Este, que quedó bajo el control político y económico de Washington tras su liberación del dominio soviético, persiste en mantener posiciones socialdemócratas de izquierda, como acabamos de ver en Hungría, Europa Occidental está en proceso de girar completamente a la derecha. Tras la estrepitosa derrota de Silvio Berlusconi de la conspiración socialista-comunista en el poder en Italia, que se aferraba a ella con rabia, y tras la toma del poder por la derecha nacional y anticomunista en Portugal, Occidente gira ahora completamente a la derecha, Tras la aniquilación probablemente definitiva de la izquierda socialista en Francia y el espectacular ascenso de la derecha en los Países Bajos, que desbancó a la socialdemocracia para imponer una línea gubernamental de derechas, mientras que Austria y España ya habían eliminado hace tiempo a la izquierda del poder, ahora la izquierda socialista sólo permanece en el poder en Europa Occidental en Alemania, Bélgica y Grecia; Y ya es seguro que el próximo mes de septiembre Alemania podrá liquidar también la subversión socialista-comunista actualmente en el poder en Berlín.

Y si hablo así de subversión socialista-comunista y no de subversión "socialista" o "socialdemócrata", es porque, tras la autodestrucción política de la URSS, los partidos comunistas de Europa occidental -así como todos sus organismos paralelos y redes de acción clandestina- han resurgido, a largo plazo, en un estado de actividad clandestina semiclandestina a través de formaciones-partidos socialistas, agrupaciones de distracción y de sustitución, habiéndose producido un cambio análogo, al mismo tiempo, en el seno de las formaciones socialistas así infiltradas, transformadas desde dentro. Y, al mismo tiempo, las estructuras operativas del comunismo soviético fueron sustituidas, casi en el acto, por las estructuras reactivadas del trotskismo latente. Pues el comunismo mundial -la "revolución mundial del comunismo"- nunca había dejado de llevar en su interior, de forma oculta, la doble identidad de sus orígenes conflictivos, las estructuras de acción política antagónicas y los aparatos de intervención clandestinos del trotskismo y del estalinismo, los aparatos trotskistas han sobrevivido más o menos clandestinamente fuera de la URSS, mientras que dentro de la URSS la totalidad del poder estaba en manos, en profundidad, de la central estalinista -y, tras la muerte de Stalin, de la "central soviética"- en funciones en Moscú. Sin embargo, fuera de la URSS, frente al aparato revolucionario mundial del comunismo soviético y los partidos comunistas que constituían su armadura ofensiva exterior, el aparato mundial del trotskismo, por su parte, no dejó de afirmarse, clandestinamente, en la continuidad. Por vías singularmente insospechadas, el antagonismo irreductible de los aparatos revolucionarios estalinistas y trotskistas no ha dejado de movilizarse, de incendiar los fundamentos secretos de la historia europea y mundial, incluso hoy. Sobre todo hoy, aunque muy pocos lo hayan conocido. Pero estos son los que cuentan.

La actual clandestinidad de una organización de superficie trotskista europea

Así, con el derrumbe de la URSS, se declaró un desplazamiento fundamental, desde abajo, procediendo en todas partes a la doble operación **(1)** de la sustitución de los aparatos estalinistas por señuelos, por nuevas formaciones de falsa identidad socialista, y **(2)** de la nucleación de los partidos socialistas ya existentes, y del conjunto de la socialdemocracia, en el poder en toda Europa, por infiltraciones trotskistas ofensivas subterráneas.

Si bien la operación de sustitución de los aparatos comunistas estalinistas por formaciones de falsa identidad socialista se llevó a cabo masivamente y con gran eficacia en Italia, fue en Francia, sin embargo, donde mejor se sacó a la luz -por fin- la operación trotskista de investidura del socialismo en el poder, gracias, sobre todo, a las filtraciones realizadas por ciertos servicios de seguridad política.

Detrás de Lionel Jospin y de su compacto grupo de trotskistas supuestamente enrolados en el socialismo, se encontraba una operación encubierta para restablecer la fracción trotskista del comunismo revolucionario globalizado que así se inició, y que se persiguió sin descanso durante los cinco años que el socialismo permaneció en el poder en Francia; de donde acaba de ser barrido por la línea de derecha gaullista de Jacques Chirac.

Es cierto que la derecha ya ha tomado el poder en la mayor parte de Europa. Pero se trata sólo de una toma de posesión formal, electoral y "democrática", que no tiene aún las bases políticas y sociales del poder político real. En estos momentos, bajo el suelo del poder visible y democráticamente legítimo de la derecha europea, retumba el magma izquierdista-trotskista, dispuesto en cualquier momento a intentar levantarse, a derrocar y romper revolucionariamente el suelo contraofensivo de la derecha, a intentar imponerse a las posiciones que la derecha ha ganado actualmente con gran dificultad. La prueba de fuerza decisiva no tardará en llegar, y no será una prueba democrática.

Esto se vio en Italia durante la enorme ola de manifestaciones insurreccionales organizadas - abiertamente - el 23 de abril en Roma por el secretario general de la CGIL, Sergio Cofferati, con el pretexto de la "oposición sindical" a los planes de modificación de la legislación laboral presentados por el gobierno de Silvia Berlusconi. En realidad, era algo muy diferente. En efecto, detrás de la CGIL se encontraban los órganos activistas de la DS ("Demócratas de Izquierda"), un conglomerado de aparatos destinados a albergar, de forma más o menos confidencial, las estructuras todavía activas del PCI; y, detrás de la DS, los centros revolucionarios trotskistas y los núcleos "enterrados" de las Brigadas Rojas, listos, una vez más, para la "acción directa".

Así, Antonio Martino, ministro de Defensa del gobierno de Berlusconi, declaró con razón al diario *La Sicilia* que veía "en la manifestación de la CGIL un enorme peligro para las instituciones libres de la democracia, el sindicato se extralimita hasta el punto de amenazar el orden constitucional, impidiendo al ejecutivo legítimamente elegido gobernar el país", y añadió que "tarde o temprano habrá que restablecer la legalidad constitucional". Por su parte, el vicepresidente del gobierno, Gianfranco Fini, afirmó que el desarrollo de las fuerzas de la izquierda socialista-comunista bajo la máscara de una manifestación sindical no era, en realidad, más que una admisión encubierta del rechazo concertado, por parte de los movimientos subversivos implicados, de la decisión fundamental por la que la mayoría de la nación italiana había expresado democráticamente su rechazo incondicional al dominio de la izquierda sobre el aparato del Estado.

El mensaje que se le pidió a Sergio Cofferati que transmitiera el 23 de abril tenía que ser muy claro: que bajo la cobertura de la DS, los organismos socialistas-comunistas, de izquierda y trotskistas pretendían formar un "frente común" para oponerse insurreccionalmente al gobierno de la línea nacional anticomunista actualmente en el poder en Roma.

Por otra parte, se puede considerar ciertamente que en Francia, los objetivos del actual régimen republicano de Jacques Chirac no podrían ser de ninguna manera los nuestros. Pero, al mismo tiempo, ha conseguido eliminar por completo la conspiración socialista-comunista del juego político europeo, reduciéndola a la impotencia y echándola del actual poder político francés. Esto parece ser de suma importancia en las actuales circunstancias políticas.

Ahora bien, esta dialéctica de manipulación insurreccional de las masas, en Italia y en Francia, para bloquear y finalmente derrocar a los gobiernos democráticamente establecidos de línea nacional, parece ser bastante ejemplar, y corre el riesgo de serlo, a partir de ahora, cada vez más. Pues, en los términos de una vasta operación asumida por las mismas fuerzas socialistas-comunistas manipuladas, en la sombra, por las estructuras trotskistas clandestinas, el mismo fenómeno de movilización llamado "antifascista" se manifestó también en Francia, el pasado mes de mayo, entre las dos vueltas de las elecciones presidenciales, con el objetivo de impedir, a través de las calles, la toma democrática del poder por la derecha. El resultado final fue una repentina inversión de la situación y un enorme fracaso para la izquierda. En estos mismos días, el mismo escenario se repite en España, donde bajo el espectro de la "huelga general" se empuja a las fuerzas de la calle, a las masas "antifascistas" a subir -con el apoyo abierto de la CGIL de Sergio Cofferati, desencadenando, simultáneamente, la misma maniobra, por segunda vez, en Italia- al asalto del poder democráticamente establecido en Madrid. Pero Madrid resistirá, como han resistido Roma y París.

Así pues, el enfrentamiento ya se ha producido dos veces, en Italia y en Francia, entre las fuerzas del ser y de la identidad nacional, por un lado, y las fuerzas del no-ser, las fuerzas nihilistas del caos progresivo, por otro, y estas últimas han sido derrotadas, aniquiladas, en ambas ocasiones. Europa está despertando, Europa ha despertado.

Algo ha ocurrido en lo invisible.

Sin embargo, al tomar la iniciativa de movilizarse en masa, al poner a disposición todas sus disponibilidades político-revolucionarias contra el actual giro a la derecha de Europa, la conspiración social-comunista de identidad secretamente trotskista se ha *auto-democratizado por* este mismo hecho, apareciendo bajo su verdadera identidad activa y en sus verdaderas dimensiones europeas continentales, condujo así -error fatal si los hay- a sacrificar la ventaja estratégica de su clandestinidad al vértigo suicida de la acción revolucionaria abierta. Esta es la trampa fatal en la que está atrapada la conspiración socialista-comunista de superficie europea.

Nosotros, los defensores de la línea geopolítica europea grancontinental, "euroasiática", que nos encontramos, todos juntos, en el proyecto imperial del eje transcontinental París-Berlín-Moscú-Nueva Delhi-Tokio, sabemos ahora con quién estamos tratando.

Porque en sus sucesivas metamorfosis y bajo sus máscaras alternativas, el enemigo ontológico de todo lo que somos aparece de nuevo como el mismo, siempre.

Y lo que, en este momento, nos parece muy activamente significativo para sus planes de acción globales es el hecho de que, al amparo del discurso fundamentalmente de distracción (el "antifascismo") que han elegido impulsar, las organizaciones de izquierda al servicio del enemigo ontológico se han integrado en un vasto movimiento subversivo supranacional, cuyo frente clandestino va, sin solución de continuidad, desde Moscú hasta Lisboa, controlando así todo el interior de la gran Europa.

Planes generales de provocaciones social-comunistas

Ahora bien, entre otras muchas pruebas de apoyo, lo que reveló con fuerza el hecho de la integración subversiva-revolucionaria de todos los aparatos trotskistas nacionales en una única estructura ofensiva supranacional clandestina fue el reciente asunto de provocación, sabotaje y violencia organizado en París con motivo del "Salón del Libro 2002", durante la recepción oficial de la delegación del Estado italiano en este "Salón del Libro", que estaba dedicado, precisamente, a Italia.

Un sabotaje organizado por la más que dudosa Catherine Tasca, ministra de Cultura del gobierno socialista de Lionel Jospin, que en virtud de su propio cargo se encargó de la recepción oficial de la delegación italiana. Y que, aprovechando la ocasión, había organizado una manifestación -o más bien una serie de manifestaciones- de inconcebible y baja violencia contra el actual régimen político nacional italiano, con el apoyo, in situ, de una nutrida representación de "escritores e intelectuales" italianos que, con este mismo fin, habían viajado en masa a París. Italia rechaza a Berlusconi" era el titular de la portada de un importante diario parisino, que anunciaba un "suplemento especial" en el que varios "escritores e intelectuales" italianos daban su testimonio contra la llegada de la derecha al poder en Italia. Encabezado por una nulidad burda como Antonio Tabucchi y apoyado por la innoble smala de sus chulos "antifascistas". Los arrebatos de traición nacional, delirio izquierdista y abyección habían alcanzado, en esta ocasión y bajo el patrocinio directo y personal del Ministro de Cultura socialista francés, límites verdaderamente intolerables.

En apoyo de la tesis de la existencia hiperactiva de una vasta empresa clandestina trotskista continental, podemos citar también las actividades subversivas de Boris Berezovsky y su organización de combate y agitación contra la "Nueva Rusia" del presidente Vladimir Putin en Londres, con el apoyo y bajo la sombría dirección de los servicios políticos especiales del actual gobierno socialista. Oligarca en la sombra desde el principio, patrocinador oculto de los terroristas chechenos y del islamismo fundamentalista, según recientes declaraciones del propio presidente checheno Maskhadov, Boris Berezovsky forma parte de la guarnición de campo de los restos del aparato trotskista clandestino infiltrado en la antigua potencia soviética que está resurgiendo, Hoy, vuelve a la acción con la entrada en liza de la nueva organización trotskista clandestina de dimensiones europeas, de la que también forman parte en Italia las "Brigadas Rojas del Partido Comunista Combatiente" (BB/CFP). Fue esta organización trotskista clandestina de dimensiones europeas la que estuvo detrás del atentado contra Juan Pablo II, en el que se intentó implicar a los antiguos servicios políticos especiales búlgaros. Pronto saldrán a la luz muchas cosas. Ya es hora, y algunos de los nuestros están trabajando intensamente en ello.

¿Hasta dónde llegarán las acciones encubiertas de los servicios políticos especiales del actual gobierno socialista de Londres, cuando también se sabe que fueron estos mismos servicios los que organizaron apresuradamente el asesinato del comandante Massoud, para impedirle establecer un régimen de línea nacional en Kabul tras la liberación de Afganistán del dominio terrorista de los fundamentalistas islámicos? Porque no era un régimen de línea nacional lo que Estados Unidos necesitaba en este caso, sino un régimen equívoco, decadente y maniobrable, totalmente en su estricta obediencia.

En la misma línea de investigación contra-estratégica, podemos citar también el increíble intento del Ministro del Interior del gobierno socialista de Gerhard Schröder, el muy sospechoso Otto Schilly, que acaba de solicitar la creación de un "fichero central general" y de un "tribunal de justicia especial" para la "vigilancia" y la "represión" de "cualquier intento, de cualquier postura antiglobalización", petición que Otto Schilly pretendía hacer a nivel europeo.

En este mismo orden de análisis, ya he hablado de la acción subversiva revolucionaria unitaria italo-española a favor de la "huelga general insurreccional" común contra los regímenes de línea nacional vigentes en Roma y Madrid. Sergio Cofferati: "Las derechas europeas tienen un objetivo común. Tanto en Italia como en España, sus gobiernos tratan de limitar la protección de los derechos adquiridos. Ante estas provocaciones, el sindicato europeo debe movilizarse. Y eso es lo que está haciendo".

No es la "política social" del gobierno nacional de José María Aznar la que la conspiración socialista-comunista de la superficie europea -que actúa bajo la cobertura sindical de la CGIL en Italia y, en España, de Comisiones Obreras de UGT (socialistas) y CCOO (comunistas)- pretende sancionar de esta manera, sino el hecho de la presencia actual, en Madrid -como ya en casi toda Europa- de un régimen nacional de derechas, resultado del estrepitoso fracaso del socialismo trotskista encubierto que había sido el de Felipe González.

Estructura unitaria, superestructura e infraestructura

Así, las elecciones parlamentarias de junio y las alemanas de septiembre, que pueden considerarse ganadas por la derecha, significan que Europa entra ahora en una fase bruscamente nueva de su destino, la fase misma de la "decisión final": dentro de dos meses, con la excepción de Bélgica y Grecia, Europa habrá girado completa y profundamente hacia la derecha. Esto cambiará por completo la situación política, abriendo el camino a una inversión revolucionaria total de la situación general en un futuro muy cercano. Un verdadero cambio de mundo.

Al mismo tiempo, tanto en nuestro campo como en el campo de enfrente, tanto en el campo de la derecha como en el campo de la izquierda, la situación es, por el momento, estructuralmente idéntica, tanto en apariencia como en profundidad.

Existe, en efecto, una especie de "estructura unitaria" de esta *situación del momento*, que resulta ser la misma en ambos campos, una "situación unitaria" que constituye, en sí misma, uno de los *signos de los tiempos* que anuncian la próxima explosión político-revolucionaria de dimensiones planetarias definitivas.

El concepto de "estructura unitaria" resulta, por tanto, extraordinariamente esclarecedor y proporciona las claves operativas de la actual situación política y estratégica de Europa. ¿Qué debe entenderse entonces por el concepto operativo de "estructura unitaria"? ¿Cuál es su constitución analítica y su propio poder de intervención en la actual gran coyuntura europea?

A nivel del conjunto del continente europeo, la derecha y la izquierda se rigen, exhiben hoy la misma estructura -una "estructura unitaria"- de duplicación, constituida ésta por una parte externa, visible, convencional, de una identidad "supraestructural", junto a una parte interna, revolucionaria, oculta, de una identidad "infraestructural".

Como ejemplo analítico de la constitución de esta "estructura unitaria", citaré a continuación la actual situación político-revolucionaria en Italia y, para la derecha, en Francia.

Hoy, en Italia, la "superestructura" de la izquierda está constituida por la reunión de la suma sobreactivada -circunstancialmente- de las formaciones socialdemócratas que se afirman bajo la dirección cada vez más simbólica de Massimo d'Aiema, una "superestructura" que en realidad no es más que una instancia de recepción y ocultación de los restos activos del PCI, y por debajo de la cual se sitúa estratégicamente, escindida subversivamente, la ardiente suma de las nebulosas que integran -y que son precisamente las "infraestructuras" del conjunto- la masa de activismos inmediatamente revolucionarios, partidarios de la "acción directa", reconociéndose, sin admitirlo, en el proyecto emblemático de las "Brigadas Rojas del Partido Comunista/Combatiente", BR/PCC. La "superestructura" es la izquierda de pretensiones y servicios aparentemente democráticos, y la "infraestructura" de ésta, la parte revolucionaria subversiva, partidaria de la "acción directa" y de la RB/PCC.

En Francia, la misma "estructura unitaria" moviliza hoy la "supraestructura" del frente nacional republicano reunido detrás del Presidente de la República Jacques Chirac, constituyéndose la "infraestructura" de duplicación de este último, hoy, más allá del Frente Nacional de Jean-Marie Le Pen, por la nebulosa nacional-revolucionaria, por el momento marginada, de la acción directa en la que están comprometidos los activistas, con un estatus más o menos clandestino, de la línea imperial, "euroasiática" gran-continental europea, partidarios del proyecto transcontinental del eje París-Berlín-Moscú-Nueva Delhi-Tokio.

Y el mismo fenómeno de la escisión interna de la izquierda y la derecha se manifiesta de forma idéntica, bajo la égida de esta misma misteriosa "estructura unitaria", en cada país de Europa occidental, aparece por tanto una línea contraestratégica nacional-revolucionaria global, en la actualidad, como una necesidad evidente para nosotros, los partidarios del frente de marcha continental, "euroasiático", gran europeo, profundamente preocupados por el proyecto del eje imperial París-Berlín-Moscú-Nueva Delhi-Tokio: nuestra tarea político-revolucionaria imperial se levanta ahora ante nosotros, como el sol rojo de la reanudación de nuestra mayor historia en su final, como el "sol rojo" de Raymond Abellio.

Esta contraestrategia unitaria de la derecha es, por tanto, válida para el conjunto de la derecha continental europea en el poder en Europa Occidental en su doble identidad, tanto a nivel de su "superestructura" en el poder como a nivel de sus "infraestructuras" ya comprometidas en la expectativa revolucionaria del poder final; tanto a nivel de su acción democráticamente declarada como a nivel de sus organizaciones de combate clandestinas, aún en la sombra.

Eso hasta el día de la súbita "Reversión Final", que puede estar mucho más cerca de lo que pensamos, cuando la infraestructura nacional-revolucionaria gran-continental europea se imponga, imponiendo su propia ley sobre la "superestructura" convencional de la derecha que estamos viendo, en este momento, que se está poniendo en marcha en toda Europa Occidental, desde Viena hasta Lisboa.

¿Será el próximo verano el místico y ardiente "Gran Verano" que previó nuestro santo Pío XII como combatiente visionario de la última conflagración cósmica y política, su misterioso *"Prope est Aestas"* del 19 de mayo de 1958, el mismo año de la "ruptura de los diques" provocada por el regreso del gaullismo al poder?

No traicionar los secretos operacionales de nuestra contra-estrategia final

Sin embargo, y más concretamente en el estado actual de las cosas, no me corresponde revelar aquí cuáles serán las contraestrategias de combate de la derecha "infraestructural", de la gran derecha revolucionaria continental, frente a la derecha "supraestructural" en el poder, y mucho menos frente a las posiciones subversivas de la izquierda. Dado que los enfrentamientos revolucionarios están, por su propia naturaleza, cubiertos en profundidad por el "secreto contraestratégico", no se trata de revelar las estructuras operativas de nuestros próximos compromisos sobre el terreno ni las nuevas doctrinas de combate más que en escritos ultraconfidenciales, destinados a una élite que actúa de forma encubierta.

Sin embargo, se puede argumentar que, siguiendo la "dialéctica del combate de las minorías agitadoras", las estructuras -las "infraestructuras"- de la derecha operativa de la Gran Derecha revolucionaria europea deben iniciar, en la actual fase de duros compromisos confidenciales, una fase de acercamiento, de infiltración y de entrada encubierta, de manipulación e influencia, de toma de control político-doctrinal e inmediatamente operativa de todo el frente europeo de la derecha "supraestructural".

La derecha "supraestructural", sobre la que la derecha "infraestructural" -o más bien la extrema derecha- tendrá que ejercer un dominio nocturno, pero cada vez más integral e integrador, un dominio que conducirá a la "Reversión final", cuando las tesis de las "infraestructuras" de la extrema derecha se impongan totalmente a las posiciones de la derecha "supraestructural".

Sólo entonces se podrán librar batallas decisivas a nivel continental europeo contra la izquierda, a la que hay que destruir de una vez por todas.

Todo ello sin ignorar que a las batallas político-estratégicas internas de la derecha continental europea -las batallas secretas de su "infraestructura" imperial-revolucionaria contra su "superestructura" democrática- se unirán sin más demora las batallas externas de la Gran Europa para liberarse del dominio globalista de la "Superpotencia Planetaria de los Estados Unidos".

La "superpotencia planetaria de los Estados Unidos" como enemigo suprahistórico de la Gran Europa

En efecto, no hay que perder de vista ni por un momento que la Gran Europa, de dimensiones y predestinación imperial, "euroasiática", se plantea geopolíticamente así como en términos de su destino mayor, su destino suprahistórico, cada vez más abiertamente contra los actuales objetivos imperialistas de los Estados Unidos, objetivos hegemónicos planetarios, que ya han "pasado a la acción". Estados Unidos, como "superpotencia planetaria", está poniendo en marcha el aparato de sus proyectos hegemónicos últimos, que también se dirigen, en primer lugar, contra la "Gran Europa" y sus compromisos implícitos con la "isla euroasiática" y el problema de la "dominación mundial final". La historia se repite, como sabemos. La espiral geopolítica es permanente. Proyectada en la escala visible de la historia mundial actualmente en curso, la oposición de la "superpotencia planetaria de los Estados Unidos" y de la Gran Línea Euroasiática de Europa no es más que una repetición de la oposición que, en otros tiempos, llevó al Imperio Romano a verse obligado a aniquilar a Cartago, asumiendo ahora el "imperio oceánico" de los Estados Unidos la situación que enfrentó Cartago contra el Imperio Romano.

Estados Unidos ya se ha hecho presente política y militarmente en el sureste de Europa, Afganistán y Pakistán, al tiempo que ha invertido en el cinturón sur de las repúblicas islámicas de la antigua URSS. Y al mismo tiempo intentan neutralizar la integración continental europea interponiéndose -o intentándolo- entre Europa Occidental, Europa Oriental y Rusia, y se preparan para entrar en la zona de influencia europea en Oriente Medio preparando una agresión militar abierta contra Irak, o incluso Siria. Y aún no hemos visto nada.

Dislocar los actuales acuerdos de integración política europea, neutralizar el esfuerzo por integrar efectivamente a Rusia en el conjunto europeo unificado: el reciente viaje de George Bush a Europa -a Alemania, Rusia, Francia e Italia- no tenía otro propósito.

Bloquear el proceso en curso de integración imperial continental, "euroasiática", imponiendo su presencia, su "participación", a través del pretexto de distracción de la "ampliación de la OTAN a Europa del Este y especialmente a Rusia", que es en realidad el proyecto de George Bush en acción para impedir, o al menos retrasar, el establecimiento del "Imperio Euroasiático del Fin" por el que nosotros, los "cosechadores de medianoche", estamos luchando. Una iniciativa que no podemos sino considerar, de antemano, condenada al fracaso.

Washington y Moscú

La dialéctica de la estrategia de acercamiento de los dos grandes bloques geopolíticos planetarios en competencia por el "dominio final del mundo y su historia definitiva" -Estados Unidos y la Gran Europa- entendida como preliminar a su gran confrontación final, que también había sido, en 1939, la del pacto germano-soviético como preliminar a la guerra de la Alemania de Hitler contra la URSS, resurge hoy, a escala planetaria -mientras que en 1939 el mismo problema se planteaba sólo a escala europea- con la "estrategia de acercamiento" de los Estados Unidos y la Gran Europa de identidad euroasiática, acercamiento que en realidad -una vez más- no es más que la estrategia preliminar del gran enfrentamiento planetario final que será, a la larga, el de los Estados Unidos y Europa, el del "bloque oceánico" y el del "bloque continental".

Esto es lo que entendió perfectamente Vladimir Putin cuando, al aceptar entrar de lleno en el juego de distracción de la nueva promoción continental de la OTAN, invirtió dialécticamente los términos del problema, utilizando el nuevo acuerdo propuesto por George Bush para ganar tiempo para el proceso en curso de la integración imperial definitiva de la Gran Europa, posponiendo así el inevitable enfrentamiento entre Estados Unidos y la Gran Europa para una fecha posterior, evitando así el peligro extremo de una aventura ofensiva directa de Estados Unidos antes de que el bloque continental europeo pudiera alcanzar su verdadera identidad definitiva.

Sin embargo, parece que es el éxito de esta extraordinaria maniobra político-estratégica de dimensiones planetarias y repercusiones contrapuestas lo que hará que Vladimir Putin alcance el estatus de líder carismático, "predestinado", del futuro "Imperio Euroasiático del Fin".

Es la marcha providencial de la propia historia la que pone de manifiesto las cifras decisivas de sus propios logros fundacionales, de sus abismales comienzos.

¿No escribió recientemente David Duke, un cargo electo republicano del sur profundo, que *Rusia es la clave de nuestra supervivencia*?

Lucha en dos frentes

De todos estos análisis operativos se desprende que la situación política y estratégica mundial nos exige a nosotros, los soldados políticos de la Gran Europa, que aceptemos luchar en dos frentes al mismo tiempo: por un lado,

(1) el *frente interno*, del enfrentamiento confidencial entre la "supraestructura" de la derecha europea, que está conquistando abierta y "democráticamente" el poder político general en toda Europa occidental, y la acción clandestina de su "infraestructura" nacional-revolucionaria comprometida con su propia línea gran-continental, "euroasiática", y

(2) el *frente externo* de nuestra oposición contraofensiva a los planes hegemónicos en curso para afirmar la "Superpotencia Planetaria de los Estados Unidos".

La esquizofrenia fundamental de la actual conspiración socialista de dimensiones europeas de influencia clandestina revolucionaria trotskista se manifiesta en el hecho de que su supuesta opción intransigente de oposición total a la política estadounidense de intervencionismo hegemónico global se contradice al mismo tiempo, Esto se refleja, entre otras cosas, en el proyecto de ley presentado por el Ministro del Interior socialista alemán, Otto Schill, para la represión consecuente de las actividades "antiglobalización", y en su negativa a tomar cualquier medida contra la ofensiva subversiva de globalización de los Estados Unidos, actualmente en curso en todo el mundo. Esto parece ser extremadamente revelador en cuanto a las verdaderas obediencias ocultas de la conspiración socialista-trotskista en sus últimas e *innombrables* profundidades.

Parece, pues, que una instancia inmediatamente operativa de mando central contraestratégico del conjunto del frente nacional-revolucionario europeo grancontinental se convierte, a partir de ahora, en un imperativo organizativo ineludible.

No tenemos ni un momento que perder. Todo vuelve a la zona de atención suprema".

La dialéctica revolucionaria y trágica de la acción de las "minorías actuantes" vuelve bruscamente al orden del día, ordena nuestras elecciones e ilumina los caminos que debemos tomar, cueste lo que cueste. El misterio de la "inversión final" es que su cumplimiento en la historia del fin es obra de un número muy reducido de elegidos en la sombra, los *supervivientes del incendio.*

EL SIGNIFICADO TRASCENDENTAL DE LAS PRÓXIMAS ELECCIONES ALEMANAS
(SEPTIEMBRE DE 2002)

El 22 de septiembre, Alemania deberá elegir a un nuevo canciller, y así expulsará con toda probabilidad a las tinieblas exteriores al patán Gerhard Schröder y al partido de trotskistas marxistas alemanes que actúan bajo la falsa y ya irremediablemente podrida apariencia de la socialdemocracia y sus igualmente dudosos "aliados". Así, el próximo otoño, toda una época se derrumbará, de un plumazo, como se derrumbó en su momento el Muro de Berlín. Las elecciones alemanas del 22 de septiembre son, por tanto, un acontecimiento muy importante, del que dependerá, sin duda, el destino futuro de Europa, de la "Gran Europa", de forma directa, y quizás incluso, en cierto modo, total. Pero un acontecimiento que, obviamente, no puede calificarse de "trascendental". A no ser que se sepa mirar la situación actual desde un punto de vista superior, "metapolítico", capaz de detectar detrás de un acontecimiento político como tal aquello que lo escinde elevándolo al espacio oculto de las grandes decisiones y de los grandes retrocesos espirituales, de los misteriosos "reinicios suprahistóricos" por los que la "gran historia" avanza y se revela en su marcha imprevisible. Este es precisamente el caso de nuestra actual aproximación a las elecciones alemanas del 22 de septiembre, una aproximación que se propone revelar lo que hay detrás de ellas, en la sombra, y que las convierte así en un punto de inflexión fundamental en la historia europea presente y futura. Una sombra proyectada por la propia parte de lo indecible que está presente allí, subversivamente comprometida.

El estremecedor despertar de Asia y los desarrollos cada vez más acelerados del gran diseño hegemónico planetario de los Estados Unidos constituyen ahora, junto con la puesta en marcha de la Gran Europa Imperial, centrada en el "bloque carolingio" franco-alemán, por un lado, y en la emergencia revolucionaria de la "Nueva Rusia" de Vladimir Putin, por otro, el frente global de los problemas políticos fundamentales que han pasado a primer plano con la transición al Tercer Milenio. Todos estos problemas llevan la marca de la transición de un estado ontológico a otro, la trágica marca de "cruzar la línea".

Ahora bien, tanto el despertar de Asia como la actual ofensiva planetaria imperialista de los Estados Unidos están en realidad directamente condicionados, y como virtualmente suspendidos en su marcha, por la carrera hacia la Gran Europa, por la evolución revolucionaria ya en curso del "Gran Continente" hacia su integración imperial euroasiática definitiva. La afirmación de la Gran Europa contradice y neutraliza las otras dos operaciones políticas planetarias, la de Asia y la de Estados Unidos, cuyos futuros respectivos bloquea oponiéndose implícitamente a ellas; e incluso, ya, explícitamente, como veremos cada vez más.

Sin embargo, si esta triple polarización antagónica de la historia mundial actual está fundamentalmente condicionada por la obra de construcción ofensiva de la integración imperial europea, ésta, a su vez, está en la actualidad en función directa de las futuras grandes orientaciones políticas de Berlín: en definitiva, la faz del mundo y de la historia futura depende ahora del actual futuro político de Alemania. De ahí el calificativo de "trascendentales" que requieren las elecciones legislativas alemanas del próximo mes de septiembre, que parecen así dialécticamente otra cosa -y de hecho "otra cosa por completo"- de lo que parecerían en el plano político inmediato, beneficiándose como lo hacen de una vertiginosa profundidad de campo, un telón de fondo a la vez oculto y trágico. Y trágico, porque todo depende ahora de una elección dejada a la sola voluntad del pueblo alemán, que es objeto de exacerbadas solicitaciones y que continuamente trata de predeterminar; de influir en una dirección que va hacia los intereses del "poder de las tinieblas", siempre alerta, siempre al acecho, siempre disponible para aprovechar la fatal oportunidad.

Pero al mismo tiempo no es menos cierto que la historia misma tiene, en su marcha hacia adelante, visible o invisible, la imposición interior de una voluntad abismal, más allá de toda influencia, más allá de todo alcance fuera de sí misma, que la hace, en última instancia, historia, la historia misma, que encuentra, misteriosamente, como por sí misma, dentro de sí misma, el lecho preconcebido de sus ineludibles descargas decisivas hacia adelante, no siendo nunca sus elecciones sino el hecho de la voluntad oculta de la Divina Providencia solamente, y no de algunas otras predeterminaciones, cualesquiera que sean.

En este sentido, y parafraseando a Mœller van den Bruck, podemos decir que en este caso el "Cuarto Reich", el "Reich del Fin", será también el "Reich Eterno". Porque la historia del mundo en su fin conducirá ahora a un más allá suprahistórico de la historia, cuyo secreto sólo nosotros conocemos. Nosotros, los "últimos", los "supervivientes del incendio". El nuevo destino político de Alemania ya no depende de una elección política, sino de una elección trascendental, sea cual sea esa elección política.

El nuevo "Pacto de refundación" franco-alemán

No es la historia la que sigue a los tiempos, sino los tiempos que siguen a la historia, que responden a sus mandatos subterráneos. Así, en cuanto el "nuevo" régimen nacional postsocialista surgido de las elecciones alemanas de septiembre llegue al poder en Berlín, tendrá que enfrentarse a la prueba total que será -y que el "nuevo" régimen alemán querrá que sea- la del 40 aniversario, el aniversario de la refundación ontológica, del "Pacto Fundacional" franco-alemán de enero de 1963 -el "Tratado del Elíseo" del General de Gaulle y el Canciller Adenauer-, que está en el origen histórico de lo que se ha convenido en llamar, desde entonces, el "Pacto Carolingio" franco-alemán y, por tanto, de la gran Europa venidera. Porque *todo tiene que volver a empezar.*

El sabotaje subterráneo emprendido y perseguido por los regímenes socialistas-trotskistas franceses y alemanes -llamados "socialdemócratas"- de los últimos años de decadencia resignada ha llegado a su fin, de hecho, con el retorno en vigor, en Francia y Alemania, de un poder político de orientación fundamentalmente nacional y gran europeo.

Durante su visita al Palacio del Elíseo, el 16 de julio, Edmund Stoiber, candidato antisocialista a las próximas elecciones alemanas, se comprometió formalmente a relanzar el "polo carolingio" franco-alemán en dirección a su mayor misión ofensiva europea. Nos corresponde a nosotros, alemanes y franceses", declaró en esta ocasión, "impulsar el proyecto de integración europea. Inmediatamente añadió que "la relación franco-alemana forma parte de la razón de ser de la Alemania actual". Edmund Stoiber también había declarado, en el Palacio del Elíseo, que en cuanto tomara el poder en Berlín, nombraría a Wolfgang Schauble -su actual jefe de política exterior- para que se encargara inmediatamente de la operación de relanzamiento del polo europeo franco-alemán y del seguimiento de este relanzamiento -en los términos de un nuevo "Pacto de Refundación"- a nivel de la gran Europa continental, Wolfgang Schauble debería recibir inmediatamente el apoyo, por parte francesa, de un homólogo designado por Jacques Chirac para este fin, con la misma misión. Esto debe considerarse como el esbozo de un gobierno franco-alemán paralelo.

Francia y Alemania, dijo Wolfgang Schauble, quieren una Europa más fuerte, más activa y más eficiente. Y esto sólo puede funcionar si Francia y Alemania desempeñan un papel de liderazgo. Esto no va dirigido a los demás. Es un servicio para toda Europa. Y también, y esto me parece muy importante: "Estamos totalmente a favor de una construcción federal para Europa". Porque está claro que la gran Europa continental, "euroasiática", sólo puede ser fundamentalmente federal, lo acepten o no algunos.

El doble mecanismo operativo del renacimiento europeo franco-alemán deberá ser, por una parte, el de la puesta en marcha de una estructura ontológica político-militar europea de integración total de los ejércitos nacionales y, por otra parte, el de la puesta en marcha decidida, inmediata y acelerada de una Gran Europa, económica, industrial y tecnológica, capaz de hacer frente a los designios hegemónicos de los Estados Unidos en el nivel planetario en que éstos se fijen.

Por no hablar de la gran batalla cultural que habrá que librar a escala continental para el reencuentro revolucionario de Europa con su propia identidad civilizatoria, deliberadamente enajenada durante el período de las imposiciones totalitarias del socialismo trotskista, que en los últimos años, tras haber tomado subversivamente el poder político en toda Europa, ha intentado modificar las estructuras de conciencia y de expresión según sus propias exigencias depravadas e infrahumanas. Aquí también hay una inmensa cantidad de trabajo por hacer, del que somos responsables.

Así, el "Pacto de Refundación" franco-alemán que se instituirá con ocasión del 40°e aniversario, en enero de 2003, del "Tratado del Elíseo" de Gaulle-Adenauer tendrá el estatuto de un reinicio político-estratégico revolucionario de esta "comunidad de destino franco-alemana" que el general De Gaulle ya había definido, en 1963, como una "Nueva Revolución Mundial". Porque es precisamente esta "Revolución del Nuevo Mundo" europeo-grande-continental la que, tras 40 años de interrupción subversiva, debemos redescubrir hoy, *volviendo al lugar donde se había roto su curso*.

Ahora se sabe cómo el "Tratado del Elíseo" fue saboteado por el chantaje y el oscuro golpe de fuerza perpetrado en el Bundestag alemán por los servicios políticos especiales de Washington, y cómo el canciller Konrad Adenauer fue pronto sustituido al frente de la República Federal de Alemania por el agente estadounidense encubierto Ludwig Erhart, encargado de "devolver todo al "orden", deshaciendo torticeramente la obra providencial emprendida y proseguida por el general De Gaulle y el canciller Adenauer, los héroes de la salvación y la liberación de Europa. Que, desde el pacto fundacional, desde el "Pacto Carolingio" franco-alemán, había sentado las bases suprahistóricas de la futura Gran Europa Continental, del futuro eje geopolítico París-Berlín-Moscú-Nueva Delhi-Tokio.

Retomar, hoy, lo que se interrumpió, subversivamente, en los años sesenta, retomar, cuarenta años después, la batalla metapolítica por la puesta en marcha de la Gran Europa a partir del Pacto Fundacional de enero de 1963, actualizado, renovado, devuelto a sus disposiciones originales bajo la identidad de un "Pacto de Refundación" destinado a relanzar en profundidad y de forma bastante decisiva el proceso revolucionario de la integración imperial europea gran-continental del fin, tal será, por tanto, en enero de 2003, la misión de éste, la misión del "Pacto de Refundación" franco-alemán situado de nuevo en la base -y en la vanguardia- de la nueva emergencia histórica -y supra-histórica- de la "comunidad franco-alemana de destino".

Todo vuelve a la zona de atención suprema. Todo comienza de nuevo. En las ruinas finales del no ser, el ser vuelve al día. Este será el primer gran objetivo del "nuevo" régimen nacional postsocialista alemán que surja de las elecciones de septiembre.

Sin embargo, Francia y Alemania, juntas en el próximo "Pacto de Refundación", deben posicionarse ante la exigencia ineludible, absolutamente fundamental, que es actualmente la de una presencia sobreactuada, revolucionaria y total de la "Nueva Rusia" de Vladimir Putin en el seno de la "comunidad de destino" europea gran-continental, de la Gran Europa imperial de dimensiones y horizonte euroasiáticos. Sin Rusia, nada es posible. Nada sucederá sin la 'Nueva Rusia' de Vladimir Putin", escribió recientemente uno de nuestros boletines internos.

Sin embargo, sólo tres días después de la visita de Edmund Stoiber a París y de la puesta en marcha, por parte de éste y de Jacques Chirac, del proyecto de un "Pacto de Refundación" franco-alemán para el próximo mes de enero, Jacques Chirac fue a Rusia, a Sochi, en Crimea para reunirse con Vladimir Putin, donde iba a tener lugar el segundo acto -después de la visita de Edmund

Stoiber al Elíseo el 16 de julio- de la total agitación de la actual escena política gran europea. Una agitación a la que incluso los observadores políticos más astutos habían dado relativamente poca importancia.

Cuando en realidad fue un evento de proporciones sísmicas. Extraño, muy extraño malentendido. Incluso sospechoso.

Nada sucederá sin la "Nueva Rusia" de Vladimir Putin

Con la llegada del gobierno trotskista de Lionel Jospin al poder en París en 1995, Francia se convirtió en la punta de lanza de la ofensiva antirrusa permanente de la Unión Europea, una ofensiva antirrusa llevada a cabo -en principio- por la llamada "guerra colonialista" que supuestamente estaba librando Moscú en Chechenia mediante una "larga serie" de "crímenes contra los derechos humanos", etc.

Recientemente, el gobierno trotskista de Lionel Jospin recibió oficialmente en París a representantes de alto nivel de las organizaciones terroristas islámicas y a "ministros" de su gobierno títere. Día tras día, durante años, los medios de comunicación franceses -prensa, radio, televisión- se han dedicado a una campaña permanente de desinformación y provocación contra la "Nueva Rusia" de Vladimir Putin. Hasta los límites de lo intolerable.

Sin embargo, nada más llegar a Sochi (Crimea), donde le esperaba Vladimir Putin, Jacques Chirac invirtió el movimiento, declarando con toda claridad que, para Francia, la guerra de Rusia en Chechenia era una "guerra por la integridad del territorio nacional ruso" y contra el "terrorismo islámico de los chechenos", y que, como tal, esta guerra contaba con la plena aprobación y el apoyo sin reservas de Francia.

Así, las consultas políticas llevadas a cabo en París por Edmund Stoiber y Jacques Chirac, a doble nivel, público y secreto, incluso ultrasecreto, habían dado inmediatamente sus frutos en cuanto a la "línea francesa" hacia Rusia.

Edmund Stoiber: "Sólo puede haber estabilidad en nuestro continente si Rusia forma parte política, económica y culturalmente de nuestra comunidad de destino".

Así, como resultado de las nuevas posiciones políticas y estratégicas comunes de Francia y Alemania, que se han unido mediante la renovación de su "Pacto de Refundación", la Unión Europea en su conjunto tendrá que cambiar su "línea general" hacia Rusia. Y ello a pesar de que Italia, en la persona de Silvio Berlusconi, ya había adoptado posiciones claras y firmes respecto a la integración de Rusia en Europa, una integración -según Silvio Berlusconi- en toda regla, tanto en el plano político y de defensa como en el económico y cultural.

Pero ten cuidado. Pero ten cuidado. La actual liquidación democrática de la subversión trotskista en Francia y Alemania bajo el disfraz de la socialdemocracia no representa el gran cambio revolucionario en la línea nacional-revolucionaria que esperamos. Pero la actual limpieza antisocialista-trotskista del interior de Europa abre, sin embargo, ciertas perspectivas de renovación y aceleración del proceso de puesta en marcha de la Gran Europa de dimensiones imperiales, "euroasiáticas", dejando -en principio- el camino libre para una reconsideración nacional-revolucionaria de la línea nacional en el conjunto político de Europa Occidental, dado que esta gran reconsideración nacional -que ahora pedimos con todas nuestras fuerzas- ya está presente, ya está activa, en Rusia, con el ascenso al poder de Vladimir Putin.

Así pues, el centro de gravedad revolucionario de la próxima "gran historia" de Europa se sitúa ahora en Rusia, que está, por tanto, un paso por delante del movimiento político fundamental actualmente en curso en Europa -el movimiento del retorno de la nación a su ser-, pero también del futuro de este movimiento, que no sólo está destinado a cumplirse, sino también a ir más allá de su propio cumplimiento. Porque no basta con hacer la Más Grande Europa, hay que hacer la Más Grande Europa Revolucionaria del fin, *el Imperium Ultimum*, el *Regnum* suprahistórico del fin, de la historia más allá de la historia. El horizonte último de nuestra acción es un horizonte trascendental.

Hoy en día, Vladimir Putin es el único líder político europeo que ha comprendido esto y está procediendo en consecuencia. A largo plazo, inexorablemente. Y por eso, en este momento, nuestra mirada debe estar permanentemente dirigida hacia Moscú, con todo lo que ello implica. Porque es la Rusia de Vladimir Putin la que es, hoy, el centro revolucionario de la historia y del mundo, y la que debe polarizar, como tal, todas nuestras voluntades revolucionarias.

El desconocimiento actual en Europa -en Europa Occidental, pero también en Europa Oriental- de Vladimir Putin y de la "Nueva Rusia" que dirige, de lo que realmente está ocurriendo allí, lo que allí se está gestando en secreto, lo que se prepara tanto en la sombra como a plena luz del día, sigue siendo, en rigor, alucinante, y en el estado actual de las cosas sería más que inútil tratar de cambiar algo. Sólo un número muy reducido de nosotros conoce el verdadero horizonte en el que se desarrollan las formidables líneas de fuerza de la actual asunción oculta de Rusia, y es exclusivamente a través de nuestras propias redes geopolíticas y del trabajo espiritual secreto como podemos hacer circular las noticias que nos llegan por canales inconfesables y prohibidos. Peligroso, a veces.

En contacto directo, a partir de ahora, con esta "Nueva Rusia", ¿estarán Francia y Alemania del "Pacto de Refundación" preparadas para captar a tiempo el rumor sísmico de la Nueva Revolución que se prepara allí a plena luz del día? Todo está ahí, todo depende de ello; antes de que sea demasiado tarde.

¿Seremos capaces de asumir la decisiva tarea de dar a conocer, como por reverberación, lo que está ocurriendo en Rusia, rompiendo el aluvión de desinformación implacable que se opone a ello? Este es uno de los frentes estratégicos fundamentales que debemos abrir con este fin, y del que hoy somos plenamente responsables. Por nosotros mismos, y por *la historia al final*.

Frente al "Imperio Planetario" de EEUU, una nueva dialéctica de deflagración

Hoy, la Gran Europa es un proyecto geopolítico revolucionario que está en proceso de tomar conciencia de sí mismo. Y así, el concepto final y completo de una "Gran Europa" por venir, de un horizonte y predestinación "euroasiáticos", no sólo se justifica por su propio futuro, que empieza a afirmarse, siguiendo la línea geopolítica ofensiva del eje transcontinental París-Berlín-Moscú-Nueva Delhi-Tokio, de un extremo al otro del "Gran Continente", del "Atlántico al Pacífico". Pero que también, y sobre todo, se justifica contra el "Imperio Planetario de los Estados Unidos" que ya está ahí, que ya está actuando en el plano de sus actuales planes imperiales, de su vasta acción político-estratégica planetaria ya en marcha.

En *la* actualidad, la "Gran Europa" se define en relación a sí misma, o se reconoce a sí misma, mientras que al mismo tiempo se opone al "Imperio Planetario Americano", que está *en* estado de *finalización*, y actúa como tal. Esta geopolítica planetaria que opone *la incompletud defensiva a la compleción ofensiva* representa una nueva dialéctica de conflagración, cuyo resultado final decidirá el destino de la historia mundial actual y del "otro mundo" que traerá consigo.

Porque no nos engañemos. En la actualidad, Washington se ha despojado definitivamente de la máscara, o las máscaras, bajo las cuales, desde el final de la última guerra, Estados Unidos había acostumbrado a ocultar los objetivos imperiales de su política exterior. Ya con el concepto del "nuevo orden mundial" lanzado por George Bush padre, que Washington pretendía instalar y asegurar su mantenimiento, Washington había "anunciado el color". Bill Clinton utilizó en su momento la expresión "Superpotencia Planetaria de los Estados Unidos" y hoy, George W. Bush patrocina personalmente las doctrinas geopolíticas republicanas que avanzan abiertamente el concepto de "Imperio Planetario de los Estados Unidos" y definen las líneas de fuerza político-estratégicas, económicas y culturales de la nueva línea imperial estadounidense.

Así, el columnista republicano Charles Krauthammer escribió recientemente en el *Washington Post*: "La realidad es que ninguna nación ha sido tan dominante desde el punto de vista cultural, económico, tecnológico y militar desde el Imperio Romano", refiriéndose, por supuesto, a Estados Unidos, cuyo destino planetario anotará. Pero el verdadero doctrinario de los nuevos designios imperiales de Washington es Robert D. Kaplan, asesor de la CIA y del Pentágono, así como del presidente George W. Bush personalmente. En un libro reciente, *Warrior Politics*, Random House, Nueva York 2001, Robert D. Kaplan insta a Estados Unidos a abrazar su propio destino imperial, incluso si eso significa ignorar el dogma democrático: "Es un principio imperial el que define el mundo actual. El Pentágono tiene tropas en todos los rincones del mundo, los intereses estadounidenses son globales, Washington mueve los hilos en todas partes. Estados Unidos no tiene colonias, pero en el fondo es el centro de un imperio mucho más clásico de lo que quiere admitir. Como Roma, Venecia o el Imperio Británico en su momento, es el principio organizador del mundo contemporáneo. Es el poder que hace avanzar al planeta, la fuerza que define el equilibrio y frena la anarquía. Y añadió, sugiriendo días oscuros para la "democracia": "¿Hasta dónde debemos tolerar el desorden? ¿Debe Occidente sacrificar su libertad para asegurar su propia supervivencia? ".

Todo esto implica que, en la actualidad, la "Superpotencia Planetaria de los Estados Unidos" representa el único poder político mundial verdaderamente decisivo y total, el "poder final". Que Estados Unidos ya está metido en el camino de ida de un destino imperial planetario, del que acepta la carga.

De hecho, todo el mundo está totalmente equivocado sobre George W. Bush y las verdaderas razones por las que llegó a ser Presidente de los Estados Unidos; porque hubo una conspiración. Es importante saber que el Partido Republicano no es en absoluto un "partido unitario", sino, por el contrario, una disposición ganglionar de "grupos de poder" particulares; y que el "grupo de poder" republicano que representa George W. Bush es ultraminoritario; obedeciendo a una "doctrina interna" ocultista, intransigente y ofensiva, totalitaria e "imperial"; con "objetivos últimos" secretos, de naturaleza "sobrehumana". Una "célula conspiradora superior".

En sus profundidades, las más vedadas a la atención externa, el actual poder central estadounidense es, en realidad, un poder esencialmente oculto, basado en una estrategia planetaria ofensiva y que se apoya, en el seno de la actual administración republicana, en pequeños grupos de decisión que actúan exclusivamente en la sombra y que duplican secretamente -y por completo- el aparato existente del poder político-administrativo del Estado. Se trata, además, de una modalidad política que siempre ha sido propia del Partido Republicano. Y recientemente ha alcanzado su propio paroxismo (véase el fondo nocturno de "11 de septiembre de 2001").

A pesar de la suma de las razones esgrimidas por Washington en este sentido, sigue siendo imposible entender por qué Estados Unidos es tan implacable contra el Irak de Sadam Husein (todas las acusaciones de Washington son obviamente falsas e inventadas). Hay aquí un misterio impenetrable, "irreductible", cuya clave habría que buscar en una dirección "mística", "ocultista", en relación con la ubicación de Irak en el espacio de las antiguas civilizaciones mesopotámicas, mágicas y teúrgicas, donde se manifiestan secretamente las influencias supratemporales. Y también, tal vez, en las singularmente inconfesables convicciones pararreligiosas del "pequeño grupo de iniciados" que constituye el "grupo cumbre" ocultista del Partido Republicano del que George W. Bush es hoy el representante visible (pero, al mismo tiempo, también encubierto).

Ponerse del lado de Irak es ponerse del lado de Europa

En cualquier caso, es perfectamente seguro que, a partir de ahora, la "hora de la verdad" no tardará en llegar. Será el momento de que Estados Unidos ataque Irak, con o sin el apoyo de la ONU. Pero, escribe Robert D. Kaplan, la Casa Blanca y el Pentágono "persisten en creer que la aventura iraquí sería puramente militar; la verdadera cuestión es qué harán Turquía, Irán, Arabia Saudí y Siria después de que Saddam Hussein sea eliminado".

Sin embargo, a pesar del cuestionamiento de Robert D. Kaplan, ahora la Casa Blanca y el Pentágono no darán marcha atrás.

Es en relación con la intervención ofensiva de Estados Unidos en Irak que Europa, al oponerse a ella, deberá ahora tomar sus nuevos rumbos, para determinar la "nueva línea" de su propia política global. Con quizás -pero podemos realmente esperarlo- Francia, Alemania y Rusia comprometidas en primera línea en la acción común europea de rechazo a la agresión americana?

Sin embargo, es difícil creer que, en la actual situación mundial, Jacques Chirac y Edmund Stoiber puedan oponerse formalmente a la intervención de Washington en Irak, a pesar de los fuertes sentimientos de las naciones francesas y alemanas contra esta flagrante agresión estadounidense.

Pero, al mismo tiempo, es aquí donde aparecerá la misión político-estratégica fundamental de los "grupos geopolíticos" europeos de línea gran-continental, "euroasiática", cuya movilización revolucionaria podría suscitar, organizar y reforzar cada vez más la agitación opositora de las masas europeas contra la agresión americana, doblando así la "línea oficial" de París y Berlín por un vasto movimiento de resistencia que exprese la verdadera voluntad de los pueblos europeos. Y comenzando así el proceso final e irreversible del "gran despertar", de la gran liberación continental europea del imperialismo planetario de los Estados Unidos en acción. Porque, al final, la voluntad de libertad de los pueblos europeos no puede dejar de prevalecer sobre las vacilaciones tácticas de sus gobiernos "democráticos" de circunstancias, y tanto más cuanto que estos mismos gobiernos albergan secretamente las mismas convicciones vitales profundas, las mismas opciones decisivas de un nuevo destino grancontinental europeo. Porque el no-ser no puede bloquear indefinidamente la aparición del ser.

Y esta puesta en marcha revolucionaria de los pueblos europeos siendo al mismo tiempo apoyada, y por así decirlo exacerbada, por el polo metapolítico fundamental de Rusia, la "base liberada" en el Este de la Gran Europa, cuya oposición a la agresión estadounidense contra Irak servirá de frente de retaguardia de reverberación grandiosa al vasto movimiento revolucionario europeo antiamericano en marcha, arrastrando también a la India y a Japón, y haciendo así efectivo de inmediato el eje geopolítico transcontinental París-Berlín-Moscú-Nueva Delhi-Tokio.

Así, la intervención estadounidense en Irak corre el riesgo de ser, en última instancia, fatal para los planes en curso del imperialismo global estadounidense, el escollo que desbaratará el "gran diseño" de la "célula conspirativa superior" instalada secretamente en la Casa Blanca, y que sigue "las órdenes de la Serpiente Crucificada en la T". Porque estamos ahí, en efecto, aunque nos neguemos a creerlo. Una vez más, no hay que temer a los Estados Unidos, sino a lo que hay detrás de los Estados Unidos.

Las "jerarquías paralelas" de la Gran Europa

George Lukacs dijo: "Sólo quien tiene la vocación y la voluntad de hacer realidad el futuro puede ver la verdad concreta del presente". Fue durante los tres días históricos entre el 16 y el 19 de julio cuando se constituyó la Gran Europa: el 16 de julio, en París, con los acuerdos - y las "partes confidenciales" de los mismos - alcanzados entre Jacques Chirac y Edmund Stoiber sobre el "Pacto de Refundación" franco-alemán, que debía retomar, en enero de 2003, para su 40º aniversario, los términos del "Tratado del Elíseo" De Gaulle-Adenauer y, tres días después, el 19 de julio, con el encuentro entre Jacques Chirac y Vladimir Putin, en Sochi, en Crimea, que iba a marcar la adhesión de facto de la "Nueva Rusia" de Vladimir Putin a lo que Wolfgang Schäuble llama el "núcleo duro" de la actual Unión Europea. Es una adhesión en principio, pero definitiva. Porque se trata de un nuevo "pacto de hierro", palabra dada contra palabra recibida.

El eje París-Berlín-Moscú, que venimos reclamando en los últimos tiempos, ya está montado y, con el eje geopolítico París-Berlín-Moscú, ha nacido la mayor Europa continental con horizonte y predestinación euroasiática.

Una convulsión político-histórica de consecuencias absolutamente decisivas, en la que la voluntad fundadora de Jacques Chirac, Edmund Stoiber y Vladimir Putin fue afirmar la emergencia revolucionaria de un compromiso imperial gran europeo ya irrevocable, un compromiso gran europeo que fue posible gracias a la eliminación del socialismo trotskista del poder en Francia y Alemania, y no sólo en Francia y Alemania, sino también en el espacio político de toda Europa occidental. Ahora vienen otros tiempos".

Ahora bien, lo que se habrá constituido así, en principio, a nivel de la acción política democrática de los Estados europeos concernidos, y que seguirá, a partir de ahora, los desarrollos previstos por el proceso ya en curso, debe ser muy imperativamente retomado y reforzado, urgentemente reconsiderado en un horizonte revolucionario grandioso-continental, por las fuerzas vivas de las naciones europeas que han llegado, actualmente, a la encrucijada de su suprahistoria final.

Duplicar, por tanto, la nueva situación política creada por la puesta en marcha del eje París-Berlín-Moscú, por una serie de iniciativas destinadas a hacer nacer las "jerarquías paralelas" de una nueva realidad político-administrativa revolucionaria europea, es la tarea que nos corresponde hacer nuestra en el momento actual.

Me parece que debería haber cuatro iniciativas de este tipo, y que deberíamos actuar inmediatamente para imponer su cuadrícula ontológica a los acontecimientos que ya están en marcha.

(1) Una organización supranacional denominada "Comunidad Geopolítica Francia-Alemania-Rusia", fundamento ideológico básico de la futura Gran Europa Continental, que debe actuar como una especie de "gobierno provisional" de la Gran Europa, actuando en la sombra, de forma semiclandestina.

(2) Una estructura político-estratégica supranacional, que integre prioritariamente a todos los "grupos geopolíticos" europeos en una organización activa destinada a constituir una especie de gran "Kominforrn" europeo de primera línea.

(3) Una revolucionaria organización supranacional de "inteligencia contra-estratégica", que emplee, sectorialmente, ciertos "poderes especiales". Raymond Abellio: "El uso policial de estos poderes es la esencia de la metapolítica".

(4) Un organismo de vanguardia para promover el nacimiento y posterior despliegue de una nueva gran cultura continental europea que llene el aterrador vacío cultural de los últimos cincuenta años de la historia europea.

Es el Espíritu el que toma el poder, y este poder es el Espíritu, escribió Georges Soulès en su gran libro, publicado en *J943, La fin du nihilisme*, un libro profético si alguna vez lo hubo.

ALEMANIA, Y EL DESTINO FINAL DE EUROPA

El fracaso de la coalición antisocialista encabezada por Edmund Stoiber en las elecciones alemanas de septiembre pasado parece ciertamente, en principio, una gran catástrofe para la marcha hacia adelante de la Gran Europa Continental de línea nacional-revolucionaria; pero, en realidad, las cosas pueden ser muy diferentes; e incluso, en última instancia, todo lo contrario de lo que parece esperarse. En la política revolucionaria activa, lo que cuenta, de hecho, no son las situaciones reales, sino sus compromisos dialécticos que rigen la tensión subterránea que los empuja constantemente hacia adelante, que los empuja constantemente a la autodestrucción.

En primer lugar, se trata de un fracaso extremadamente relativo para Edmund Stoiber, porque la coalición gubernamental de socialistas y verdes sólo ganó por una mayoría ficticia de dos escaños como máximo, y el Frente Nacional antisocialista de Edmund Stoiber tiene ahora prácticamente la misma mayoría que la de la coalición socialista antinacionalista de Gerhard Schröder y sus aliados "rojo-verdes"; Por último, ya es obvio que los "rojiverdes" de Joschka Fischer ganaron el pasado mes de septiembre, porque si sólo se hubieran presentado los socialistas-trotskistas de Gerhard Schröder y el Frente Nacional de Edmund Stoiber, habrían sido estos últimos los que hubieran ganado las elecciones y restaurado el orden en Alemania.

El destino jugó así un papel negativo a través de la inesperada expansión del partido llamado "ecologista" de Joschka Fisher, que se benefició, de manera circunstancial y subversiva -inflando artificialmente su fuerza de campo mediante contribuciones masivas, por orden, de izquierdistas y excomunistas- de un crecimiento electoral bastante importante. Porque, recordemos, ¿qué es el partido ecologista, los "rojiverdes" de Joschka Fisher, sino una organización de acogida, supervisión operativa y promoción encubierta de los elementos ultraizquierdistas y trotskistas más activamente extremistas, antinacionales y antieuropeos?

Mediante su actual encubrimiento ecológico, la extrema izquierda revolucionaria alemana se ha asegurado así una base político-estratégica decisiva en la nueva mayoría gubernamental surgida de las muy dudosas elecciones del pasado septiembre. ¿Pero dejará Gerhard Schröder que esto ocurra? Al actuar, Joschka Fisher revelará sus posiciones y, por la misma razón, obligará a Gerhard Schröder a tomar medidas contrarias. El gusano está en la fruta.

Pues el poder socialista-trotskista de Gerhard Schröder, que actualmente ha vuelto al poder, se encuentra en una situación de desestabilización fundamental, permanentemente sometido a la contradicción activa y a la presión política de la "otra mayoría", la "mayoría nacional" de Edmund Stoiber. Y esto mientras, dentro de la coalición socialista-trotskista-ecologista que ha vuelto al poder, el centro de gravedad político operativo del conjunto se ha desplazado de las posiciones de la mayoría socialista-trotskista de Gerhard Schröder a la minoría dirigida por Joschka Fisher y sus llamadas estructuras de penetración y control ecológicas (que en realidad son de un orden completamente diferente).

Por otro lado, y en cualquier caso, las grandes opciones políticas fundamentales de Alemania están más o menos salvaguardadas, que son las que se refieren, por un lado, a la oposición -relativa, todo sea dicho- a la política de injerencia globalista de Estados Unidos y más concretamente en Irak, actualmente bajo la amenaza de una acción político-estratégica decisiva de Washington y, por otro lado, el apoyo abierto, incluso incondicional, al proceso en curso de integración de la "Nueva Rusia" de Vladimir Putin en la gran Europa continental, "euroasiática", "imperial", "final". Un proceso que ahora es ineludible.

Los tejemanejes proamericanos y antirrusos de Joschka Fisher y la minoría chantajista de los "rojiverdes" trabajarán sin duda ahora para socavar -y cada vez con mayor intensidad- las posiciones contrarias de la mayoría socialista-trotskista gobernante en Berlín, a la que él mismo también pertenece; las cosas no son fáciles en este sentido. Y ya, al llamar al gobierno a Wolfgang Clement, a quien confió los ministerios clave -o más bien el superministerio- de Economía y Trabajo, enriquecido con el "servicio de política económica fundamental y análisis", Gerhard Schröder acaba de encender un considerable contrafuego destinado a bloquear las pretensiones globalistas de Joschka Fisher y los de su grupo de acción. No ha dejado de "restaurar" las relaciones germano-estadounidenses al anunciar su próxima visita a Washington, al tiempo que reforzaba la línea político-social subversiva de su partido. Así, el *Frankfurter Allgemeine Zeitung* acusa a los "rojiverdes" de Joschka Fisher de "llevar a cabo un ataque ideológico contra todo lo que puede considerarse como valores tradicionales, especialmente la familia en el sentido clásico".

El actual régimen político de Berlín, surgido de las elecciones del pasado mes de septiembre, es de hecho un "no-régimen", disponible a todas las solicitaciones, a todos los chantajes, a todas las sacudidas de fuerza: el mejor terreno para la puesta en marcha de una gran contra-estrategia destinada a obtener su eventual derrocamiento. Un derrocamiento definitivo y total, cuyo punto crítico está en algún momento de los próximos dos años, y probablemente mucho más cerca aún. Me parece que ahora es una certeza que Edmund Stoiber y su personal político no dejarán pasar la oportunidad cuando se presente, sobre todo porque una verdadera oportunidad no se presenta por sí misma, se *provoca*.

Sin embargo, el desastre -pues, se diga lo que se diga, fue un desastre- de las elecciones alemanas del pasado mes de septiembre, ha devuelto a la luz del día, de forma repentina, razones para su aparición que se encuentran en otra parte, y que son de un orden muy diferente a las del fracaso extremadamente relativo de las fuerzas nacionales antisocialistas en competencia con la conspiración antinacional socialista existente. Se trata nada menos que de un cierto desastre de la propia sustancia nacional alemana, de hecho -además- del destino histórico de la Alemania presente y futura, de la propia "idea alemana", por utilizar una expresión de moda en los últimos tiempos en los debates políticos al otro lado del Rin, empleada incluso por Gerhard Schröder.

Enfrentarse a un cierto desastre histórico de Alemania; sus causas, y formas de recuperación

No se puede negar: el pasado septiembre, la mitad de Alemania votó libremente contra Alemania. ¿Cómo fue posible que media Alemania asumiera -libremente- posiciones que manifiestan un grado tan último de alienación política, a la vez incomprensible y bastante segura, incluso activa, la alienación suicida de un pueblo inconscientemente suicida?

Una especie de misteriosa "enfermedad alemana" ha salido a la superficie, imponiéndose con una fuerza consternadora. Este mal, que en el fondo representa una terrible enfermedad de muerte, no es nuevo. Pero al menos se nos ha dado la oportunidad de intentar, de una vez por todas, desatascar el fatal absceso, de sorprender y revelar la obra de alienación ontológica, de resignación histórica y de decadencia vital que está así subterráneamente en acción. Una batalla política absolutamente decisiva se anuncia así a nuestra despierta atención; una batalla que debemos librar sin más demora.

Los inmensos sacrificios realizados en el pasado reciente por el pueblo alemán, que se levantó en su totalidad contra los invasores extranjeros para defender el propio ser y la integridad política e histórica de toda Europa, de la Europa cercada, no pueden dejar de ser reconocidos al final, pues el sacrificio de sangre permanece, cuenta para siempre. Ningún otro pueblo europeo, con la excepción de los rusos, ha sido llevado a hacer sacrificios de vida y sangre tan supraheroicos y suprahumanos. Esto significa que hoy, lo reconozca o no, Europa en su conjunto ha contraído una deuda ontológica ineludible con Alemania -y con Rusia- sobre la que deben construirse los abismales cimientos de la futura gran Europa continental, de la Europa imperial "definitiva".

Así, la actual resignación política de Alemania, consciente o inconsciente, representa un desgarro trágico, que hiere profundamente a todos los pueblos de Europa y al que los pueblos de Europa deben responder juntos, hacerle frente para reducir sus consecuencias y efectos actuales, borrar totalmente la afirmación negativa de la situación así recién creada, e incluso el recuerdo de la misma, como si nada hubiera ocurrido.

Desde hace más de medio siglo, la conspiración subversiva antieuropea de terror democrático llevada a cabo en continuidad por la "Superpotencia planetaria de los Estados Unidos" ha estado trabajando para devastar la conciencia histórica del pueblo alemán, para tratar de mantenerlo fuera de la historia activa, para convertirlo en un no-pueblo afligido por una fantasmática no-conciencia política y no-destino: el desastre actual de la conciencia nacional alemana es sólo el resultado directo de esta obra concertada de alienación, decidida a impedir que Alemania y, por tanto, Europa en su conjunto -la gran

Europa imperial- se encuentren de nuevo, en los términos de un nuevo destino revolucionario grancontinental y, en última instancia, planetario.

Sometido durante más de cincuenta años a la formidable presión desconstituyente de la conspiración antinacional disfrazada de "lucha antitotalitaria", que había tomado bajo su control al igual que, posteriormente, había tomado bajo su control toda la Europa occidental con la excepción de la Francia gaullista, no es por tanto incomprensible que, Al final, el pueblo alemán -o al menos una buena parte de él- habría cedido a la profunda alienación política que se le había inculcado por la fuerza, y con el objetivo preciso de impedir que se encontrara más allá de la línea de fractura político-histórica representada por la derrota altamente simbólica y "apocalíptica" de 1945.

Porque fue la larga y alucinante procesión de víctimas de la mutilación mental de Alemania perseguida durante más de cincuenta años la que, en septiembre pasado, constituyó las masas aturdidas de votantes del partido de la Anti-Alemania, las masas de votantes intencionadamente inconscientes del partido de la socialdemocracia trotskista y la resistencia clandestina de sus partidarios ocultos al ya inevitable advenimiento nacional-revolucionario de la Gran Europa Continental. El pasado mes de septiembre, Alemania pagó así el verdadero precio de la larga alienación antinacional a la que había sido sometido el pueblo alemán, el terrible precio de su sometimiento al terror totalitario de la socialdemocracia, y su otra cara, la democracia liberal, *vae victis. La* socialdemocracia, la democracia liberal, que sólo han sido las infraestructuras de control y supervisión activa del terror democrático impuesto por la "Superpotencia Planetaria de los Estados Unidos" y por los oscuros poderes que están detrás de ella, hoy como en el pasado.

En sus valientes y visionarios viajes a Alemania, poco después del final de la última guerra, el general De Gaulle -como él mismo dice en *sus Memorias*- había previsto la inmediata restauración de la posición de Alemania en Europa, para que el "polo carolingio" franco-alemán pudiera reiniciar inmediatamente la interrumpida historia de Europa y sentar las bases políticas e históricas de la futura Gran Europa Continental.

Charles de Gaulle, *Memorias:* "Friburgo, en la Selva Negra, agrupa para recibir a De Gaulle todo lo que es representativo de las regiones ocupadas por nosotros en la orilla derecha del Rin. El 4 de octubre, el Dr. Wohleb me presenta a las personalidades de Baden. En la mañana del día 5, el Sr. Carlo Schmitt presentó a los de Württemberg. El arzobispo de Friburgo, Mons. Grœber, así como Mons. Fisher, de la diócesis de Rotthausen, se encuentran entre los visitantes. Entonces, estos hombres de calidad, temblando de buena voluntad, se reunieron para oírme evocar "los lazos que un día unieron a los franceses y a los alemanes del Sur y que ahora hay que reavivar" para que sirvan para construir "nuestra Europa, y nuestro Occidente".

Y también recordamos que durante una de sus conferencias de prensa, el general De Gaulle declaró, ya en 1949: *"Digo que Europa debe construirse sobre la base de un acuerdo entre los franceses y los alemanes. Una vez que Europa se construya sobre esta base, podremos dirigirnos a Rusia. Entonces podremos intentar, de una vez por todas, construir toda Europa también con Rusia, aunque cambie de régimen. Ese es el programa de los verdaderos europeos. Eso es mío.*

Ahora, Rusia, finalmente liberada de la sangrienta pesadilla del comunismo soviético y, liberándose -por autoliberación- de las dominaciones subversivas del totalitarismo democrático -de la socialdemocracia trotskista, y de la democracia liberal- Europa, Europa, la "Gran Europa" - está en proceso de poder reclamar la recuperación de su antigua unidad, de su propio destino y de sus misiones últimas, suprahistóricas, y las más grandes, sus misiones "escatológicas", "imperiales".

En los últimos años, Europa, país por país -Portugal, España, Italia, Francia, Serbia, Austria, Países Bajos- se ha liberado de las garras subversivas de la conspiración socialista-trotskista existente, y sólo faltan Alemania y Bélgica. Hoy, como acabamos de ver, la propia Alemania ha estado muy cerca de unirse al grupo de países europeos que ya han recuperado su libertad y están dispuestos a emprender el camino de un nuevo gran destino continental.

Sin embargo, ¿puede el fracaso político accidental de una gran parte del pueblo alemán, que fue llevado ciegamente a votar contra sí mismo, impedir que se haga finalmente lo que hay que hacer? No, eso ya no es posible en absoluto. A condición de que, por nuestra parte, y contando con la fuerza de la parte consciente -la parte "ya liberada mentalmente"- del pueblo alemán, nos comprometamos, por nuestra parte, a hacer todo lo que hay que hacer, en términos de agitación y contrapropaganda ofensiva avanzada, liberar a Alemania de las garras negativas y alienantes de la conspiración antinacional y antieuropea, que todavía la mantiene más o menos cautiva de su aparato de encuadramiento político y mental, y ponerla en condiciones de hacerlo por sí misma.

El proceso de liberación nacional en Alemania, que comenzó en serio con las elecciones de septiembre pasado, debe llegar ahora a su conclusión final y *decisiva*. Una liberación nacional que Alemania logrará apoyándose tanto en Francia como en Rusia, para que el eje transcontinental París-Berlín-Moscú pueda nacer antes de que sea demasiado tarde.

Así pues, hay varias vías que podrían facilitar -o incluso llevar al éxito- el proceso de liberación nacional en curso en Alemania, incluyendo, entre otras - y probablemente sobre todo- la de un derrocamiento interno del centro de gravedad del actual régimen socialista-trotskista de Berlín, derrocamiento que cabe esperar que se produzca a favor de la renovación, prevista para enero de 2003 -su 40ème aniversario- del "Tratado del Elíseo" Gaulle-Adenauer. Esta renovación puede ya preverse bajo la forma revolucionaria de un "Pacte Refondateur" franco-alemán, un "Pacte Refondateur" deseado por Jacques Chirac y apoyado por Vladimir Putin, que, apoyándose plenamente en Rusia, relanzaría el proceso de puesta en marcha de la Gran Europa a partir del eje París-Berlín-Moscú.

De hecho, sería difícil imaginar que Jacques Chirac y Vladimir Putin estuvieran plenamente comprometidos con la construcción definitiva del eje París-Berlín-Moscú junto a una Alemania cuyo régimen político actual está en total contradicción con la orientación nacional del conjunto de Europa: La situación política interna de Alemania debe, por tanto, cambiar por sí misma, y este cambio sólo puede ser el resultado de un cambio fundamental de conciencia, de un retorno irrevocable de Alemania a su propia conciencia nacional desde las profundidades y a su propio destino, su destino anterior; su destino supratemporal.

La Directiva Putin

En su gran discurso en alemán del 25 de septiembre de 2001 en Berlín ante el pleno del Bundestag, el Presidente Vladimir Putin no sólo declaró de la manera más formal que Rusia - su "Nueva Rusia" - estaba dispuesta a considerar la integración europea en los planos económico, militar y cultural, pero también intervino, con toda su autoridad política, para instar al pueblo alemán a que deje de culparse, a que deje de infligirse secretamente una penitencia moral por culpas de una época pasada, que le impide afrontar plenamente sus verdaderas tareas políticas de hoy en Europa y en el mundo. Y al hacerlo, Vladimir Putin también denunciaba enérgicamente la acción nociva de ciertos "intelectuales alemanes" que cultivaban conscientemente el mito incapacitante de la "culpa alemana" de forma desestabilizadora y subversiva, que hoy ya no tiene razón de ser. El genio político de Vladimir Putin había captado así que el problema fundamental, que el problema dramático de la Alemania actual era ante todo un problema de conciencia, un problema de autoliberación, y de afirmación revolucionaria de una nueva conciencia alemana y de un nuevo destino alemán. Ahora bien, es absolutamente necesario ponerse de acuerdo en esto, y esto es lo que nosotros mismos no dejamos de decir, y es también el objetivo final de la acción político-estratégica global, de dimensiones europeas grandiosas, que los "grupos geopolíticos" nuestros deben asumir hoy en su lucha actual por la puesta en marcha del eje transcontinental París-Berlín-Moscú, del que, a partir de ahora, todo depende definitivamente.

Por lo tanto, apoyamos plenamente la "Directiva Putin" relativa a la lucha por la liberación nacional de la conciencia alemana actual de las garras negativas de una conspiración mundial con motivos ocultos, una conspiración empeñada en bloquear el advenimiento político en curso de la Gran Europa, del que Alemania es, hoy como ayer, el eje en torno al cual Francia y Alemania, así como el conjunto de los países europeos, deben movilizarse ahora para acceder revolucionariamente a la línea de predestinación imperial final que *siempre* ha *sido* suya, en la historia y más allá de la historia. La línea de un nuevo paso occidental del no-ser al ser, la línea misma de nuestra última y suprema predestinación polar.

Ciertamente no queda mucho tiempo, pero, por otra parte, ha vuelto la hora trágica de las minorías agitadoras. El movimiento planificado de agitación en profundidad y de inversión de la conciencia alemana actual define claramente la cuestión que decidirá el destino final de la Gran Europa: esto muestra la extrema importancia de la acción político-estratégica global de los "grupos geopolíticos" en la orientación final de las opciones que deben llevar a Alemania, una vez más, a una nueva y total conciencia de su propio ser y de su destino renovado.

TURQUÍA, LA VANGUARDIA DE LA ACCIÓN SECRETA DE AL QAEDA EN EUROPA

> *Millones de musulmanes de todo el mundo esperan que Turquía despierte y se levante.*
>
> Recep Tayyip Erdogan

> *Los Balcanes ya son islámicos, España lo ha sido durante siglos y lo volverá a ser, así como Hungría y toda Europa Central. En diez años, Alemania estará islamizada, al igual que Francia. Toda Europa será islámica antes de que termine el siglo. Sepa esto.*
>
> El líder político de un grupo islamista clandestino de los suburbios de París.

> *Para mí, la entrada de Turquía en la Unión Europea sería el fin.*
>
> Valéry Giscard d'Estaing

El hecho de que uno esté, como nosotros, totalmente del lado de los pueblos palestino e iraquí, actualmente amenazados de genocidio por la "conspiración globalista" de Estados Unidos y lo que hay detrás de ella, no significa que uno deba estar menos totalmente en contra de los grandes designios subversivos del Islam fundamentalista en acción. Y no se puede negar que, de todos los jefes de Estado europeos actualmente en funciones, Silvio Berlusconi es el único que, en nombre de Italia, ha dicho todo lo que hay que decir sobre el Islam fundamentalista, ni que en todas las ocasiones se ha puesto abiertamente del lado de recordar y apoyar la necesidad ineludible de la integración de la nueva Rusia de Vladimir Putin como miembro político, militar, económico y cultural de pleno derecho de la Unión Europea.

Los recientes acontecimientos, decisivos en su afirmación y en sus consecuencias inmediatas, acaban de confirmar de forma dramática la extrema urgencia de todas las opciones político-estratégicas que hay que hacer nuestras: contra las nuevas injerencias subversivas que se están concretando por parte del islamismo fundamentalista a través de sus avances en Turquía, y contra las complicidades internas pro-islamistas dentro de la Unión Europea. ¿Cuáles son estos acontecimientos recientes? En primer lugar, el giro de Turquía -por el momento todavía algo oculto- hacia el islamismo fundamentalista mediante la llegada al poder en Ankara del AKP de Recep Tayyip Erdogan, el "Partido de la Justicia y el Desarrollo", y la entrada, por tanto, de Turquía en la esfera de influencia de Al Qaeda de Osama Bin Laden. Y, por la misma razón, el extraordinario peligro que suponen para todo el continente europeo los actuales planes de admisión de Turquía en la Unión Europea, que se dice muy posible. Depende de nosotros hacerlo imposible.

Las cosas importantes siempre ocurren en la sombra, hoy como en el pasado. Ya es hora de que nos demos cuenta de ello, porque nuestra propia supervivencia depende de ello.

El 3 de noviembre se produjo en Europa una Hiroshima política de la que nadie parece haberse percatado aún: la toma conspirativa del poder en Ankara por parte de los partidarios visibles e invisibles del llamado partido "islamista moderado" de Recep Tayyip Erdogan, llevada a cabo bajo falsas pretensiones democráticas. En realidad, se trató de una operación subversiva "definitiva", absolutamente decisiva, a escala europea continental, realizada en la sombra, en relación directa con la organización conspirativa islamista mundial de Osama Bin Laden, Al Qaeda.

Habiéndose apoderado, cuando sólo era alcalde de Constantinopla, del apelativo de distracción del llamado "islam moderado", Recep Tayyip Erdogan, una figura reservada y esencialmente ambigua, siempre ha promovido, practicado y representado confidencialmente la línea subterránea más dura del islam extremista y muy activamente conspirador, perteneciente al movimiento panturquiano comprometido en el largo proceso subversivo que finalmente condujo a la toma del poder político total el pasado 3 de noviembre.

En efecto, con la perspectiva de la futura admisión de Turquía en la Unión Europea, los planes estratégicos globales de la subversión islamista mundial representada actualmente por Al Qaeda se han modificado bruscamente: el centro de gravedad estratégico-político de la acción islamista revolucionaria se ha desplazado de Asia a Europa, y Turquía se ha convertido en el centro operativo de este cambio. A partir de ahora, todo tendrá lugar en Turquía.

Se trata, de hecho, de un cambio total en la "línea geopolítica" de Al Qaeda, cuyo objetivo estratégico fundamental parece ser el de entablar la batalla por la invasión islámica definitiva de todo el espacio geopolítico interior europeo: Europa Occidental, Europa Oriental y Rusia. Así, Europa será declarada "zona de guerra santa", un nuevo espacio para la "Gran Yihad" islamista en acción hacia la realización del "Califato Final", que incluirá en última instancia a los propios Estados Unidos.

La base fundamental de implantación, salida y despliegue político-estratégico de las futuras ofensivas islámicas en Europa se situará, pues, en el sureste de Europa, a partir de Turquía y de los territorios islamistas europeos de Albania, Bosnia, Kosovo y Macedonia, así como, al mismo tiempo, dentro de cada país europeo que incluya una colonia islámica significativa. Entre ellos, Alemania y Francia.

Qué más normal que un islamista alemán quiera vivir algún día en una Alemania islámica", titulaba la prensa turca de Berlín en los últimos días.

Por tanto, se acaba de lanzar el concepto de "Alemania islámica": pronto se debatirá el concepto de "Europa islámica".

A este respecto, no hay que olvidar que Osama Bin Laden ya ha ido a "inspeccionar" los asentamientos islámicos en Albania y Bosnia, y que, según los servicios secretos de Belgrado, habría llegado clandestinamente hasta Alemania, en particular a Berlín.

Así, Europa ha sido elegida como el futuro campo de batalla de la gran guerra santa del Islam, su "Gran Yihad" de los próximos años. Se han lanzado los dados de hierro de un nuevo destino dramático para Europa.

Dejando los combates en Asia al cuidado de sus apoderados clandestinos, el mulá Omar y Abdel Azim-Al-Muhajar, Osama Bin Laden y la infraestructura encubierta de Al-Qaeda se trasladarán pronto a algún lugar del sureste de Europa, desde donde se dirigirán las operaciones ofensivas revolucionarias y las acciones terroristas de la "Internacional Islámica" comprometida con la inversión subversiva y la conquista política final de la Europa continental.

Al mismo tiempo, el flanco sur de Rusia -la cadena de antiguas repúblicas islámicas soviéticas- siendo dominio reservado de Turquía -que, por cierto, ya lo son- verá intensificarse al máximo la injerencia cada vez menos clandestina de Turquía, mientras que Chechenia se verá, en este caso, en relación con las actuales empresas ofensivas islámicas a escala europea, como la guerra nacional española en vísperas de la última guerra mundial.

Ya sea por cretinismo congénito de una civilización irremediablemente indigente, o por alta traición concertada, o por ambas cosas a la vez, es también el momento preciso en el que todos los gobiernos democráticos actuales de la Unión Europea, así como toda la gran prensa y medios de comunicación europeos -de izquierda y de derecha- se empeñan más que nunca en apoyar las posiciones proislamistas de los gobiernos irresponsables de turno, como es el caso de *Le Figaro, Le Monde, Le Courrier International,* etc. Esto no sólo en lo que respecta a la cuestión del derecho a la libertad de expresión, sino también en lo que respecta al derecho a un juicio justo. No sólo en lo que respecta a la cuestión de la admisión de Turquía en la Unión Europea, sino también y sobre todo manteniendo un clima de hostilidad abierta cada vez más exacerbado y muy deliberadamente provocador, hacia los compromisos antiterroristas de la Rusia de Vladimir Putin en Chechenia, donde las fuerzas armadas de Moscú combaten heroicamente, a la vanguardia de la asediada Europa, el islamismo checheno a instancias de sus patrocinadores a la sombra de la línea de Osama Bin Laden.

Si no se hace nada para frenar bruscamente este estado de cosas suicida, para que toda Europa conozca los profundos planes de inversión político-estratégica que están llevando a cabo hacia ella los dirigentes ocultos de la "Internacional Islámica", pronto -muy pronto- será demasiado tarde para intentar realmente contener y reprimir el desbordamiento devastador de las masas islámicas que ya están en marcha, siguiendo los programas previstos para ello.

Porque ya es seguro que la "Internacional Islámica", dirigida conspirativamente por Osama Bin Laden, ha declarado ya una guerra religiosa y racial, una guerra político-histórica total a Europa, y que si no moviliza urgentemente una contraofensiva, Europa desaparecerá como tal de la historia del mundo: la obstinada, patológica y abismal labor del Islam para la conquista y el sometimiento de Europa, que se viene desarrollando incesantemente desde hace siglos, es muy probable que esta vez logre sus fines últimos.

Lo que tenemos que tener en cuenta sobre todo es el hecho de que la ofensiva islamista fundamental contra Europa no vendrá de fuera, sino de dentro de nuestras propias líneas, que el gusano ya está en la fruta.

Son Estados Unidos e Israel los que están haciendo todo lo posible para apoyar a Turquía a la fuerza, y es el régimen socialista-trotskista de Gerhard Schröder y Joschka Fisher en Alemania el que ahora está presionando con más que una sospecha para la admisión de Turquía en la Unión Europea.

Por lo tanto, debemos utilizar todos los medios para combatir al equipo subversivo de traidores actualmente en el poder en Berlín, para lograr el rápido derrocamiento del régimen socialista-trotskista de Gerhard Schröder y Joschka Fisher y su sustitución por el Frente Nacional Alemán y Europeo de Edmund Stoiber y su coalición contra-estratégica para la renovación del ser íntimo de Alemania y su destino futuro.

Así, en los últimos días, el *Welt am Sonntag* invitaba a los alemanes a levantarse contra la conspiración socialista-trotskista actualmente en el poder en Berlín, a manifestarse contra *"los antiguos sesenta en la cima de las universidades, los medios de comunicación y, finalmente, en el gobierno"*.

Para el resto de nosotros, son batallas vitales, batallas por la supervivencia final de todo lo que somos.

Para Turquía, fundamentalmente servil a los intereses político-estratégicos de Estados Unidos y a la conspiración globalista impulsada por este último, mientras asume en continuidad la misión revolucionaria de apoyar, exacerbar el levantamiento religioso en el flanco sur de Rusia, en las antiguas repúblicas musulmanas soviéticas, tendrá que servir ahora como base estratégica continental para la empresa estadounidense de devastación y toma de posesión de Irak y, por tanto, de todo Oriente Medio, al igual que había servido también como base estratégica encubierta para la anterior acción estadounidense de injerencia político-militar externa en el sureste del continente europeo.

Ahora bien, la Unión Europea no sólo no debe suscribir en absoluto el proyecto de admitir a Turquía en su seno, sino que ahora se ha convertido en una certeza que es precisamente contra Turquía que el nuevo imperio europeo, movilizado en torno al eje París-Berlín-Moscú, va a tener que emprender su primera gran acción contraestratégica de dimensiones continentales: Si, según la dialéctica imperial del eje París-Berlín-Moscú, Rusia es ahora parte integrante de la Gran Europa, la Unión Europea, en contrapartida, no puede dejar de hacer suya la primera tesis político-estratégica ofensiva fundamental de la "Nueva Rusia" de Vladimir Putin, a saber, la tesis de la necesaria liberación -por razones superiores y trascendentales- de Constantinopla, y de la liberación de Santa Sofía, meta común y predestinada de la nueva gran historia europea que ha de venir según sus últimas exigencias escatológicas.

Así, Europa no sólo debe negarse absolutamente a admitir a Turquía en su seno, sino que debe comprometerse, de forma total y decidida, a luchar para expulsar a Turquía del espacio europeo. ¿Está claro?

Hoy, el viejo enemigo está de vuelta, preparando en secreto su "asalto final". Porque de eso se trata.

La estrategia general de la actual y exagerada contraofensiva antiterrorista de Moscú en Chechenia se explica por el hecho de que si el cerrojo checheno se rompiera, el levantamiento terrorista islamista respaldado por Turquía -del que hablaba Recep Tayyip Erdogan- seguramente incendiaría todo el flanco sur de Rusia en el "Gran Continente" euroasiático.

Así pues, la Unión Europea debe comprender urgentemente que la lucha de vanguardia que Moscú lleva a cabo en Chechenia contra el islamismo revolucionario wahabí es también, y fundamentalmente, su propia lucha contra los designios ofensivos del islamismo fundamentalista decidido a llevar la Yihad -su "guerra santa de conquista", o, como ellos dicen, la "reconquista'- hasta el mismo corazón de Europa. Y que, entendiendo esto, la Unión Europea actúe en consecuencia, sean cuales sean las condiciones, exigencias y cargas inmediatas.

Al atacar Irak, Estados Unidos ataca -y es de temer que lo haga a sabiendas- el último bastión nacional-revolucionario árabe antiislamista, no dudando en desencadenar una enorme conflagración revolucionaria islamista antioccidental a lo largo del cinturón islámico euroasiático, desde el Magreb hasta Indonesia, así como en el seno de las comunidades islámicas europeas. La situación no puede ser más paradójica.

Cediendo a las presiones subterráneas del lobby extremista pro-israelí que actúa desde el interior de los Estados Unidos, las "sociedades secretas" protestantes de los "iluministas" actualmente en el poder en Washington se preparan para desencadenar un holocausto islamista revolucionario de dimensiones planetarias que imaginan servirá a los designios imperialistas globales de sus amos ocultos, cuya identidad es innombrable, secretamente comprometidos al servicio del no-ser y del caos, al servicio de los "islámicos", imaginan, servirán a los designios imperialistas mundiales de sus amos ocultos, de identidad inconfesable, secretamente comprometidos al servicio del no-ser y del caos, al servicio del abismal "Misterio de Iniquidad" del que habla San Pablo en su "Epístola Apocalíptica", en su II ªEpístola a los Tesalonicenses (Th. II, 3-10).

Para el eje París-Berlín-Moscú ha llegado el momento de actuar, y de hacerlo inmediatamente. Contener, neutralizar y hacer retroceder al Islam revolucionario que acaba de tomar el poder político total en Turquía con Recep Tayyip Erdogan es ahora una cuestión de vida o muerte. Al igual que es una cuestión de vida o muerte oponerse por todos los medios a la guerra planetaria subversiva de Washington contra la fortaleza nacional-revolucionaria antiislamista de Iraq. Pues sólo el eje París-Berlín-Moscú puede oponerse todavía al inmenso estallido apocalíptico previsto -y ya puesto en marcha- por las secretas fuerzas negativas y caóticas que movilizan hoy las apuestas invertidas de la empresa subversiva estadounidense contra Irak, que avivan y apoyan lo que al mismo tiempo pretenden combatir. Estas *apuestas invertidas* significan que Estados Unidos ataca ahora a Irak -en una empresa que define como esencialmente dirigida contra el terrorismo islamista revolucionario en sus dimensiones globales- sin darse cuenta de que, al hacerlo, está impulsando la conflagración general del islamismo revolucionario en todo el mundo, trabajando así contra sus propios objetivos declarados. Pero, ¿sabemos cuáles son sus verdaderos objetivos, sus objetivos ocultos y más que ocultos?

Además, como afirman algunas de nuestras "enseñanzas secretas", es precisamente para llegar a este punto que el Islam fue creado, en el ᵉsiglo VII, para actuar en la historia en una perspectiva a largo plazo. En cualquier caso, los "últimos tiempos" están llegando.

¿Pero no somos nosotros mismos "hombres de los últimos tiempos"? ¿No es por eso que fuimos hechos como somos, lo sepamos o no? Diseñado para que podamos enfrentarnos a estos "últimos tiempos" precisamente?

El actual retorno del Islam fundamentalista al nivel de la acción política planetaria constituye uno de los "signos de los tiempos" más reveladores, al igual que el retorno de Rusia a su más alto destino suprahistórico, "escatológico": los "tiempos del retorno" son también los "tiempos del fin", siempre. Pero también son tiempos de "grandes comienzos".

En la actualidad, las fuerzas político-estratégicas activas de la Gran Europa Final tienen que luchar, enfrentarse en al menos cinco frentes de guerra política abierta y total: en el doble frente interno de la acción revolucionaria islámica en territorio europeo, al mismo tiempo que en el frente interno también de sus enfrentamientos con la subversión trotskista y socialdemócrata clandestina en todas partes en acción; contra la subversión, también, de los sometimientos internos europeos a la conspiración globalista estadounidense en acción; contra las líneas externas del Islam fundamentalista en sus permanentes empresas ofensivas, y contra -por último- la acción llevada a cabo, a nivel de enfrentamientos, de antagonismos abiertos, de pruebas de fuerza decisivas, cada vez más frontales, por los Estados Unidos directamente contra la Europa imperial más grande del fin.

Esta guerra política permanente en múltiples frentes, librada con un telón de fondo caótico, es, me parece, la cifra candente, que lo dice todo, de estos "tiempos últimos" que son los nuestros.

VLADIMIR PUTIN, EN LA PERSPECTIVA ESCATOLÓGICA DE LA "TERCERA ROMA": EL "HOMBRE DEL KREMLIN", EL HOMBRE DE LAS BATALLAS FINALES

El tiempo de las conspiraciones

Vivimos en tiempos de todas las conspiraciones, toda la "gran política" actual -sea nacional o global, "planetaria"- parece ser, fundamentalmente, una política conspirativa. Así pues, sólo una conciencia conspirativa avanzada de la política en curso puede proporcionar todavía las claves para una comprensión profunda y activa de la realidad política del mundo actual, un mundo regido ahora por la ocultación concertada, por el secreto sobreactuado y el fingimiento operativo global, un mundo que se ha convertido, en sí mismo, en un mundo conspirativo, un mundo de conspiración permanente y total.

La historia actual del mundo se ha convertido así en su propia imagen invertida, la "antihistoria", y es precisamente esta "antihistoria" que ahora sustituye a la historia la que, de hecho, constituye, ilumina y afirma el verdadero rostro de la historia mundial en curso.

Por lo tanto, es obvio que todos aquellos -sean quienes sean- que pretenden oponerse a esta concepción conspirativa de la historia actual, que son plenamente cómplices de este estado de cosas, en realidad sólo lo fingen, para ocultar mejor sus propios tejemanejes ocultos, su participación activa en una historia basada esencialmente en la ocultación y en la apropiación indebida subversiva de su propio significado, o de lo que intentan hacer pasar por tal.

Por lo tanto, la auténtica visión histórica ya no puede ser más que una visión reflejada, operativa sólo en segundo o tercer grado, y la propia historia ya no está hecha más que de su propio desciframiento.

Ahora bien, tal como se han puesto las cosas, sólo estas consideraciones de principio sobre el carácter fundamentalmente conspirativo de la actual historia mundial en curso pueden hacernos comprender efectivamente el hecho absolutamente flagrante de la línea de oposición seguida, y reactivada sin cesar, que es la *del acuerdo implícito,* movilizando actualmente el conjunto de los medios de comunicación europeos -prensa, radio, televisión, exposición bajo el control de las concepciones doctrinales "políticamente correctas'- contra el conjunto de las posiciones políticas nacionales y mundiales, "planetarias", de la "Nueva Rusia" de Vladimir Putin. Un *acuerdo implícito que* funciona como una barrera ideológico-política infranqueable, como un vasto dispositivo operativo para sofocar y desviar subversivamente todas las iniciativas, opciones y acciones políticas de Rusia. Es decir, como una obstrucción concertada e inquebrantable a la línea ideológico-política del presidente Vladimir Putin, seguida en la sombra.

Es como si un "gran centro de decisión oculto" trabajara incansablemente en la sombra para mantener la oposición cada vez más exacerbada de todas las opciones informativas y gubernamentales europeas contra los intentos de Rusia de afirmar su presencia política en Europa, su voluntad de defender su contraofensiva continental contra las acciones antieuropeas de la subversión revolucionaria islamista que actúa en el sureste de Europa. La Unión Europea también está preocupada por el flanco sur de sus propias posiciones geopolíticas gran-continentales europeas en las antiguas repúblicas islamistas soviéticas.

Una guerra político-revolucionaria total está siendo llevada a cabo, abiertamente, por el Islam Fundamentalista -y por lo que hay detrás de él- contra Rusia, en el espacio geopolítico de la presencia rusa en el flanco sur del continente europeo, y más particularmente en Chechenia, que constituye su punto de anclaje político-estratégico decisivo. Es en Chechenia donde toda Europa debe enfrentarse ahora a los preliminares de las futuras oleadas revolucionarias de la invasión islamista en nombre de la "Gran Guerra Santa" con las armas.

Sin embargo, la información política europea en su conjunto no sólo se niega, de forma subversivamente concertada para ello, a reconocer la validez de las posiciones de contraofensiva de Rusia en el flanco sur del "Gran Continente" euroasiático, sino que, además Rusia no ha dejado de ponerse formalmente del lado antieuropeo de la guerra político-revolucionaria total que se libra contra Rusia -y por tanto contra toda la Europa continental- en Chechenia y en el Asia islámica del flanco sur de Rusia.

Esta situación de hecho salió a la luz recientemente, de forma absolutamente intolerable, durante la intervención en el Teatro Durbrovka de Moscú el pasado mes de octubre del grupo terrorista de criminales chechenos que actuaba bajo las órdenes de Mosvar Barayev, cuando la información europea -sin excepción-, los medios de comunicación "de derechas" a la cabeza- se esforzaron en desautorizar de la manera más irresponsable y desvergonzada, comportándose -en términos de la más evidente alta traición- como enemigos del campo europeo atacado, las medidas contraestratégicas de las fuerzas de seguridad política rusas en acción sobre el terreno.

Al mismo tiempo que los sangrientos sucesos del Teatro Durbrovka de Moscú eran gobernados por los terroristas chechenos bajo las órdenes de Mosvar Basayev, en Copenhague -Dinamarca ejerce la presidencia de la Unión Europea- se daba asilo abiertamente a una "Conferencia Mundial" por una "Chechenia libre", y en París, El mayor diario de la derecha francesa no dudó en compadecerse de los bandidos chechenos puestos fuera de combate por las fuerzas especiales rusas, mientras que la multitud moscovita, ebria de rabia, gritaba "Rusia no se pone de rodillas".

El hecho de que la dictadura de la conspiración socialista-trotskista de Lionel Jospin, miembro él mismo de la "Internacional trotskista", y el dominio del terrorismo de Estado de lo "políticamente correcto" que mantenía, hayan sido expulsados bruscamente del poder en Francia y sustituidos por una nueva mayoría absoluta de derechas y un nuevo gobierno de derechas movilizado detrás de Jacques Chirac, aparentemente no ha cambiado nada: Todo seguía como si las consignas de una superconspiración socialista-trotskista, de dimensiones supranacionales, siguieran prevaleciendo sobre la nueva situación política nacional francesa, sobre la "nueva línea francesa", consignas antirrusas y antiputinas, de acuerdo con la gran campaña de agitación y contrapropaganda en curso, que se mantenía en la clandestinidad.

Pero, al final, habrá que plantearse una pregunta ineludible, dada la suma ya absolutamente inaceptable de todas estas anomalías aplicadas clandestinamente con respecto a la nueva Rusia del presidente Vladimir Putin: ¿Qué se esconde detrás de todas estas opciones subversivas - antinacionales y antieuropeas - de la información política europea en su conjunto, una información política europea abiertamente subyugada a una línea secretamente unitaria, antirrusa y antigrande europea? ¿Cuáles son los entresijos de esta *línea secretamente unitaria*, quién está detrás de ella, cuáles son sus objetivos ocultos?

Esto se discute más adelante.

Porque hay una respuesta para todo, aunque, a veces, estas respuestas puedan parecer más o menos increíbles, inquietantes, que perturban profundamente nuestras certezas adquiridas. ¿Pero no es eso lo que se necesita? ¿Molestar, perturbar, *revelar*?

El antagonismo interno fundamental de la antigua potencia soviética se perpetúa ahora de forma encubierta a escala europea.

En contra de toda la evidencia, y de todo lo que se ha pensado desde entonces, el poder central soviético nunca ha sido el de un bloque monolítico. El poder central soviético ha representado siempre, en secreto, la cohabitación en profundidad de dos poderes fundamentales, dialécticamente antagónicos: el poder "bolchevicotrotskista", marxista de izquierda e "internacionalista", y, frente a él, el poder "estalinista", nacional e imperialista, "euroasiático", apoyándose esencialmente en las Fuerzas Armadas soviéticas. Estos últimos siempre habían tenido la ventaja desde la eliminación, en 1929, de Trotsky y sus partidarios en las altas jerarquías del partido. Esta oposición era, además, producto de factores decisivos, intratables pero externos, en cierto modo, a la política, por su carácter étnico y secretamente religioso.

Así, una vez que el aparato de poder estalinista se instaló de forma acelerada y exhaustiva, y quedó fuera de alcance, las autoridades y los dirigentes del poder "bolchevique-trotskista" -enfrentados a él- tuvieron que esconderse, ocultarse y hundirse cada vez más en la oscuridad del aparato del partido, no actuando ya a la luz del día, pero, sin embargo, constantemente presentes y participando en la realidad implícita del poder definitivamente instaurado. Durante unos sesenta años, el poder central soviético funcionó en un estado de duplicación clandestina por parte de un antipoder interno, que no había dejado de pesar en sus decisiones fundamentales, e incluso en la propia línea de su conducta externa, "planetaria".

Así, en el momento en que la Unión Soviética fue puesta tan misteriosamente en estado de autodestrucción inmediata y total, los principales partidarios a la sombra de la fracción "bolchevique-trotskista" del poder soviético que acababa de ser derribado, tuvieron que resignarse a las opciones fundamentalmente nacionales del nuevo poder en funciones, de la "nueva línea nacional-revolucionaria" de ésta, tuvieron que resignarse a exiliarse -tras una serie de vacilaciones de lo más equívocas- en el exterior, para poder invertir -a falta de otra cosa disponible- en el campo operativo clandestino de Europa Occidental, donde además se les esperaba. Donde aportaron formidables activos financieros, tanto en efectivo como en participaciones industriales y bancarias ocultas, a la economía occidental. Estos traslados clandestinos se hacían con prisas y por medios imprevisibles e improvisados, y podían pasar relativamente desapercibidos, sobre todo por el terrible desorden que reinaba en Rusia en aquella época.

Así, las estructuras "bolcheviques-trotskistas" del poder soviético, exiliadas por la fuerza hacia el exterior, se encontraron allí, sobre el terreno, en toda Europa occidental, con los aparatos operativos de la "Internacional trotskista" ya instalados, y con los partidos socialistas-socialdemócratas infiltrados desde hace tiempo por las metástasis encubiertas del trotskismo activista, realizándose el empalme sin demora. Pero las consecuencias de este sombrío cruce no se hicieron esperar, y fueron dramáticas para la Europa de la línea nacional.

Fue en estas condiciones que el trotskismo clandestino soviético en el exterior, en el exilio, se apoderó, casi en el acto, de todos los partidos socialdemócratas de orientación trotskista encubierta, provocando la ola de tomas de posesión socialistas y el advenimiento de la Europa Socialista de nuestros "años de plomo". Una Europa socialista que, en realidad, era una Europa socialista-trotskista, del tipo de los regímenes que llegaron al poder en Francia, Alemania, Italia, España, Grecia y, sobre todo, en Bélgica: era, de hecho, en Bélgica, donde se encontraba el cuartel general oculto del nuevo poder socialista-trotskista europeo, así como los organismos que estaban detrás de la recepción y ocultación de los grandes activos financieros y económicos que habían salido de contrabando de la ex URSS.

Y todos estos procesos de reconsideración político-administrativa subversiva debían tener lugar, como se puede imaginar, exclusivamente en la oscuridad de una acción revolucionaria perfectamente concertada, por especialistas experimentados y en las condiciones operativas exclusivamente de su elección.

El hecho es que, desgraciadamente, toda la infraestructura política e ideológica, los medios de comunicación, la información y la agitación-propaganda social-trotskista sigue operando a plena luz del día o de forma clandestina en toda Europa Occidental, incluso después de su liberación de las garras subversivas del socialismo trotskista, continuando su activismo subversivo antieuropeo y antinacional, y principalmente antirruso, a toda velocidad.

Pues la Nueva Rusia del presidente Vladimir Putin representa, en continuidad, para los partidarios de la conspiración social-trotskista todavía clandestina, y todavía en acción, el principio ideológico y político-estratégico de la mayor Europa imperial euroasiática, con un horizonte espiritual superior, escatológico, comprometido en esta "apertura al ser" de los pueblos de las grandes civilizaciones europeas anteriores, "tradicionales", "arcaicas"; Esta "apertura al ser" es absolutamente intolerable para los partidarios de las ideologías del no-ser y del caos, para los subyugadores de la nada.

Y es que, a partir del "Pacto de Refundación" franco-alemán y del proyecto del eje París-Berlín-Moscú, lo que Europa Occidental y la Nueva Rusia de Vladimir Putin están preparando, poniendo en situación, es precisamente la constitución revolucionaria de la mayor Europa continental, Eurasiático", de dimensiones imperiales finales, destinado a bloquear, ontológicamente, la "conspiración globalista" de la Superpotencia Planetaria de los Estados Unidos y de los socialismos de orientación trotskista que los Estados Unidos utilizan en su propia marcha hacia adelante: La ineludible confrontación resultante no es más que el *destino último y* predestinado de la actual historia mundial que se dirige hacia su fin.

¿Por qué Vladimir Putin?

Si uno se tomara la molestia de proyectar dialécticamente la "figura portadora" de todas las direcciones de amenaza, ataque, provocación y desestabilización, de denigración desinformativa y descalificadora, perseguidas permanentemente, en los últimos tiempos, por la izquierda socialista-trotskista contra las posiciones inmediatas o implícitas de la doctrina imperial nacional-revolucionaria de la Gran Europa, se diría inmediatamente que, en el momento actual, esta "figura portadora" que recoge sobre ella la ola constantemente creciente de los odios colectivos, sobreactivados, del enemigo socialista-trotskista, sólo podría ser la del presidente Vladimir Putin, que encarna brillantemente su contorno flamígero en el cielo febril de nuestras esperanzas más inconfesables, de nuestra voluntad revolucionaria. ¿Por qué Vladimir Putin? Esta revelación sobre Vladimir Putin es significativamente decisiva. Porque las elecciones reveladoras del inconsciente colectivo de los pueblos son siempre definitivas, nunca se equivocan y nunca pueden equivocarse. Es en el nivel de la elección colectiva, abismal e irracional del pueblo ruso donde se juega todo, ahora y en los próximos años, en la propia Rusia y, desde Rusia, en el espacio interior del destino de la mayor Europa continental, "euroasiática". ¿Quién es Vladimir Putin?

Vladimir Putin es hoy, como presidente de Rusia, el "hombre providencial" destinado -predestinado- a asumir la inmediata puesta en marcha político-histórica de la Gran Europa Continental, "euroasiática", de la constitución revolucionaria del *Imperium Ultimum* encargada de enfrentarse a la "conspiración globalista" de Estados Unidos y a la que se sitúa en la sombra detrás de Estados Unidos.

Vladimir Putin es el "concepto absoluto" de la nueva historia revolucionaria imperial europea en camino hacia el cumplimiento político-histórico de su destino final.

Por lo tanto, en cierto sentido, podemos dar por sentado que la historia actual de la Gran Europa no es más que la continuación secreta del antagonismo en profundidad, del antagonismo original entre las dos fracciones constitutivas del ex-poder soviético, la fracción "bolchevique-trotskista" y la fracción "estalinista", "nacional-revolucionaria", Habiendo basado su poder en la predestinación imperial de las Fuerzas Soviéticas, la Nueva Rusia es la heredera directa de éstas, al igual que quiere ser la heredera del Imperio Ruso de los Romanov, cuya canonización obtuvo Vladimir Putin personalmente a través de sus últimos representantes -Nicolás II y su familia-, mártires de su fe ortodoxa y por su donación de sangre eucarística para la salvación final de Rusia.

Así, Vladimir Putin aparece, en este momento, ante los invisibles y ocultos partidarios de la conspiración socialista-trotskista de dimensiones secretamente europeas, como el "enemigo absoluto", como el hombre que hay que acabar inmediatamente y por todos los medios. Afortunadamente, es al mismo tiempo objeto de ciertas altas protecciones ocultas y "sobrenaturales".

En efecto, en el proceso de constitución a partir del eje París-Berlín-Moscú, la gran Europa continental, "euroasiática", que incluye, en principio, a Europa occidental y oriental, Rusia, el Tíbet, la India y Japón, sólo puede reunirse en torno a Rusia, que se encuentra en la bisagra de las dos mitades -la de Occidente y la de Oriente- del continente, India y Japón, sólo pueden reunirse en torno a Rusia, que se encuentra en la bisagra de las dos mitades -la occidental y la oriental- de Europa, del "Gran Continente" euroasiático: Todo depende de Rusia y, en la última hora, todo dependerá de Vladimir Putin.

Trazar un retrato metapsíquico y espiritual de Vladimir Putin según la dialéctica subterránea de la "psicología profunda" sería una tarea fascinante, que sin duda revelaría muchas cosas, pero no es posible emprenderla en el marco de este artículo.

No es menos cierto que el decisivo maridaje entre la propia personalidad de Vladimir Putin y las exigencias de la Nueva Rusia de hoy frente a sus nuevas misiones imperiales y escatológicas europeas gran-continentales aparece desde el principio -un maridaje revolucionario si los hay- como la marca misma de una gran predestinación en proceso de realización.

El doble ministerio del propio destino de Vladimir Putin puede considerarse, por tanto, como el de crear la herramienta de su propia obra revolucionaria, a saber, la Nueva Rusia imperial y grancontinental europea, y, por otra parte, el de comprometer esta herramienta -la Nueva Gran Rusia- en el proceso revolucionario de realización de sus propias tareas político-históricas. Tareas que convergen, todas ellas, hacia el establecimiento de una nueva Gran Europa de horizonte y dimensiones imperiales, "euroasiáticas". En otras palabras, reconstruir la Gran Rusia para poder construir la Gran Europa.

La puesta en práctica del doble ministerio revolucionario de Vladimir Putin es claramente una tarea sobrehumana, y es seguro que no podría contemplar la posibilidad de completarla sin la "ayuda externa" de fuerzas superactivadas desde más allá de la historia, desde las profundidades de un horizonte revolucionario suprahistórico.

Tales son los compromisos ocultos de la gran historia europea actual, que está llegando al clímax de su nuevo destino planetario, que quizás sea también un *destino final*. Para que aparezca algo absolutamente nuevo, la *Novissima Aetas*, ¿no debe desaparecer sin dejar rastro algo viejo, algo definitivamente desaparecido? ¿No se basa toda elevación en un colapso?

Derribar la fortaleza socialista-trotskista de Berlín a toda costa

No hace falta decir, me parece, que todas las disponibilidades activistas actuales del nacionalismo revolucionario europeo deben estar en adelante incondicionalmente en apoyo de la gran empresa imperial euroasiática, en proceso de desarrollo, de la Nueva Rusia de Vladimir Putin comprometida en los caminos de su diseño escatológico final.

Pues, después de haber logrado la liberación de la mayor parte de Europa Occidental de su sometimiento a la conspiración trotskista de la socialdemocracia en todas partes, ha llegado también el momento de la segunda liberación de Europa, que será la liquidación de la democracia-liberal que actualmente actúa como estructura subversiva de sustitución.

Además, no hay que olvidar que en el corazón de la Europa liberada de la garra socialdemócrata que actúa como tapadera operativa de la conspiración continental trotskista, todavía hay espacios europeos que no han sido liberados, entre ellos -Gran Bretaña ya no cuenta como parte de Europa- Alemania, Bélgica y Grecia, y es de ellos de los que debemos ocuparnos prioritariamente. Los regímenes trotskistas que operan actualmente en Berlín y Bruselas bajo la máscara, ya completamente aleatoria, de la socialdemocracia deben ser derribados a toda costa y con carácter de urgencia.

Hay que "limpiar la casa", definitivamente: los centros de infección trotskistas subterráneos y sobreactivados en los que se han convertido Berlín y Bruselas deben ser desenfrenados, y limpiados a fondo, desinfectados revolucionariamente; puestos completamente fuera de combate.

Sólo entonces será posible hacer todo lo que pertenece a nuestro pueblo, todo lo que nos pertenece a nosotros que somos "supervivientes del fuego", escapados de los últimos grandes colapsos político-históricos de Europa, milagros de la historia invisible.

La línea de actuación del régimen socialista-trotskista actualmente en el poder en Berlín a través de Gerhard Schröder y Joschka Fischer se justifica también por el hecho de que Alemania es la principal potencia europea comprometida con el apoyo real a la admisión de Turquía en la Unión Europea.

Sin embargo, con la llegada al poder en Ankara del "Partido de la Justicia y el Desarrollo" de Recep Tayyip Erdogan -un partido supuestamente "islamista moderado", pero que en realidad sirve para ocultar una conspiración político-militar islamista de amplísimo alcance intervencionista- la "Internacional islamista" revolucionaria y terrorista acaba de encontrar su base política y terrorista en Turquía, en Turquía, la base político-estratégica de una vasta ofensiva continental europea que, en un futuro, puede dar un vuelco completo al actual equilibrio de poder.

De hecho, en los reducidísimos círculos de la gran inteligencia política y estratégica, ya se sabe que Osama Bin Laden se está preparando para desplazar el centro de gravedad de su acción sediciosa planetaria de Asia a Europa occidental y al sureste de Europa, que ya está siendo trabajado en la clandestinidad por el islamismo, tras la toma del poder islamista en Turquía, Turquía, apoyándose en estos últimos -en Albania, Bosnia, Kosovo y Macedonia- debería servir, a partir de ahora, una vez admitida en la Unión Europea, como base ofensiva para la inversión del islamismo subversivo en toda Europa. El espacio geopolítico interno de Europa Occidental será entonces declarado "Tierra de Guerra Santa", "Tierra de la Yihad", y se ofrecerá, así, a la acción sediciosa sobre el terreno de las agrupaciones islamistas turcas y árabes ya presentes en el interior de las naciones europeas. Y la libre circulación masiva de ciudadanos turcos en Europa, como consecuencia de la admisión de Turquía en la Unión Europea, debería hacer el resto. Si permitimos que esto ocurra.

En cualquier caso, el destino de los tres millones de turcos ya presentes en Alemania ya está decidido, que van a servir de vanguardia y masa de maniobra para el lanzamiento de la ofensiva revolucionaria islamista en Europa, tres millones de turcos que apoyan al partido socialista-trotskista de Gerhard Schröder, y a los que éste apoya incondicionalmente por razones a la vez básicamente electorales y subversivamente electorales.

El Islam revolucionario, sedicioso en exceso y terrorista tanto en sus medios como en sus objetivos, es sin embargo sólo una desviación depravada y criminal de la religión islámica regular, un cáncer religioso que poderes oscuros e "infernales" mantienen y avivan constantemente.

Así, el islam, cuando se enmarca, resituado en un marco social y nacional, como en Rusia, por ejemplo, enteramente reunido detrás del presidente Vladimir Putin, participando en la organización Eurasia de Alexander Dugin, se convierte en un poder religioso respetable y enriquecedor, fiel a las orientaciones gubernamentales nacionales. Del mismo modo, el Islam francés, que el nuevo ministro del Interior, Nicolas Sarkozy, acaba de conseguir encuadrar en una Representación Nacional unitaria, está en proceso de dotarse de un estatus diferente, que no es ajeno al cuerpo activo de la nación viva.

Y luego está el presidente Yasser Arafat que, en nombre de la nación palestina que lucha por su libertad definitiva, acaba de adoptar una postura firme -y al parecer definitiva- contra las posiciones terroristas de Al Qaeda y Osama Bin Laden. De hecho, en una entrevista publicada el 15 de diciembre de 2002 por el *Sunday Times*, el presidente Yasser Arafat acusó formalmente a Osama Bin Laden de explotar la causa palestina, cuando nunca ha ayudado a los palestinos y actúa constantemente contra sus intereses, contra su destino actual. Le pido que deje de apoyar falsamente la causa palestina", dijo el presidente Yasser Arafat, que se posicionó enérgicamente contra las posiciones de Osama Bin Laden y la acción general de Al Qaeda.

¿Presionando por un despertar islámico regular? Por lo tanto, no es imposible que aquí se plantee finalmente el contrafuego a la revolucionaria ofensiva islamista antieuropea que se prepara actualmente desde la injerencia clandestina de Al Qaeda en Turquía, que ha caído bajo su nefasta influencia.

Frente a la "superpotencia planetaria de los Estados Unidos", la gran Europa continental, "euroasiática", se levanta hoy

Al mismo tiempo, es sumamente significativo observar que las potencias no europeas que tratan de imponer la admisión de Turquía en la Unión Europea, que intentan constantemente forzar la decisión de los políticos europeos en este sentido -y uno se pregunta con qué derecho lo hacen- son precisamente Estados Unidos e Israel.

Valéry Giscard d'Estaing: "Creo que la admisión de Turquía en la Unión Europea sería su fin".

De hecho, la situación no puede ser más sencilla: en los próximos diez años, Turquía y el Islam revolucionario pueden acabar con Europa para siempre. Esta es precisamente la razón por la que Estados Unidos -y sus aliados de Israel- apoyan de forma evidente y, sobre todo, entre bastidores, los avances de Turquía y del Islam en Europa.

Pues la política exterior de Estados Unidos tiene básicamente un solo objetivo estratégico global: *impedir por todos los medios, incluidos los de una conflagración planetaria final, la creación de la Gran Europa Imperial Euroasiática, que les quitaría el rango de "Superpotencia Planetaria", y los reduciría al nivel de una potencia de segundo, e incluso tercer rango.*

Y cuando hayas entendido eso, habrás entendido todo, y no hay nada más que decir.

Los tres soles del fin

Sin embargo, en los próximos años, el mayor peligro para la identidad final y la unidad interna de Europa sigue siendo Turquía, como base político-estratégica fundamental de la ofensiva antieuropea planeada por la conspiración islamista, cuyas vanguardias operativas ya están actuando desde el interior de los países europeos en los que están invirtiendo.

Así, en esta dramática situación, la misión imperial ortodoxa de Rusia se vuelve absolutamente crucial. Si, para perseguir su propia misión final, suprahistórica y escatológica, Rusia debe ser capaz sobre todo de recuperar su propia identidad abismal, su objetivo político-estratégico final tendrá que ser el de la liberación de Constantinopla, la "liberación de la Santa Sofía": Pues es la "liberación de la Santa Sofía" lo que constituye el mito supremo de la misión imperial última de la Nueva Rusia de Vladimir Putin y, como tal, es a Rusia a quien se le asigna así la tarea de dirigir la contraofensiva permanente y decisiva contra la subversión islámica en Europa.

Roma, Constantinopla y Moscú deberán constituir, pues, juntos, al final de la presente historia grancontinental europea, el arco de la ofensiva final de la identidad imperial de la Gran Europa, porque, como se ha dicho, es la aparición simultánea de los "tres soles" en el horizonte último del ciclo último de la presente historia mundial - "el sol del pasado", el sol del presente", "el sol del futuro" - que constituirá el "signo de los tiempos" por excelencia, anunciando la conclusión apocalíptica de éste y el advenimiento de la *Ultima Aetas* suprahistórica, de la "historia más allá de la historia".

Al igual que Nicolás II, Vladimir Putin sabe que el mayor destino de Rusia estará finalmente en Europa, y al igual que Nicolás II, Vladimir Putin también sabe que el verdadero centro de gravedad de Rusia está en la India, que es en la India donde se esconde la invisible "Corona Polar" de Rusia en las últimas alturas, y también sabe, junto con Alexander Dugin, que "Rusia es el puente de Europa a la India". Me parece que no se le da la importancia que merece a la relación especial de Rusia con India, que cada vez es más fuerte.

La conciencia europea actual está profundamente mutilada por la costumbre de la ausencia de Rusia y de Europa del Este en su espacio interior, del que estuvo separada durante mucho tiempo por las barreras de las prohibiciones comunistas. Sin embargo, la actual ampliación de las fronteras de la UE hacia el este de Europa está cambiando esta perjudicial y dramática situación. El retorno de Europa del Este a la conciencia global de sí misma, que a partir de ahora será cada vez más la de la gran Europa continental, abre un nuevo horizonte para los caminos imprevistos de un renacimiento revolucionario absolutamente decisivo, porque Europa del Este, cerca de Rusia, acabará aportando un gran soplo revulsivo, una potencia vital que cambiará el letargo mortal en el que están sumidos actualmente los grandes países de Europa Occidental, víctimas de las influencias anestesiantes de la "conspiración globalista" de los Estados Unidos. Ya se están transfiriendo energías insospechadas del Este al Oeste de Europa, sin que nadie se dé cuenta todavía, lo que pronto comenzará como un formidable terremoto, tan inesperado como decisivo por sus consecuencias ideológico-políticas, por el despertar de las conciencias que provocará y por los cambios de fondo.

Pero la última palabra la tiene Rusia, la Nueva Rusia de Vladimir Putin. Porque la nueva Europa que resurge de sus cenizas no puede ser otra que la mayor Europa continental, "euroasiática", y esto incluye a Rusia como espacio central de afirmación geopolítica activa, Rusia, la gran bisagra continental donde se encuentran Europa occidental y oriental, ninguna de las cuales existe sino por su doble trascendencia unitaria, su común vocación imperial, afirmada por la figura de los "tres soles", Roma, Constantinopla y Moscú.

Por eso consideramos al "hombre del Kremlin", Vladimir Putin, como el hombre de nuestras mayores batallas continentales por venir.

LA ASUNCIÓN DE VLADIMIR PUTIN

El Partido Demócrata Americano, y su doble

El terremoto político mundial provocado y sostenido por las elecciones presidenciales de Estados Unidos en los últimos meses ha borrado por completo el horizonte informativo, relegando de hecho todos los demás acontecimientos a un segundo plano de la atención mediática.

La muy buena noticia del regreso de John Kerry a las faldas de su esposa, de las que nunca debió salir, y la dura decepción de la conspiración socialista-trotskista que opera tras la tapadera de la nueva petición de poder de los demócratas, no debe, sin embargo, oscurecer las dimensiones del desastre que habría supuesto la llegada del Partido Demócrata al poder en Washington.

Habiéndose autosugestionado hasta el punto de hacerse creer que la victoria estaba asegurada, los tenebrosos dirigentes del Partido Demócrata creyeron que ya podían tomar la iniciativa de una operación ideológica a gran escala, que descubrieron de antemano, más bien imprudentemente, sus posiciones dramáticamente negativas hacia la Rusia de Vladimir Putin y, por tanto, hacia la Unión Europea en marcha, más o menos subterráneamente movilizada por la línea geopolítica imperial de vanguardia del eje París-Berlín-Moscú-Nueva Delhi-Tokio.

Así, bajo el provocador título de *"Stop Embracing Putin"*, un texto aparecido en los más importantes órganos de prensa estadounidenses y europeos ha reclamado recientemente una revisión completa de la política de Estados Unidos y sus aliados atlantistas hacia la Rusia de Vladimir Putin. Entre los 115 firmantes de este texto -llamado "documento 115"- están Vaclav Havel, Francis Fukuyama y James Woolsey, ex director de la CIA. Al mismo tiempo, y como parte de la misma operación antirrusa -supervisada, en su totalidad, por Bruce P. Jackson- apareció en el *Financial Times* un artículo firmado por Richard Holbrook, antigua mano derecha de Madeleine Albright, y Marc Brzezinski, hijo de Zbigniew Brzezinski, titulado *The United States should give Russia tough love.*

Por otra parte, habiéndose descubierto así inconscientemente en la incierta certeza de una victoria demócrata en las elecciones presidenciales, cierta fracción secretamente demócrata de la CIA en funciones tuvo que sufrir inmediatamente las consecuencias de su paso en falso. Esto puede explicar los despidos tan significativos dentro de la agencia por parte del nuevo director, Porter Goss, nombrado por George Bush para llevar a cabo una limpieza profunda y urgente.

La vasta conspiración de intelectuales de izquierda comprometidos en la operación antirrusa dirigida en Washington por Bruce P. Jackson, pretendía abrazar -totalmente, y abiertamente- las posiciones de la conspiración atlantista de "intelectuales liberales" y "trotskistas encubiertos" que constituye, hoy, en Moscú, el frente interno de la "resistencia democrática" contra Vladimir Putin.

Pero la pronta movilización de las redes democráticas de izquierda existentes no hizo más que exponerlas.

¿Una conspiración socialista-trotskista contra Rusia? ¿Por qué?

Pero, ¿quién es Bruce P. Jackson, el capo de esta importantísima operación de agitación-propaganda antirrusa que fue la elaboración, desde Washington, del "documento 115" contra Vladimir Putin? Antiguo oficial de los servicios secretos militares estadounidenses, y luego encargado de la planificación estratégica de Lockheed, el "mayor fabricante de armas del mundo", el "Documento de los 115" no era su primera jugada; ya había dirigido la operación llamada "Llamamiento de Vilna", que había logrado movilizar el apoyo de los países de Europa del Este a la guerra estadounidense contra Irak en contra de las posiciones de la línea europea franco-alemana. Está presente en las filas del *Proyecto para un Nuevo Siglo Americano* (PNAC), una máquina de guerra ideológica-estratégica al servicio de la planificación de las empresas ofensivas planetarias de Estados Unidos, administrador del Centro de Política de Seguridad, de la *Nueva Iniciativa Atlántica,* del CSIS. Y, sobre todo, un influyente miembro *del Comité Americano para la Paz en Chechenia* (APAC), lo que lo explica todo.

Bruce P. Jackson es un hombre en primera línea de la actual conspiración político-estratégica clandestina del frente socialista-trotskista mundial movilizado contra la Rusia de Vladimir Putin y, por tanto, contra la Unión Europea, y es como tal que tuvo que patrocinar el "documento 115".

Por lo tanto, será en Washington donde la resistencia doméstica anti-Putin buscará sus impulsos decisivos. Las últimas elecciones estadounidenses sacaron a la luz la conspiración global socialista-trotskista que está presente en todas partes, y en particular en Estados Unidos, tanto en el campo demócrata como en el republicano. Una conspiración cuyo "objetivo final" es el desmantelamiento del régimen político nacional-revolucionario actualmente en el poder en Rusia, régimen encarnado por Vladimir Putin. ¿Por qué? ¿Por qué esta implacabilidad contra Vladimir Putin? Porque la "Nueva Rusia" de Vladimir Putin representa, hoy, la fortaleza metapolítica nacional-revolucionaria en la vanguardia de la Nueva Europa de la línea imperial euroasiática, movilizada por el eje geopolítico París-Berlín-Moscú-Nueva Delhi-Tokio. Dos mundos se enfrentan, irreductiblemente. Que, a más o menos largo plazo, tendrán que enfrentarse directamente. A partir de ahora, todo dependerá de la naturaleza y el calendario interno de este plazo.

En cualquier caso, quemado internamente como está por su visión íntima, polar y ortodoxa de Rusia, de la gran predestinación imperial y escatológica de Rusia, Vladimir Putin sólo tiene ahora una opción ante sí: hacer lo que ha sido elegido para hacer, y para ello sólo tiene un medio de acción, Rusia.

Por lo tanto, es necesario conseguir poner a Rusia en contra de la dirección negativa de la "gran historia" actual, conseguir dar a Rusia el poder espiritual y político que le permita prever su matrimonio con su mayor destino histórico y suprahistórico, arrastrando así a Europa y a Asia a este intento supremo de autodestrucción revolucionaria que puede ser simbolizado por la figura visionaria del "Imperio Euroasiático del Fin", *el Imperium Ultimum*.

Para Vladimir Putin, no nos cabe duda, la "gran decisión" ya está tomada. Sin embargo, en el estado actual de las cosas, Rusia no está todavía en condiciones de satisfacer la demanda revolucionaria final que debe esperarse de ella.

Por lo tanto, Vladimir Putin debe, sobre todo, devolver a Rusia al menos al nivel de superpotencia planetaria que había alcanzado en el apogeo de su ascenso como Unión Soviética. Esto sólo puede hacerse si Rusia consigue tomar la delantera y hacer posible la imposición en el "Gran Continente" euroasiático del impulso revolucionario imperial que conlleva la aplicación del eje París-Berlín-Moscú-Nueva Delhi-Tokio.

La batalla actual de Vladimir Putin parece ser, ante todo, la de la autodeterminación de Rusia. Y a esto es a lo que Vladimir Putin está dedicando ahora la extraordinaria cantidad de esfuerzos que está movilizando para la toma de posesión política, militar, económica, cultural y religiosa de Rusia tal y como es en este momento, una cantidad revolucionaria de esfuerzos que en realidad no es más que un gigantesco sitio abierto.

Un proyecto comprometido sobre todo en una terrible batalla contra el tiempo: la "hora de la confrontación" con la persecución imperial planetaria de Estados Unidos no debe llegar antes de que Rusia esté totalmente preparada. La hora de la confrontación que Vladimir Putin debe asegurarse de que llegue lo más tarde posible (si es que hay alguna fatalidad implícita de su llegada, que no es del todo evidente, en la *voluntad de Dios).*

Los pasos básicos de la recuperación final de Rusia

Cinco pasos político-estratégicos decisivos constituyen las próximas etapas de la gran espiral de avance de la irresistible llamada de Vladimir Putin a su propio destino y su inspiradísimo plan imperial y escatológico para las misiones y el próximo advenimiento de una Rusia "trascendental", la "Rusia del Fin": una Rusia establecida como centro cumbre, como "polo vivo e irradiante" del "Imperio Euroasiático del Fin", del *Regnum Ultimum*.

(1) Asegurar en profundidad, reforzar, tomar completamente en sus manos la nueva reorganización político-administrativa revolucionaria del Estado, misión que ya está en proceso de realización mediante el golpe de fuerza del 30 de octubre de 2004, cuando tras la acción terrorista del 1 al 3 de octubre de

2004, en Balsan, Osetia del Norte, Vladimir Putin estableció por decreto que el poder de los gobernadores de las provincias será en lo sucesivo competencia directa de la vertical del Kremlin, siendo éste el único facultado para proceder a la elección de los representantes del poder central en el lugar. Así, el Kremlin controlará todo el poder político-administrativo del territorio de Rusia, sin pasar por el dudoso intermediario de los "gobernadores elegidos" in situ, sujetos a influencias divergentes, localmente interesadas y manipulables.

(2) Dotar a las Fuerzas Armadas de Rusia de un armamento nuclear gran estratégico de tierra, aire y mar, prever una reorganización profunda de su estructura operativa, definir las líneas generales de sus nuevas estrategias de presencia y afirmación efectiva en el gran continente y en el planeta. Inculcar a las Fuerzas Armadas una nueva conciencia revolucionaria imperial, para convertirlas en la base operativa inmediata de las nuevas estructuras político-administrativas del Estado. Nada impedirá que Rusia continúe con su programa de renovación y refuerzo significativo, de sobremodernización de sus fuerzas nucleares estratégicas: *"Bastaría con que debilitáramos nuestra atención a estos componentes de nuestra defensa, que forman nuestro escudo antimisiles nucleares, para que nos viéramos enfrentados a otras amenazas".*

Por supuesto, sigue existiendo el problema de la actual situación social y económica de Rusia, una vinculada a la otra. Si bien el problema de las conspiraciones que persiguen los oligarcas y sus estructuras ofensivas en el país perderá importancia una vez que se haya resuelto el caso Jodorkovsky, es un hecho que la recuperación económica e industrial de Rusia ya está en marcha, con colosales reservas de materias primas y una infraestructura industrial y de investigación existente que la gente pretende no tener muy en cuenta. Esto es muy perjudicial para el país, como tendremos que admitir algún día.

La inminente recuperación económica e industrial de Rusia, que ha entrado en su fase decisiva, es ya una cuestión de rutina, a la que seguirá su evolución exterior a gran escala continental, "euroasiática" e incluso mundial.

Para un aparato común de agitación-propaganda gran europea Sin embargo, el problema radica en la flagrante falta de una doctrina geopolítica global, afirmativa e inflexiblemente decisiva, sobre los compromisos europeos gran-continentales de Rusia y, sobre todo, en la acción de apoyo directo de Rusia en Europa, en Europa del Este, y en Europa Occidental- a las agrupaciones, corrientes, partidos y movimientos impulsados por la fe revolucionaria en una Gran Europa, de dimensiones finales, "euroasiáticas", una masa de presencia, apoyo y empuje que debe representar el volante de la acción revolucionaria rusa comprometida con el "gran diseño" continental de Vladimir Putin.

En una época de grandes reagrupamientos continentales, sin Europa Rusia no es nada, al igual que es imprescindible que tenga su volante asiático -la India y Japón- para poder acceder a la liberación imperial grandiosa-continental a través de la cual será posible ver cumplida su suprema predestinación escatológica.

También se entiende que es imprescindible dotar a las Fuerzas Nucleares rusas de una nueva generación de dispositivos planetarios extremos, de los que no dispone actualmente ninguna otra potencia.

(3) Conseguir, por los medios más adecuados y tensos, que las infraestructuras de agitación europea ya existentes consigan, reforzadas desde abajo, que todos los pueblos y gobiernos del espacio interior de la civilización grancontinental europea se sumen masivamente, revolucionariamente, al proyecto imperial ofensivo de la Nueva Europa propuesto por el eje geopolítico fundamental París-Berlín-Moscú-Nueva Delhi-Tokio

Organizar, a largo plazo, un estallido revolucionario que provoque la decisión colectiva de los pueblos interesados en la "auto-liberación" de la mayor Europa continental.

(4) Dotar a Rusia, a muy corto plazo, de un marco económico-industrial de primer orden. Liberar al Estado de la servidumbre oligárquica subversiva.

(5) Encontrar la dialéctica de una integración definitiva del catolicismo y la ortodoxia, los "dos pulmones de Europa", según Juan Pablo II.

Habiendo comprendido que no hay Nuevo Imperio sin una renovación imperial de la única religión, saca todas las conclusiones, asume todas las consecuencias de esta sagrada certeza, *construye sobre ella*.

Estos parecen ser los cinco pasos, las cinco etapas fundamentales de la renovación final de la Rusia de Vladimir Putin en busca de su estatus de superpotencia mundial.

El 17 de noviembre de 2004, Vladimir Routin optó por reafirmar el estatus de superpotencia nuclear de Rusia. En su intervención en la reunión anual de altos mandos militares en Moscú, afirmó con toda claridad que Rusia se dotará pronto de nuevas estructuras de armamento nuclear "que no existen ni existirán en los próximos años entre las demás potencias nucleares actuales". Y también: "No sólo estamos llevando a cabo la investigación y las pruebas de los misiles nucleares más modernos. Estoy convencido de que en los próximos años formarán parte de nuestro equipo".

Y, a continuación, sentar las bases operativas de un doble aparato político-estratégico global, compuesto por una "rama de información" común y una "rama de acción sobre el terreno" bajo la dirección de un centro de mando común.

En cierto modo, una nueva Cominform y una nueva Comintern con los nombres convencionalmente figurados de Natinform y Natintem. Evidentemente, Natinform y Natintem no tendrían nada que ver con el Cominform y el Comintern soviéticos, organizaciones esencialmente subversivas. Por el contrario, Natinform y Natintem deberían estar en la vanguardia de la lucha político-estratégica de los pueblos y gobiernos de la Unión Europea por el apoyo al frente interno de la Gran Europa Continental a lo largo de la línea geopolítica imperial París-Berlín-Moscú-Nueva Delhi-Tokio.

Así, sería ciertamente concebible que, en el actual estado de cosas, el punto de partida de la puesta en práctica por Moscú del doble dis positivo político-estratégico de Natintorm y Natintern se constituyera precisamente a partir de las estructuras ideológico-doctrinales que ya actúan, sobre el terreno, en la dirección prevista por los grandes designios europeos que son los nuestros. A saber, por un lado, la cadena de "grupos geopolíticos" revolucionarios que cubren todo el espacio interior del continente europeo y, por otro, la organización *Eurasia* dirigida por Alexander Dugin desde Moscú, que recientemente ha extendido sus actividades a toda Europa oriental y occidental.

Al mismo tiempo, cabe señalar que, en la actualidad, existe un cierto número de estructuras ideológicas y administrativas en Alsacia destinadas a establecer las grandes orientaciones operativas de los futuros organismos de cooperación económica e industrial siguiendo, a escala continental, el eje París-Berlín-Moscú, y que parece necesario movilizar sin más demora y ampliar, en una perspectiva final, todas las actividades doctrinales, prospectivas y organizativas ya en curso.

Es aquí, de hecho, donde se preparan, conciben y definen operativamente los proyectos fundamentales, ya parcialmente en marcha, de los gigantescos complejos económico-industriales de la Gran Europa que estamos forjando los luchadores por la unidad polar definitiva del "Gran Continente" euroasiático.

Todavía no lo sabemos, pero Alsacia es hoy el lugar abierto de nuestro ya metafísico futuro.

La dialéctica nupcial del Imperium Ultimum y la Religio Novissima

La suma de las consideraciones sobre la situación actual de la Rusia de Vladimir Putin que aparecen en el presente texto no bastará, sin embargo, para arrojar algo de luz sobre el problema, que sigue siendo decisivo, de la evolución de las opciones políticas y estratégicas, Se trata de opciones decisivas para el destino futuro de la Gran Europa y, por tanto, para la historia del mundo en su futuro mayor, opciones ontológicas y fundacionales que Rusia tendrá que tomar en un momento en el que, en cualquier caso, ya está casi aquí.

Porque el problema de Rusia se duplicará, por el misterio mismo de su propio ser predestinado, por una perspectiva de dimensiones religiosas, sobrenaturales, mucho más allá de las condiciones históricas de su devenir inmediatamente visible.

Se diga lo que se diga, el régimen de Vladimir Putin es fundamentalmente ortodoxo, e incluso ortodoxo por encima de todo: si no se ha entendido la *evidencia velada de* esta situación, no se ha entendido nada de la Rusia actual.

Sin embargo, el problema de la ortodoxia es esencialmente para ser superado. En efecto, si el destino último de la Rusia actual es un destino imperial de la Gran Europa, esto implica fundamentalmente que acabará surgiendo una nueva, o más bien *renovada*, religión, dado que no hay Gran Europa, ni Europa imperial, sin una "religión del Imperio" que le sea específicamente propia.

Pero la renovación de la ortodoxia en términos de "religión imperial" sólo puede lograrse mediante su "reunificación" con el catolicismo, que es la religión de la otra mitad de Europa, de la otra mitad *del Imperium Ultimum;* constituida por Rusia y Europa, por Europa Oriental y Europa Occidental.

El proceso histórico imperial del advenimiento de la Nueva Europa, de la Gran Europa, debe, pues, pasar imperativamente por la emergencia efectiva de lo que Juan Pablo II llamó la reunificación de los "dos pulmones de Europa", el catolicismo y la ortodoxia. No hay la menor contradicción en esta certeza visionaria, porque es así. Como en sus inicios, antes de su separación en dos, la nueva "religión europea" verá al catolicismo y a la ortodoxia reunidos en una única religión imperial, *Una Sanctam.*

Y cuando sepamos, no sólo hasta qué punto Vladimir Putin y Juan Pablo II están definitivamente convencidos de la absoluta necesidad de la reunificación final gran-continental de las dos religiones europeas vivas, sino también, y sobre todo, hasta qué punto el vínculo subterráneo -la alta complicidad conspiratoria- de una decisión común mantiene muy unido el curso de las acciones confidenciales del actual amo del Kremlin y del Sumo Pontífice, hasta qué punto el vínculo subterráneo -la alta complicidad conspirativa- de una decisión común mantiene muy unidas las acciones confidenciales del actual amo del Kremlin y del Pontífice reinante respecto a lo que debe hacerse imperativamente para llegar a *donde hay que llegar de todos modos,* todas las esperanzas están legítimamente permitidas para la *Religio Novissima que deberá* ser -y será- la de la "Europa del Fin", en el momento señalado.

Una *Religio Novissima* que también habrá sido capaz de encontrar ciertos acomodos con un cierto "hinduismo profundo" y un "cierto sintoísmo trascendental" para que la India y Japón encuentren el lugar que les corresponde dentro de la gran Europa continental del Fin.

Sin embargo, sería bastante inútil, me parece, seguir insistiendo, en el marco de un artículo como éste, en el tema de esta *Religio Novissima,* cuando sería necesario, evidentemente, dedicar un libro entero de innegable importancia a este problema; lo que, por otra parte, se hará sin duda, ya me comprometo a hacerlo.

Y lo que también hay que tener en cuenta fundamentalmente es el hecho de que los inicios del tercer milenio parecen tener ya un carácter esencialmente religioso. ¿Acaso el Islam no está incendiando el mundo entero, desde Indonesia hasta Argelia, con la llama invasora de su nuevo fundamentalismo revolucionario, mientras que los países del sudeste de Europa bajo ocupación estadounidense -también islamista, Albania, Kosovo, Bosnia, Macedonia- están sufriendo los efectos inmediatos de la misma subversión, mientras que en el centro mismo del continente se manifiesta el conflicto religioso católico-ortodoxo de Ucrania, repentinamente al borde de la guerra religiosa y civil.

¿Existe un 'misterio Vladimir Putin'?

Por otro lado, ¿cómo se podría concluir el presente estudio sin intentar penetrar en la profunda y abismal personalidad del actual amo del Kremlin? Para mí, la muy misteriosa aparición de un hombre providencial supremamente dotado de la talla de Vladimir Putin y que profesa convicciones profundas y orientaciones escatológicas ocultas que lo conducen por sus caminos, no puede explicarse más que por el hecho de que, En contra de toda evidencia establecida, el espíritu militar imperial de la "Santa Rusia" y de los zares seguía prevaleciendo secretamente sobre la sangrienta tragedia de setenta años de oscuridad y terror comunistas. Así, la figura de Vladimir Putin aparece -simbólica e inconscientemente- como una representación en la tierra de *Cristo Pantocrátor* y de sus ejércitos como la del "Sol de la Justicia", el *Sol Justitiae*. *Mientras que los* tiempos propios del *Imperio* -aunque sean de naturaleza exclusivamente virtual- se sitúan secreta y permanentemente en la "historia más allá de la historia". La aparición de Vladimir Putin -muy misteriosa, por cierto- corresponde a una inversión total de la perspectiva histórica, y de la conciencia que se puede tener de ella, que cubre las marcas ardientes de sus configuraciones anteriores; intactas, completamente intactas. El mismo, y sumergido en la misma luz, *la de antes*.

Pues debemos enfrentarnos a esta nueva y reveladora evidencia: en definitiva, la "forma de conciencia", la visión del mundo y de la historia que es la de Vladimir Putin, se identifica perfectamente con la "forma de conciencia" que era la de los oficiales de los ejércitos pravoslavos del Imperio ruso de los Romanov.

Una "forma de conciencia", por tanto, totalmente tradicional, y tradicional en el sentido más guenoniano de la palabra.

Son alegatos inconcebibles para mentes antitradicionales concebidas por el abyecto estándar de los tiempos actuales, pero son los únicos que pueden intentar esclarecer el misterio del ser extremadamente reservado y preontológicamente seguro de sí mismo que resulta ser el actual anfitrión del Kremlin.

¿De dónde viene realmente Vladimir Putin, quién es más allá de las apariencias? La historia nos lo dirá: la asunción de Vladimir Putin se hará a través de la historia y en la historia, de la que será uno de los términos fatídicos, una de las conclusiones decisivas e *insuperables*.

Ahora bien, me parece que debo tomar como una especie de señal reveladora que en el momento en que me veo abocado a escribir estas últimas líneas sobre Vladimir Putin y Eurasia, éste se encuentre precisamente en la India, donde, al amparo de las negociaciones económico-industriales, está intentando en realidad sentar las bases de una profunda colaboración ideológico-estratégica con la India, que parece ser cada vez más la pieza central del gran proyecto geopolítico imperial que está llevando a cabo Estados Unidos, De hecho, está tratando de sentar las bases para una colaboración ideológica y estratégica en profundidad con India, que aparece cada vez más como la pieza central del actual gran diseño geopolítico imperial de Rusia, y de lo que hay detrás de Rusia. India es el pivote en torno al cual girará la historia futura del mundo.

OTROS TÍTULOS

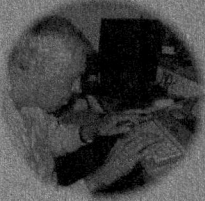

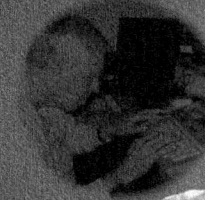

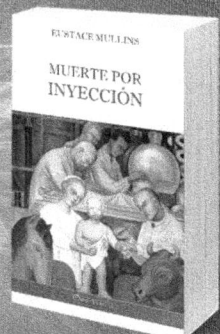

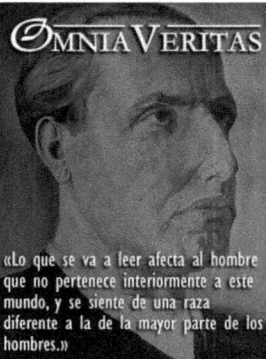

www.ingramcontent.com/pod-product-compliance
Lightning Source LLC
Chambersburg PA
CBHW071621270326
41928CB00010B/1723